권별주삶
• 주 야 로 묵 상 하 는 삶 •

야고보서 · 베드로전후서
요한일이삼서 · 유다서

 단체 활용법

권별주삶의 특징

- 권별주삶은 가족, 교회 소그룹, 직장 신우회 등 각종 성경공부 모임에 활용하면 좋습니다.

- 권별주삶은 날짜에 구애받지 않는 7일 동안의 개인 묵상과 1일의 주간성경공부(GBS)로 구성되어 있습니다.

권별주삶의 단체 활용법

▶ 매일 개인적으로 묵상하고, 1주일에 1회씩 모여 GBS 모임을 가지면 좋습니다.

- 개인묵상 시간을 통해 말씀을 묵상합니다.
- 7일째 주간성경공부 모임에서 한 주 동안 묵상한 말씀을 삶에 적용하고 체험과 깨달음을 서로 공유합니다.

▶ 권별주삶은 각종 성경공부 모임의 계획에 맞춰 차별화된 스케줄 구성이 가능합니다.

권별 주삶

• 주 야 로 묵 상 하 는 삶 •

공동서신

● 주삶의 정신 1

주삶은 에티오피아 내시에게
말씀을 해석해 준 빌립 집사의 역할을 하기 원합니다.

말씀을 올바르게 깨닫기 위해서는 빌립과 같은 신령한 조력자가 필요합니다.
이제 주삶은 '객관적이고 정확한 절별 해설'을 통해
그리스도인의 매일 말씀묵상을 돕고자 합니다.

● 주삶의 정신 2

묵상은 하루 중 가장 방해받지 않는
귀중한 시간에 하는 것입니다.
그리고 깨달은 말씀을 종일 생각하는 것입니다.

진정한 그리스도인이 되기 위해서는 묵상한 말씀을 늘 되새겨야 합니다.
그것이 주야로 묵상하는 삶이며 주삶의 정신입니다.

● 주삶의 정신 3

'오늘 말씀묵상을 하지 않으면 밥을 먹지 않겠다.'
참된 성도는 굳은 결심의 소유자여야 합니다.

매일 말씀묵상을 하지 않으면 영혼이 병들고 성장하지 않기 때문입니다.
일주일에 한두 끼만 먹는 사람이
건강한 삶을 살 수 없는 것과 마찬가지 이치입니다.

Contents

2	권별주삶 단체 활용법
3	권별주삶 개인 활용법
4	주삶 개인 활용법
6	주삶 단체 활용법
10	야고보서를 묵상하기 전에
12-57	1~15회 묵상
58	베드로전후서를 묵상하기 전에
61-135	16~39회 묵상
136	요한일서를 묵상하기 전에
138-182	40~53회 묵상
183	요한이삼서를 묵상하기 전에
185-196	54~57회 묵상
197	유다서를 묵상하기 전에
200-209	58~60회 묵상
210	주간 그룹성경공부(1-9주)
238	주간 그룹성경공부 해설서(1-9주)
248	기도노트

● **해설 집필자 소개**

김일우 목사_ 야고보서 · 유다서
· 총신대학교 동신학대학원(목회학 M.Div) 졸업
· 미국 Reformed Theological Seminary(목회학 박사 D.Min) 과정 수학
· 아름다운만남교회 담임목사

김건일 목사_ 베드로전후서
· 침례신학대학교 신학대학원(신학 M.Div)
· Southwestern Baptist Theological Seminary(신약학 Th.M)
· Southwestern Baptist Theological Seminary(신약학 Ph.D) 과정 수료
· 뿌리깊은교회 전임목사

권영주 교수_ 요한일이삼서
· Southwestern Baptist Theological Seminary (M.Div)
· Duke University Divinity School (신약학 Th.M)
· Asbury Theological Seminary (신약학 Ph.D)
· 한국침례신학대학교 신약학 교수

GBS 및 해설서_ 황재욱, 김건일 목사

아가페 주삶 개인 활용법

권별주삶의 특징

- **권별주삶**은 날짜가 특정되지 않아 순차적으로 깊이 있는 말씀묵상이 가능합니다.

- **권별주삶**은 개인별 맞춤 스케줄에 따라 시간을 활용함으로써, 하나님의 말씀을 거듭 상고하고 깊이 체험할 수 있게 도와줍니다.

권별주삶의 개인 활용법

▶ 아래 **권별주삶**의 개인 활용법을 따라 꾸준히 묵상하면서 하나님과 동행하세요.

- 먼저 묵상을 시작하는 날짜를 기록합니다. 개인 스케줄에 맞춰 날짜와 관계없이 성경을 이어서 빠짐없이 묵상할 수 있습니다.
- 개인묵상 시간을 통해 말씀을 묵상합니다.
- 7일째 주간성경공부 모임에서 한 주 동안 묵상한 말씀을 삶에 적용하고 체험과 깨달음을 서로 공유합니다.
- 교훈과 묵상한 것을 메모합니다. 묵상과 적용이 **권별주삶**의 깊이 있는 해설과 곁들여져 말씀을 더욱 쉽게 이해하는 나만의 묵상노트가 됩니다.
- **권별 주삶** 시리즈를 권별로 모아 두세요. 성경의 문맥을 살려 그 자체로 말씀을 쉽게 이해하게 해 주는 훌륭한 성경해설서로 활용할 수 있습니다.

* **권별주삶**을
나만의 묵상노트이자 성경해설서로 만든다는 목표를 가지고 꾸준히 하면,
하나님과의 친밀한 교제 안에서 변화된 자신을 체험할 수 있습니다.

아가페 주삶 — 개인 말씀묵상 활용법

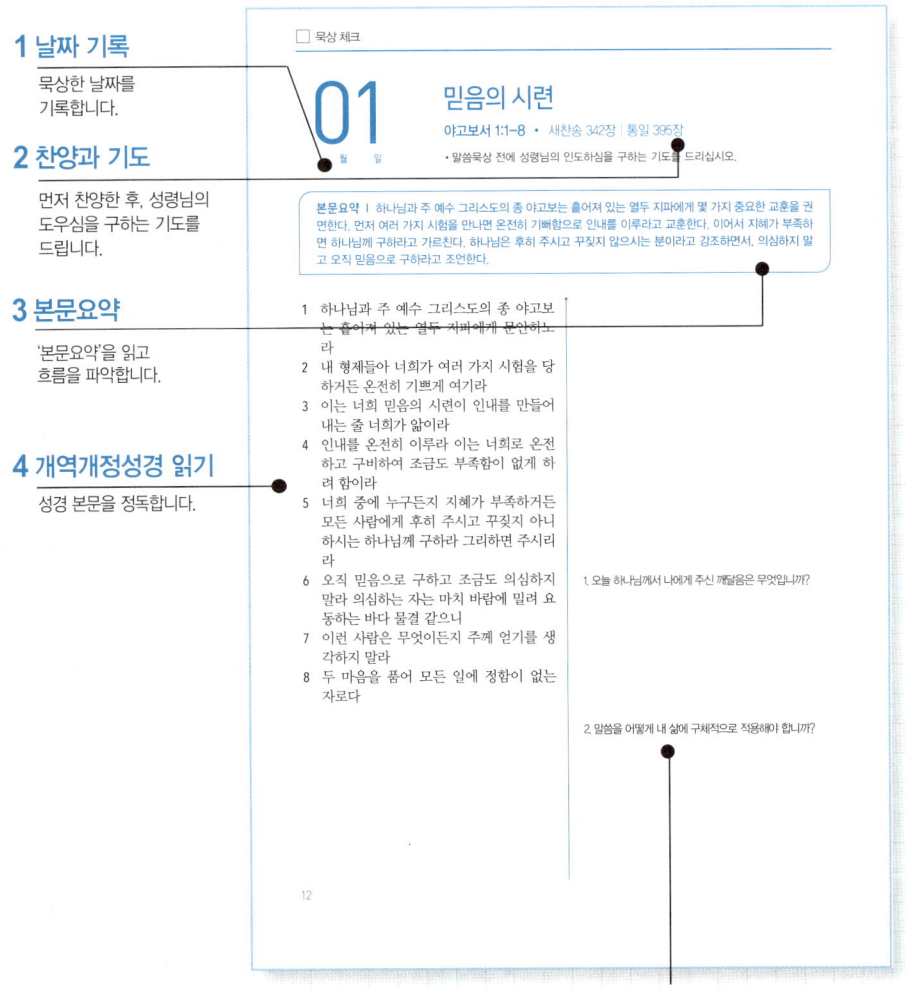

1 날짜 기록
묵상한 날짜를 기록합니다.

2 찬양과 기도
먼저 찬양한 후, 성령님의 도우심을 구하는 기도를 드립니다.

3 본문요약
'본문요약'을 읽고 흐름을 파악합니다.

4 개역개정성경 읽기
성경 본문을 정독합니다.

7 묵상과 적용
'묵상과 적용' 질문을 통해 깨달은 말씀과 적용한 내용을 적습니다.

'말씀묵상'은
말씀과 기도를 통해 날마다 하나님의 음성에 귀 기울이고 그 음성을 따라 살아가고자 하는 그리스도인을 위한 경건의 시간입니다. '말씀묵상'은 하루 중 가장 귀중한 시간에 아무도 방해하지 않는 곳에서 해야 합니다. 그리고 깨달은 말씀을 주야로 묵상하는 것입니다.

절별 해설

1 **하나님과 주 예수 그리스도의 종 야고보** 본 서신의 저자인 야고보가 자신을 "종"으로 묘사함으로써 하나님과 예수님에 대한 신앙고백을 내포하고 있다.

2 **내 형제들아 너희가 여러 가지 시험을 당하거든** "형제"는 그리스도인들이 서로를 부를 때 사용하는 호칭이다. 따라서 성도들도 다양한 시험들을 당할 수 있다고 말한다. "시험"(헬, 페이라스모스)은 두 가지 의미가 있다. 하나는 죄를 짓게 하는 유혹(temptation)이고, 다른 하나는 외부의 고난이나 박해와 같은 시련(trial)이다. 여기서는 후자의 의미로 사용되었다.

온전히 기쁘게 여기라 표준새번역은 "더할 나위 없는 기쁨으로 생각하십시오."로 번역하였다. 이것은 시험을 당하는 성도의 태도를 말하는 것으로, 시험을 기쁘게 여기라고 교훈한다.

3 **믿음의 시련** 이 말은 '믿음을 위한 시련'으로 해석할 수도 있고, '믿음으로 인한 시련'으로 해석할 수도 있다. 둘 다 결국은 믿음을 지키려고 할 때 당하는 시련을 가리킨다. "시련"(헬, 도키미온)은 시험, 검사, 검증 등의 의미가 있다.

4 **인내를 온전히 이루라 … 조금도 부족함이 없게 하려 함이라** 이 구절은 시련의 궁극적인 목적이 "인내"이고, 이런 인내가 제대로 효력을 발휘할 때 온전한 그리스도인이 된다는 사실을 가르쳐 준다.

5 **지혜가 부족하거든** 지혜는 성도의 [...] 는 3장 13-18절에 두 종류의 지혜가 있[...] 부터 오는 지혜와 땅 위의 지혜. 여기[...]

모든 사람에게 후히 주시고 꾸짖지 아니하[...] 리하면 주시리라 이 말씀은 지혜를 주시[...] 여준다. 하나님은 지혜를 구하는 자에게 [...] "꾸짖지 아니하시는" 분이다. 특히 "구하[...] 는 예수님의 말씀(마 7:7)의 메아리처럼 [...]

6 **바람에 밀려 요동하는 바다 물결** 의심[...] 적으로 묘사한 말이다. 의심하는 자는 바[...] 에 따라 바다 물결처럼 끊임없이 불안[...] 다. 그리고 의심의 규모는 바다처럼 거[...] "영혼의 닻"(히 6:19)을 하나님께 내리[...] 신뢰해야 한다.

8 **두 마음을 품어 모든 일에 정함이 없는 [...]** 심하는 자의 내적인 모습을 묘사한 말이[...] 을 전심으로 신뢰하지 못하고 마음의 분[...] 의심하는 사람은 지혜는 물론이고 아무것 [...]

쉬운성경

1 하나님과 주 예수 그리스도의 종 야고보는 세계 여러 곳에 흩어져 있는 열두 지파에게 안부를 전합니다.

2 형제 여러분, 여러 가지 시험을 겪을 때 기쁘게 여기십시오.

3 여러분은 믿음의 시련을 통하여 인내심이 성장한다는 것을 알고 있습니다.

4 여러분이 하는 모든 일을 참고 견디어 조금도 부족함이 없는 완전하고 성숙한 사람이 되십시오.

5 지혜가 부족한 사람이 있으면 하나님께 구하십시오. 하나님께서는 자비로우셔서 모든 사람에게 나눠 주시는 것을 즐거워하십니다. 따라서 여러분이 필요로 하는 지혜를 주실 것입니다.

6 하나님께 구할 때는 믿고 구해야 합니다. 조금도 의심하지 마십시오.

---

5 쉬운성경 읽기
쉬운성경을 정독하며 본문을 대조합니다.

6 절별 해설
'절별 해설'을 참고하며 읽습니다.

8 저자의 묵상
절별 해설 집필자가 묵상 후 전하는 메시지입니다.

저자의 묵상

권성수 목사님이 쓴 도서 「믿는 만큼 행동한다」에 이런 내용이 나온다. "다이아몬드를 감별하는 방법 중에 '입김 테스트'(fog test)라는 것이 있습니다. 다이아몬드에 입김을 불면 가짜는 입김이 서려서 좀처럼 사라지지 않지만, 진짜는 입김이 거의 서리지 않을 뿐만 아니라 서려도 금세 사라진다고 합니다. 하나님도 우리의 신앙이 진짜인지 가짜인지 감별하기 위해 '시련'이라는 입김을 '훅' 하고 부십니다." 흔히 예수 잘 믿으면 아무 시련도 없다고 착각하는 사람들이 있다. 하지만 야고보는 "내 형제들"(2절), 즉 그리스도인에게도 여러 가지 시험이 있다고 강조한다. 문제는 그 시련을 어떤 태도로 감당하느냐이다. 사탄은 시련을 통해 우리를 유혹하고 죄를 짓게 하여 망하는 길로 인도한다. 하지만 또 다른 길이 있다. 시련은 인내를 통해 우리를 온전한 성숙의 길로 인도한다. 게다가 우리 혼자 힘으로 감당할 수 없을 때 하나님께 도움을 요청하면 그분은 꾸짖지 않으시고 후한 도움을 주신다고 약속하신다. 오늘의 시련을 통해 더욱 온전해질 내일의 모습을 이루도록 기도하자.

> **무릎 기도** 하나님, 여러 가지 시험을 만날 때 온전히 기쁨으로 여김으로 인내를 이루게 하시고, 부족할 때 오직 믿음으로 하나님께 간구하는 성도가 되게 하소서.

9 무릎 기도
'무릎 기도'로 기도합니다.

10
한글과 영어 본문(ESV) 대조를 통해 본문의 바른 뜻을 파악할 수 있습니다.

ESV - James 1

1 James, a servant* of God and of the Lord Jesus Christ, To the twelve tribes in the Dispersion: Greetings.
2 Count it all joy, my brothers,* when you meet trials of various kinds,
3 for you know that the testing of your faith produces steadfastness.
4 And let steadfastness have its full effect, that you may be perfect and complete, lacking in nothing.
5 If any of you lacks wisdom, let him ask God, who gives generously to all without reproach, and it will be given him.
6 But let him ask in faith, with no doubting, for the one who doubts is like a wave of the sea that is driven and tossed by the wind.
7 For that person must not suppose that he will receive anything from the Lord;
8 he is a double-minded man, unstable in all his ways.

* 1:1 For the contextual rendering of the Greek word *doulos*, see Preface

* 1:2 Or *brothers and sisters*. In New Testament usage, depending on the context, the plural Greek word *adelphoi* (translated "brothers") may refer either to *brothers* or to *brothers and sisters*; also verses 16, 19

1 tribe 지파 Dispersion 디아스포라; 분산 2 trial 시험 3 steadfastness 확고함, 인내 4 lacking in … 이 부족한 5 reproach 책망 8 double-minded 다른 마음을 품은 unstable 불안정한

아가페 주삶 단체 활용법 – 소그룹·구역예배

1 주중에 전 구성원이 개인적으로 매일 말씀을 묵상하고, 1주일에 1회씩 모여 GBS 교재 부분을 가지고 나눕니다.

2 GBS를 시작할 때 지난 한 주간 개인 묵상을 통해 깨달은 것이나 삶에 적용한 일이 있으면 한 사람씩 돌아가며 나눕니다.

구역예배, 청년부 성경공부, 직장 신우회 등 각종 성경공부 모임에 활용하면 좋습니다.

주간 그룹성경공부 · GBS

1주차 (1회~7회)

사람을 차별하여 대하지 말라

야고보서 2:1-13 | 새찬송 286장 · 통일 218장

주간 말씀묵상 나눔

지난 한 주간 말씀을 묵상한 것이나 삶에 적용한 것이 있으면 돌아가며 간단히 나누어 봅시다.

· 오늘의 성경공부 목표

사람을 차별하여 대하지 않는 성숙한 그리스도인이 되도록 합시다.

1. 내 형제들아 영광의 주 곧 우리 주 예수 그리스도에 대한 믿음을 너희가 가졌으니 사람을 차별하여 대하지 말라
2. 만일 너희 회당에 금가락지를 끼고 아름다운 옷을 입은 사람이 들어오고 또 남루한 옷을 입은 가난한 사람이 들어올 때에
3. 너희가 아름다운 옷을 입은 자를 눈여겨보고 말하되 여기 좋은 자리에 앉으소서 하고 또 가난한 자에게 말하되 너는 거기 서 있든지 내 발등상 아래에 앉으라 하면
4. 너희끼리 서로 차별하며 악한 생각으로 판단하는 자가 되는 것이 아니냐
5. 내 사랑하는 형제들아 들을지어다 하나님이 세상에서 가난한 자를 택하사 믿음에 부요하게 하시고 또 자기를 사랑하는 자들에게 약속하신 나라를 상속으로 받게 하지 아니하셨느냐
6. 너희는 도리어 가난한 자를 업신여겼도다 부자는 너희를 억압하며 법정으로 끌고 가지 아니하느냐
7. 그들은 너희에게 대하여 일컫는 바 그 아름다운 이름을 비방하지 아니하느냐
8. 너희가 만일 성경에 기록된 대로 네 이웃 사랑하기를 네 몸과 같이 하라 하신 최고의 법을 지키면 잘하는 것이거니와
9. 만일 너희가 사람을 차별하여 대하면 죄를 짓는 것이니 율법이 너희를 범법자로 정죄하리라
10. 누구든지 온 율법을 지키다가 그 하나를 범하면 모두 범한 자가 되나니
11. 간음하지 말라 하신 이가 또한 살인하지 말라 하셨은즉 네가 비록 간음하지 아니하여도 살인하면 율법을 범한 자가 되느니라

211

'말씀묵상'은

말씀과 기도를 통해 날마다 하나님의 음성에 귀 기울이고 그 음성을 따라 살아가고자 하는 그리스도인을 위한 경건의 시간입니다. '말씀묵상'은 하루 중 가장 귀중한 시간에 아무도 방해하지 않는 곳에서 해야 합니다. 그리고 깨달은 말씀을 주야로 묵상하는 것입니다.

12 너희는 자유의 율법대로 심판받을 자처럼 말도 하고 행하기도 하라
13 긍휼을 행하지 아니하는 자에게는 긍휼 없는 심판이 있으리라 긍휼은 심판을 이기고 자랑하느니라

• 함께 읽어보기

사람의 외적인 차이를 가지고 차별 대우를 하지 말아야 할 성경적 근거는 무엇일까요? 첫째, 하나님이 차별을 싫어하시기 때문입니다. "너희는 재판할 때에 외모를 보지 말고 귀천을 차별 없이 듣고"(신 1:17), "하나님께서 외모로 사람을 취하지 아니하심이라"(롬 2:11). 둘째, 예수님도 차별을 싫어하시기 때문입니다. "선생님이여 우리가 아노니 당신은 바로 말씀하시고 가르치시며 사람을 외모로 취하지 아니하시고"(눅 20:21). 하나님도 싫어하시고 예수님도 싫어하신다면, 우리 그리스도인은 더욱 차별하지 말아야 하지 않을까요? 오늘 본문에서 야고보 사도는 그리스도인이 외모를 보고 사람을 차별하는 행동을 하지 말아야 하는 이유에 대해 자세한 가르침을 줍니다. 함께 말씀을 나누어 봅시다.

3 — GBS 순서에 따라 리더가 진행하며, 각자 묵상을 통해 느낀 것과 깨달은 것을 나눕니다.

도입 질문

1 인류의 역사 속에 존재했거나 오늘날 존재하는 다양한 종류의 차별에는 어떤 것들이 있을까요? 차별은 왜 존재하게 되었을까요?

함께 나누기

2 그리스도인은 왜 사람을 차별하

3 야고보 사도는 회당에 들어오는

4 야고보 사도는 경제적, 사회적 지위와 같은 외적인 차이에 근거해서 사람을 차별하는 사람을 가리켜 어떤 자라고 말합니까? 4절

5 하나님은 어떤 자를 택하여 믿음에 부요하게 하십니까? 5절

6 성경에 기록된 최고의 법은 무엇입니까? 야고보 사도가 사람을 차별하여 대하는 것을 죄로 간주하는 이유는 무엇입니까? 8-9절

7 유대인의 전통적인 율법과 그리스도인이 행할 "자유의 율법"12절의 차이는 무엇인지 자신의 생각을 이야기해 봅시다.

8 야고보 사도는 긍휼을 행하지 아니하는 자에게 긍휼 없는 심판이 있을 것이라고 말합니다.13절 마지막 날에 하나님의 심판대 앞에 서게 될 날을 늘 기억하며 사는 것과 사람을 차별하여 대하지 말라는 야고보 사도의 가르침은 어떤 관련이 있을까요?

9 오늘 성경공부를 통해서 나누고 싶거나 깨달은 것이 있으면 서로 이야기해 봅시다.

"복 있는 사람은
악인들의 꾀를 따르지 아니하며
죄인들의 길에 서지 아니하며
오만한 자들의 자리에 앉지 아니하고
오직 여호와의 율법을 즐거워하여
그의 율법을 주야로 묵상하는도다"

- 시편 1:1-2 -

야고보서를 묵상하기 전에

저자와 수신자

이 서신의 저자는 자신을 "하나님과 주 예수 그리스도의 종 야고보"(1:1)라고 밝히고 있다. 먼저 야고보란 이름의 유래를 살펴보면 구약의 히브리어 야곱(ya'aqob)을 그리스어로 부를 때 야코브(Iakob)라고 했다. 이것을 다시 라틴어로 부를 때는 야코부스(Iakobus)라고 했는데 후기 라틴어에 와서 야코무스(Iakomus)로 바뀌게 되었다. 그 결과 'Iacobus'에서 'Jacob'이 나오고, 'Iacomus'에서 'James'가 나온 것으로 보인다. 이런 음역상의 변화로 인해 중세 영어에서부터 '제임스'(James)라고 쓰기 시작해서 오늘날까지 이어지고 있다. 한글성경은 영어성경이 아닌 원어성경을 바탕으로 번역되었기에 원어에 가까운 '야고보'라는 이름을 사용하고 있다.

신약성경에는 야고보라는 이름이 여러 명 등장하는데, 야고보서의 저자가 누구인가를 놓고 적어도 3명의 다른 야고보가 거론되고 있다. (1)제일 먼저 세베대의 아들 야고보가 있다. 그는 형제 요한 및 베드로와 함께 제자로 부르심을 받아(막 1:19-20) 예수님의 가장 핵심적인 사도가 되었고(막 5:37; 9:2; 10:35; 14:33) AD 44년경 헤롯 아그립바 1세에게 죽임을 당하였다(행 12:2). (2)다음으로 알패오의 아들 야고보가 있다(마 10:3; 막 3:18; 눅 6:15). 그 역시 예수님의 제자로 부르심을 받아서 열두 제자 중 한 사람이 되었다는 사실 외에는 특별한 언급이 없다. 혹자는 이 사람이 "작은 야고보"(막 15:40)였을 것으로 추정한다. (3)마지막으로 예수님의 동생 야고보가 있다(마 13:55). 그는 예수님의 생전에는 예수님을 메시아로 믿지 않다가 부활하신 예수님을 만난 후(고전 15:7) 성도가 되었다. 그 후 예루살렘 교회의 첫 번째 감독으로서 존경을 받았으며(행 15:13; 갈 2:9,12) 신실함과 꾸준한 기도 습관으로 인해 '의로운 자'(의인), '낙타 무릎' 등의 별명을 얻기도 했다. 예수님에 대한 헌신을 포기하지 않았던 그는 서기관과 바리새인들에게 돌에 맞아 AD 62년경에 순교하였다. 이 세 명의 야고보 중에서 이 서신의 저자로 추정되는 인물은 세 번째인 예수님의 형제 야고보이다.

이 서신의 수신자는 "흩어져 있는 열두 지파"라고 나온다(1:1). "흩어져 있는"이란 말이 그리스어(헬라어)로 '디아스포라'인데, 이 말은 예루살렘과 팔레스타인을 떠나 해외에서 이방인들과 함께 살아가는 유대인들을 가리키거나 그들이 모여 사는 거주지를 가리킨다. 또 "열두 지파"란 문자적으로 야곱의 열두 아들에게서 비롯된 이스라엘 백성 전체를 가리키는 표현으로, 포로 시대 이후로는 유대인 전체를 가리키는 상징적인 의미로 사용되었다. 따라서 좁은 의미로 보면 이 서신의 수신자는 해외에 흩어져 있는 유대인 출신의 그리스도인들이라고 볼 수 있고, 넓은 의미로는 로마 제국 전역에 흩어져 사는 혈통적인 유대인뿐만 아니라 영적으로 이스라엘 백성이 된 이방인 그리스도인들까지 모두를 수신자로 볼 수 있다.

기록 연대와 기록 목적

이 서신의 기록 연대와 관련하여 저자를 예수님의 형제 야고보라고 생각할 때, 그는 예루살렘 교회의 지도자로 있었으며, AD 62년에 순교하였음으로 적어도 그 이전에 예루살렘에서 저술되었을 것으로 추정할 수 있다. 그런데 야고보서 2장의 주된 내용이 '이신칭의'(以信稱義) 교리에 대한 오해를 바로 잡으려는 데 목적이 있음을 염두에 둬야 한다. 이 이신칭의 교리를 전파한 대표적인 인물 바울이 사역을 시작한 시기가 AD 45년, 장소는 안디옥에서였다. 그리고 야고보와 바울이 직접 만난 것은 예루살렘 총회(AD 48/49년) 때였다. 그때 만나서 이신칭의 교리에 대한 오해를 풀었다고 전제한다면 이 이신칭의 교리가 문제가 된 시기는 그것이 선포된 AD 45년부터 이 문제가 해결된 AD 48년 사이였을 것으로 추측할 수 있다. 또한 역사적 기록에 따르면 AD 46년경에 유대에 기근이 심했는데, 야고보서가 가난한 자들에 대한 권면에 초점을 맞춘 것으로 보아 46년 어간의 내용을 반영하고 있는 것으로 볼 수 있다. 따라서 이 서신의 기록 연대는 AD 62년 이전, 이르면 AD 45-48년 사이로 추정할 수 있다.

이 서신을 기록한 목적은 크게 두 가지다. 하나는 예루살렘 총회 이전에 핍박과 가난으로 어려움과 고통에 처해 있던 흩어진 유대인 출신의 그리스도인들을 위로하고 격려하기 위해서 쓰였다. 다른 하나는 바울의 이신칭의 교리를 잘못 이해하여 실천적인 삶이 결여된 사람들에게 올바른 그리스도인의 믿음과 행위를 제시하고 바로잡기 위해서 쓰였다.

핵심 메시지

야고보서가 지적하는 가장 핵심적인 문제는 구원에 대한 잘못된 이해로 말미암아 행함을 경시하는 성도들이 나타나고 있었다는 점이다. 그들은 바울의 이신칭의 교리를 잘못 이해한 나머지 칭의적인 측면만 지나치게 강조한 반면에, 성화와 선행에 대한 강조를 소홀히 했다. 그 결과 기독교의 구원을 소위 '값싼 구원'으로 만드는 경향이 생겨났다. 값없이 은혜로 구원을 받았으니 선행은 그저 해도 되고 안 해도 되는 구원과 아무런 상관없는 것으로 간주하는가 하면, 구원받은 사람은 자동적으로 선행의 열매를 맺을 수밖에 없다는 식으로 오해하는 이들이 점점 많아졌다. 하지만 성경은 믿음과 행함을 결코 분리시키지 않고 동전의 양면처럼 혹은 바늘과 실처럼 불가분의 관계로 보고 있다. 따라서 야고보서는 '참된 믿음은 행함으로 증거가 나타나야 한다'고 교훈한다(2:26). 그래서 야고보서가 강조하는 주제가 바로 '온전함'이다(2:22).

단락 구분

I. 인사말(1:1)
II. 시험과 그리스도인의 성숙(1:2-18)
III. 행함으로 나타나는 참된 기독교(1:19-2:26)
IV. 갈등의 다양한 원인들과 해법(3:1-5:6)
V. 결론적인 호소: 길이 참으라(5:7-20)

☐ 묵상 체크

01
월   일

믿음의 시련
야고보서 1:1-8 · 새찬송 342장 | 통일 395장

• 말씀묵상 전에 성령님의 인도하심을 구하는 기도를 드리십시오.

> **본문요약** | 하나님과 주 예수 그리스도의 종 야고보는 흩어져 있는 열두 지파에게 몇 가지 중요한 교훈을 권면한다. 먼저 여러 가지 시험을 만나면 온전히 기뻐함으로 인내를 이루라고 교훈한다. 이어서 지혜가 부족하면 하나님께 구하라고 가르친다. 하나님은 후히 주시고 꾸짖지 않으시는 분이라고 강조하면서, 의심하지 말고 오직 믿음으로 구하라고 조언한다.

1 하나님과 주 예수 그리스도의 종 야고보는 흩어져 있는 열두 지파에게 문안하노라
2 내 형제들아 너희가 여러 가지 시험을 당하거든 온전히 기쁘게 여기라
3 이는 너희 믿음의 시련이 인내를 만들어 내는 줄 너희가 앎이라
4 인내를 온전히 이루라 이는 너희로 온전하고 구비하여 조금도 부족함이 없게 하려 함이라
5 너희 중에 누구든지 지혜가 부족하거든 모든 사람에게 후히 주시고 꾸짖지 아니하시는 하나님께 구하라 그리하면 주시리라
6 오직 믿음으로 구하고 조금도 의심하지 말라 의심하는 자는 마치 바람에 밀려 요동하는 바다 물결 같으니
7 이런 사람은 무엇이든지 주께 얻기를 생각하지 말라
8 두 마음을 품어 모든 일에 정함이 없는 자로다

1. 오늘 하나님께서 나에게 주신 깨달음은 무엇입니까?

2. 말씀을 어떻게 내 삶에 구체적으로 적용해야 합니까?

절별 해설

1 하나님과 주 예수 그리스도의 종 야고보 본 서신의 저자인 야고보가 자신을 "종"으로 묘사함으로써 하나님과 예수님에 대한 신앙고백을 내포하고 있다.

2 내 형제들아 너희가 여러 가지 시험을 당하거든 "형제"는 그리스도인들이 서로를 부를 때 사용하는 호칭이다. 따라서 성도들도 다양한 시험들을 당할 수 있다고 말한다. "시험"(헬, 페이라스모스)은 두 가지 의미가 있다. 하나는 죄를 짓게 하는 유혹(temptation)이고, 다른 하나는 외부의 고난이나 박해와 같은 시련(trial)이다. 여기서는 후자의 의미로 사용되었다.

온전히 기쁘게 여기라 표준새번역은 "더할 나위 없는 기쁨으로 생각하십시오."로 번역하였다. 이것은 시험을 당하는 성도의 태도를 말하는 것으로, 시험을 기쁘게 여기라고 교훈한다.

3 믿음의 시련 이 말은 '믿음을 위한 시련'으로 해석할 수도 있고, '믿음으로 인한 시련'으로 해석할 수도 있다. 둘 다 결국은 믿음을 지키려고 할 때 당하는 시련을 가리킨다. "시련"(헬, 도키미온)은 시험, 검사, 검증 등의 의미가 있다.

4 인내를 온전히 이루라 … 조금도 부족함이 없게 하려 함이라 이 구절은 시련의 궁극적인 목적이 "인내"이고, 이런 인내가 제대로 효력을 발휘할 때 온전한 그리스도인이 된다는 사실을 가르쳐 준다.

5 지혜가 부족하거든 지혜는 성도의 중요한 덕목이다. 야고보는 3장 13-18절에 두 종류의 지혜가 있다고 설명한다. 하늘로부터 오는 지혜와 땅 위의 지혜. 여기서는 전자를 가리킨다.

모든 사람에게 후히 주시고 꾸짖지 아니하시는 하나님께 구하라 그리하면 주시리라 이 말씀은 지혜를 주시는 하나님의 성품을 보여준다. 하나님은 지혜를 구하는 자에게 "후히" 주실 뿐만 아니라 "꾸짖지 아니하시는" 분이다. 특히 "구하라 그리하면 주시리라"라는 예수님의 말씀(마 7:7)의 메아리처럼 들린다.

6 바람에 밀려 요동하는 바다 물결 의심하는 자의 모습을 비유적으로 묘사한 말이다. 의심하는 자는 바람과 같은 외부의 영향에 따라 바다 물결처럼 끊임없이 불안정하게 흔들린다는 뜻이다. 그리고 의심의 규모는 바다처럼 거대하다. 따라서 성도는 "영혼의 닻"(히 6:19)을 하나님께 내리고 그분에 대해 확고하게 신뢰해야 한다.

8 두 마음을 품어 모든 일에 정함이 없는 자 "두 마음을 품다"는 의심하는 자의 내적인 모습을 묘사한 말이다. 의심하는 자는 하나님을 전심으로 신뢰하지 못하고 마음의 분열을 겪는다. 결과적으로 의심하는 사람은 지혜는 물론이고 아무것도 주님께 얻을 수 없다.

쉬운성경

1 하나님과 주 예수 그리스도의 종 야고보는 세계 여러 곳에 흩어져 있는 열두 지파에게 안부를 전합니다.

2 형제 여러분, 여러 가지 시험을 겪을 때 기쁘게 여기십시오.

3 여러분은 믿음의 시련을 통하여 인내심이 성장한다는 것을 알고 있습니다.

4 여러분이 하는 모든 일을 참고 견디어 조금도 부족함이 없는 완전하고 성숙한 사람이 되십시오.

5 지혜가 부족한 사람이 있으면 하나님께 구하십시오. 하나님께서는 자비로우셔서 모든 사람에게 나눠 주시는 것을 즐거워하십니다. 따라서 여러분이 필요로 하는 지혜를 주실 것입니다.

6 하나님께 구할 때는 믿고 구해야 합니다. 조금도 의심하지 마십시오. 의심하는 자는 바다 물결같이 바람에 밀려 이리저리 움직이는 것과 같습니다.

7 그런 사람은 주님께 무엇을 받을까 하고 기대하지 마십시오.

8 왜냐하면 그는 두 마음을 품어 자기가 하는 일에 방향을 못 잡고 헤매는 자이기 때문입니다.

저자의 묵상

권성수 목사님이 쓴 도서「믿는 만큼 행동한다」에 이런 내용이 나온다. "다이아몬드를 감별하는 방법 중에 '입김 테스트'(fog test)라는 것이 있습니다. 다이아몬드에 입김을 불면 가짜는 입김이 서려서 좀처럼 사라지지 않지만, 진짜는 입김이 거의 서리지 않을 뿐만 아니라 서려도 금세 사라진다고 합니다. 하나님도 우리의 신앙이 진짜인지 가짜인지 감별하시기 위해 '시련'이라는 입김을 '후'하고 부십니다." 흔히 예수 잘 믿으면 아무 시련도 없다고 착각하는 사람들이 있다. 하지만 야고보는 "내 형제들"(2절), 즉 그리스도인에게도 여러 가지 시험이 있다고 강조한다. 문제는 그 시련을 어떤 태도로 감당하느냐이다. 사탄은 시련을 통해 우리를 유혹하고 죄를 짓게 하여 망하는 길로 인도한다. 하지만 또 다른 길이 있다. 시련은 인내를 통해 우리를 온전한 성숙의 길로 인도한다. 게다가 우리 혼자 힘으로 감당할 수 없을 때 하나님께 도움을 요청하면 그분은 꾸짖지 않으시고 후한 도움을 주신다고 약속하신다. 오늘의 시련을 통해 더욱 온전해진 내일의 모습을 이루도록 기도하자.

> **무릎 기도** 하나님, 여러 가지 시험을 만날 때 온전히 기쁘게 여김으로 인내를 이루게 하시고, 부족할 때 오직 믿음으로 하나님께 간구하는 성도가 되게 하소서.

ESV - James 1

1 James, a servant* of God and of the Lord Jesus Christ, To the twelve tribes in the Dispersion: Greetings.
2 Count it all joy, my brothers,* when you meet trials of various kinds,
3 for you know that the testing of your faith produces steadfastness.
4 And let steadfastness have its full effect, that you may be perfect and complete, lacking in nothing.
5 If any of you lacks wisdom, let him ask God, who gives generously to all without reproach, and it will be given him.
6 But let him ask in faith, with no doubting, for the one who doubts is like a wave of the sea that is driven and tossed by the wind.
7 For that person must not suppose that he will receive anything from the Lord;
8 he is a double-minded man, unstable in all his ways.

* 1:1 For the contextual rendering of the Greek word *doulos*, see Preface
* 1:2 Or *brothers and sisters*. In New Testament usage, depending on the context, the plural Greek word *adelphoi* (translated "brothers") may refer either to *brothers* or to *brothers and sisters*; also verses 16, 19

1 tribe 지파   Dispersion 디아스포라; 분산   2 trial 시험   3 steadfastness 확고함, 인내   4 lacking in …이 부족한
5 reproach 책망   8 double-minded 다른 마음을 품은   unstable 불안정한

묵상 체크 ☐

02 생명의 면류관

야고보서 1:9-18 • 새찬송 597장 | 통일 378장

월   일

• 말씀묵상 전에 성령님의 인도하심을 구하는 기도를 드리십시오.

본문요약 | 인생이 풀의 꽃과 같다는 사실을 기억하여 부질없는 자랑을 하지 말라고 조언한다. 또한 각 사람이 시험을 받는 이유는 욕심 때문이고, 이 욕심이 커지면 죄가 되고, 죄가 쌓이면 사망이 온다는 사실을 깨닫고, 욕심에 끌려 미혹되지 않도록 시험과 시련을 견디라고 말씀한다. 그리고 하나님은 이런 사람에게 생명의 면류관을 약속하신다.

9 낮은 형제는 자기의 높음을 자랑하고
10 부한 자는 자기의 낮아짐을 자랑할지니 이는 그가 풀의 꽃과 같이 지나감이라
11 해가 돋고 뜨거운 바람이 불어 풀을 말리면 꽃이 떨어져 그 모양의 아름다움이 없어지나니 부한 자도 그 행하는 일에 이와 같이 쇠잔하리라
12 시험을 참는 자는 복이 있나니 이는 시련을 견디어 낸 자가 주께서 자기를 사랑하는 자들에게 약속하신 생명의 면류관을 얻을 것이기 때문이라
13 사람이 시험을 받을 때에 내가 하나님께 시험을 받는다 하지 말지니 하나님은 악에게 시험을 받지도 아니하시고 친히 아무도 시험하지 아니하시느니라
14 오직 각 사람이 시험을 받는 것은 자기 욕심에 끌려 미혹됨이니
15 욕심이 잉태한즉 죄를 낳고 죄가 장성한즉 사망을 낳느니라
16 내 사랑하는 형제들아 속지 말라
17 온갖 좋은 은사와 온전한 선물이 다 위로부터 빛들의 아버지께로부터 내려오나니 그는 변함도 없으시고 회전하는 그림자도 없으시니라
18 그가 그 피조물 중에 우리로 한 첫 열매가 되게 하시려고 자기의 뜻을 따라 진리의 말씀으로 우리를 낳으셨느니라

1. 오늘 하나님께서 나에게 주신 깨달음은 무엇입니까?

2. 말씀을 어떻게 내 삶에 구체적으로 적용해야 합니까?

절별 해설

쉬운성경

9 낮은 형제는 자기의 높음을 자랑하고 "낮은 형제"는 사회-경제적인 차원에서 비교적 가난하고 힘이 없는 그리스도인을 가리킨다. "높음"이란 예수를 믿음으로 천국의 시민이 되어 장차 하나님의 나라를 유업으로 받는 영광에 참여하게 될 것을 말한다. 즉 영적 신분의 변화를 의미하며, 이것을 자랑하라고 말한다.

10 부한 자는 자기의 낮아짐을 자랑할지니 "부한 자"는 부유한 성도를 가리킨다. "낮아짐"은 예수를 믿음으로 하나님의 종이 되었다는 사실을 가리킨다.

12 생명의 면류관 이것은 승리한 운동선수에게 수여했던 월계관의 이미지를 가져온 것으로, 여기서는 고난과 유혹 속에서 믿음을 지킨 자들에게 주시는 영적 승리의 상징을 뜻한다. 그리고 이 승리의 보상은 "생명"이다. 이것은 육체적 생명이 아닌 하나님의 임재를 영원히 누리는 상태, 즉 영생을 의미한다.

13 사람이 시험을 받을 때에 내가 하나님께 시험을 받는다 하지 말지니 시험과 유혹의 책임을 하나님께 돌려서는 안 된다는 뜻이다. 두 가지 이유 때문이다. (1)하나님은 악에 시험을 받으실 수 없는 분이기 때문이다. (2)유혹과 시험을 받는 것은 자기 욕심에서 비롯되기 때문이다. 물론 구약에서 하나님은 자기 백성을 시험하셨다. 그러나 그것은 하나님에 대한 순종을 시험하기 위함이지, 죄를 짓도록 유도하고 그들의 믿음을 파괴하려는 의도를 가진 시험이 아니었다. 그러므로 유혹에 굴복한 책임을 하나님의 탓으로 돌리며 자신의 책임을 모면하려는 태도는 잘못된 태도다.

15 욕심이 잉태한즉 죄를 낳고 죄가 장성한즉 사망을 낳느니라 "욕심"(헬, 에피튀미아-여성명사)에서부터 사망에 이르는 과정을 잉태와 성장에 비유하고 있다. 욕심이란 단어가 여성명사라는 점에서 매우 생생한 비유라고 할 수 있다. 결국 '욕심-죄-사망'의 사슬은 12절에 나오는 '시험-인내-생명'의 사슬과 대조를 이룬다.

17 빛들의 아버지 … 변함도 없으시고 회전하는 그림자도 없으시니라 "빛들의 아버지"란 해와 달과 별들 같은 빛나는 천체를 창조하신 하나님을 완곡하게 표현한 말이다. 그분은 스스로 변하지 않으실뿐더러 외부의 어떤 현상들에 의해서 변화를 받지도 않으신다.

18 첫 열매가 되게 하시려고 … 진리의 말씀으로 우리를 낳으셨느니라 신약에서 그리스도인을 구원받은 피조물의 "첫 열매"로 지칭한다(롬 8:19-23; 살후 2:13; 계 14:4). "진리의 말

9 만일 가난하거든 하나님께서 자기를 영적인 부자로 만드신 것을 자랑스럽게 여기십시오.

10 만일 부하거든 하나님께서 자신에게 영적인 부족함을 보여주신 것을 자랑하십시오. 그것은 부자도 들에 핀 꽃과 같이 결국 죽고 말 것이기 때문입니다.

11 해가 떠올라 점점 더 뜨거워지면, 풀은 마르고 꽃은 떨어집니다. 아무리 아름다운 꽃이라도 시들게 되어 있습니다. 부자도 마찬가지입니다. 자신의 재물을 돌보다가 결국 죽고 말 것입니다.

12 시험을 받은 후, 더 강건해졌다면 복 있는 자입니다. 자신의 믿음을 증명했으므로 하나님께서 그에게 생명의 면류관을 주실 것입니다. 하나님께서는 자기를 사랑하는 모든 자들에게 영생을 약속하셨습니다.

13 시험을 받을 때에 "하나님이 나를 시험하고 있어"라고 말하지 마십시오. 하나님은 악에게 시험을 받지도 않으시며, 사람을 시험하지도 않으십니다.

14 사람이 시험을 받는 것은 자신의 악한 욕심에 이끌려 유혹을 받기 때문입니다.

15 욕심은 죄를 낳고, 죄는 점점 자라 죽음을 가져옵니다.

16 사랑하는 형제 여러분, 속지 마십시오.

17 모든 선한 행위와 완전한 선물들은 빛들을 창조하신 하나님으로부터 위에서 내려오는 것입니다. 하나님께서는 결코 그림자처럼 변하는 일이 없으십니다.

18 하나님께서는 진리의 말씀을 통하여 우리에게 생명을 주셨습니다. 그리고 창조하신 것 중에서 우리로 첫 열매가 되게 하셨습니다.

씀"은 복음을 의미하며, "우리를 낳으셨느니라"는 복음을 통해 죄인이 그리스도인으로 거듭난 것을 표현한 말이다.

저자의 **묵상**

테네시 윌리엄스가 쓴 희곡 「욕망이라는 이름의 전차」에 이런 대사가 나온다. "사람들이 욕망이라는 이름의 전차를 타고 가다가 묘지라는 전차로 갈아타서 여섯 블록이 지난 다음, 극락이라는 곳에서 내리라고 하더군요. … 내가 찾는 주소를 잘못 안 게 분명해요." 이처럼 사람들은 욕심, 즉 욕망을 가져야 뭔가를 얻을 수 있다고 생각한다. 그래서 때로는 욕심을 미화하여 '열정', '갈망' 등으로 표현하면서 욕심을 부추기기도 한다. 하지만 오늘 말씀은 분명하게 지적한다. 욕심, 즉 잘못된 욕망이나 열정이 초래하는 것은 결국 죄, 그 죄가 점점 커지고 많아지면 돌이킬 수 없는 사망을 가져온다. 그러면서 오히려 가장 좋은 은사와 온전한 선물은 욕심에서 오는 것이 아니라, 빛들의 아버지이시며 영원토록 변함이 없으신 하나님으로부터 온다고 말씀한다(17절). 그러므로 욕심에 미혹되어 시험에 빠지지 말고, 도리어 시험을 잘 견디는 자가 되어 생명의 면류관을 복으로 받는 성도가 되어야 할 것이다.

무릎 기도 하나님, 세상 욕심에 미혹되지 않도록 지켜 주시고, 시험을 참고 시련을 견딘 자에게 주시는 생명의 면류관을 받는 복 있는 자가 되게 하소서.

ESV - James 1

9 Let the lowly brother boast in his exaltation,
10 and the rich in his humiliation, because like a flower of the grass* he will pass away.
11 For the sun rises with its scorching heat and withers the grass; its flower falls, and its beauty perishes. So also will the rich man fade away in the midst of his pursuits.
12 Blessed is the man who remains steadfast under trial, for when he has stood the test he will receive the crown of life, which God has promised to those who love him.
13 Let no one say when he is tempted, "I am being tempted by God," for God cannot be tempted with evil, and he himself tempts no one.
14 But each person is tempted when he is lured and enticed by his own desire.
15 Then desire when it has conceived gives birth to sin, and sin when it is fully grown brings forth death.
16 Do not be deceived, my beloved brothers.
17 Every good gift and every perfect gift is from above, coming down from the Father of lights, with whom there is no variation or shadow due to change.*
18 Of his own will he brought us forth by the word of truth, that we should be a kind of firstfruits of his creatures.

* 1:10 Or *a wild flower*
* 1:17 Some manuscripts *variation due to a shadow of turning*

9 exaltation 높임   10 humiliation 굴욕, 수치   11 scorching 몹시 뜨거운   wither 시들게 하다   perish 사라지다   fade away 사라지다   pursuit 일   12 stand the test 시련을 견디다   13 tempt 시험하다   14 lure 유혹하다   entice 꾀다   15 conceive 잉태하다   bring forth …을 낳다   16 deceive 속이다   17 variation 변화   due to …에 기인하는

☐ 묵상 체크

03
말씀을 듣고 행하는 자

야고보서 1:19-27 • 새찬송 204장 | 통일 379장

• 말씀묵상 전에 성령님의 인도하심을 구하는 기도를 드리십시오.

> **본문요약 |** 하나님의 말씀을 듣고 말하는 태도에 대해 교훈하면서 '듣기는 속히 하고 말하기는 더디 하라'고 권면한다. 특히 성내는 것은 하나님의 의를 이루지 못한다고 지적한다. 또한 말씀을 듣기만 하는 자가 아니라, 듣고 행하는 자가 복 있는 사람이라고 강조한다. 그리고 하나님이 인정하시는 '참된 경건'은 말이 아니라 행동이 뒷받침되는 경건이라고 교훈한다.

19 내 사랑하는 형제들아 너희가 알지니 사람마다 듣기는 속히 하고 말하기는 더디 하며 성내기도 더디 하라
20 사람이 성내는 것이 하나님의 의를 이루지 못함이라
21 그러므로 모든 더러운 것과 넘치는 악을 내버리고 너희 영혼을 능히 구원할 바 마음에 심어진 말씀을 온유함으로 받으라
22 너희는 말씀을 행하는 자가 되고 듣기만 하여 자신을 속이는 자가 되지 말라
23 누구든지 말씀을 듣고 행하지 아니하면 그는 거울로 자기의 생긴 얼굴을 보는 사람과 같아서
24 제 자신을 보고 가서 그 모습이 어떠했는지를 곧 잊어버리거니와
25 자유롭게 하는 온전한 율법을 들여다보고 있는 자는 듣고 잊어버리는 자가 아니요 실천하는 자니 이 사람은 그 행하는 일에 복을 받으리라
26 누구든지 스스로 경건하다 생각하며 자기 혀를 재갈 물리지 아니하고 자기 마음을 속이면 이 사람의 경건은 헛것이라
27 하나님 아버지 앞에서 정결하고 더러움이 없는 경건은 곧 고아와 과부를 그 환난 중에 돌보고 또 자기를 지켜 세속에 물들지 아니하는 그것이니라

1. 오늘 하나님께서 나에게 주신 깨달음은 무엇입니까?

2. 말씀을 어떻게 내 삶에 구체적으로 적용해야 합니까?

절별 해설

19 듣기는 속히 하고 말하기는 더디 하며 이것은 일반적인 대화의 태도보다는 하나님의 말씀에 대한 태도를 가리킨다. '듣기는 속히 하라'는 것은 하나님의 말씀에 신속히 반응하라는 뜻이고, '말하기는 더디 하라'는 것은 말씀을 충분히 묵상하고 소화한 후에 전하고 가르치라는 뜻이다.

20 하나님의 의 여러 가지 해석이 가능하지만, 여기서는 하나님이 인정하시는 의로운 행위로 해석하는 것이 자연스럽다.

21 모든 더러운 것과 넘치는 악을 내버리고 이것은 바로 앞에서 언급한 성내는 것을 포함하여 회개해야 할 모든 종류의 죄악들을 총칭하는 말이다. 여기 "내버리고"(헬, 아포티데미)를 직역하면 '옷을 벗어 버린다'는 뜻으로, 그리스도인이 되기 이전의 생활 방식을 벗어 버리고 완전히 변화되는 것을 의미한다. **마음에 심어진 말씀을 온유함으로 받으라** 이 "말씀"은 그리스도의 복음을 의미한다. 그리스도인은 복음을 받아 거듭난 이후에 그 복음을 마음에 새겨서 그대로 살려고 애써야 한다. 그리고 그 말씀을 받을 때 온유하고 겸손한 태도를 취해야 한다.

22-24 말씀을 행하는 자 … 듣기만 하여 자신을 속이는 자 말씀을 받아들이는 것은 단순한 지적 동의가 아니라 행동으로 실천하는 것을 뜻한다. 듣기만 하고 행함이 없는 사람은 종교인이지 참된 그리스도인이 아니다(참고. 눅 11:28; 롬 2:13). 이렇게 말씀을 듣기만 하는 사람은 거울로 자기 얼굴을 보지만 곧 잊어버리는 사람과 같다.

25 자유롭게 하는 온전한 율법 이 "율법"은 구약에 나오는 모세의 율법이 아니라, 예수님을 믿음으로 구원받은 하나님의 자녀가 어떻게 살아야 할지를 가르쳐 주는 삶의 기준으로서의 율법을 의미한다. 이 율법은 우리를 얽어매지 않고 오히려 자유를 준다(요 8:32,36).

26 자기 혀를 재갈 물리지 아니하고 여기서는 "혀"를 야생 동물에 비유하면서, 마치 동물에게 재갈을 물리듯 혀를 적절히 통제해야 한다고 말씀한다. 이것은 혀의 파괴적인 힘을 염두에 둔 표현이자 말의 중요성을 강조한 표현이다.

27 정결하고 더러움이 없는 경건 이 구절은 26절에 나오는 '헛된 경건'과 대조를 이루는 말로서 '참된 경건'을 표현한다. 참된 경건은 고아와 과부처럼 자기 혼자 힘으로 살아갈 수 없는 사람을 돌보는 것과 세속에 물들지 않도록 마음의 순결을 유지하는 것이다. 즉 참된 경건은 마음의 순결과 행동의 순결이 결합하여야 한다.

쉬운성경

19 사랑하는 형제 여러분, 다른 사람의 말은 빨리 듣고, 자신의 말은 천천히 하십시오. 쉽게 화를 내지 말기 바랍니다.

20 화를 내면 하나님께서 원하시는 의로운 삶을 살 수 없습니다.

21 그러므로 여러분의 삶 가운데 악한 것과 잘못된 일은 모두 없애 버리십시오. 여러분의 마음에 심겨진 하나님의 가르침을 겸손하게 받으시기 바랍니다. 이는 여러분의 영혼을 구원하는 가르침입니다.

22 하나님께서 가르쳐 주신 대로 행하십시오. 듣기만 하고 행하지 않는 사람이 되어서는 안 됩니다. 앉아서 듣기만 한다면 그것은 자신을 속이는 것입니다.

23 하나님의 가르침을 듣고 아무것도 행하지 않는 사람은 거울을 들여다보고 있는 사람과 같습니다.

24 그는 자기 얼굴을 들여다보고도, 일어나면 금방 자신의 얼굴이 어떠했는지 잊어버립니다.

25 그러나 사람을 자유케 하는 하나님의 완전한 법을 살피는 사람은 들은 것을 잊어버리지 않고, 그 말씀대로 행하는 사람입니다. 이런 사람은 그 행하는 일에 복을 받을 것입니다.

26 스스로 자신이 경건하다고 생각하면서 말을 함부로 하는 사람은 자신을 속이고 있는 것입니다. 그의 경건은 아무 가치도 없습니다.

27 하나님께서 받으시는 경건은, 어려운 처지에 있는 고아와 과부를 돌보고, 세상의 악에 물들지 않도록 자신을 잘 지키는 것입니다. 하나님께서는 이런 순수하고 깨끗한 신앙을 보십니다.

저자의 묵상

오늘의 말씀은 지금 한국 교회가 앓고 있는 '영적 무기력함'의 원인이 무엇인지를 극명하게 보여준다. 그 어느 때보다 교회 숫자가 많고 텔레비전과 인터넷을 통해 유명한 목사님들의 설교를 보고 들을 수 있지만, 그 말씀을 듣기만 하고 행하지 않는 것이 영적 무기력의 첫째 원인이라고 말할 수 있다. 야고보서는 이렇게 듣기만 하고 행하지 않는 사람을 가리켜 "자신을 속이는 자"(22절)라고 말한다. 오늘날 교회 안에 자신을 속이는 자가 과연 얼마나 많을지 염려가 된다. 둘째로, 교회가 영적 무기력증을 앓는 또 다른 원인을 본문에서 찾는다면 '참된 경건'이 부족하기 때문이라고 말할 수 있다(27절). 스스로 경건하다고 생각하는 사람은 많지만, 정말 하나님 아버지께서 보실 때 정결하고 더러움이 없는 경건을 소유한 사람은 그리 많지 않은 듯하다. 경건하다고 하면서 다른 사람에게 귀를 기울이지 않고 자기 말만 하고 심지어 성을 내는 사람들을 교회 안에서 쉽게 목격할 수 있다. 과연 나는 마음과 행동이 모두 경건한 성도인지 자신을 말씀의 거울에 비추어 보자.

무릎기도 하나님, 말씀을 듣기만 하고 행하지 않음으로 귀만 높아지고 손과 발은 무기력해진 성도가 되지 않도록 도와주소서. 말씀을 듣고 행하는 '참된 경건'의 소유자가 되게 하소서.

ESV - James 1

19 Know this, my beloved brothers: let every person be quick to hear, slow to speak, slow to anger;
20 for the anger of man does not produce the righteousness of God.
21 Therefore put away all filthiness and rampant wickedness and receive with meekness the implanted word, which is able to save your souls.
22 But be doers of the word, and not hearers only, deceiving yourselves.
23 For if anyone is a hearer of the word and not a doer, he is like a man who looks intently at his natural face in a mirror.
24 For he looks at himself and goes away and at once forgets what he was like.
25 But the one who looks into the perfect law, the law of liberty, and perseveres, being no hearer who forgets but a doer who acts, he will be blessed in his doing.
26 If anyone thinks he is religious and does not bridle his tongue but deceives his heart, this person's religion is worthless.
27 Religion that is pure and undefiled before God the Father is this: to visit orphans and widows in their affliction, and to keep oneself unstained from the world.

20 righteousness 의 21 filthiness 더러움 rampant 만연하는 meekness 온유함 implant 심다 22 doer 행위자 deceive 속이다 23 look intently at …을 골똘히 보다 25 persevere 인내하다 26 religious 경건한 bridle one's tongue 말조심하다 27 undefiled 더럽혀지지 않은 unstained 흠 없는

묵상 체크 ☐

04
월 일

외모로 차별하지 말라

야고보서 2:1-7 • 새찬송 274장 | 통일 332장

• 말씀묵상 전에 성령님의 인도하심을 구하는 기도를 드리십시오.

> **본문요약** | 예수 그리스도에 대한 믿음을 가진 사람은 무엇보다 사람을 외모로 차별하지 않는다. 특히 교회 안에서 빈부에 따라 성도를 차별해서도 안 된다. 왜냐하면 하나님은 가난한 자를 선택하여 믿음을 부요하게 하시고 하나님 나라를 상속으로 주시기 때문이다. 따라서 가난한 자를 억압하지 않고 오히려 그들을 품고 돕는 자가 진정한 그리스도인이다.

1 내 형제들아 영광의 주 곧 우리 주 예수 그리스도에 대한 믿음을 너희가 가졌으니 사람을 차별하여 대하지 말라
2 만일 너희 회당에 금가락지를 끼고 아름다운 옷을 입은 사람이 들어오고 또 남루한 옷을 입은 가난한 사람이 들어올 때에
3 너희가 아름다운 옷을 입은 자를 눈여겨 보고 말하되 여기 좋은 자리에 앉으소서 하고 또 가난한 자에게 말하되 너는 거기 서 있든지 내 발등상 아래에 앉으라 하면
4 너희끼리 서로 차별하며 악한 생각으로 판단하는 자가 되는 것이 아니냐
5 내 사랑하는 형제들아 들을지어다 하나님이 세상에서 가난한 자를 택하사 믿음에 부요하게 하시고 또 자기를 사랑하는 자들에게 약속하신 나라를 상속으로 받게 하지 아니하셨느냐
6 너희는 도리어 가난한 자를 업신여겼도다 부자는 너희를 억압하며 법정으로 끌고 가지 아니하느냐
7 그들은 너희에게 대하여 일컫는 바 그 아름다운 이름을 비방하지 아니하느냐

1. 오늘 하나님께서 나에게 주신 깨달음은 무엇입니까?

2. 말씀을 어떻게 내 삶에 구체적으로 적용해야 합니까?

절별 해설

1 사람을 차별하여 대하지 말라 "차별하다"(헬, 프로소폴렘프시아)는 말은 '얼굴을 받아들인다'는 뜻으로, 신체적 외모나 사회적 지위 혹은 인종 등과 같은 외적 조건들을 토대로 사람을 평가하거나 판단하는 것을 의미한다. 하지만 하나님은 그러한 외적인 조건으로 사람을 판단하지 않으신다(롬 2:11; 엡 6:9; 골 3:25). 따라서 믿음을 가진 성도는 하나님을 본받아 사람을 외모로 차별하지 않도록 주의하고 힘써야 한다.

2 금가락지를 끼고 아름다운 옷을 입은 사람 야고보는 외모로 사람을 차별하는 실제적인 사례로 부자와 가난한 자의 차별을 예로 들고 있다. 로마 공화정 시대에는 기사 계급에 속한 부유한 사람들만 반지를 꼈으나, 제정 시대 이후에는 일반 부자들에게로 일반화되었다. 또한 "아름다운"(헬, 람프로스)은 '밝게 빛나는', '찬란한'이란 뜻으로, 여기서는 당시의 권세 있는 공무원이나 유력한 부자를 가리킨다.

3 가난한 자에게 … 내 발등상 아래에 앉으라 회당에서 부자와 가난한 자에 대한 차별은 앉는 자리에서 이루어졌다. 부자에게는 "좋은 자리"를 권한 반면에 가난한 자에게는 "내 발등상 아래", 즉 내 발판 근처 바닥에 앉으라고 했다. 이것이야말로 가난한 자를 멸시하여 차별하는 실태를 생생하게 보여준다.

4 너희끼리 서로 차별하며 악한 생각으로 판단하는 자가 되는 것이 아니냐 이 구절은 3절 끝의 "~하면"(조건절)에 이은 주절로서 차별의 결과를 말씀한다. 차별하는 악한 행동은 악한 생각(동기)에서 비롯된다. 이렇게 악한 생각으로 사람을 판단하는 것이야말로 앞에서 경고한 '세속에 물든'(1:27) 가치관에 따라 사는 것이다.

5 가난한 자를 택하사 믿음에 부요하게 하시고 또 자기를 사랑하는 자들에게 약속하신 나라를 상속으로 받게 하지 아니하셨느냐 빈부에 따른 차별은 하나님의 구원 원리에 정면으로 위배된다. 하나님은 세상에서 가난한 자를 택하여 믿음에 부요하게 하시고 하나님 나라를 상속으로 주시기 때문이다. 여기서 "가난한 자"는 경제적으로 억압당하는 사람과 영적으로 겸허한 사람 모두를 가리킨다. 따라서 가난하다고 무조건 선택받고 부자라고 무조건 배제되는 것이 아니다. 중요한 것은 "믿음에 부요하게" 되는 것과 "자기(하나님)를 사랑하는" 것이다.

6-7 아름다운 이름을 비방하지 아니하느냐 부자들이 가난한 그리스도인들을 차별하고 무시하는 구체적인 사례로 경제적인 착취와 법적인 억압을 꼽고 있다. 여기서 "아름다운 이름"은 그리스도를 가리키며(벧전 4:14), 예수를 믿을 때 그 사람에게 그리스도의 이름이 덧입혀져 '그리스도인'이라는 새로운 이름을 얻게 된다. 따라서 그 이름을 비방하는 것은 곧 그리스도뿐 아니라 그리스도인을 비방하는 것을 의미한다.

쉬운성경

1 사랑하는 형제 여러분, 여러분은 영광스러운 우리 주 예수 그리스도를 믿는 자들입니다. 그러므로 사람들을 차별해서 대하지 말기 바랍니다.

2 만일 한 사람은 좋은 옷에 금반지를 끼고 교회에 나왔고, 또 한 사람은 남루한 옷을 입고 교회에 나왔다고 합시다.

3 그때, 옷을 잘 입은 사람에게는 "이리로 와서 좋은 자리에 앉으십시오"라고 말하고, 가난한 사람에게는 "저기에 서 있든지 내 발밑에 앉으시오"라고 말한다면,

4 사람을 차별하고 있는 것이 아니고 무엇이겠습니까? 여러분은 악한 생각으로 사람들을 판단한 것입니다.

5 사랑하는 형제 여러분, 제 말을 잘 들으십시오. 하나님께서는 세상의 가난한 자를 택하여 믿음으로 부하게 하셨습니다. 그리고 자기를 사랑하는 백성에게 약속하신 나라를 주셨습니다.

6 그런데 여러분은 가난한 사람들을 멸시하고 있습니다. 사실 여러분의 생명을 위협하고 법정으로 끌고 가는 사람들은 부자들인데도 말입니다.

7 그들은 여러분의 주인 되신 예수님을 모독하는 자들이기도 합니다.

저자의 묵상

영국의 윌리엄 윌버포스는 노예 제도 폐지를 위해 일생을 바쳤고, 마틴 루터 킹 목사는 인종 차별 폐지를 위해 싸웠다. 이들은 '하나님께서 사람을 외모로 차별하지 않으신다'는 성경의 원리를 믿었기 때문에 위와 같은 활동을 추진할 수 있었다. 그런 의미에서 교회는 돈, 학력, 지위, 권력, 피부색, 인종 등등에 따라 사람을 차별해서는 안 된다. 차별 행위야말로 그리스도인의 믿음과 모순된다는 것을 오늘 본문이 적어도 3가지로 지적하고 있다. 첫째로, 우리가 믿는 하나님 아버지께서 사람을 외모로 보지 않으시고 중심을 보시는 분이기 때문이다(삼상 16:7). 둘째로, 차별하는 악한 행동은 악한 생각에서 비롯된 것이기 때문이다. 셋째로, 가난한 자를 억압하고 차별하는 것은 곧 아름다운 이름 주 예수 그리스도를 비방하는 것과 같기 때문이다. 그런 의미에서 우리가 믿는 하나님 아버지는 가난한 자를 택하여 믿음에 부요하게 하시고 하나님 나라를 상속으로 주시는 분임을 기억해야 한다. 하나님이 우리의 위로가 되시는 것처럼 우리 또한 다른 사람을 차별하지 않는 믿음의 사람이 되어야 한다.

> **무릎기도** 하나님, 세속의 가치관에 따라 사람들을 빈부나 외모로 차별하는 악한 행동을 하지 않도록 붙들어 주시고, 주님을 본받아 가난한 자를 품고 돕는 자가 되게 하소서.

ESV - James 2

1 My brothers,* show no partiality as you hold the faith in our Lord Jesus Christ, the Lord of glory.
2 For if a man wearing a gold ring and fine clothing comes into your assembly, and a poor man in shabby clothing also comes in,
3 and if you pay attention to the one who wears the fine clothing and say, "You sit here in a good place," while you say to the poor man, "You stand over there," or, "Sit down at my feet,"
4 have you not then made distinctions among yourselves and become judges with evil thoughts?
5 Listen, my beloved brothers, has not God chosen those who are poor in the world to be rich in faith and heirs of the kingdom, which he has promised to those who love him?
6 But you have dishonored the poor man. Are not the rich the ones who oppress you, and the ones who drag you into court?
7 Are they not the ones who blaspheme the honorable name by which you were called?

* 2:1 Or *brothers and sisters*; also verses 5, 14

1 partiality 편애, 편파 2 fine 좋은 assembly 모임 shabby 허름한 3 pay attention to …에 주목하다 4 make distinctions 차별하다 5 heir 상속자 6 dishonor 모욕하다 oppress 억압하다 7 blaspheme 모독하다

☐ 묵상 체크

05
월 일

이웃 사랑을 실천하라

야고보서 2:8–13 • 새찬송 218장 | 통일 369장

• 말씀묵상 전에 성령님의 인도하심을 구하는 기도를 드리십시오.

본문요약 | 사람을 차별하는 것은 이웃 사랑이라는 "최고의 법"을 어기는 죄를 짓는 것이다. 또한 율법은 개별적인 규율들로 보기보다는 하나의 통일체로 보아야 한다. 따라서 하나의 율법을 범하면 곧 율법 전체를 범하는 것과 같다. 그러므로 성도는 자유의 율법을 따라 행해야 하며, 무엇보다 긍휼을 행하는 자가 되어야 한다.

8 너희가 만일 성경에 기록된 대로 ㄱ네 이웃 사랑하기를 네 몸과 같이 하라 하신 최고의 법을 지키면 잘하는 것이거니와
9 만일 너희가 사람을 차별하여 대하면 죄를 짓는 것이니 율법이 너희를 범법자로 정죄하리라
10 누구든지 온 율법을 지키다가 그 하나를 범하면 모두 범한 자가 되나니
11 ㄴ간음하지 말라 하신 이가 또한 살인하지 말라 하셨은즉 네가 비록 간음하지 아니하여도 살인하면 율법을 범한 자가 되느니라
12 너희는 자유의 율법대로 심판받을 자처럼 말도 하고 행하기도 하라
13 긍휼을 행하지 아니하는 자에게는 긍휼 없는 심판이 있으리라 긍휼은 심판을 이기고 자랑하느니라

1. 오늘 하나님께서 나에게 주신 깨달음은 무엇입니까?

2. 말씀을 어떻게 내 삶에 구체적으로 적용해야 합니까?

ㄱ. 레 19:18
ㄴ. 출 20:13,14; 신 5:17

절별 해설

8 네 이웃 사랑하기를 네 몸과 같이 하라 하신 최고의 법 야고보는 예수님이 십계명을 요약하며 강조하신 둘째 계명인 이웃 사랑을 가리켜 최고의 법이라고 부른다. "최고의 법"(헬, 노모스 바실리코스)을 직역하면 '왕적인', '왕 같은', '고상한', '숭고한 법'이란 뜻이다. 성경의 모든 계명은 왕적인 권위를 가진 최고의 법이며 그 핵심에 이웃 사랑이 자리하고 있다. 문제는 '이웃이 누구냐?'이다. 유대인들은 자신의 동족만을 이웃으로 여겼지만, 예수님은 선한 사마리아인의 비유를 통해 원수까지 내 이웃으로 포함하는 이웃 사랑을 강조하셨다(눅 10:29-37).

9 사람을 차별하여 대하면 죄를 짓는 것이니 율법이 너희를 범법자로 정죄하리라 야고보는 차별하는 행위를 죄를 짓는 것으로 못 박고 있다. 이웃 사랑이 최고의 법의 핵심이기 때문에 차별 행위는 그 법을 어기는 심각한 죄다. 따라서 차별하는 사람에 대해 최고의 법인 율법은 그를 "범법자"로 정죄한다.

10 온 율법을 지키다가 그 하나를 범하면 모두 범한 자가 되나니 이 말씀은 "율법"을 분리할 수 없는 하나의 통일체로 보기 때문에 그 중에 하나만 어겨도 전체를 어기는 것이 된다는 뜻이다. 표준새번역에서는 해당 구절을 "율법 전체를 지키다가도 한 조목에서 실수하면, 전체를 범한 셈이 되기 때문입니다."라고 해석하였다. 예수님도 계명 중에서 '지극히 작은 것 하나라도 버리거나 그렇게 가르치면 천국에서 지극히 작은 자로 일컬음을 받게 될 것'이라고 경고하신 바 있다(마 5:19).

11 네가 비록 간음하지 아니하여도 살인하면 율법을 범한 자가 되느니라 야고보는 사형 죄에 해당하는 간음과 살인을 통해서 율법이 통일체이기 때문에 하나를 어기면 전체를 어긴 것과 다름없다는 원리를 확실히 예증하고 있다. 특히 간음과 살인을 예로 든 것은 이 둘이 이웃 사랑의 법을 범하는 가장 심각한 죄이기 때문이다.

12 자유의 율법 이 구절은 1장 25절에 나오는 "자유롭게 하는 온전한 율법"과 같은 의미다. 이것은 그리스도인이 지켜야 할 법이 강제나 두려움에 의한 것이 아니라, 자유와 사랑으로 지키는 법이라는 뜻이다. 그리고 성도들의 행위는 자유의 율법이 설정한 기준에 의하여 평가될 것이다.

13 긍휼은 심판을 이기고 자랑하느니라 "긍휼"을 행하는 것은 이웃 사랑의 계명이 요구하는 핵심이자 자유의 율법의 중요한 요소다. 따라서 '긍휼이 심판을 이긴다'는 것은 우리가 베푸는 긍휼의 행위가 하나님의 심판대 앞에서 우리를 변호한다는 뜻이다. 즉 긍휼을 베푼 사람은 심판을 두려워하지 않아도 된다. 왜냐하면 산상수훈의 팔복에 있듯이, 긍휼이 여기는 자는 긍휼히 여김을 받는 복을 받을 것이기 때문이다(마 5:7).

쉬운성경

8 모든 법 위에 우선되는 법이 있습니다. 그 법은 성경에 기록되어 있습니다. "네 이웃을 네 몸과 같이 사랑하라." 만일 여러분이 이 율법을 지키면, 잘하는 것입니다.

9 그러나 사람을 차별하여 대한다면 죄를 짓는 것이며, 이 율법에 따라 여러분은 하나님의 법을 어긴 것이 됩니다.

10 누구든지 하나님의 율법을 다 지키다가 한 가지 계명을 어기게 되면 율법 전체를 다 어긴 자가 됩니다.

11 "간음하지 마라" 하고 말씀하신 하나님께서 "살인하지 마라" 하고 말씀하셨습니다. 그러므로 간음하지 않았다고 해도 살인을 저질렀다면, 율법 전체를 어긴 셈입니다.

12 여러분은 자유를 주는 법에 의해 심판받을 것입니다. 여러분이 말하고 행동하는 데 있어서 늘 이것을 기억해야 할 것입니다.

13 다른 사람들에게 자비를 베푸십시오. 그렇지 않으면 하나님께서 여러분을 심판하실 때, 여러분에게도 자비를 베풀지 않으실 것입니다. 자비를 베풀었던 자는 후에 아무 두려움 없이 심판날을 맞이하게 될 것입니다.

저자의 묵상

요즘 우리 마음을 아프게 하는 각종 사건 사고가 일어나는데 그중에서도 가정 폭력, 학교 폭력, 직장의 갑질 등은 이웃 사랑의 결여와 차별 의식에서 비롯되는 경우가 많다. 그런 의미에서 오늘 말씀은 우리에게 세 가지 중요한 교훈을 권면한다. 제일 먼저, 이웃 사랑이 "최고의 법"(8절)이라는 사실을 일깨워 준다. 특히 차별하지 말라는 교훈의 연장선상에서 이웃 사랑을 강조하고 있다. 다른 사람을 차별하면 진정한 이웃 사랑이 이루어질 수 없다. 둘째로, 율법을 개별적인 규율로 보지 말고 하나의 동일체로 보아야 한다고 가르친다. 사람들은 은연중에 큰 죄는 안 되지만 작은 죄는 지어도 괜찮다고 생각한다. 그래서 신호 위반같이 사소한 잘못은 죄로 여기지도 않는다. 하지만 성경은 율법의 일부를 범하면 율법 전체를 범한 것과 같다고 말씀한다. 따라서 사람을 차별하는 죄는 이웃 사랑을 범한 죄와 같다. 셋째로, 성도는 자유의 율법에 따라 긍휼을 베푸는 자가 되어야 한다. 사람을 차별하는 것은 긍휼을 행하지 않는 죄를 짓는 것이다. 하나님은 긍휼히 여기는 자에게 긍휼히 여김을 받는 복을 주신다.

> **무릎기도** 하나님, 다른 사람을 차별함으로 이웃 사랑이라는 최고의 법을 어기지 않도록 도와주시고, 자유의 율법을 따라 긍휼을 베푸는 삶을 살게 하소서.

ESV - James 2

8 If you really fulfill the royal law according to the Scripture, "You shall love your neighbor as yourself," you are doing well.
9 But if you show partiality, you are committing sin and are convicted by the law as transgressors.
10 For whoever keeps the whole law but fails in one point has become guilty of all of it.
11 For he who said, "Do not commit adultery," also said, "Do not murder." If you do not commit adultery but do murder, you have become a transgressor of the law.
12 So speak and so act as those who are to be judged under the law of liberty.
13 For judgment is without mercy to one who has shown no mercy. Mercy triumphs over judgment.

8 fulfill 이행하다 Scripture 성경 9 partiality 편애, 편파 commit 범하다 sin 죄 convict 유죄를 선고하다 transgressor 죄인, 범법자 10 guilty 유죄의 11 adultery 간음 murder 살인하다 13 without mercy 무자비하게 triumph over …을 이기다

묵상 체크 ☐

06 행함이 없는 믿음이란

야고보서 2:14-19 • 새찬송 216장 | 통일 356장

• 말씀묵상 전에 성령님의 인도하심을 구하는 기도를 드리십시오.

본문요약 | 믿음이 있다고 하면서 행함이 없으면 아무 유익도 없을 뿐만 아니라, 자기를 구원하지도 못한다. 믿음이 있다고 하면서 말로만 평안히 가라, 덥게 하라, 배부르게 하라고 할 뿐 아무 도움도 주지 않는 것은 잘못된 믿음이고 죽은 믿음이라고 단언한다. 그런 잘못된 믿음은 귀신도 가지고 있다고 부연 설명하면서 행함이 있는 믿음을 강조한다.

14 내 형제들아 만일 사람이 믿음이 있노라 하고 행함이 없으면 무슨 유익이 있으리요 그 믿음이 능히 자기를 구원하겠느냐
15 만일 형제나 자매가 헐벗고 일용할 양식이 없는데
16 너희 중에 누구든지 그에게 이르되 평안히 가라, 덥게 하라, 배부르게 하라 하며 그 몸에 쓸 것을 주지 아니하면 무슨 유익이 있으리요
17 이와 같이 행함이 없는 믿음은 그 자체가 죽은 것이라
18 어떤 사람은 말하기를 너는 믿음이 있고 나는 행함이 있으니 행함이 없는 네 믿음을 내게 보이라 나는 행함으로 내 믿음을 네게 보이리라 하리라
19 네가 하나님은 한 분이신 줄을 믿느냐 잘 하는도다 귀신들도 믿고 떠느니라

1. 오늘 하나님께서 나에게 주신 깨달음은 무엇입니까?

2. 말씀을 어떻게 내 삶에 구체적으로 적용해야 합니까?

절별 해설

14 믿음이 있노라 하고 행함이 없으면 무슨 유익이 있으리요 야고보는 이 단락에서 마치 잘못된 믿음의 개념을 가르치는 거짓 교사들과 토론하는 것처럼 말을 하고 있다. 거짓 교사들은 '오직 믿음으로만 의로워지기 때문에 행함은 필요 없다'는 식의 주장을 펼쳤다. 여기에 대한 반론으로 야고보는 그들이 말하는 "믿음"은 예수를 구주로 고백하여 구원에 이르게 하는 믿음이 아니라 행함이 없는 믿음, 즉 '가짜 믿음'을 가리킨다고 말하면서 그런 믿음은 아무 유익이 없다고 단호하게 주장한다.
그 믿음이 능히 자기를 구원하겠느냐 여기서 "구원하다"(헬, 소조)는 2장 13절에 언급한 심판과 연결 지어 생각할 때 죄와 사망과 마지막 심판으로부터 자유하게 되는 궁극적인 구원을 의미한다. 따라서 가짜 믿음은 그 사람을 구원할 수 없다.

15-16 형제나 자매가 … 평안히 가라, 덥게 하라, 배부르게 하라 … 주지 아니하면 무슨 유익이 있으리요 이 구절은 말뿐인 믿음, 즉 잘못된 믿음이 어떤 것인가를 생생하게 예를 들어 보여준다. 여기서 믿음이 있다고 주장하는 사람은 선한 바람("평안히 가라, 덥게 하라, 배부르게 하라")만 외칠 뿐 아무런 행동도 취하지 않는다. 이것은 아무 유익이 없다. 성도의 공허한 말은 다른 사람에게 소용없을 뿐만 아니라, 자신에게도 아무런 영적 유익을 주지 못한다.

17 이와 같이 행함이 없는 믿음은 그 자체가 죽은 것이라 이것이 바로 야고보가 강조하고자 하는 핵심 메시지다. 야고보는 이 메시지를 세 번이나 반복해서 강조하고 있다(2:17, 20, 26). 이제 문제의 핵심은 '믿음이냐 행함이냐?'가 아니라, '행함이 있는 믿음이냐, 행함이 없는 믿음이냐?'로 넘어갔다고 볼 수 있다.

18 너는 믿음이 있고 나는 행함이 있으니 … 나는 행함으로 내 믿음을 네게 보이리라 야고보는 서로 다른 입장을 가진 두 사람을 내세워서 믿음과 행함이 결코 분리될 수 없는 불가분의 관계임을 보여준다. 참된 믿음은 행함 없이 존재할 수 없다.

19 귀신들도 믿고 떠느니라 "떨다"(헬, 프릿소)는 '털이 곤두서다'란 말에 어원을 두고 있으며, 극도의 공포심 때문에 머리털이 곤두서는 것으로 영적인 불안과 공포를 의미한다. 귀신들은 하나님이 유일신이심을 지적으로만 동의하고 두려워 떨 뿐이다(막 1:24). 그 지적인 믿음을 통해 구원에 이르지는 못한다. 결국 귀신들이 가진 지식뿐인 믿음은 참된 믿음이 아니다.

쉬운성경

14 사랑하는 형제 여러분. 만일 누군가가 믿음이 있다고 하면서 아무 일도 하지 않는다면 그 믿음이 무슨 소용이 있겠습니까? 그 믿음이 그를 구원할 수 있겠습니까?

15 그리스도 안에서 한 형제자매 된 사람이 옷이나 먹을 것이 필요할 때,

16 "하나님께서 은혜를 베푸시기를! 몸을 따뜻하게 하고 먹을 것을 좀 많이 드십시오"라고 말하고, 그 사람에게 필요한 것을 주지 않는다면, 그런 말은 아무 도움이 되지 않을 것입니다.

17 믿음도 마찬가지입니다. 행동이 따르지 않는 믿음은 죽은 믿음입니다.

18 이렇게 말하는 사람도 있을 것입니다. "당신은 믿음이 있고, 나에게는 행동이 있습니다." 행동이 따르지 않는 당신의 믿음을 보여주십시오. 나는 행동으로 나의 믿음을 보여주겠습니다.

19 여러분은 하나님이 한 분이신 것을 믿으니 잘하는 일입니다. 귀신들도 그것을 믿으며 두려워서 떱니다.

저자의 묵상

종종 믿음과 행함에 대한 바울과 야고보의 의견이 다르다는 주장이 있다. 바울은 율법의 행위를 강하게 반대하면서 율법주의적인 행위가 칭의의 근거가 되는 것을 거부한다. 반면에 야고보는 행위를 긍정적으로 이해하면서 진짜 그리스도인은 사랑의 법을 성취하기 위해 실천해야 한다고 강조한다. 이 둘이 표면적으로는 달라 보이지만 강조점이 다를 뿐 본질은 동일 선상에 있다. 바울은 맨 처음 예수를 믿고 그리스도인이 되는 순간 즉 '칭의'(의롭다 칭함을 받음)를 강조하고, 야고보는 예수를 믿고 난 이후 그리스도인의 삶 즉 '성화'(예수님을 닮아가는 거룩함)를 강조한다. 다시 말해 바울은 회심 이전의 그 어떤 행위도 칭의를 얻는데 아무런 공로가 되지 못한다고 보았다. 반면에 야고보는 회심 이후에 이루어지는 행함은 믿음이 진짜임을 증명하는 데 절대적으로 필요하다고 역설한다. 따라서 참된 그리스도인은 오직 믿음으로 칭의를 얻은 이후에 그 믿음을 증명하기 위해 행위의 열매를 맺어야 한다. 둘 중 하나라도 부족하면 그것은 진짜가 아니다.

> **무릎기도** 하나님, 말만 번지르르한 위선적인 믿음, 죽은 믿음이 아니라 행함이 있는 참된 믿음을 소유하는 성도가 되게 하소서.

ESV - James 2

14 What good is it, my brothers, if someone says he has faith but does not have works? Can that faith save him?
15 If a brother or sister is poorly clothed and lacking in daily food,
16 and one of you says to them, "Go in peace, be warmed and filled," without giving them the things needed for the body, what good* is that?
17 So also faith by itself, if it does not have works, is dead.
18 But someone will say, "You have faith and I have works." Show me your faith apart from your works, and I will show you my faith by my works.
19 You believe that God is one; you do well. Even the demons believe—and shudder!

*2:16 Or *benefit*

14 faith 믿음 work 행함   15 lack in …가 부족하다   17 by itself 그것만으로   18 apart from …을 제외하고   19 demon 귀신   shudder (벌벌) 떨다

☐ 묵상 체크

07
월 일

행함으로 온전해지는 믿음
야고보서 2:20-26 • 새찬송 544장 | 통일 343장

• 말씀묵상 전에 성령님의 인도하심을 구하는 기도를 드리십시오.

본문요약 | 야고보는 행함이 없이 믿음만을 주장하는 사람을 가리켜 허탄한 사람이라고 부르면서, 믿음과 행함을 함께 보여준 인물로 아브라함과 라합을 예로 들고 있다. 두 사람 다 행하기 힘든 일들을 오직 믿음으로 실천에 옮김으로써 하나님으로부터 의롭다 하심을 얻었다. 따라서 '살아 있는 믿음'은 행함과 함께하는 믿음인 것을 강조한다.

20 아아 허탄한 사람아 행함이 없는 믿음이 헛것인 줄을 알고자 하느냐
21 우리 조상 아브라함이 그 아들 이삭을 제단에 바칠 때에 행함으로 의롭다 하심을 받은 것이 아니냐
22 네가 보거니와 믿음이 그의 행함과 함께 일하고 행함으로 믿음이 온전하게 되었느니라
23 이에 성경에 이른 바 ᄀ아브라함이 하나님을 믿으니 이것을 의로 여기셨다는 말씀이 이루어졌고 그는 하나님의 벗이라 칭함을 받았나니
24 이로 보건대 사람이 행함으로 의롭다 하심을 받고 믿음으로만은 아니니라
25 또 이와 같이 기생 라합이 사자들을 접대하여 다른 길로 나가게 할 때에 행함으로 의롭다 하심을 받은 것이 아니냐
26 영혼 없는 몸이 죽은 것같이 행함이 없는 믿음은 죽은 것이니라

1. 오늘 하나님께서 나에게 주신 깨달음은 무엇입니까?

2. 말씀을 어떻게 내 삶에 구체적으로 적용해야 합니까?

ᄀ. 사 41:8; 대하 20:7

절별 해설

20 허탄한 사람 문자적으로는 머리가 비어 어리석은 행동을 하는 사람을 뜻하는데, 여기서는 믿음과 행함의 분리를 옹호하는 사람을 가리키는 말로 사용되고 있다.

21 아브라함이 이삭을 제단에 바칠 때에 행함으로 의롭다 하심을 받은 것이 아니냐 아브라함이 이삭을 제물로 바치라는 하나님의 '힘든 명령'에 순종한 행위야말로 하나님이 보실 때 의롭다 하심을 받을 행위였다. 여기서 말하는 "의롭다 하심"은 이신칭의(믿음으로써 의롭다고 칭하여진다)의 개념이 아니라, 이신칭의를 통해 소유한 믿음이 행함을 통해 의롭다는 인정을 받게 되었다는 뜻이다.

22 믿음이 그의 행함과 함께 일하고 행함으로 믿음이 온전하게 되었으니라 본절은 아브라함의 믿음과 행위의 밀접한 연관성을 강조하는 표현이다. 즉 아브라함의 믿음은 행함이 동반된 믿음이었으며, 이 믿음은 행함과 영원한 파트너를 이루고 있음을 보여준다. 아브라함에게 믿음이 있었지만 아직 초보적이고 유아적인 믿음에 불과했는데, 이삭을 바치라는 힘든 명령에 순종함으로써 그의 믿음이 성숙하고 견고한 상태에 이르렀다는 뜻이다.

23 하나님의 벗 하나님과의 친밀한 관계를 나타내는 특별한 칭호로서 칭찬과 사랑이 담겨 있는 칭호다.

24 사람이 행함으로 의롭다 하심을 받고 믿음으로만은 아니니라 아브라함의 예를 통해 야고보가 강조하는 결론적인 메시지다. 이것은 믿음과 행함을 정면충돌하게 만드는 주장이 아니라, 믿음과 행함이 불가분의 관계에 있음을 보여주는 표현이다. 여기서 말하는 "믿음"은 참된 믿음이 아닌 2장 14-19절에서 강조해 온 행함이 없이 지(知)적으로만, 말로만 하는 믿음 즉 형식적인 믿음을 가리킨다. 이런 믿음은 미완성의 믿음이므로 행함을 통해 완전해진다.
[참고] 바울 vs 야고보 p. 217

25 기생 라합이 … 행함으로 의롭다 하심을 받은 것이 아니냐 이 구절은 여호수아 2장에서 라합이 이스라엘 정탐꾼들을 만나 하나님에 대한 신앙을 고백하고, 그 고백의 실천으로 그들을 접대하고 숨겨 주며 도피하도록 도와준 행위를 가리킨다. 야고보는 이스라엘의 조상이요 믿음의 영웅으로 알려진 '아브라함'과 기생이라는 보잘것없는 신분의 '라합', 두 사람 모두 신분을 초월하여 믿음으로부터 나온 행함에 근거해서 의롭다 하심을 받았다는 사실을 강조한다.

26 영혼 없는 몸이 죽은 것 이 구절은 소멸이나 활동 중지된 상태를 가리키기보다는 아무 소용없음, 의미 없음, 영혼과 몸의 유기적인 관계의 상실 등을 뜻한다. 한마디로 행함이 없는 믿음은 영혼 없는 시체에 비유할 수 있다. 따라서 산 믿음에는 하나님에 대한 순종의 수고와 믿음의 선행과 같은 행함이 반드시 뒤따라야 한다.

쉬운성경

20 어리석은 여러분, 행함이 따르지 않는 믿음은 아무 쓸모도 없는 걸 모르시겠습니까?

21 우리 조상 아브라함은 그의 아들 이삭을 제단에 바침으로써, 그가 행한 일로 의롭다 하심을 받았습니다.

22 이렇게 그의 믿음에는 행함이 함께 따랐으며, 그의 행동으로 믿음이 완전하게 되었습니다.

23 "아브라함이 하나님을 믿었고, 하나님께서는 그 믿음을 받으셨으며, 그 믿음으로 하나님께 의롭다 하심을 받았다"[*]라는 성경 말씀의 의미가 무엇인지 이제는 알 수 있을 것입니다. 아브라함은 그 후, '하나님의 친구'라고 불렸습니다.

24 그러므로 사람이 행동으로 의롭다 함을 받을 수 있으며 믿음만으로는 의롭다 함을 받을 수 없습니다.

25 또 라합의 예를 들 수도 있습니다. 그녀는 기생이었지만, 자신이 한 일로 하나님께 의롭다 함을 받았습니다. 그녀는 이스라엘의 정탐꾼을 그녀의 집에 들여, 다른 길로 도망갈 수 있게 도와주었습니다.

26 영혼이 없는 몸이 죽은 것같이, 믿음도 행함이 없으면 죽은 것입니다.

[*] 2:23 창 15:6에 기록되어 있다.

저자의 묵상

오늘 말씀은 행함이 있는 믿음, 즉 행동하는 신앙이 진짜임을 보여주기 위해 아브라함과 라합이라는 대조적인 두 인물을 소개하고 있다. 먼저, 아브라함은 이스라엘의 조상이자 믿음의 조상으로 존경받는 인물이다. 아브라함이 하나님으로부터 의롭다 하심을 받은 근거는 바로 아들 이삭을 바치라는 힘든 명령에 순종하는 행함을 보여주었기 때문이다. 그런가 하면 라합은 기생이라는 보잘것없는 신분이었지만 출애굽의 기적을 행하신 여호와 하나님을 믿었기 때문에 위험을 무릅쓰고 정탐꾼들을 숨겨 주는 행함을 보여주었다. 결국 이 두 사람은 신분의 차이에도 불구하고 행함을 통하여 의롭다 하심을 받은 것이다. 이것이 바로 야고보가 강조하고 싶은 메시지이고, 오늘 우리가 귀담아듣고 실천해야 할 메시지다. 지금 한국 교회에 입술만의 믿음, 지식뿐인 믿음만 있고 생활 속에서 행함을 통해 증명되는 믿음이 부족하기 때문에, 세상 사람들이 기독교의 믿음을 '값싼 믿음' 취급하며 손가락질하고 있다. 지금이야말로 행함이 없는 죽은 믿음이 아닌 행함이 있는 산 믿음을 교회와 성도들이 보여주어야 할 때다.

> **무릎기도** 하나님, 입술로만, 지식으로만 믿는다고 하면서 생활 속에 아무런 실천이 없는 죽은 믿음을 가진 그리스도인이 아니라, 행함과 믿음이 함께 가는 그리스도인이 되게 하소서.

ESV - James 2

20 Do you want to be shown, you foolish person, that faith apart from works is useless?
21 Was not Abraham our father justified by works when he offered up his son Isaac on the altar?
22 You see that faith was active along with his works, and faith was completed by his works;
23 and the Scripture was fulfilled that says, "Abraham believed God, and it was counted to him as righteousness"—and he was called a friend of God.
24 You see that a person is justified by works and not by faith alone.
25 And in the same way was not also Rahab the prostitute justified by works when she received the messengers and sent them out by another way?
26 For as the body apart from the spirit is dead, so also faith apart from works is dead.

20 useless 헛된 21 justify 의롭다 하다 offer up (제물을) 바치다 altar 제단 22 complete 완성하다 23 Scripture 성경 count as ...이라 여기다 righteousness 의 25 prostitute 매춘부, 기생

묵상 체크

월   일

혀의 말을 제어하라

야고보서 3:1-5 • 새찬송 259장 | 통일 193장

• 말씀묵상 전에 성령님의 인도하심을 구하는 기도를 드리십시오.

> **본문요약** | 야고보는 잘못된 말로 잘못된 가르침을 주는 선생이 다른 누구보다 더 큰 심판을 받는다고 말한다. 따라서 말에 실수가 없는 사람이 온전한 사람이고, 그런 사람이 되려면 무엇보다 혀를 제어할 수 있어야 한다. 작은 재갈이 큰 말을 제어하고 작은 키가 큰 배를 움직이듯 작은 혀가 큰 영향력을 발휘할 수 있음을 명심해야 한다.

1 내 형제들아 너희는 선생된 우리가 더 큰 심판을 받을 줄 알고 선생이 많이 되지 말라
2 우리가 다 실수가 많으니 만일 말에 실수가 없는 자라면 곧 온전한 사람이라 능히 온 몸도 굴레 씌우리라
3 우리가 말들의 입에 ¹⁾재갈 물리는 것은 우리에게 순종하게 하려고 그 온 몸을 제어하는 것이라
4 또 배를 보라 그렇게 크고 광풍에 밀려가는 것들을 지극히 작은 키로써 사공의 뜻대로 운행하나니
5 이와 같이 혀도 작은 지체로되 큰 것을 자랑하도다 보라 얼마나 작은 불이 얼마나 ²⁾많은 나무를 태우는가

1. 오늘 하나님께서 나에게 주신 깨달음은 무엇입니까?

2. 말씀을 어떻게 내 삶에 구체적으로 적용해야 합니까?

1) 헬. 굴레 씌우는 것은
2) 또는 큰 수풀을

절별 해설

1 선생 된 우리가 더 큰 심판을 받을 줄 알고 선생이 많이 되지 말라 바울은 "선생"(헬, 디다스칼로이)을 사도와 예언자와 더불어 교회의 가장 중요한 사역으로 꼽았다(고전 12:28; 엡 4:11). 초대 교회의 선생은 유대교의 랍비와 유사한 직책으로 기독교의 교리를 가르치는 매우 중요한 임무를 맡았다. 따라서 상당한 권위와 명성이 뒤따랐기에, 낮은 계층의 사람들에게는 신분 상승의 계기가 되기도 했다. 그러나 그 직분을 올바로 수행하지 못할 경우 더 심각한 처벌(심판)을 받을 수 있기에 선생이 되는데 신중을 기하라고 권면한다. 특히 선생의 권위가 높았기 때문에 만약 그들이 잘못된 가르침을 교훈할 경우 그 악영향은 매우 컸다. 따라서 신약성경 여러 곳에서 잘못된 가르침을 주는 거짓 선생들을 주의하라고 권면한다(벧후 2:1).

2 만일 말에 실수가 없는 자라면 곧 온전한 사람이라 입은 통제하기가 어렵고 거짓말과 독설과 비방 등이 나오기 쉬우며 하지 않아도 좋을 말들이 튀어나오기도 하기 때문에 입을 통제하는 사람이야말로 "온전한 사람"이라고 말할 수 있다.

능히 온 몸도 굴레 씌우리라 입을 통제할 수 있는 사람은 몸의 다른 지체도 완벽하게 조절할 수 있다는 뜻에서 "굴레"라는 비유적인 표현을 사용하고 있다.

3 재갈 물리는 것은 … 순종하게 하려고 … 제어하는 것이라 말(馬)은 사람보다 더 크고 강하고 빠르지만 코에 구멍을 뚫어 고삐를 꿰고 입에 재갈을 물리면 사람이 말을 원하는 대로 끌고 갈 수 있다. 고삐와 재갈이 채워진 말은 사람에게 순종할 수밖에 없다. 이것은 작은 것(재갈)으로 큰 것(말)을 조절할 수 있음을 보여주는 사례라고 할 수 있다.

4 배를 보라 … 작은 키로써 사공의 뜻대로 운행하나니 작은 것으로 큰 것을 조절할 수 있음을 보여주는 두 번째 사례로 작은 키로 큰 배를 운행하는 것을 언급한다. 결국 재갈이 말의 방향을 통제하고 키가 배의 방향을 제어하는 것처럼 혀도 개인의 운명을 결정할 수 있다. 따라서 성도가 혀를 제어할 때 하나님이 계획하신 방향으로 나아갈 수 있는 온전한 사람이 된다.

5 혀도 작은 지체로되 큰 것을 자랑하도다 이것은 3~4절에 언급한 재갈과 키의 사례를 혀에 적용하고 있다. "자랑하다"는 신약성경에서 주로 교만하다는 부정적인 뜻으로 많이 사용되지만, 여기서는 작은 혀가 실제로 사람의 운명을 결정할 만큼 매우 중요한 지체라는 뜻으로 사용되었다.

작은 불이 얼마나 많은 나무를 태우는가 이 말은 혀를 작은 불(씨)에 비유하여 엄청난 위력(큰불)을 발휘할 수 있을 뿐 아니라 심각한 폐해(많은 나무를 태움)를 줄 수 있음을 강조한다. 그래서 구약성경에서는 어리석은 자의 말을 "맹렬한 불"에 비유했다(잠 16:27).

쉬운성경

1 사랑하는 형제 여러분, 다들 선생이 되려고 하지 마십시오. 선생 된 우리가 더 엄히 심판받을 줄 여러분도 알고 있을 것입니다.

2 우리는 모두 실수가 많은 사람들입니다. 말에 실수가 전혀 없는 사람이 있다면, 그 사람은 완벽한 사람일 것입니다. 그런 사람은 자신의 몸 전체를 다스릴 수 있는 사람입니다.

3 말*의 입에 재갈을 물리면, 우리는 말을 능히 부릴 수 있습니다.

4 큰 배가 강풍에 밀려 휩쓸리지만, 그 배를 조종하는 것은 매우 작은 키 하나에 불과합니다. 키를 조종하는 항해사가 자기 뜻대로 배가 가는 방향을 결정할 수 있습니다.

5 혀도 마찬가지입니다. 몸 가운데 지극히 작은 부분이지만, 큰일을 행함으로 자랑합니다. 큰 산불도 아주 조그만 불씨에서 시작하지 않습니까?

---

* 3:3 여기서 '말'은 'horses'를 의미한다.

저자의 묵상

초대 교회 교부였던 순교자 저스틴(Justin Martyr)은 "의사는 환자의 혀를 보고 육신의 질병을 진단하고 철학자는 혀를 보고 정신의 질병을 진단하고 그리스도인은 혀를 보고 영혼의 질병을 진단한다."고 했다. 그만큼 혀에서 나오는 말은 그 사람의 마음의 상태, 즉 영적인 상태를 보여주는 리트머스 시험지 같은 역할을 한다. 그래서 혀를 잘 통제하는 사람, 즉 말에 실수가 없는 사람을 가리켜 "온전한 사람"(2절)이라고 불렀다. 그러므로 그리스도인의 성숙함은 언어 사용에서 나타난다. 혀를 움직여서 나오는 언어가 바로 그 사람의 생각이요 인격이라는 뜻이다. 따라서 우리가 혀를 제대로 통제하려면 무엇보다 우리의 마음과 생각을 올바르게 가져야 한다. 그런 의미에서 예수 그리스도의 마음과 생각과 인격을 본받는 것이 곧 혀를 제어하는 길임을 깨닫게 된다. 지금 이 시대는 어느 때보다 거친 말, 악한 말, 독한 말, 교활한 말 등이 난무하는 시대다. 바른 언어로 바른 교훈을 가르쳐 주실 선생님이 더 많이 필요한 때다. 그리스도인들이 각자의 위치에서 영적인 선생님의 사명을 감당하기를 기대한다.

> **무릎기도** 하나님, 열린 입이라고 함부로 말하지 않도록 우리 입에 파수꾼을 세워 주시고 사람을 살리고 위로하고 힘을 주는 말을 하는 그리스도인이 되게 하소서.

ESV - James 3

1. Not many of you should become teachers, my brothers, for you know that we who teach will be judged with greater strictness.
2. For we all stumble in many ways. And if anyone does not stumble in what he says, he is a perfect man, able also to bridle his whole body.
3. If we put bits into the mouths of horses so that they obey us, we guide their whole bodies as well.
4. Look at the ships also: though they are so large and are driven by strong winds, they are guided by a very small rudder wherever the will of the pilot directs.
5. So also the tongue is a small member, yet it boasts of great things. How great a forest is set ablaze by such a small fire!

1 with strictness 엄격하게   2 stumble 실수하다   bridle 굴레를 씌우다   3 bit 재갈   4 rudder (배의) 키   pilot 조종사
5 boast of …을 자랑하다   be set ablaze 불타오르다

☐ 묵상 체크

혀를 길들이는 사람이 되라

야고보서 3:6-12 • 새찬송 426장 | 통일 215장

• 말씀묵상 전에 성령님의 인도하심을 구하는 기도를 드리십시오.

> **본문요약** | 혀의 파괴력을 불에 비유하면서 잘못된 혀의 사용은 인간의 삶 전체를 망가뜨릴 수 있음을 교훈한다. 따라서 무엇보다 혀를 길들이는 데 힘써야 하지만 혀를 길들이기가 쉽지 않다. 특히 성도는 한 입으로 하나님 아버지를 찬송하고 동시에 다른 사람을 저주하는 이중적인 태도를 취하지 않도록 조심해야 한다.

6 혀는 곧 불이요 불의의 세계라 혀는 우리 지체 중에서 온 몸을 더럽히고 삶의 수레바퀴를 불사르나니 그 사르는 것이 지옥 불에서 나느니라
7 여러 종류의 짐승과 새와 벌레와 바다의 생물은 다 사람이 길들일 수 있고 길들여 왔거니와
8 혀는 능히 길들일 사람이 없나니 쉬지 아니하는 악이요 죽이는 독이 가득한 것이라
9 이것으로 우리가 주 아버지를 찬송하고 또 이것으로 하나님의 형상대로 지음을 받은 사람을 저주하나니
10 한 입에서 찬송과 저주가 나오는도다 내 형제들아 이것이 마땅하지 아니하니라
11 샘이 한 구멍으로 어찌 단 물과 쓴 물을 내겠느냐
12 내 형제들아 어찌 무화과나무가 감람 열매를, 포도나무가 무화과를 맺겠느냐 이와 같이 짠 물이 단 물을 내지 못하느니라

1. 오늘 하나님께서 나에게 주신 깨달음은 무엇입니까?

2. 말씀을 어떻게 내 삶에 구체적으로 적용해야 합니까?

절별 해설

6 혀는 곧 불이요 불의의 세계라 혀를 불로 표현함으로써 혀의 파괴적인 위력을 보여준다. "불의의 세계"는 죄로 물든 불의한 세상을 가리키며, 혀가 곧 불의의 세계란 말은 몸의 작은 부분인 혀에서 온갖 불의한 말들이 나온다는 것을 은유적으로 표현한 것이다. 예수님도 입에서 나오는 것이 사람을 더럽게 한다고 말씀하시면서 입에서 악한 생각과 살인과 간음과 음란과 도둑질과 거짓 증언과 비방이 나온다고 하셨다(마 15:11, 18, 19).

혀는 … 온 몸을 더럽히고 삶의 수레바퀴를 불사르나니 … 지옥 불에서 나느니라 혀로 짓는 죄는 사람 전체를 영적으로 오염시키며 하나님의 뜻에 따라 창조된 삶의 질서를 뒤흔들고 파괴하는 결정적인 요인이 된다. 그래서 혀를 불에 비유하면서 이 불의 근원이 다름 아닌 "지옥 불"이라고 말한다. "지옥"이란 말은 헬라어로 '게헨나'인데 히브리어 '힌놈의 골짜기'를 음역한 단어다. 힌놈의 골짜기는 과거 몰록 우상을 섬겼던 곳(왕하 23:10)이기 때문에 유대인들은 이 골짜기를 혐오하여 거기에 쓰레기를 갖다 버리고 불로 태워서 늘 불이 타고 연기가 올라왔다. 이런 모습이 흡사 지옥과 같다고 해서 게헨나로 불렸다. 이처럼 혀 때문에 삶이 지옥으로 변할 수도 있다.

8 혀는 능히 길들일 사람이 없나니 쉬지 아니하는 악이요 죽이는 독이 가득한 것이라 혀를 길들인다는 것은 곧 말을 조절하는 것을 의미하며, 나아가 말을 만들어 내는 마음을 통제하는 것을 의미한다. 그런데 문제는 이것이 대단히 어렵다는 데 있다. 사람의 마음이 하나님의 의로 가득 차서 선한 생각, 선한 말에 길들여지지 않는 한 혀는 쉬지 않고 악을 토해 내며 죽이는 독을 뿜어낼 수밖에 없다. 결국 말의 문제는 혀의 문제요 또한 마음의 문제인 셈이다.

9-10 한 입에서 찬송과 저주가 나오는도다 혀의 위험성에 이어 이번에는 혀의 이중성을 지적하고 있다. 즉 하나님을 찬양하는 그 입으로 돌아서서 사람을 저주하는 모순을 범할 수 있다. 여기서 말하는 저주는 단순히 욕을 뜻하는 것이 아니라 상대방이 하나님으로부터 끊어져 영원한 형벌을 받기를 바란다는 의미가 있다. 그래서 예수님도 제자들에게 저주하지 말라고 당부하시면서 오히려 저주하는 자를 위해 축복하라고 명령하셨다(눅 6:28).

11-12 야고보는 순결한 마음과 불순한 언어가 서로 양립할 수 없음을 보여주기 위해 세 가지 비유를 들었다. (1)동일한 샘에서 한번은 단물이, 다음번에는 쓴 물이 나올 수 없듯이 성도의 입에서 한번은 찬송이, 다음번에는 저주가 나올 수 없다. (2)무화과나무가 감람 열매를 맺을 수 없고 포도나무가 무화과 열매를 맺을 수 없는 것처럼 순결한 마음에서 저주가 나올 수 없다. (3)짠물이 단물이 될 수 없다. 결국 선한 마음에서 선한 것이, 악한 마음에서 악한 것이 나오므로 하나님과의 관계가 올바르지 못한 마음에서는 저주가 나올 수밖에 없다.

쉬운성경

6 혀도 곧 불입니다. 혀는 우리 몸 가운데 악의 세계라고 할 수 있습니다. 이것이 몸을 더럽히고, 우리 인생의 전 여정에 불을 지르며, 나중에는 혀도 불에 의해 살라집니다.

7 온갖 짐승과 새, 파충류, 물고기는 길들일 수 있고, 사람들은 또한 이것들을 길들여 왔습니다.

8 그러나 아무도 혀를 길들이지는 못했습니다. 악하고 난폭한 이 혀에는 죽이는 독이 가득합니다.

9 우리는 우리의 혀로 우리 주님과 하늘에 계신 아버지를 찬양합니다. 그러나 이것으로 하나님의 형상대로 지음받은 사람들을 저주하기도 합니다.

10 찬송과 저주가 한 입에서 나오고 있습니다. 형제 여러분, 이런 일이 있어서는 안 될 것입니다.

11 한 샘에서 단물과 쓴 물이 같이 나오는 것을 보았습니까?

12 형제 여러분, 무화과나무가 올리브 열매를 맺거나 포도나무에 무화과가 열리는 것을 보았습니까? 그럴 수 없습니다. 짠물이 나는 샘에서 단물을 맛볼 수는 없는 것입니다.

저자의 묵상

옛날 고려의 서희가 지혜로운 삼촌지설(三寸之舌; 세 치의 혀)로 피 한 방울 흘리지 않고 거란의 수십만 대군을 스스로 물러나게 했을 뿐 아니라 고려가 오히려 압록강 유역의 요충지까지 차지하게 된 일은 혀의 힘을 보여주는 유명한 일화라고 할 수 있다. 그래서 세 치 혀가 사람을 살리기도 하고 죽이기도 한다는 말을 한다. 그런데 요즘 우리나라를 보면 '카더라'식 뉴스가 판을 치고 확인되지 않은 루머가 사람들의 마음을 이간질하며 각종 악플이 사람을 죽음으로까지 몰아가고 있다. 덕담보다는 욕설이 더 많은 사회, 칭찬보다는 핀잔과 폄하와 모욕이 넘치는 사회가 되는 것이다. 지금이야말로 야고보서의 교훈을 마음에 새겨 혀를 길들이기에 힘써야 할 때다. 혀를 길들인다는 것은 곧 말을 조절하는 것이고, 그것은 말을 만들어 내는 인간의 마음을 조절하는 것을 뜻한다. 그러므로 성도의 입에서 선한 말과 찬송이 나오려면 그 마음이 예수 그리스도의 마음을 본받아야 한다. 날마다 예수 그리스도의 마음으로 새로워지기를 기도하며 혀를 늘 길들이는 성도가 되어야겠다.

무릎기도 하나님, 혀를 잘못 사용함으로 큰 낭패와 어려움을 당하지 않도록 늘 혀와 말을 지켜 주시고 말이 마음에서 우러나오는 만큼 무엇보다 예수 그리스도의 마음을 품게 하소서.

ESV - James 3

6 And the tongue is a fire, a world of unrighteousness. The tongue is set among our members, staining the whole body, setting on fire the entire course of life,* and set on fire by hell.*

7 For every kind of beast and bird, of reptile and sea creature, can be tamed and has been tamed by mankind,

8 but no human being can tame the tongue. It is a restless evil, full of deadly poison.

9 With it we bless our Lord and Father, and with it we curse people who are made in the likeness of God.

10 From the same mouth come blessing and cursing. My brothers,* these things ought not to be so.

11 Does a spring pour forth from the same opening both fresh and salt water?

12 Can a fig tree, my brothers, bear olives, or a grapevine produce figs? Neither can a salt pond yield fresh water.

* 3:6 Or *wheel of birth*
* 3:6 Greek *Gehenna*
* 3:10 Or *brothers and sisters*; also verse 12

6 unrighteousness 불의 stain 더럽히다 set on fire …에 불을 지르다 7 reptile 파충류 tame 길들이다 8 restless 쉬지 않는 deadly poison 맹독 9 curse 저주하다 11 spring 샘 fresh water 담수 12 fig tree 무화과나무 pond 연못 yield 내다

묵상 체크 ☐

10 하늘의 지혜, 땅의 지혜
월 일
야고보서 3:13-18 • 새찬송 9장 | 통일 6장

• 말씀묵상 전에 성령님의 인도하심을 구하는 기도를 드리십시오.

> **본문요약** ┃ 교회 안에서 선생이 되려는 자는 지혜와 총명을 자랑하면서 다른 사람과 시기와 다툼을 일으켜서는 안 된다. 오히려 선행을 통해 지혜의 온유함을 보이며 세상에서 오는 지혜가 아니라 위로부터 오는 지혜, 즉 하나님이 주시는 지혜를 발휘하여 화평을 추구하고 의의 열매를 맺어야 한다.

13 너희 중에 지혜와 총명이 있는 자가 누구냐 그는 선행으로 말미암아 지혜의 온유함으로 그 행함을 보일지니라
14 그러나 너희 마음 속에 독한 시기와 다툼이 있으면 자랑하지 말라 진리를 거슬러 거짓말하지 말라
15 이러한 지혜는 위로부터 내려온 것이 아니요 땅 위의 것이요 정욕의 것이요 귀신의 것이니
16 시기와 다툼이 있는 곳에는 혼란과 모든 악한 일이 있음이라
17 오직 위로부터 난 지혜는 첫째 성결하고 다음에 화평하고 관용하고 양순하며 긍휼과 선한 열매가 가득하고 편견과 거짓이 없나니
18 화평하게 하는 자들은 화평으로 심어 의의 열매를 거두느니라

1. 오늘 하나님께서 나에게 주신 깨달음은 무엇입니까?

2. 말씀을 어떻게 내 삶에 구체적으로 적용해야 합니까?

절별 해설

13 지혜의 온유함으로 그 행함을 보일지니라 이 말은 참된 지혜는 행함을 통해 입증되어야 하며, "그 행함"은 지혜로부터 오는 온유함으로 나타나야 한다는 뜻이다. 그리스도인의 온유함은 하나님 앞에서 자신의 무가치함을 올바로 인식하고 교만함 없이 겸손하게 이웃을 대하는 태도를 가리킨다. 예수님은 온유한 자가 땅을 기업으로 받을 것이라고 말씀하셨다(마 5:5).

14 마음 속에 독한 시기와 다툼이 있으면 자랑하지 말라 "시기"(헬, 젤로스)는 '열정'(zeal)으로 번역되기도 하지만, 여기서는 이기적인 동기에서 비롯된 다른 사람에 대한 질투와 비판을 의미한다. 또한 "다툼"(헬, 에리테이아)은 당파를 일삼는 탐욕스러운 정치인의 이기적인 야심, 편협한 당파적 열심을 의미한다. 따라서 이런 시기와 다툼이 마음속에 있는 사람은 자신의 지혜를 결코 자랑해서는 안 된다. 특히 지혜와 지식을 근거로 교회 안에서 선생 노릇을 하려는 사람들의 경우, 절대로 시기와 경쟁심을 보이면서 지혜를 자랑해서는 안 된다.

15 땅 위의 것, 정욕의 것, 귀신의 것 이런 표현은 '세상의 지혜'가 갖는 특성을 잘 보여준다. "땅 위의 것"이란 세상의 제한된 사고와 가치로 평가하는 지혜를 가리키는 것으로 일시적이고 불완전한 지혜를 의미한다. "정욕의 것"은 영적인 것(지혜)과 대조를 이루는 말로 육신적인 본능에 의존하는 지혜를 뜻한다. "귀신의 것"은 그 지혜가 본성적으로나 기원으로 볼 때 마귀에게서 비롯된 것으로 마귀에 의해 선동을 받고 지배를 받는 지혜를 의미한다. 따라서 우리가 추구해야 할 지혜는 "위로부터 오는 것", 즉 하나님께서 주시는 지혜여야 한다.

16 시기와 다툼이 있는 곳에는 혼란과 모든 악한 일이 있음이라 그리스도인, 특히 교회의 선생이라 할 수 있는 지도자들이 시기와 다툼에 사로잡혀 공동체 전체의 덕을 세우기보다 자신의 야심과 당파심을 추구하는데 더 관심을 가질 때 교회 안에서는 필연적으로 혼란과 무질서와 악한 일들이 벌어질 수밖에 없다.

17 위로부터 난 지혜는 … 성결 … 화평 … 관용 … 양순 … 긍휼 … 선한 열매 … 편견과 거짓이 없나니 땅의 지혜와 대조되는 "위로부터 난 지혜"는 하나님에게서 온 신적 기원을 가진 지혜로서 8가지 특성들로 나타난다. 그 가운데 "양순"은 신학적으로나 도덕적으로 원칙에 위배되지 않는 경우에 다른 사람의 의견을 존중하는 태도를 의미한다.

18 화평하게 하는 자들은 … 의의 열매를 거두느니라 "화평"을 강조하는 이유는 교회 안에서 일어나는 다툼과 논쟁을 근절하기 위해 필요한 덕목이 화평이기 때문이다. 예수님은 화평하게 하는 자가 "하나님의 아들"이라 일컬음을 받을 것이라고 말씀하셨다(마 5:9).

쉬운성경

13 여러분 가운데 참된 지혜가 있고 총명한 사람이 누구입니까? 그는 올바른 삶을 통해 겸손함으로 자신의 지혜를 보여야 할 것입니다.

14 그러나 마음속에 이기심과 지독한 시기심이 있다면, 자랑하지 마십시오. 오히려 그 자랑은 진리를 숨기는 거짓말이 될 것이기 때문입니다.

15 그런 '지혜'는 분명히 하나님께로부터 온 것이 아닙니다. 그것은 세상의 지혜이며, 영적인 것도 아니고, 마귀에게서 온 것입니다.

16 시기심과 이기심이 있는 곳에는 혼란과 온갖 악한 일이 있을 뿐입니다.

17 하나님께로부터 온 지혜는 첫째 성결합니다. 그리고 평화가 있고, 양순하며, 즐겁습니다. 또한 어려움에 빠진 자들을 돕고, 다른 사람을 위해 선한 일을 하려 애씁니다. 늘 공평하며 정직합니다.

18 평화를 위해 힘쓰는 자들은 그들의 의로운 삶으로 좋은 열매를 맺게 될 것입니다.

저자의 **묵상**

3장 1–12절에서 혀와 말에 대해 충고하던 야고보는 말의 근원이요 출처라고 할 수 있는 지혜와 총명으로 초점을 옮기고 있다. 그리고 이와 관련해서 크게 세 가지를 교훈한다. 첫째로, 교회 안에서 지혜와 총명을 뽐내며 선생임을 자처하는 사람은 지도자가 될 자격이 없다. 둘째로, 마음속에 시기와 다툼이 있는 사람은 아무리 지혜와 총명이 있다고 해도 지도자가 될 수 없다. 셋째로, 지혜에는 위로부터 오는 지혜와 세상적인 지혜가 있는데 교회의 지도는 위로부터 오는 지혜, 즉 하나님이 주시는 지혜를 힘입어야 한다. 따라서 하나님이 주시는 지혜와 총명으로 교회를 가르치고 인도하는 지도자는 시기와 다툼과 혼란을 멈추게 하고 화평을 도모함으로 의의 열매를 거두게 한다. 이 말씀에 비추어 볼 때 과연 한국 교회와 지도자들은 이 교훈을 잘 따르고 있는지 스스로 돌아보아야 한다. 교회 간에 부흥 경쟁을 부추기고 성도 간에 능력 경쟁을 조장하고 세상적인 기준으로 교회의 성장과 성공을 평가하려는 태도를 버려야 한다. 교회야말로 하나님이 주시는 지혜를 힘입어 화평을 도모함으로 의의 열매를 맺어야 한다.

> **무릎기도** 하나님, 우리가 지혜와 총명을 자랑하면서 다른 사람과 다투고 시기하는 잘못된 태도를 버리게 하시고, 오직 선행으로 지혜의 온유함을 보이며 의의 열매를 맺게 하소서.

ESV - James 3

13 Who is wise and understanding among you? By his good conduct let him show his works in the meekness of wisdom.
14 But if you have bitter jealousy and selfish ambition in your hearts, do not boast and be false to the truth.
15 This is not the wisdom that comes down from above, but is earthly, unspiritual, demonic.
16 For where jealousy and selfish ambition exist, there will be disorder and every vile practice.
17 But the wisdom from above is first pure, then peaceable, gentle, open to reason, full of mercy and good fruits, impartial and sincere.
18 And a harvest of righteousness is sown in peace by those who make peace.

13 good conduct 선행 meekness 온유함 wisdom 지혜   14 bitter jealousy 심한 질투 selfish 이기적인 ambition 야욕
15 demonic 귀신의   16 disorder 혼란 vile 악한   17 (be) open to reason 기꺼이 사리에 따르다 impartial 치우치지 않는
18 righteousness 의

☐ 묵상 체크

11
일 일

하나님을 가까이하라

야고보서 4:1-10 • 새찬송 197장 | 통일 178장

• 말씀묵상 전에 성령님의 인도하심을 구하는 기도를 드리십시오.

> **본문요약** | 교회 안에서 벌어지는 싸움과 다툼은 결국 "정욕"에서 비롯된다는 사실을 강조한다. 따라서 정욕으로 구하는 기도는 응답받지 못한다. 또한 세상과 벗이 되려는 사람은 하나님과 원수가 되는 것이기 때문에 올바른 성도는 하나님을 더욱 가까이해야 한다. 아울러 쾌락 대신 겸손과 성결을 추구해야 한다.

1 너희 중에 싸움이 어디로부터 다툼이 어디로부터 나느냐 너희 지체 중에서 싸우는 정욕으로부터 나는 것이 아니냐
2 너희는 욕심을 내어도 얻지 못하여 살인하며 시기하여도 능히 취하지 못하므로 다투고 싸우는도다 너희가 얻지 못함은 구하지 아니하기 때문이요
3 구하여도 받지 못함은 정욕으로 쓰려고 잘못 구하기 때문이라
4 ¹⁾간음한 여인들아 세상과 벗된 것이 하나님과 원수 됨을 알지 못하느냐 그런즉 누구든지 세상과 벗이 되고자 하는 자는 스스로 하나님과 원수 되는 것이니라
5 너희는 하나님이 우리 속에 거하게 하신 성령이 시기하기까지 사모한다 하신 말씀을 헛된 줄로 생각하느냐
6 그러나 더욱 큰 은혜를 주시나니 그러므로 일렀으되 ㄱ하나님이 교만한 자를 물리치시고 겸손한 자에게 은혜를 주신다 하였느니라
7 그런즉 너희는 하나님께 복종할지어다 마귀를 대적하라 그리하면 너희를 피하리라
8 하나님을 가까이하라 그리하면 너희를 가까이하시리라 죄인들아 손을 깨끗이 하라 두 마음을 품은 자들아 마음을 성결하게 하라
9 슬퍼하며 애통하며 울지어다 너희 웃음을 애통으로, 너희 즐거움을 근심으로 바꿀지어다

10 주 앞에서 낮추라 그리하면 주께서 너희를 높이시리라

1) 또는 간음한 사람들아
ㄱ. 잠 3:34

1. 오늘 하나님께서 나에게 주신 깨달음은 무엇입니까?

2. 말씀을 어떻게 내 삶에 구체적으로 적용해야 합니까?

절별 해설

1 너희 중에 싸움이 … 다툼이 어디로부터 나느냐 … 정욕으로부터 나는 것이 아니냐 성도들이 싸우는 원인은 정욕에 있다. "정욕"(헬, 헤도네)은 단순한 즐거움을 의미하기도 하지만 여기서는 죄와 방종으로 가득한 쾌락이라는 부정적 의미가 있다.

2 너희가 얻지 못함은 구하지 아니하기 때문이요 성도가 원하는 것을 얻는 올바른 방법은 기도다. 그래서 예수님은 "구하라 … 주실 것이요"(마 7:7)라고 말씀하셨다.

3 구하여도 받지 못함은 정욕으로 쓰려고 잘못 구하기 때문이라 구해도 받지 못하는 간구는 이기적인 동기, 즉 정욕으로 쓰려고 잘못 구하는 간구이기 때문이다. 하나님은 그런 간구에 대해서는 '안 돼!'(No)라고 응답하신다.

4 간음한 여인들아 구약성경에서 하나님과 이스라엘 백성의 관계를 종종 남편(신랑)과 아내(신부)의 관계로 묘사한다(사 54:5; 렘 2:1-3; 호 2:14-20). 따라서 이스라엘 백성이 우상을 숭배하거나 세상을 가까이하면 그것을 '간음'으로 여기셨다. 이런 배경에서 야고보는 세상과 벗 된 성도들을 가리켜 영적인 간음을 저지른 여인에 비유한다.

5 성령이 시기하기까지 사모한다 이 말씀은 성령이 시기하는 죄를 짓는다는 뜻이 아니라, 남편이 아내를 사랑하다 못해 질투하듯 하나님이 우리를 그렇게 사랑하신다는 뜻이다.

7-8 마귀를 대적하라 … 하나님을 가까이하라 마귀의 가장 기본적인 목적은 하나님과 사람을 분리하는 것이다. 따라서 성도는 이런 분리가 일어나지 않도록 마귀를 대적해야 할 뿐 아니라 동시에 하나님을 더 가까이해야 한다. 그러기 위해서는 하나님이 주시는 "더욱 큰 은혜"를 사모하고(6절), '겸손한 마음'을 가지며(6절), '정결한 삶'을 힘써야 한다(8절).

8 죄인들아 … 두 마음을 품은 자들아 "죄인들"은 지옥 가기로 작정된 자들이 아니라 하나님의 백성이지만 실제로 죄를 지은 자들을 가리킨다. 또 "두 마음을 품은 자들"은 세상과 짝하는 삶과 하나님을 가까이하는 삶 사이에서 흔들리는 자들이다.
손을 깨끗이 하라 … 마음을 성결하게 하라 야고보는 철저한 회개의 의미로 "손을 깨끗이 하라"(외적인 행위)와 "마음을 성결하게 하라"(내적인 행위)는 당부를 하고 있다.

9 슬퍼하며 애통하며 울지어다 이것은 그리스도인들이 삶 속에서 모든 웃음과 기쁨을 배제한 채 슬픈 표정으로 살라는 뜻이 아니다. 세상적인 쾌락에 빠지지 말라는 권면이며, 예수님도 애통하는 자를 복 있다고 하셨다(마 5:4).

쉬운성경

1 여러분 가운데 싸움과 다툼이 일어나는 원인이 무엇인지 아십니까? 그것은 바로 여러분 속에 분쟁을 일으키는 이기적인 욕망에서 비롯된 것입니다.

2 원하는 마음은 있는데 갖지 못하다 보니, 다른 사람을 죽이기도 하고 시기하기도 합니다. 하지만 여전히 원하는 바를 얻지 못하니 다투고 있습니다. 여러분이 원하는 바를 얻지 못하는 까닭은 하나님께 구하지 않기 때문입니다.

3 그리고 구해도 받지 못하는 것은 구하는 동기가 잘못되었기 때문입니다. 여러분은 오직 자신의 유익만을 위하여 쓰려고 구하고 있습니다.

4 하나님께 충성되지 못한 여러분이여!* 여러분은 세상을 사랑하는 것이 하나님을 미워하는 것이라는 사실을 모르십니까? 만일 세상과 벗하고 싶은 사람이 있다면, 그는 스스로 하나님과 원수가 될 것입니다.

5 "하나님께서 우리 안에 거하게 하신 성령이, 우리를 시기하기까지 사랑하신다"라는 성경 말씀이 아무것도 아닌 말처럼 생각됩니까?

6 하나님께서는 우리에게 성경이 말한 대로 더 큰 은혜를 주셨습니다. 그래서 성경에 이렇게 기록되어 있습니다. "하나님께서는 교만한 자를 물리치시고, 겸손한 자에게 은혜를 주신다."*

7 그러므로 여러분 자신을 하나님께 드리십시오. 마귀를 대적하십시오. 그러면 마귀는 도망칠 것입니다.

8 하나님께 가까이 나아오십시오. 그러면 하나님께서도 여러분을 가까이하실 것입니다. 여러분은 죄인입니다. 그러므로 여러분의 삶 가운데 죄를 깨끗이 씻으십시오. 여러분은 하나님과 세상을 동시

* 4:4 간음하는 사람들이여!
* 4:6 잠 3:34에 기록되어 있다.

절별 해설

6, 10 겸손한 자에게 은혜를 주신다, 주 앞에서 낮추라 이 말씀은 잠언 3장 34절을 인용한 것으로, 하나님은 기꺼이 자신의 부족함을 인정하고 자기를 낮추는 사람에게 은혜를 주시며 필요할 때 그를 높이신다(마 23:12; 눅 14:11; 18:14).

에 좇으려고 하고 있습니다. 정결한 마음을 품기 바랍니다.

9 슬퍼하며 울부짖으십시오. 웃음을 울음으로, 기쁨을 슬픔으로 바꾸십시오.

10 주님 앞에서 스스로를 낮추면, 주님께서 여러분을 높이실 것입니다.

저자의 묵상

야고보는 성도 간에 다툼이 일어나는 근본적인 이유는 하나님의 은혜를 사모하지 않고 세상적인 정욕을 추구하기 때문이라고 직설적으로 말한다. 이런 지적은 '육신의 정욕, 안목의 정욕, 이생의 자랑을 주의하라'는 사도 요한의 교훈과 맥을 같이한다(요일 2:15-17). 이렇게 정욕에 치우칠 때는 기도 응답이 가로막힐 뿐 아니라 하나님과 원수 되는 자리까지 나아갈 수 있다. 따라서 성도 간의 다툼을 극복하는 방법으로 세 가지 해법을 제시한다. 첫째, 하나님께 복종하고 마귀를 대적하는 것이다(7절). 마귀는 하나님과 성도 사이를 이간질하여 멀어지게 하려고 수단과 방법을 가리지 않는다. 특히 정욕을 무기로 성도를 미혹한다는 사실을 유념해야 한다. 둘째, 하나님과 세상 사이에서 두 마음을 품고 양다리를 걸치지 말고 하나님을 더욱 가까이하며 성결에 힘써야 한다(8절). 셋째, 주 앞에서 자신을 낮춰야 한다. 하나님은 교만한 자를 물리치시고 겸손한 자에게 은혜를 주실 뿐 아니라 겸손한 자를 높이신다(6, 10절).

> **무릎 기도** 하나님, 세상적인 정욕에 사로잡혀 하나님과 세상 사이에서 두 마음을 품고 양다리를 걸치는 어리석은 삶을 청산하도록 도와주시고 하나님을 더욱 가까이하게 하소서.

ESV - James 4

1 What causes quarrels and what causes fights among you? Is it not this, that your passions* are at war within you?*
2 You desire and do not have, so you murder. You covet and cannot obtain, so you fight and quarrel. You do not have, because you do not ask.
3 You ask and do not receive, because you ask wrongly, to spend it on your passions.
4 You adulterous people!* Do you not know that friendship with the world is enmity with God? Therefore whoever wishes to be a friend of the world makes himself an enemy of God.
5 Or do you suppose it is to no purpose that the Scripture says, "He yearns jealously over the spirit that he has made to dwell in us"?
6 But he gives more grace. Therefore it says, "God opposes the proud but gives grace to the humble."
7 Submit yourselves therefore to God. Resist the devil, and he will flee from you.
8 Draw near to God, and he will draw near to you. Cleanse your hands, you sinners, and purify your hearts, you double-minded.
9 Be wretched and mourn and weep. Let your laughter be turned to mourning and your joy to gloom.
10 Humble yourselves before the Lord, and he will exalt you.

> * 4:1 Greek *pleasures*; also verse 3
> * 4:1 Greek *in your members*
> * 4:4 Or *You adulteresses!*

1 cause a quarrel 싸움을 일으키다   2 murder 살인하다   covet 몹시 탐내다   obtain 얻다   4 adulterous 간음하는   enmity 대립   5 to no purpose 헛되이   yearn 열망하다   6 oppose 적대하다   humble 겸손한   7 submit oneself to …에 복종하다   resist 대항하다   8 purify 깨끗이 하다   double-minded 다른 마음을 품은   9 wretched 비참한   mourn 슬퍼하다   weep 울다   gloom 우울, 침울   10 exalt 높이다

☐ 묵상 체크

12
월   일

허탄한 자랑과 안개 같은 인생
야고보서 4:11-17 • 새찬송 93장 | 통일 93장

• 말씀묵상 전에 성령님의 인도하심을 구하는 기도를 드리십시오.

> **본문요약** | 교만한 자가 저지르기 쉬운 죄는 형제를 비방하고 이웃을 판단하는 죄다. 이것은 하나님의 자리를 넘보는 교만의 극치라고 할 수 있다. 따라서 그리스도인은 사업을 하든 무슨 일을 하든 항상 주의 뜻에 따라 행하며 허탄한 자랑을 하지 않도록 주의해야 한다. 그리고 무엇보다 인생이 사라지는 안개처럼 짧다는 것을 기억하고 선을 행하기를 힘써야 한다.

11 형제들아 서로 비방하지 말라 형제를 비방하는 자나 형제를 판단하는 자는 곧 율법을 비방하고 율법을 판단하는 것이라 네가 만일 율법을 판단하면 율법의 준행자가 아니요 재판관이로다
12 입법자와 재판관은 오직 한 분이시니 능히 구원하기도 하시며 멸하기도 하시느니라 너는 누구이기에 이웃을 판단하느냐
13 들으라 너희 중에 말하기를 오늘이나 내일이나 우리가 어떤 도시에 가서 거기서 일 년을 머물며 장사하여 이익을 보리라 하는 자들아
14 내일 일을 너희가 알지 못하는도다 너희 생명이 무엇이냐 너희는 잠깐 보이다가 없어지는 안개니라
15 너희가 도리어 말하기를 주의 뜻이면 우리가 살기도 하고 이것이나 저것을 하리라 할 것이거늘
16 이제도 너희가 허탄한 자랑을 하니 그러한 자랑은 다 악한 것이라
17 그러므로 사람이 선을 행할 줄 알고도 행하지 아니하면 죄니라

1. 오늘 하나님께서 나에게 주신 깨달음은 무엇입니까?

2. 말씀을 어떻게 내 삶에 구체적으로 적용해야 합니까?

절별 해설

11 형제를 비방하는 자나 형제를 판단하는 자는 곧 율법을 비방하고 율법을 판단하는 것이라 야고보는 율법의 핵심은 사랑이고 이웃 사랑을 "최고의 법"이라고 했다(2:8). 그런데 '형제 비방'은 이런 이웃 사랑을 저버리는 것이므로 율법을 비방하는 셈이 된다. 따라서 이 구절은 형제에 대한 비방과 판단이 곧 율법에 대한 비방과 판단이라고 주장이다.

12 입법자와 재판관은 오직 한 분이시니 하나님은 최종 재판관으로서 사느냐 죽느냐를 판단하는 권한을 소유하신 분이다. 피조물인 인간이 이웃을 판단하는 것은 생살여탈권(生殺與奪權)을 가지신 하나님의 절대권에 도전하는 교만의 극치라고 할 수 있다.

13 오늘이나 내일이나 우리가 어떤 도시에 가서 거기서 일 년을 머물며 장사하여 이익을 보리라 하는 자들아 이 구절에는 상업 활동이 활발한 도시로 가서 사업을 통해 이익을 얻을 계획을 세운 확신에 찬 사업가의 모습이 그려지고 있다. 야고보는 이처럼 수익을 내려는 욕망 자체를 비판하는 것이 아니라, 오로지 세속적인 관심만 추구하는 것에 대해 지적한 것이다. 이것이 사업하는 이들이 빠지는 위험이고 함정이다.

14 내일 일을 너희가 알지 못하는도다 너희 생명이 … 안개니라 "안개"(헬, 아트미스)는 연기로 번역할 수 있으며 생명의 덧없음을 강조할 때 자주 등장하는 표현이다. 또 이 구절은 잠언 27장 1절을 연상하게 하며 누가복음 12장 16-20절에 나오는 예수님의 부자 비유와 주제에 있어서 맥을 같이한다. 결국 인생은 잠깐 보이다가 사라지는 안개와 같다. 또 내일 일을 알 수 없을 만큼 예측 불가능하다. 반면에 죽음은 너무나 확실하다. 그러므로 의지할 분은 하나님뿐임을 기억해야 한다.

15 주의 뜻이면 우리가 살기도 하고 이것이나 저것을 하리라 믿는 사업가는 모든 계획과 소망을 "주의 뜻"과 연관해서 세워야 한다. 이것이 바로 성경적인 세계관이다.

16 허탄한 자랑 … 다 악한 것이라 계획을 세울 때 삶의 주인이신 하나님의 뜻을 고려하지 않고 오로지 자기 생각대로 하는 것은 교만이고, 그것을 내세우는 것이 곧 "허탄한 자랑"이다. 이것은 하나님이 아닌 내가 중심이 되는 자랑이며 악한 결과로 끝나기 십상이다.

17 사람이 선을 행할 줄 알고도 행하지 아니하면 죄니라 이 말씀은 자신이 번 돈으로 선을 베풀지 않는 사업가를 간접적으로 책망하는 말씀처럼 들린다. 그러나 더 중요한 것은 알면서도 행하지 않는 죄(태만죄, sins of omission)가 잘못된 일을 저지르는 죄(적극적인 죄, sins of commission)만큼이나 심각한 죄라는 사실이다.

쉬운성경

11 형제 여러분, 서로 헐뜯지 마십시오. 형제 된 자를 헐뜯거나 판단하는 것은 율법을 헐뜯거나 판단하는 것이 됩니다. 여러분이 율법을 판단하면, 여러분은 더 이상 율법을 지키는 사람이 아니며, 오히려 재판자가 되는 것입니다.

12 율법을 만드시고 재판하시는 분은 오직 하나님 한 분이십니다. 오직 그분만이 구원하실 수도 있으며, 멸하실 수도 있습니다. 그러므로 여러분이 이웃에 대하여 판단하는 것은 옳은 일이 아닙니다.

13 여러분 가운데 "오늘이나 내일, 어떤 도시에 가서 일 년 동안, 그곳에 머물며 사업을 벌여 돈을 벌어 보자"라고 말하는 사람들이 있습니다.

14 하지만 여러분은 내일 일을 알지 못하는 자들입니다. 여러분의 생명은 안개와 같아서 잠깐 보이다가 사라지고 말 것입니다.

15 그러므로 여러분은 "주님께서 원하시면 우리가 살 것이며, 이런저런 일을 할 것이다"라고 말해야 합니다.

16 하지만 여러분이 교만해져서 자랑을 하고 있으니, 이것은 잘못된 것입니다.

17 사람이 선한 일을 행할 줄 알면서도 행치 않는다면 그것이 바로 죄입니다.

저자의 묵상

링컨 대통령은 이런 말을 했다. "결국 중요한 것은 살아온 날들의 수가 아니라 살아온 날들 속에서 어떤 삶을 살았느냐는 것이다." 예로부터 장수는 큰 복으로 여겨져 왔다. 물론 성경에서도 장수를 하나님이 주시는 복으로 꼽는다. 그러나 좀 더 자세히 들어가 보면 단순히 오래 산 연수가 중요한 것이 아니라 얼마나 값진 인생을 살았느냐가 중요하다. 그런 의미에서 성도에게 가장 값진 인생은 "주의 뜻"(15절)대로 사는 인생이다. 야고보는 인생이 사라져 버리는 안개처럼 짧다고 강조한다. 짧은 인생을 살면서 형제를 비방하고 이웃을 판단하는 것이야말로 인생을 잘못 사는 것이다. 또한 하나님의 뜻을 간과한 채 자기 생각과 계획을 앞세워 이런저런 일들을 추진하며 그것을 자랑하는 것이야말로 교만의 극치를 보여주는 "허탄한 자랑"(16절)일 수밖에 없다. 왜냐하면 우리는 내일 일을 알지 못하기 때문이다. 그러므로 참된 성도는 주의 뜻을 따라 선을 행하며 이웃 사랑을 실천하는 삶을 살아야 한다.

> **무릎 기도** 하나님, 우리가 안개 같은 인생을 사는 동안 무슨 일을 하든지 먼저 주의 뜻을 구하게 하시고, 자기 생각과 계획만 앞세우고 자랑하는 어리석은 자가 되지 않게 하소서.

ESV - James 4

11 Do not speak evil against one another, brothers.* The one who speaks against a brother or judges his brother, speaks evil against the law and judges the law. But if you judge the law, you are not a doer of the law but a judge.

12 There is only one lawgiver and judge, he who is able to save and to destroy. But who are you to judge your neighbor?

13 Come now, you who say, "Today or tomorrow we will go into such and such a town and spend a year there and trade and make a profit"—

14 yet you do not know what tomorrow will bring. What is your life? For you are a mist that appears for a little time and then vanishes.

15 Instead you ought to say, "If the Lord wills, we will live and do this or that."

16 As it is, you boast in your arrogance. All such boasting is evil.

17 So whoever knows the right thing to do and fails to do it, for him it is sin.

* 4:11 Or brothers and sisters

11 speak evil 나쁘게 말하다 doer 행위자 judge 재판관   12 lawgiver 입법자   13 come now (남을 재촉하여) 자 make a profit 이익을 보다   14 mist 안개 vanish 사라지다   16 boast 자랑하다 arrogance 오만   17 sin 죄

묵상 체크

13 부자들을 향한 경고

월 일

야고보서 5:1-6 • 새찬송 343장 | 통일 443장

• 말씀묵상 전에 성령님의 인도하심을 구하는 기도를 드리십시오.

본문요약 | 야고보는 부자들에게 강력한 경고를 말하고 있다. 그들이 축적해 놓은 재물은 썩고 좀먹고 녹슬 것이며, 그들이 가난한 자들을 착취하고 억압할 때 우는 소리가 만군의 주의 귀에 들리게 될 것이다. 사치하고 방종한 삶을 산 부자들에 대해 "살륙의 날"이 반드시 도래하여 하나님의 심판이 있을 것을 예고한다.

1 들으라 부한 자들아 너희에게 임할 고생으로 말미암아 울고 통곡하라
2 너희 재물은 썩었고 너희 옷은 좀먹었으며
3 너희 금과 은은 녹이 슬었으니 이 녹이 너희에게 증거가 되며 불 같이 너희 살을 먹으리라 너희가 말세에 재물을 쌓았도다
4 보라 너희 밭에서 추수한 품꾼에게 주지 아니한 삯이 소리 지르며 그 추수한 자의 우는 소리가 만군의 주의 귀에 들렸느니라
5 너희가 땅에서 사치하고 방종하여 살륙의 날에 너희 마음을 살찌게 하였도다
6 너희는 의인을 정죄하고 죽였으나 그는 너희에게 대항하지 아니하였느니라

1. 오늘 하나님께서 나에게 주신 깨달음은 무엇입니까?

2. 말씀을 어떻게 내 삶에 구체적으로 적용해야 합니까?

절별 해설

1 부한 자들아 너희에게 임할 고생 "고생"은 이 땅에서 일어나는 일시적인 고통이 아니라 하나님의 심판 날에 부한 자들에게 내릴 정죄와 처벌을 의미한다. 이 고생을 면하려면 울고 통곡하며 회개해야 한다.

2-3 너희 재물은 썩었고 … 좀먹었으며 … 녹이 슬었으니 이 세 가지 표현은 모두 완료 시제로 되어 있는데, "재물"이 현재에 영적 유익을 주지 못할 뿐 아니라 미래의 심판 때에도 희망의 근거가 되지 못한다는 것을 비유적으로 표현한 것이다. 여기 "재물"은 곡식과 돈을 총칭한다. 실제로 곡식은 오랫동안 저장하면 썩게 되고 옷은 좀먹으며 당시의 금과 은은 불순물이 많이 포함되어 순도가 떨어지기 때문에 녹이 슬었다.

불 같이 너희 살을 먹으리라 "불"은 주로 심판을 의미하기 때문에, 이 말은 탐욕스러운 부자들의 죄악이 자신들을 멸망시키는 원인이 된다는 비유적인 표현이다.

너희가 말세에 재물을 쌓았도다 저축이 죄라는 뜻이 아니다. 다만 보물이 있는 곳에 마음이 있으므로(마 6:21) 하늘에 재물을 쌓아 두라는 예수님의 말씀(마 6:19-20)을 무시한 부자들이 영적인 일에는 관심을 쏟지 않고 부를 축적하는 일에만 마음을 빼앗겨서 불의한 방법으로 재물을 추구하는 것을 뜻한다. 이런 부자들은 하나님의 공의로운 심판을 받게 될 것이다.

4 품꾼에게 주지 아니한 삯이 소리 지르며 그 추수한 자의 우는 소리가 만군의 주의 귀에 들렸느니라 품꾼의 삯은 당일에 지불해야 하는데 부자들이 그것을 착취하는 상황이 벌어졌다. 소리 지르는 것과 "우는 소리"는 부자들의 착취가 만천하에 드러났음을 의미할 뿐 아니라 하나님의 귀에까지 들렸음을 의미한다. 이것은 하나님이 개입하셔서 징계하신다는 뜻을 내포한다.

5 땅에서 사치하고 방종하여 부자들이 이 세상에서 가난한 자를 외면한 채 풍족함에 취해 흥청거리며 노는 모습을 묘사한다.
살륙의 날에 너희 마음을 살찌게 하였도다 "살륙의 날"은 심판의 날을 의미한다. 그런데 그날이 다가오고 있음에도 부자들은 무지하여 계속 자신들을 위해 재물을 쌓아 두고 향락과 사치와 낭비의 삶을 사는데, 이것은 마치 돼지를 도살 직전까지 살찌게 하는 것과 같다.

6 의인을 정죄하고 죽였으나 "의인"은 자신의 구원을 하나님께만 의지하는 가난하고 궁핍한 사람을 가리킨다. 이런 사람은 종종 사악한 부자에 의해 박해를 받고, 심지어 법적인 절차를 통해 교묘하게 부자들로부터 죄인 취급을 받고 죽임을 당하기까지 한다.
그는 너희에게 대항하지 아니하였느니라 고통당하는 가난한 의인들의 무저항을 언급한 말로 이해할 수 있다. 하지만 하나님은 억압하는 부자들에 대한 심판을 경고하셨다(1절).

쉬운성경

1 부자들이여, 잘 들으십시오. 여러분에게 고난이 닥칠 것이니 소리 높여 슬프게 우십시오.

2 여러분의 재물은 썩었고, 여러분의 옷은 좀먹었습니다.

3 여러분의 금과 은은 녹이 슬었으며, 그 녹이 여러분의 잘못에 대한 증거가 되고 있습니다. 그것이 불같이 여러분의 몸을 갉아먹을 것입니다. 여러분은 세상 마지막 때에 재물을 쌓고 있습니다.

4 일꾼들이 들에서 일하나 그들에게 품삯을 주지 않으니, 추수한 곡식 앞에서 그들이 울부짖고 있습니다. 이제 만군의 주님께서 그들의 우는 소리를 들으셨습니다.

5 이 땅에서 여러분은 사치스런 생활과 쾌락을 즐겼으며, 마치 도살장에 끌려가기 전의 짐승처럼 자기 배만 채웠습니다.

6 죄 없는 사람을 정죄하고 오히려 그를 죽였습니다. 그는 여러분에게 대항하지 않는 자였습니다.

저자의 묵상

한동안 '유전무죄 무전유죄'(有錢無罪 無錢有罪), 즉 돈이 있으면 죄가 없고 돈이 없으면 죄가 있다는 말이 한국 사회를 떠들썩하게 한 일이 있다. 그리고 최근에는 금수저, 은수저, 흙수저 논란이 청년들의 마음에 큰 상처를 안겨 주기도 했다. 예나 지금이나 악한 부자들의 축재와 착취, 사치와 방종, 편법과 탈법은 사회를 병들게 하고 공정과 정의와 평등을 무너지게 만든다. 이런 부자들이 가난한 자를 압박하고 억압하는 현실이 법과 제도의 개선을 통해 사라져야 하지만 절대 쉽지 않다. 그러나 분명한 사실은 만군의 주인이신 하나님의 귀에 가난한 의인들의 "우는 소리"(4절)가 들리고 그런 부자들에 대해 "살륙의 날"(5절)이 반드시 도래할 것이다. 그러므로 그리스도인은 부와 재물에 대해 하나님의 청지기라는 정신을 가져야 한다. 다시 말해, 더 이상 물질을 썩게 하지 말고 재물의 올바른 사용으로 하나님의 영광을 드러내는 행복한 삶을 추구해야 한다. 우리에게 주신 재물을 가지고 청지기답게 하나님의 나라를 확장하고 주님과 교회를 섬기며 이웃을 사랑하는 데 사용하면 결코 재물이 썩지 않고 오히려 하늘에 쌓이게 될 것이다.

> **무릎 기도** 하나님, 세상적인 방식으로 부와 재물을 쌓기 위해 안간힘을 쓰지 않고 하나님의 선한 청지기로서 주신 재물을 통해 축복의 통로로 살게 하소서.

ESV - James 5

1 Come now, you rich, weep and howl for the miseries that are coming upon you.
2 Your riches have rotted and your garments are moth-eaten.
3 Your gold and silver have corroded, and their corrosion will be evidence against you and will eat your flesh like fire. You have laid up treasure in the last days.
4 Behold, the wages of the laborers who mowed your fields, which you kept back by fraud, are crying out against you, and the cries of the harvesters have reached the ears of the Lord of hosts.
5 You have lived on the earth in luxury and in self-indulgence. You have fattened your hearts in a day of slaughter.
6 You have condemned and murdered the righteous person. He does not resist you.

1 howl 울부짖다　misery 고통　2 rot 썩다　garment 옷　be moth-eaten 좀먹다　3 corrode 부식하다　will 원하다, 바라다　evidence against …에 불리한 증거　flesh 살　lay up …을 쌓다　4 wage 임금　laborer 노동자　mow (곡물을) 거둬들이다　fraud 사기, 기만　harvester 수확자　5 self-indulgence 방종　fatten 살찌우다　slaughter 살육　6 condemn 정죄하다　murder 죽이다　resist 대항하다

☐ 묵상 체크

14
월   일

주님 오실 때까지 인내하라
야고보서 5:7-12 • 새찬송 448장

• 말씀묵상 전에 성령님의 인도하심을 구하는 기도를 드리십시오.

> **본문요약** ㅣ 야고보는 성도들에게 주께서 강림하시기까지 길이 참으라고 권면한다. 그러면서 농부와 선지자와 욥을 대표적인 인내의 귀감으로 꼽고 있다. 인내할 수 있는 이유는 주의 강림이 가까웠고 심판주가 문밖에 서 계시며 또한 인내하는 자에게 복을 주시기 때문이다. 아울러 맹세가 필요 없을 만큼 신뢰를 줄 수 있는 말을 하라고 권면한다.

7 그러므로 형제들아 주께서 강림하시기까지 길이 참으라 보라 농부가 땅에서 나는 귀한 열매를 바라고 길이 참아 이른 비와 늦은 비를 기다리나니
8 너희도 길이 참고 마음을 굳건하게 하라 주의 강림이 가까우니라
9 형제들아 서로 원망하지 말라 그리하여야 심판을 면하리라 보라 심판주가 문밖에 서 계시니라
10 형제들아 주의 이름으로 말한 선지자들을 고난과 오래 참음의 본으로 삼으라
11 보라 인내하는 자를 우리가 복되다 하나니 너희가 욥의 인내를 들었고 주께서 주신 결말을 보았거니와 주는 가장 자비하시고 긍휼히 여기시는 이시니라
12 내 형제들아 무엇보다도 맹세하지 말지니 하늘로나 땅으로나 아무 다른 것으로도 맹세하지 말고 오직 너희가 그렇다고 생각하는 것은 그렇다 하고 아니라고 생각하는 것은 아니라 하여 정죄 받음을 면하라

1. 오늘 하나님께서 나에게 주신 깨달음은 무엇입니까?

2. 말씀을 어떻게 내 삶에 구체적으로 적용해야 합니까?

절별 해설

7 주께서 강림하시기까지 길이 참으라 야고보는 예수님의 "강림", 즉 재림을 기다리고 바라보며 인내하라고 권면한다. "길이 참으라"(헬, 마크로뒤메사테)는 단순한 인내를 말하기보다는 확고한 신앙을 바탕으로 자신이 당하는 고통에 대해 오래 참는 것을 말한다. 이렇게 참아야 하는 이유는 주님이 재림하실 때 핍박하던 자들에게는 영원한 멸망의 형벌이, 핍박받던 성도에게는 영원한 구원이 주어지기 때문이다(살후 1:6-10).

이른 비와 늦은 비 인내의 귀감으로 농부를 예로 들면서 그들이 이른 비와 늦은 비를 기다린다고 말한다. 농작에 필수적인 이른 비는 11월 전후에 내리고 늦은 비는 추수 전 3-4월경에 내린다. 농부가 씨를 뿌리고 귀한 열매를 기대하며 기다리는 동안 중간중간 적절한 때에 비가 옴으로써 농부들에게 위로와 격려가 되듯이 하나님의 은혜도 이렇게 임한다.

8 마음을 굳건하게 하라 인내할 때 가져야 할 마음 자세가 바로 굳건한 마음이다. 이것은 유혹과 시련의 한복판에서 믿음을 견고하게 붙잡으라는 뜻이다.

주의 강림이 가까우니라 혹자는 야고보가 매우 짧은 기간 안에 예수님이 재림하실 것으로 기대했고, 그 기대는 이루어지지 않았다고 주장한다. 그러나 야고보는 재림의 "그날과 그때"는 예수님도 모르고 오직 하나님 아버지만 아신다(마 24:36; 막 13:32)는 사실을 알고 있었다. 따라서 야고보는 자기 시대에 예수님이 반드시 재림하신다고 믿은 것이 아니라 재림하실 수도 있다고 믿었고, 그래서 항상 재림을 기다리고 준비하는 마음으로 살았다. 이것은 현시대를 사는 우리도 마찬가지다.

9 심판주가 문밖에 서 계시니라 이 말은 바로 8절에 나오는 "주의 강림이 가까우니라"와 유사한 의미로서 주님의 강림이 문밖까지 임박했음을 뜻한다. 그만큼 종말 의식을 가지고 살아야 인내할 수 있고 원망하지 않을 수도 있는 것이다.

11 인내하는 자를 우리가 복되다 하나니 야고보는 예수님의 팔복의 마지막 부분(마 5:10-11)을 염두에 두면서 인내의 분명한 결과로서의 복을 말하고 있다. 행복이 주관적이고 감정적인 반응이라면 복은 객관적이고 변할 수 없는 하나님의 인정과 보상을 가리킨다.

욥의 인내 야고보는 인내의 복을 받은 모델로 욥을 제시한다. 그의 모습을 통해 인내했을 때 더 귀한 축복의 결말을 보여줄 뿐 아니라 하나님의 시련에는 분명한 목적이 있음을 보여준다.

12 맹세하지 말지니 … 그렇다 하고 … 아니라 하여 정죄 받음을 면하라 이 구절은 어떤 맹세도 필요 없을 만큼 우리의 말과 행동을 매우 일관적이고 신뢰할 만하여지도록 하라는 뜻이다. 따라서 '예'와 '아니오'면 충분한 대답이 되도록 신뢰를 주라고 말씀한다.

쉬운성경

7 형제 여러분, 주님께서 다시 오실 날을 참고 기다리십시오. 농부는 귀한 추수를 바라고 참고 기다립니다. 그는 또한 이른 비와 늦은 비가 곡식을 촉촉이 적셔 주기를 기다립니다.

8 여러분도 인내심을 갖고 희망을 버리지 마십시오. 주님께서 곧 오실 것입니다.

9 형제 여러분, 서로에게 불평하지 마십시오. 서로 원망하고 있으면 심판을 면하기 어렵습니다. 심판하실 분이 문 앞에 와 계십니다.

10 형제 여러분, 주님의 말씀을 전하던 예언자들을 본받으십시오. 그들은 많은 고난을 겪으면서도 오래 참았습니다.

11 그렇게 참아 낸 자들을 우리는 복되다고 말하는 것입니다. 여러분은 욥의 인내에 대해 들었을 것입니다. 모든 고난이 끝난 후, 주님은 그에게 복을 주셨습니다. 우리는 주님이 얼마나 자비하시고 선하신 분이신지 충분히 알 수 있습니다.

12 내 형제 여러분, 맹세하지 마십시오. 하늘이나 땅이나 혹은 그 밖에 다른 것의 이름을 들어 여러분의 말을 증명하려 들지 마십시오. 맞는 것은 그냥 "맞다"라고 말하고, 아닌 것은 그냥 "아니다"라고 말하여 하나님의 심판을 피하시기 바랍니다.

저자의 묵상

바티칸 시스티나 성당에 있는 미켈란젤로의 천장 벽화는 전 세계인의 감탄을 자아낸다. 그런데 본래 조각가였던 미켈란젤로는 약 20m 높이의 천장에 무려 4년 6개월의 시간을 쏟아서 '천지창조'를 비롯한 수많은 그림을 완성했다. 높은 천장 앞에 비계(공사용 가설물)를 세우고 누워서 그림을 그려야 했기에 목과 눈에 이상이 생길 정도였지만 그런 모든 고난을 극복하고 마침내 대작을 완성했다. 그래서 미켈란젤로는 "천재는 영원한 인내다"(Genius is eternal patience)라는 유명한 말을 남기기도 했다. 마찬가지로 우리 성도들에게도 길이 참는 인내가 필요하다. 야고보는 이런 인내의 본보기로 농부들과 선지자들과 욥을 예로 들면서 그들의 고난과 오래 참음을 본으로 삼으라고 권면한다. 그리고 이런 인내가 가능한 이유는 "주의 강림"이 가까웠고(8절), "심판주"가 문밖에 서 계시기 때문이다(9절). 요즘같이 과학이 발달하고 모든 것이 초고속으로 진행되는 시대에 우리가 자칫 잃어버릴 수 있는 성품이 바로 인내, 즉 오래 참음이다. 어려운 현실 앞에서 주님을 생각하고 끝까지 굳건하게 인내함으로 주님이 주시는 복을 누리기 바란다.

> **무릎기도** 하나님, 주님의 오심을 기대하며 현실의 고난과 어려움을 굳건히 참아 낼 수 있도록 인내를 더하시고, 욥과 같이 인내하는 자에게 주시는 복을 받게 하소서.

ESV - James 5

7 Be patient, therefore, brothers,* until the coming of the Lord. See how the farmer waits for the precious fruit of the earth, being patient about it, until it receives the early and the late rains.

8 You also, be patient. Establish your hearts, for the coming of the Lord is at hand.

9 Do not grumble against one another, brothers, so that you may not be judged; behold, the Judge is standing at the door.

10 As an example of suffering and patience, brothers, take the prophets who spoke in the name of the Lord.

11 Behold, we consider those blessed who remained steadfast. You have heard of the steadfastness of Job, and you have seen the purpose of the Lord, how the Lord is compassionate and merciful.

12 But above all, my brothers, do not swear, either by heaven or by earth or by any other oath, but let your "yes" be yes and your "no" be no, so that you may not fall under condemnation.

* 5:7 Or brothers and sisters; also verses 9, 10, 12, 19

---

7 patient 참을성이 있는 8 establish 확고히 하다 9 grumble 불평하다 10 suffering 고난 prophet 선지자
11 steadfastness 인내, 확고함 be compassionate 인정을 베풀다 12 above all 무엇보다도 swear 맹세하다 oath 맹세, 서약 condemnation 유죄 판결, 정죄

묵상 체크 ☐

15
월 일

믿음의 기도가 지닌 능력
야고보서 5:13-20 • 새찬송 361장 | 통일 480장

• 말씀묵상 전에 성령님의 인도하심을 구하는 기도를 드리십시오.

본문요약 ㅣ 야고보는 마지막으로 고난당하는 자와 병든 자, 미혹된 자를 위해 믿음의 기도를 하라고 권면한다. 특히 혼자 개인 기도를 하기보다는 교회의 지도자들과 다른 성도들을 모시고 함께 공동체적으로 기도할 것을 조언한다. 또한 고난이나 질병에 대해 죄의 문제를 간과하지 말라고 강조한다. 이로써 육신의 문제와 영혼의 문제를 함께 해결하라고 교훈한다.

13 너희 중에 고난 당하는 자가 있느냐 그는 기도할 것이요 즐거워하는 자가 있느냐 그는 찬송할지니라
14 너희 중에 병든 자가 있느냐 그는 교회의 장로들을 청할 것이요 그들은 주의 이름으로 기름을 바르며 그를 위하여 기도할지니라
15 믿음의 기도는 병든 자를 구원하리니 주께서 그를 일으키시리라 혹시 죄를 범하였을지라도 사하심을 받으리라
16 그러므로 너희 죄를 서로 고백하며 병이 낫기를 위하여 서로 기도하라 의인의 간구는 역사하는 힘이 큼이니라
17 엘리야는 우리와 성정이 같은 사람이로되 그가 비가 오지 않기를 간절히 기도한즉 삼 년 육 개월 동안 땅에 비가 오지 아니하고
18 다시 기도하니 하늘이 비를 주고 땅이 열매를 맺었느니라
19 내 형제들아 너희 중에 미혹되어 진리를 떠난 자를 누가 돌아서게 하면
20 너희가 알 것은 죄인을 미혹된 길에서 돌아서게 하는 자가 그의 영혼을 사망에서 구원할 것이며 허다한 죄를 덮을 것임이라

1. 오늘 하나님께서 나에게 주신 깨달음은 무엇입니까?

2. 말씀을 어떻게 내 삶에 구체적으로 적용해야 합니까?

절별 해설

13 고난 당하는 자, 즐거워하는 자 사람들은 흔히 고난당할 때 하나님이나 조상을 원망하고 일이 잘되고 즐거울 때는 모든 공을 자신에게 돌리는 경향이 있다. 그러나 그리스도인은 반대가 되어야 한다. 고난당할 때는 기도하고 즐거울 때는 찬송해야 한다.

14 병든 자가 있느냐 그는 교회의 장로들을 청할 것이요 초대 교회 장로는 지역 공동체의 영적 감독을 책임진 성숙한 사람들로 목회자의 기능을 수행하였다. 따라서 질병으로 고통스러워할 때 장로들에게 기도를 청하는 것은 당연한 일이었다.

주의 이름으로 기름을 바르며 그를 위하여 기도할지니라 기름을 바르는 이유는 크게 두 가지였다. 첫 번째 이유는 기름이 그 당시 약으로 널리 사용되었기 때문이다. 두 번째 이유는 기름을 발라 하나님께 거룩히 구별하는 의미가 있었다. 그러나 중요한 것은 기름을 바르는 것이 아니라 기도하는 것이다. 진정한 치유의 능력은 기름에 있는 것이 아니라 기도에 있다.

15a 믿음의 기도는 병든 자를 구원하리니 주께서 그를 일으키시리라 기도의 효력은 기도의 강렬함이나 횟수, 기도 시간의 길고 짧음에 있는 것이 아니라 믿음에 달려 있다. "믿음의 기도"는 두 가지 결과를 가져온다. 하나는 병든 자가 구원을 받는 것이고, 다른 하나는 주께서 그를 일으켜 주시는 것이다. 전자가 영적인 죽음으로부터의 구원을 의미한다면 후자는 병의 치유를 의미한다.

15b-16a 너희 죄를 서로 고백하여 병이 낫기를 위하여 서로 기도하라 야고보가 질병과 죄를 연결한 이유는 질병이 죄로부터 온다는 당시 널리 퍼진 통념 때문일 것이다. "혹시"(15절)라는 말을 한 것으로 보아 질병이 반드시 죄의 결과는 아니라는 것을 말하고자 한 것 같다. 그리고 치유에 방해가 되는 죄가 있으면 그 죄를 서로 고백하고 서로 기도하라고 권면한다. 결국 이 구절은 병자의 치유를 위해 교회 공동체가 다 함께 중보 기도하는 모습을 담고 있다.

16b-18 의인의 간구는 역사하는 힘이 큼이니라 ⋯ 엘리야는 우리와 성정이 같은 사람이로되 "의인"은 위대한 성인이 아니라 전적으로 하나님께 헌신하며 진심으로 그분의 뜻을 구하는 사람, 다시 말해 '참된 그리스도인'을 의미한다. 역사하는 힘이 크다는 것은 효력이 매우 강하다는 뜻이다. 그 대표적인 예로 엘리야의 기도를 들고 있다. 엘리야의 기도는 엄청난 효력을 발휘했다(참고. 왕상 17-18장). "성정이 같은"(헬. 호모이오파데스)은 '동일한 괴로움을 느끼는'이란 뜻으로, 엘리야 역시 보통 사람과 동일한 괴로움을 가진 평범한 존재였다는 의미다.

19 미혹되어 진리를 떠난 자 초대 교회 당시에는 그리스도를 영접한 이후에도 유대교나 이방의 신비 종교, 혹은 헬라 철학 같은 이교 사

쉬운성경

13 여러분 가운데 고난당하는 사람이 있다면 기도하십시오. 즐거운 사람이 있다면 찬송하십시오.

14 병든 자가 있습니까? 교회의 장로들을 불러 주님의 이름으로 그에게 기름을 바르며 그를 위해 기도하게 하십시오.

15 믿음을 가지고 하는 기도는 병든 사람을 낫게 할 것입니다. 주님께서 그를 치료해 주실 것입니다. 만일 그가 죄를 지었더라도, 그를 용서해 주실 것입니다.

16 서로 죄를 고백하며, 병 낫기를 위해 서로 기도해 주십시오. 의로운 사람이 기도할 때, 큰 역사가 일어납니다.

17 엘리야도 우리와 같은 사람이었습니다. 그가 비가 오지 않기를 간구했더니, 삼 년 반 동안, 그 땅에 비가 오지 않았습니다.

18 그 후, 다시 기도하자 하늘에서 비가 쏟아졌고, 땅에서 다시 곡식이 자랐습니다.

19 내 형제 여러분, 여러분 가운데 어떤 사람이 진리에서 떠나 헤매고 있을 때, 누군가가 그를 잘못된 길에서 다시 돌아오게 했다면,

20 그는 죄인의 영혼을 사망에서 구원한 것이며, 이로써 그 사람의 많은 죄도 용서를 받게 한 것입니다.

상으로 되돌아가는 자가 많았다. 그런 사람들을 총칭한 표현이 바로 "미혹되어 진리를 떠난 자"이다.

20 돌아서게 하는 자가 그의 영혼을 사망에서 구원할 것이며 허다한 죄를 덮을 것임이라 미혹되어 방황하던 사람이 다시 돌아오게 되면 그의 영혼이 구원을 받을 뿐 아니라 그의 허다한 죄까지도 덮인다는 뜻이다.

저자의 묵상

야고보서는 믿음의 시련이라는 주제로 시작하여 믿음의 기도의 능력이라는 주제로 결론을 맺고 있다. 이런 주제의 이면에는 믿음이 단순히 지식적인 동의나 추상적인 깨달음이 아니라 행동과 실천이 뒤따르는 역동적인 활동임을 보여준다. 특히 믿음이 능력을 발휘하는 분야 중의 하나가 바로 기도다. 그래서 야고보는 고난당하는 자와 병든 자, 그리고 미혹되어 진리를 떠난 자를 위해 기도할 것을 권면한다. 이때 특히 강조하는 것이 "믿음의 기도"(15절)와 "의인의 간구"(16절)이다. 이 기도와 간구의 공통점은 전적으로 하나님을 의지하고 그분의 뜻에 순종하겠다는 의지가 담겨 있다는 것이다. 육체의 질병이 치유되는지의 여부와 능력이 나타나는지의 여부를 전적으로 하나님의 뜻에 맡기겠다는 것이다. 또 하나 강조하는 것이 서로 죄를 고백하고 서로 기도하라는 것이다. 즉 고난이나 질병에 대해 죄의 문제를 간과하지 말아야 한다는 것과 개인 기도보다는 공동체의 기도를 힘쓰라는 말이다. 육신의 문제만이 아니라 죄의 문제까지도 해결할 수 있는 기도가 되어야 한다는 의미이다. 야고보서를 통해 자신의 믿음을 다시 한번 돌아보는 귀한 시간이 되기를 바란다.

> **무릎 기도** 하나님, 우리의 기도가 믿음의 기도가 되고 의인의 간구가 되어 고난당하는 자와 병든 자와 미혹에 빠진 자를 도울 수 있게 하소서.

ESV - James 5

13 Is anyone among you suffering? Let him pray. Is anyone cheerful? Let him sing praise.
14 Is anyone among you sick? Let him call for the elders of the church, and let them pray over him, anointing him with oil in the name of the Lord.
15 And the prayer of faith will save the one who is sick, and the Lord will raise him up. And if he has committed sins, he will be forgiven.
16 Therefore, confess your sins to one another and pray for one another, that you may be healed. The prayer of a righteous person has great power as it is working.*
17 Elijah was a man with a nature like ours, and he prayed fervently that it might not rain, and for three years and six months it did not rain on the earth.
18 Then he prayed again, and heaven gave rain, and the earth bore its fruit.
19 My brothers, if anyone among you wanders from the truth and someone brings him back,
20 let him know that whoever brings back a sinner from his wandering will save his soul from death and will cover a multitude of sins.

* 5:16 Or *The effective prayer of a righteous person has great power*

13 suffer 고통을 받다   cheerful 즐거운   14 elder 장로   anoint with oil 기름을 바르다   15 commit a sin 죄를 범하다   16 confess 고백하다   heal 고치다   righteous 의로운   17 fervently 간절히   18 bear fruit 열매를 맺다   19 wander 떠나다   20 sinner 죄인   save from …에서 구하다   multitude 수많은

베드로전후서를 묵상하기 전에

저자

각각의 편지 서두에 분명히 언급되어 있듯이 베드로전후서의 저자는 사도 베드로이다(벧전 1:1; 벧후 1:1). 또한 베드로 사도의 저작은 초대 교회에서 교부 시대에 이르는 동안 한 번도 의심받지 않았다. 하지만 18세기 이후 다수의 학자가 갈릴리 어부였던 베드로가 썼다고 하기에는 세련된 헬라어 문체와, 서신의 내용이 베드로 이후의 정황과 더 가깝다는 점을 이유로 들어 베드로 사도의 저작에 의문을 제기하였다. 그러나 그들의 주장은 "한때 어부였던 사람은 결코 세련된 헬라어 구사할 수 없다"라는 잘못된 전제에 근거한다. 그뿐 아니라 베드로 당시 네로의 박해(AD 64)가 서신에 종종 언급되는 고난, 시험, 연단 등의 주제에 영향을 끼친 중요한 정황이 될 수 있다는 점에 무게를 두지 않는다.

기록 장소와 시기

베드로 사도는 "택하심을 함께 받은 바벨론에 있는 교회가 너희에게 문안하고"(벧전 5:13)라고 기록하며 편지의 기록 장소가 바벨론임을 밝힌다. 여기서 언급된 "바벨론"은 로마를 가리키는 은유적 표현이라는 해석이 가장 유력하다. 그러한 해석은 베드로 사도에 관한 초대 교회의 전승 대부분이 그가 생애의 마지막 시간을(AD 60-68) 로마에서 보냈음을 증언하고 있다는 사실에 근거한다. 베드로 사도는 1)베드로후서를 "이 둘째 편지"(벧후 3:1)라고 명명하고, 2)자신의 임박한 죽음에 대해 언급한다(벧후 1:14). 이러한 성경의 기록과 교회의 전승을 토대로 베드로전후서의 기록 시기를 다음과 같이 추정할 수 있다. 첫째, 전승에 따르면 베드로는 AD 67-68년경 로마에서 순교했으므로 베드로후서는 그의 순교 이전인 AD 65-67년 사이에 기록되었을 것이다. 둘째, 만약 베드로전서가 "첫째 편지"라면 둘째 편지인 베드로후서보다 앞선 시기인 AD 63-64년 사이에 기록되었을 것이다.

수신자

베드로전후서를 같은 수신자에게 보내는 연속된 두 개의 편지로 간주할 때 "본도, 갈라디아, 갑바도기아, 아시아와 비두니아에 흩어진 나그네"(벧전 1:1)는 두 서신의 공통된 수신자가 될 것이다. 또한 나열된 몇 개의 지명은 당시 소아시아 지역(오늘날의 튀르키

예 지역)에 있었던 로마의 속주를 가리킨다. 그러한 점들을 고려할 때 베드로전후서의 수신자는 당시 소아시아 지역에 거주하면서 사회적 혹은 정치적 이유로 박해를 받던 그리스도인들로 특정할 수 있다.

기록 목적

베드로전서는 삶의 현장에서 그리스도인이라는 이유만으로 핍박과 모함을 받던 당시의 성도들이 고난 가운데서도 온전하고, 굳건하고, 강하고, 견고한 믿음으로 서게 하려는 목적으로 기록되었다(벧전 5:10). 베드로후서는 당시 소아시아 지역의 교회에 퍼져 있던 이단적인 가르침을 경계하기 위해 기록되었다. "거짓 선생"들의 이단적인 가르침에는 당시 존재했던 헬라적 이원론, 영지주의(Gnosticism), 신비주의와 다양한 철학과 사상이 혼합되어 있던 것으로 보인다. 거짓 선생들은 그리스도의 신성과 주 되심을 부인하였으며, 그리스도의 강림과 종말에 관한 교회의 가르침에 정면으로 도전하였다.

주요 내용

베드로전서가 박해 가운데 고통받는 성도들을 위로하고 권면하기 위한 목적으로 기록된 만큼 서신 전반에 걸쳐 "종말론적 소망"이 강조된다. 베드로 사도는 현재의 고난을 "나그네"가 타향에서 겪는 어려움에 비유한다. 이 땅에서 나그네의 생활을 잘 견디고 믿음을 지킨 자는 마지막 날에 영원한 구원과 영생의 영광에 참여하게 될 것을 상기시키며 성도들을 격려한다. 또한 고난 가운데 인내하고 하나님의 뜻에 순종하셨던 예수 그리스도를 본받아 성도들 또한 인내와 순종의 자세로 고난을 극복할 것을 권면한다.

베드로후서에서 베드로 사도는 예수 그리스도의 신성과 재림을 부인하는 거짓 선생들의 이단적인 사상을 반박하며, 당시 교회 공동체를 지탱하던 두 가지 중요한 신학적 가르침에 관해 진술한다. 첫째는 "예수 그리스도가 어떤 분이신가?"에 대한 기독론적 진술이며, 둘째는 "주의 강림의 날, 다시 말해 마지막 날에 세상은 어떻게 될 것인가?"에 관한 종말론적 진술이다.

단락 구분

베드로전서
1. 인사말(1:1-2)
2. 산 소망: 구원의 확실성(1:3-12)
3. 구원받은 자의 삶(1:13-4:11)
    1) 교회 공동체의 구성원으로 사는 삶: 거룩함, 경건함, 형제 사랑(1:13-25)
    2) 구원받은 자의 정체성: 택하신 족속, 왕 같은 제사장(2:1-10)
    3) 한 사회의 구성원으로 사는 삶: 국가, 사회, 가정에서의 삶(2:11-3:7)
    4) 선을 위해 고난받는 삶(3:8-22)
    5) 선한 청지기로서의 삶(4:1-11)
4. 그리스도인의 고난(4:12-19)
5. 장로들을 위한 권면(5:1-11)
6. 끝인사(5:12-14)

베드로후서
1. 인사말(1:1-2)
2. 구원의 약속과 그에 합당한 삶(1:3-11)
    1) 보배롭고 지극히 큰 약속(1:3-4)
    2) 신성한 성품에 참여하는 자(1:5-11)
3. 그리스도의 신성과 성경의 예언(1:12-21)
4. 거짓 선생들과 그들의 가르침에 대한 경고(2:1-22)
5. 그리스도의 강림(재림)(3:1-13)
6. 마지막 권면과 끝인사(3:14-18)

16
월 일

그리스도 안에 있는 소망

베드로전서 1:1-5 • 새찬송 493장 | 통일 545장

• 말씀묵상 전에 성령님의 인도하심을 구하는 기도를 드리십시오.

본문요약 ㅣ 그리스도인은 예수님이 다시 오실 그날에 얻게 될 영원한 생명에 소망을 두고 살아간다. 그렇기 때문에 고난 중에도 순례의 길을 포기하지 않는다. 베드로 사도는 예수 안에 있는 영생의 소망이 장차 반드시 이루어질 산 소망임을 상기시키며 성도들을 향한 권면의 편지를 시작한다.

1 예수 그리스도의 사도 베드로는 본도, 갈라디아, 갑바도기아, 아시아와 비두니아에 흩어진 나그네
2 곧 하나님 아버지의 미리 아심을 따라 성령이 거룩하게 하심으로 순종함과 예수 그리스도의 피 뿌림을 얻기 위하여 택하심을 받은 자들에게 편지하노니 은혜와 평강이 너희에게 더욱 많을지어다
3 우리 주 예수 그리스도의 아버지 하나님을 찬송하리로다 그의 많으신 긍휼대로 예수 그리스도를 죽은 자 가운데서 부활하게 하심으로 말미암아 우리를 거듭나게 하사 산 소망이 있게 하시며
4 썩지 않고 더럽지 않고 쇠하지 아니하는 유업을 잇게 하시나니 곧 너희를 위하여 하늘에 간직하신 것이라
5 너희는 말세에 나타내기로 예비하신 구원을 얻기 위하여 믿음으로 말미암아 하나님의 능력으로 보호하심을 받았느니라

1. 오늘 하나님께서 나에게 주신 깨달음은 무엇입니까?

2. 말씀을 어떻게 내 삶에 구체적으로 적용해야 합니까?

절별 해설

쉬운성경

1 예수 그리스도의 사도 베드로 "사도"(헬, 아포스톨로스)는 사절 혹은 보내심을 받은 자를 의미한다. "예수 그리스도의 사도"는 '예수 그리스도에 의해 보내심을 받은 사도'라는 의미로 해석할 수 있는데, 사도의 권위가 예수 그리스도(보낸 자)에게서 나온다는 것에 강조점을 둔 표현이다. 바울 서신에서도 자주 사용되었다(고전 1:1; 딛 1:1; 엡 1:1).

흩어진 나그네 "흩어진"(헬, 디아스포라스)은 당시 팔레스타인 바깥 지역 곳곳에서 공동체를 이루며 살아가던 유대인을 묘사할 때 사용되었다. 그런 이유로 베드로 사도가 흩어져 살던 유대인을 대상으로 편지를 썼을 것으로 생각할 수도 있다. 하지만 서신서 전체의 맥락을 고려할 때 이방인 회심자들을 포함한 그리스도인 모두를 대상으로 썼다고 보는 것이 타당하다. "나그네"(헬, 파레피데이모스)는 순례자라고 번역할 수 있다. 하늘의 본향을 소망하며 이 땅에서의 순례의 길을 걷는 그리스도인에 대한 은유적 표현이다.

2 하나님 아버지의 미리 아심을 따라 ··· 택하심을 받은 자들에게 하나님의 예정(미리 아심)과 선택(택하심)에 대한 진술이다. 택하신 자들을 향한 하나님의 미리 아심은 택한 자들을 사랑하시는 아버지로서의 앎, 즉 친밀한 관계를 전제로 한 인격적 앎을 의미한다. **예수 그리스도의 피 뿌림을 얻기 위하여** "피"는 예수 그리스도의 대속을 상징한다. 피를 뿌리는 행위는 첫째, 구약의 정결 예식을 상기시킨다(레 9:18; 17:11). 이것은 예수 그리스도의 피로 성도들이 정결하게 되었음을 의미한다. 둘째, 예수 그리스도의 피가 하나님과 믿음의 백성 사이에 맺어진 새 언약의 증표가 되었음을 상징한다(히 12:24).

3 우리를 거듭나게 하사 산 소망이 있게 하시며 예수 그리스도 안에 있는 소망이 헛되이 사라지지 않고 반드시 이루어질 것이라는 확고한 믿음은 산 소망의 근거가 된다. "산 소망"은 장차 다시 오실 예수 그리스도께서 마지막 날에 성도들에게 주실 영생과 영광의 면류관에 대한 기대를 의미한다. 그 소망을 가진 그리스도인은 현재의 삶 속에서 예수를 위해 받는 고난과 핍박을 이겨 낼 수 있다(롬 8:18).

5 너희는 말세에 나타내기로 예비하신 구원을 얻기 위하여 일반적인 의미에서 말세는 예수 그리스도의 승천과 재림 사이의 시간을 가리킨다. 그러나 본문에서는 구체적인 시점, 즉 예수님의 재림의 날을 가리키는 것으로 보는 것이 더 적절하다. 그러므로 '말세에 나타내기로 예비하신 구원'이란 마지막 심판의 때에 의로운 재판장이신 하나님께서 성도들에게 선언하실 영생의 구원을 가리킨다.

---

1 예수 그리스도의 사도 베드로는, 고향을 떠나 본도, 갈라디아, 갑바도기아, 아시아, 비두니아에 흩어져 살고 있는 하나님의 선택된 백성에게 이 편지를 씁니다.

2 하나님께서는 오래전에 여러분을 선택하셨고, 그분의 거룩한 백성으로 삼기로 계획해 놓으셨습니다. 또한 성령을 통해 여러분을 거룩하게 하셨습니다. 하나님께서는 여러분이 그분께 순종하고 예수 그리스도의 피로 깨끗해지기를 원하십니다. 은혜와 평안이 여러분 가운데 넘치기를 기도합니다.

3 우리 주 예수 그리스도의 아버지 하나님께 찬양을 드립니다. 하나님은 자비로우셔서, 우리에게 산 소망을 주셨습니다. 죽은 자 가운데서 예수 그리스도께서 부활하심으로, 우리는 새 생명을 받은 것입니다.

4 이제 우리는 하나님께서 그분의 자녀들에게 주려고 준비해 두신 복을 소망합니다. 이 복은 여러분을 위해서 하늘에 간직되어 있으며, 결코 썩거나, 그 아름다움이 변하지 않습니다.

5 하나님께서는 크신 능력으로 여러분의 믿음을 든든히 지켜 주셔서, 구원의 날이 이를 때까지 여러분을 안전하게 보호해 주십니다. 마지막 때가 되면, 하나님께서는 여러분에게 구원을 베풀어 주실 것입니다.

저자의 묵상

"흩어진 나그네"라는 표현에서 알 수 있듯이 당시의 그리스도인은 자신들이 나그네와 같은 처지에 있다고 생각했다. 나그네는 잠시 고향을 떠나 다른 지역을 떠도는 사람, 다시 말해 타향살이하는 사람이다. 그리고 고달픈 타향살이를 견디는 힘은 장차 고향으로 돌아가게 될 것이라는 소망에서 나올 것이다. "나그네"라는 말에 함축된 의미를 생각해 보면 1세기의 그리스도인들이 왜 자신을 나그네로 여기며 살았는지 짐짓 이해가 된다. 정치적, 사회적으로 약자였던 당시 그리스도인은 늘 핍박과 고난의 상황에 노출되었지만, 목숨의 위협을 받는 현장에서도 절대 신앙을 포기하지 않았다. 이 땅에서 받는 핍박은 장차 하늘 본향에서 받게 될 영광의 면류관과 비교할 수 없다는 것을 잘 알았기 때문이다. 그들에게 이 세상은 타향이었고, 현재의 핍박과 고난은 그저 타향살이 동안 잠시 겪는 고달픔이었다. 그들은 예수님이 다시 오셔서 나그네들의 눈물을 닦아 주시기만을 손꼽아 기다렸다. 하늘 본향을 간절히 사모하는 나그네의 마음이 우리 각자의 마음속에도 회복되어야 할 것이다.

> **무릎 기도** 하나님, 산 소망을 기억하며 이 땅에서 허락된 생애 동안 하늘 본향을 향한 순례의 길을 걷는 나그네의 삶을 살게 하소서.

ESV - 1 Peter 1

1 Peter, an apostle of Jesus Christ, To those who are elect exiles of the Dispersion in Pontus, Galatia, Cappadocia, Asia, and Bithynia,
2 according to the foreknowledge of God the Father, in the sanctification of the Spirit, for obedience to Jesus Christ and for sprinkling with his blood: May grace and peace be multiplied to you.
3 Blessed be the God and Father of our Lord Jesus Christ! According to his great mercy, he has caused us to be born again to a living hope through the resurrection of Jesus Christ from the dead,
4 to an inheritance that is imperishable, undefiled, and unfading, kept in heaven for you,
5 who by God's power are being guarded through faith for a salvation ready to be revealed in the last time.

1 apostle 사도 elect 선택된 exile 나그네 dispersion 분산 2 foreknowledge 선견 sanctification 신성화 obedience 복종 sprinkle with …을 뿌리다 multiply 늘리다 3 resurrection 부활 4 inheritance 상속 imperishable 불멸의 undefiled 순결한 unfading 쇠퇴하지 않는 5 salvation 구원 reveal 드러내다

☐ 묵상 체크

17 믿음의 확실성

월 일

베드로전서 1:6-12 • 새찬송 545장 | 통일 334장

• 말씀묵상 전에 성령님의 인도하심을 구하는 기도를 드리십시오.

> **본문요약** | 십자가에서 죽고, 부활하여, 승천한 예수가 바로 메시아(그리스도)이다. 예수가 그리스도임을 믿고 구원받은 자들은 마지막 심판의 날에 영광을 누리게 될 것이라는 선언이 복음의 핵심이다. 이 복음에 대한 확고한 믿음이 있는 성도는 예수를 위해 겪는 현재의 고난과 시련을 기쁘게 감내할 수 있다.

6 그러므로 너희가 이제 여러 가지 시험으로 말미암아 잠깐 근심하게 되지 않을 수 없으나 오히려 크게 기뻐하는도다
7 너희 믿음의 확실함은 불로 연단하여도 없어질 금보다 더 귀하여 예수 그리스도께서 나타나실 때에 칭찬과 영광과 존귀를 얻게 할 것이니라
8 예수를 너희가 보지 못하였으나 사랑하는도다 이제도 보지 못하나 믿고 말할 수 없는 영광스러운 즐거움으로 기뻐하니
9 믿음의 결국 곧 영혼의 구원을 받음이라
10 이 구원에 대하여는 너희에게 임할 은혜를 예언하던 선지자들이 연구하고 부지런히 살펴서
11 자기 속에 계신 그리스도의 영이 그 받으실 고난과 후에 받으실 영광을 미리 증언하여 누구를 또는 어떠한 때를 지시하시는지 상고하니라
12 이 섬긴 바가 자기를 위한 것이 아니요 너희를 위한 것임이 계시로 알게 되었으니 이것은 하늘로부터 보내신 성령을 힘입어 복음을 전하는 자들로 이제 너희에게 알린 것이요 천사들도 살펴 보기를 원하는 것이니라

1. 오늘 하나님께서 나에게 주신 깨달음은 무엇입니까?

2. 말씀을 어떻게 내 삶에 구체적으로 적용해야 합니까?

절별 해설

7 너희 믿음의 확실함 '검증된 너희의 믿음'이라고 번역할 수 있다. 여러 가지 시험(6절)을 통해 증명된(혹은 연단된) 참된 믿음을 가리키는 표현으로 보는 것이 가장 자연스럽다. 그 믿음을 소유한 성도만이 예수님의 재림의 때에 칭찬과 영광과 존귀를 얻게 될 것이다.

8 말할 수 없는 영광스러운 즐거움으로 기뻐하니 베드로 사도는 예수 그리스도를 믿는 성도는 말할 수 없는 영광스러운 즐거움으로 기뻐한다고 말한다. 믿음의 성도들이 그와 같은 큰 기쁨을 누릴 수 있는 근거는 두 가지다. 첫째, 예수 안에 있는 구원과 그로 인해 장차 받게 될 상급을 기대하고 둘째, 예수 그리스도를 사랑하기 때문이다.

9 믿음의 결국 곧 영혼의 구원 "결국"에 해당하는 헬라어 '텔로스'는 본서의 다른 구절에서 마지막(3:8; 4:7,17) 등으로 번역되었다. 예수를 믿음으로 시작된 신앙 여정의 목표이자 종착지는 영혼의 구원, 즉 영생이다. "영혼"(헬, 프쉬케)은 인간의 구성 요소 중 육체와 대조되는 영적인 부분을 의미한다고 볼 수도 있겠으나, 본절에서는 한 개인의 전인격(whole personality)을 가리킨다고 보는 것이 더 자연스럽다.

10 너희에게 임할 은혜를 예언하던 선지자들 메시아(그리스도)가 오실 것에 관한 예언을 했던 구약 시대 선지자들을 가리킨다.

11 자기 속에 계신 그리스도의 영 "그리스도의 영"은 성령을 가리킨다(롬 8:9). 베드로 사도는 구약의 선지자들이 메시아(그리스도)가 받을 고난과 영광을 그리스도의 영(성령)의 증언을 통해 미리 알았다고 진술한다. 그들은 그 증언이 '누구'에 관한 것이고 '어떠한 때를 지시하시는지'를 알아보기 위해 연구하고 부지런히 살폈다. 이러한 진술은 초대 교회 공동체가 구약성경에 기록된 메시아에 관한 예언을 예수 그리스도의 죽음과 부활 사건을 중심으로 재해석했음을 암시한다.

12 하늘로부터 보내신 성령을 힘입어 "하늘로부터 보내신 성령"이란 오순절 성령 강림 사건을 염두에 둔 표현으로 볼 수도 있지만(행 2:1-4), 하나님께서 믿는 자들을 위해 보내신 성령(요 14:26)을 가리키는 것으로 보는 것이 적절하다.

천사들도 살펴 보기를 원하는 것이니라 하나님의 구원 계획이 세상에 계시되기 전까지 천사들도 그 계획의 내용, 즉 예수 그리스도의 복음을 알지 못했다는 사실을 암시한다. 천사들은 영적인 존재지만 그들의 지식은 제한적이다.

쉬운성경

6 그러므로 기뻐하십시오. 눈앞에 있는 여러 가지 어려움으로 인하여 지금 당장은 힘들고 괴롭겠지만,

7 이 시험들은 여러분의 믿음이 얼마나 강하고 순수한지 알아보기 위한 것일 뿐입니다. 순수한 믿음은 금보다도 훨씬 귀합니다. 금은 불에 의해 단련되기는 하지만 시간이 흐르면 닳아 없어지고 마는 것입니다. 하지만 여러분의 순수한 믿음은 예수 그리스도께서 다시 오실 그날에 칭찬과 영광과 존귀를 가져다줄 것입니다.

8 여러분이 예수 그리스도를 본 일은 없지만 예수 그리스도께 사랑을 고백합니다. 지금 이 순간, 그분의 모습을 보지 못하면서도 그분을 믿고 있고, 여러분의 마음은 설명할 수 없는 기쁨으로 가득 차 있습니다.

9 그것은 여러분의 믿음에 목적이 있기 때문입니다. 그 목적, 바로 여러분의 영혼이 구원을 받는다는 기쁨이 이미 여러분에게는 주어졌습니다.

10 예언자들은 이 구원에 관해 열심히 연구하고 찾았습니다. 여러분이 받고 있는 은혜에 관해서도 예언하였습니다.

11 그리스도의 영이 그 예언자들과 함께 하셨던 것입니다. 성령께서는 그리스도에게 있을 고난과 그 뒤에 올 영광에 대해서 말씀해 주셨습니다. 예언자들은 성령께서 가르쳐 주시는 것을 이해하기 위해 노력하였습니다. 도대체 그 일이 언제 있게 될지, 그리고 그때에 이 세상은 어떻게 될지 그들은 깊이 연구하였습니다.

12 하나님께서는 그들의 연구와 노력이 그들 자신을 위한 것이 아니라, 후대의 여러분을 위한 것임을 그들에게 알려 주셨습니다. 이제 여러분은 그들의 수고로 진리의 말씀을 듣고 있습니다. 하늘로부터 보내심을 받은 성령의 도우심으로, 복된 소식을 전하는 사람들이 이 기쁜 소식을 여러분에게 전해 준 것입니다. 이 놀라운 진리의 말씀은 천사들까지도 알기 원하는 것이었습니다.

저자의 묵상

초대 교회 성도들은 말 그대로 "여러 가지 시험" 때문에 근심할 때가 많았다. 그 시험은 일상에서 누구나 겪는 시련과 어려움이 아니라 예수 그리스도를 믿기 때문에 겪는 시험이었다. 만약 그들이 그리스도인으로서의 정체성을 드러내지 않고 적당히 세상과 타협하며 살았다면 적어도 예수 때문에 받는 시험과 핍박을 면할 수 있었을 것이다. 하지만 그들은 대놓고 세상의 풍조를 거스르며 살았다. 귀족과 노예의 구분이 분명했던 계급 사회에서 서로를 형제자매라 부르며 신분에 구애받지 않는 사랑의 공동체를 이루며 살았다. 그뿐 아니라 로마의 황제를 신으로 섬기던 당시에도 하나님만이 참 신이며 예수가 세상을 구원할 유일한 메시아라고 선포하기를 두려워하지 않았다. 결국 세상의 미움과 제국의 핍박을 받았다. 성경은 복음을 위한 삶은 세상의 미움과 핍박, 고난을 수반한다고 증언한다(요 15:18-19; 막 10:30; 빌 1:29). 그러나 복음 때문에 받는 고난은 장차 칭찬과 영광과 존귀를 받기 위한 연단 과정이다. 그것을 기억하며 기쁘게 감내해야 한다.

> **무릎기도** 하나님, 예수를 위한 고난과 시험을 기꺼이 감내하며 여러 가지 시험이 다가올 때 믿음으로 승리하게 하소서.

ESV - 1 Peter 1

6 In this you rejoice, though now for a little while, if necessary, you have been grieved by various trials,

7 so that the tested genuineness of your faith—more precious than gold that perishes though it is tested by fire—may be found to result in praise and glory and honor at the revelation of Jesus Christ.

8 Though you have not seen him, you love him. Though you do not now see him, you believe in him and rejoice with joy that is inexpressible and filled with glory,

9 obtaining the outcome of your faith, the salvation of your souls.

10 Concerning this salvation, the prophets who prophesied about the grace that was to be yours searched and inquired carefully,

11 inquiring what person or time* the Spirit of Christ in them was indicating when he predicted the sufferings of Christ and the subsequent glories.

12 It was revealed to them that they were serving not themselves but you, in the things that have now been announced to you through those who preached the good news to you by the Holy Spirit sent from heaven, things into which angels long to look.

*1:11 Or *what time or circumstances*

6 rejoice 크게 기뻐하다   grieve 몹시 슬프게 하다   trial 시험   7 genuineness 진짜   precious 귀중한   perish 사라지다   revelation 드러냄   8 inexpressible 형언할 수 없는   fill with …으로 가득 차다   9 obtain 얻다   outcome 결과   salvation 구원   10 concerning …에 관하여   prophet 선지자   inquire 알아보다   11 indicate 나타내다   predict 예언하다   suffering 고난   subsequent 다음의   12 announce 알리다

18 그리스도인의 삶: 거룩함과 사랑

베드로전서 1:13-25 • 새찬송 455장 | 통일 507장

• 말씀묵상 전에 성령님의 인도하심을 구하는 기도를 드리십시오.

> **본문요약** | 다시 오실 예수님을 기다리는 그리스도인이 기억해야 할 두 가지 덕목은 거룩함과 사랑이다. 거룩함은 하나님과 성도의 관계를, 사랑은 성도 간의 관계를 특징짓는다. 그리스도인은 마지막 날 하나님의 심판대 앞에 서게 될 것을 늘 기억하며 거룩한 삶을 살고, 공동체 안에서 하나님의 사랑을 실천해야 한다.

13 그러므로 너희 마음의 허리를 동이고 근신하여 예수 그리스도께서 나타나실 때에 너희에게 가져다 주실 은혜를 온전히 바랄지어다
14 너희가 순종하는 자식처럼 전에 알지 못할 때에 따르던 너희 사욕을 본받지 말고
15 오직 너희를 부르신 거룩한 이처럼 너희도 모든 행실에 거룩한 자가 되라
16 기록되었으되 ㄱ)내가 거룩하니 너희도 거룩할지어다 하셨느니라
17 외모로 보시지 않고 각 사람의 행위대로 심판하시는 이를 너희가 아버지라 부른즉 너희가 나그네로 있을 때를 두려움으로 지내라
18 너희가 알거니와 너희 조상이 물려 준 헛된 행실에서 대속함을 받은 것은 은이나 금 같이 1)없어질 것으로 된 것이 아니요
19 오직 흠 없고 점 없는 어린 양 같은 그리스도의 보배로운 피로 된 것이니라
20 그는 창세 전부터 미리 알린 바 되신 이나 이 말세에 너희를 위하여 나타내신 바 되었으니
21 너희는 그를 죽은 자 가운데서 살리시고 영광을 주신 하나님을 그리스도로 말미암아 믿는 자니 너희 믿음과 소망이 하나님께 있게 하셨느니라
22 너희가 진리를 순종함으로 너희 영혼을 깨끗하게 하여 거짓이 없이 형제를 사랑하기에 이르렀으니 마음으로 뜨겁게 서로 사랑하라
23 너희가 거듭난 것은 썩어질 씨로 된 것이 아니요 썩지 아니할 씨로 된 것이니 살아 있고 항상 있는 하나님의 말씀으로 되었느니라
24 그러므로
ㄴ)모든 육체는 풀과 같고 그 모든 영광은 풀의 꽃과 같으니 풀은 마르고 꽃은 떨어지되
25 오직 주의 말씀은 세세토록 있도다 하였으니 너희에게 전한 복음이 곧 이 말씀이니라

1) 헬, 썩어질 것으로
ㄱ. 레 11:44; 19:2; 20:7 ㄴ. 사 40:6 이하

1. 오늘 하나님께서 나에게 주신 깨달음은 무엇입니까?

2. 말씀을 어떻게 내 삶에 구체적으로 적용해야 합니까?

절별 해설

14 전에 알지 못할 때에 따르던 너희 사욕을 본받지 말고 하나님의 자녀에게 있어서 순종이란 두 가지 측면에서 이해할 수 있다. 첫째, 수동적 의미에서 순종은 하나님의 명령을 수행하는 것이다. 둘째, 적극적 의미에서 순종은 하나님의 성품을 본받아 살려고 스스로 노력하는 것이다. "사욕"으로 번역된 헬라어 '에피투미아스'는 복수형으로 쓰였는데, 다양한 형태로 존재하는 인간의 악한 욕망 전체를 가리킨다.

15 오직 너희를 부르신 거룩한 이처럼 구약 시대에 하나님께서는 이스라엘 백성이 거룩히 구별되기를 원하셨다(레 19:2). 이러한 하나님의 요구는 오늘날의 교회와 그리스도인에게도 동일하게 적용된다(롬 12:1; 살전 3:13).

17 외모로 보시지 않고 각 사람의 행위대로 심판하시는 이 심판자가 되시는 하나님은 각 사람의 행위를 보실 때 겉모습이 아닌 마음의 중심을 살피신다. 여기에 언급된 심판은 마지막 때의 있을 단회적 심판을 가리키는 것으로 보는 것이 가장 자연스럽다(계 20:13). 그런데 "심판하시는"으로 번역된 헬라어 '크리논타'가 현재형 분사로 사용되었다. 이를 고려할 때 현재의 삶 속에 함께하시면서 성도들의 악한 행위를 징계하시는 하나님의 반복적이고 지속적인 행위에 대한 묘사로 볼 수도 있다.

18 너희 조상이 물려 준 헛된 행실 "헛된 행실"은 우상 숭배와 관련된 이교도적 삶의 방식을 가리킨다(4:3).

19 흠 없고 점 없는 어린 양 같은 그리스도의 보배로운 피 "흠 없고"(헬, 아모무)는 희생 제물로 바칠 어린 양의 자격 조건에 대한 레위기서의 언급과 관련이 있다(레 22:21). "그리스도의 보배로운 피"에 해당하는 원문 구절에는 정관사가 포함되어 있는데 직역하면 '예수 그리스도의 그 보배로운 피'이다. 이것은 예수 그리스도께서 희생 제물이 되어 피 흘리셨던 십자가 사건을 지칭한다(히 9:12).

22 너희가 진리를 순종함으로 너희 영혼을 깨끗하게 하여 이 구절이 함축하는 의미를 쉽게 풀어 보면 이렇다. "너희가 복음에 순종하여 예수 그리스도의 피로 죄 사함을 받게 된 데에는 거짓 없이 서로 사랑하도록 하기 위한 (하나님의) 목적이 있었기 때문이다."

서로 사랑하라 성도는 깨끗한 영혼으로 형제가 된 성도들을 사랑함으로써 거룩한 삶을 증명한다. 이러한 사랑은 살아 있는 하나님의 말씀을 통해 하나님의 자녀로 거듭났음을 증명하는 수단이 된다.

쉬운성경

13 그러므로 여러분은 마음을 가다듬고 자신을 잘 지키십시오. 예수 그리스도께서 다시 오실 그날에 여러분이 받게 될 은혜의 선물에 모든 소망을 두시기 바랍니다.

14 전에는 몰라서 하고 싶은 대로 악한 일을 저질렀지만, 이제는 하나님께 순종하는 자녀로서 예전처럼 살아서는 안 되는 것입니다.

15 여러분을 불러 주신 하나님께서 거룩하신 것처럼 여러분도 모든 행동에 거룩한 사람이 되십시오.

16 성경에도 "내가 거룩하니 너희도 거룩하도록 하여라"* 하고 말씀하셨습니다.

17 여러분은 하나님을 '아버지'라고 부르면서 기도합니다. 우리 아버지는 각 사람의 행동을 공평하게 판단하십니다. 그러므로 여러분은 이 세상에 사는 동안, 하나님을 경외하며 살아야 할 것입니다.

18 여러분도 알다시피 이전에는 아무 가치도 없는 방식에 매여 살았습니다. 그것은 여러분의 조상이 물려준 헛되고 쓸모없는 것입니다. 하지만 이제 여러분은 그러한 무가치한 삶에서 구원받았습니다. 금이나 은 같이 없어지고 말 어떠한 것으로 대가를 지불한 것이 아니라,

19 한 점의 죄도 흠도 없으신 어린양 예수 그리스도의 보배로운 피로 여러분은 구원받은 것입니다.

20 이것을 위해 하나님께서는 세상이 시작되기 전부터 그리스도를 택하시고, 이 마지막 때에 여러분을 구원하시고자 보내 주셨습니다.

21 그리스도를 죽은 자 가운데서 일으키시고 영광을 주신 하나님을 우리가 그리스도를 통해 믿게 되었으니, 여러분의 믿음과 소망은 이제 하나님께만 있는 것입니다.

* 1:16 레 11:44–45과 19:2과 20:7에 기록되어 있다.

23 살아 있고 항상 있는 하나님의 말씀으로 되었느니라 "항상 있는"(헬, 메논토스)은 영원히 변치 않는 하나님의 말씀을 묘사한다. 여기에 언급된 "하나님의 말씀"은 좁은 의미에서 복음의 메시지를 가리킨다고 이해할 수도 있겠으나, 복음을 포함하여 성경에 기록된 모든 말씀을 가리킨다고 보는 것이 더 적절하다.

22 여러분은 진리에 순종하여 자신을 깨끗하게 하였고, 진심으로 형제를 사랑할 수 있는 마음을 갖게 되었으니, 이제는 온 맘으로 서로 깊이 사랑하십시오.

23 여러분은 다시 태어났습니다. 이 새 생명은 죽어 없어질 것으로부터 난 것이 아니라 결코 죽지 않는 것으로부터 생긴 것입니다. 여러분이 다시 태어난 것은 영원한 하나님의 살아 있는 말씀에 의한 것입니다.

24 이는 성경에 기록된 말씀입니다.
"모든 인간은 풀과 같고, 그들의 권력*도 들에 핀 꽃과 같으니, 풀은 시들고 꽃은 떨어지나,

25 주님의 말씀은 영원히 살아 있다."*
이것이 여러분에게 전해진 말씀입니다.

* 1:24 영광
* 1:24–25 사 40:6–8에 기록되어 있다.

저자의 **묵상**

우리는 종종 예수님의 제자 중에 요한을 "사랑의 사도"라고 부른다. 그런데 베드로 서신을 읽다 보면 그 역시 뜨거운 사랑의 사도였음을 알 수 있다. 오늘 본문에는 이런 구절이 언급되어 있다. "마음으로 뜨겁게 서로 사랑하라"(22절). 이 구절을 좀 더 드라마틱하게 풀어서 써 보면 '마음 깊은 곳에서 흘러나오는 사랑으로 뜨겁게 사랑하라' 정도가 될 것이다. 베드로 사도가 말하는 뜨거운 사랑이란 허다한 죄를 덮는 용서의 사랑이다(4:8). 주와 함께 죽겠노라고 큰소리친 지 채 하루도 지나기 전에 베드로는 예수님을 부인하며 저주했다. 그러나 예수님은 베드로가 부인하던 그 순간에도 그를 지켜보고 계셨다(눅 22:61). 그것은 미움과 원망이 아닌 뜨거운 사랑의 눈길이었다. 베드로 사도가 허다한 죄를 덮는 뜨거운 사랑을 하라고 권면한 이유는 지난날 자신의 허물을 덮어 주신 스승의 뜨거운 사랑을 결코 잊을 수 없었기 때문일 것이다. 예수님의 뜨거운 사랑을 받은 성도로서 우리 역시 누군가를 뜨겁게 사랑하며 살아야 한다.

| **무릎 기도** | 하나님, 이 땅에서 살아가는 동안에 하나님의 거룩하심을 본받게 하시고, 믿음 안에서 서로 뜨겁게 사랑하는 그리스도인 되게 하소서. |

ESV - 1 Peter 1

13 Therefore, preparing your minds for action,* and being sober-minded, set your hope fully on the grace that will be brought to you at the revelation of Jesus Christ.

14 As obedient children, do not be conformed to the passions of your former ignorance,

15 but as he who called you is holy, you also be holy in all your conduct,

16 since it is written, "You shall be holy, for I am holy."

17 And if you call on him as Father who judges impartially according to each one's deeds, conduct yourselves with fear throughout the time of your exile,

18 knowing that you were ransomed from the futile ways inherited from your forefathers, not with perishable things such as silver or gold,

19 but with the precious blood of Christ, like that of a lamb without blemish or spot.

20 He was foreknown before the foundation of the world but was made manifest in the last times for the sake of you

21 who through him are believers in God, who raised him from the dead and gave him glory, so that your faith and hope are in God.

22 Having purified your souls by your obedience to the truth for a sincere brotherly love, love one another earnestly from a pure heart,

23 since you have been born again, not of perishable seed but of imperishable, through the living and abiding word of God;

24 for "All flesh is like grass and all its glory like the flower of grass. The grass withers, and the flower falls,

25 but the word of the Lord remains forever." And this word is the good news that was preached to you.

* 1:13 Greek *girding up the loins of your mind*

---

13 sober-minded 분별 있는 revelation 드러냄   14 obedient 순종하는 conform to …에 따르다 ignorance 무지   15 conduct 행위   17 impartially 공평하게 exile 나그네   18 ransom 속죄하다 futile 헛된 inherit 상속받다 forefather 조상 perishable 썩기 쉬운   19 blemish 흠   20 foreknow 예지하다 manifest 분명하게 보여주다 for the sake of …을 위해서   22 purify 깨끗이 하다   23 imperishable 불멸의 abiding 변함없는   24 wither 시들다

19 그리스도인의 정체성: 왕 같은 제사장

베드로전서 2:1-10 • 새찬송 463장 | 통일 518장

• 말씀묵상 전에 성령님의 인도하심을 구하는 기도를 드리십시오.

> **본문요약** | 베드로 사도는 택하신 족속, 왕 같은 제사장, 거룩한 나라, 그의 소유가 된 백성 등의 표현을 사용하여 그리스도인의 정체성에 관해 설명한다. 그리스도인은 말씀을 사모하여 교회로 세워지고, 하나님을 섬기며 그의 아름다운 덕을 선포해야 한다. 이러한 정체성의 변화는 하나님의 선택과 긍휼에 근거한다.

1 그러므로 모든 악독과 모든 기만과 외식과 시기와 모든 비방하는 말을 버리고
2 갓난 아기들 같이 순전하고 신령한 젖을 사모하라 이는 그로 말미암아 너희로 구원에 이르도록 자라게 하려 함이라
3 너희가 주의 인자하심을 맛보았으면 그리하라
4 사람에게는 버린 바가 되었으나 하나님께는 택하심을 입은 보배로운 산 돌이신 예수께 나아가
5 너희도 산 돌 같이 신령한 집으로 세워지고 예수 그리스도로 말미암아 하나님이 기쁘게 받으실 신령한 제사를 드릴 거룩한 제사장이 될지니라
6 성경에 기록되었으되
   ㄱ보라 내가 택한 보배로운 모퉁잇돌을 시온에 두노니 그를 믿는 자는 부끄러움을 당하지 아니하리라
  하였으니
7 그러므로 믿는 너희에게는 보배이나 믿지 아니하는 자에게는
   ㄴ건축자들이 버린 그 돌이 모퉁이의 머릿돌이 되고
8 또한
   ㄷ부딪치는 돌과 걸려 넘어지게 하는 바위가 되었다
  하였느니라 그들이 말씀을 순종하지 아니하므로 넘어지나니 이는 그들을 이렇게 정하신 것이라
9 그러나 너희는 택하신 족속이요 왕 같은 제사장들이요 거룩한 나라요 그의 소유가 된 백성이니 이는 너희를 어두운 데서 불러 내어 그의 기이한 빛에 들어가게 하신 이의 아름다운 덕을 선포하게 하려 하심이라
10 너희가 전에는 백성이 아니더니 이제는 하나님의 백성이요 전에는 긍휼을 얻지 못하였더니 이제는 긍휼을 얻은 자니라

1. 오늘 하나님께서 나에게 주신 깨달음은 무엇입니까?

2. 말씀을 어떻게 내 삶에 구체적으로 적용해야 합니까?

ㄱ. 사 28:16 ㄴ. 시 118:22 ㄷ. 사 8:14

절별 해설

2 너희로 구원에 이르도록 자라게 하려 함이라 여기서 구원은 종말론적 구원, 다시 말해 마지막 날에 믿는 자들에게 주어질 영생의 구원을 가리킨다. 성도들은 예수를 영접한 순간에 "이미" 구원을 받았지만, 예수님이 다시 오실 때 부활의 몸으로 누리게 될 영생의 구원은 "아직" 실현되지 않았다. 이러한 "이미(already)"와 "아직(not yet)"의 긴장 속에서 균형 잡힌 구원관을 갖는 것은 신앙생활에 있어서 매우 중요하다. 구체적으로 성도는 이미 완전한 구원을 받았지만, 아직 성취되지 않은 종말론적 구원의 영광에 이르기 위해 이 땅에서 근신하는 삶을 살아야 한다.

4 보배로운 산 돌이신 예수께 나아가 예수님은 "건축자가 버린 돌이 집 모퉁이의 머릿돌이 되었나니"(시 118:22)라는 시편의 구절을 인용하여 자신을 "돌"에 비유하셨다(마 21:42). 베드로 사도는 여기에 "산"(헬, 존타)이라는 수식어를 더하여 부활하신 예수님이 지금도 여전히 살아계심을 강조한다.

5 너희도 산 돌 같이 신령한 집으로 세워지고 "신령한 집"은 교회를 가리킨다. 각각의 성도가 하나의 "산 돌"이 되어 서로 연합할 때 하나님의 교회는 신령한 집으로 세워지게 된다. 바울 사도 역시 교회가 어떤 방식으로 존재해야 하는가를 설명하기 위해 건물에 비유하였다(엡 2:19~22).

6 보라 내가 택한 보배로운 모퉁잇돌을 시온에 두노니 이사야서 구절의 인용이다(사 28:16). "모퉁잇돌"은 건축의 기초가 되는 머릿돌을 가리키는데 바울은 예수 그리스도께서 교회의 모퉁잇돌이 되신다고 말한다(엡 2:20).

8 부딪치는 돌과 걸려 넘어지게 하는 바위가 되었다 하였느니라 예수님이 믿지 않는 자들에게 "부딪치는 돌", "걸려 넘어지게 하는 바위"가 되시는 이유는 그들이 복음을 의도적으로 배척하고 거절하기 때문이다.
이는 그들을 이렇게 정하신 것이라 하나님의 주권에 대한 진술이다. 하나님께서 불순종할 자들을 미리 정하셨다면 불공평한 것이 아닌가 하는 생각이 들 수 있지만, 하나님의 주권은 피조물인 인간이 판단할 수 있는 영역이 아니다(롬 9:20).

9 택하신 족속, 왕 같은 제사장, 거룩한 나라, 그의 소유가 된 백성 예수 그리스도는 만왕의 왕으로 세상에 오셨을 뿐 아니라 큰 대제사장이 되어(히 4:14) 자신의 몸으로 단번에 속죄의 제사를 드리셨다. 다시 말해 예수 그리스도는 왕이시며, 동시에 대제사장이셨다. 그런 맥락에서 "왕 같은 제사장"에는 믿는 자들이 세상에서 예수님과 같은 직분을 감당

쉬운성경

1 그러므로 여러분은 모든 악과 거짓을 버리십시오. 위선자가 되지 말고, 시기하며 험담하는 자가 되지 마십시오. 여러분의 삶 가운데서 이 모든 것을 없애십시오.

2 갓난아기가 젖을 찾듯이 순결한 말씀을 사모하십시오. 그러면 여러분의 믿음이 자라고 구원을 받게 될 것입니다.

3 여러분은 이미 주님의 선하심을 맛보아 알고 있지 않습니까?

4 우리 주 예수님은 '산 돌'이십니다. 세상 사람들은 이 돌을 버렸지만, 그분은 하나님께서 선택하신 머릿돌이십니다. 하나님께서는 그 누구보다도 귀한 존재로 그분을 택하셨습니다. 그러므로 그분께로 오십시오.

5 여러분도 산 돌처럼 거룩한 성전을 짓는 데 사용되시기 바랍니다. 그리고 하나님께 영적인 희생 제사를 올려 드리는 거룩한 제사장이 되시기 바랍니다. 하나님께서는 예수 그리스도를 통하여 그 희생 제사를 받으실 것입니다.

6 성경에 이와 같은 말씀이 있습니다.
"내가 시온에 주춧돌을 놓고, 이 보배로운 돌 위에 모든 것을 세울 것이다. 누구든지 주님을 의지하는 자는 결코 실망하지 않을 것이다."*

7 믿는 자들에게 이 돌은 너무나 귀중한 것이지만, 믿지 않는 자들에게는 쓸모없는 돌에 불과합니다. 이것은 "건축자들이 쓸모없어 버린 돌이 그 집 모퉁이의 머릿돌이 되었다네"*라는 말씀과,

8 "걸려 넘어지게 하는 돌과 바위가 되었다"*라는 말씀과 같습니다. 그들은 하나님의 말씀에 순종하지 않기 때문에 넘어집니다. 바로 이것이 그들을 향한 하나님의 계획이기도 합니다.

9 그러나 여러분은 하나님께서 선택하신

---

* 2:6 사 28:16에 기록되어 있다.
* 2:7 시 118:22에 기록되어 있다.
* 2:8 사 8:14에 기록되어 있다.

하며 살아야 한다는 의미가 내포되어 있다고 볼 수 있다. **너희를 어두운 데서 불러 내어 그의 기이한 빛에 들어가게 하신 이** "기이한 빛"이 구체적으로 무엇을 가리키는가에 관해 1)하나님의 임재, 2)하나님의 나라, 3)마지막 날에 성도들이 얻게 될 영광, 4)구원 등의 다양한 견해가 있다.

민족이며 왕의 제사장입니다. 또 거룩한 나라이며, 하나님께서 홀로 다스리는 나라의 백성입니다. 하나님께서는 그분의 선하심을 선포하게 하시려고, 여러분을 어둠 가운데서 불러내어, 그의 놀라운 빛 가운데로 인도하셨습니다.

10 여러분이 전에는 하나님의 백성이 아니었지만, 지금은 하나님의 백성입니다. 이전에는 은혜를 몰랐지만, 지금은 은혜를 받고 누리고 있습니다.

저자의 묵상

일반적으로 "왕"과 "제사장"은 높은 지위를 상징하는 말이다. 그런데 본문에서 베드로 사도는 그리스도인을 가리켜 "왕 같은 제사장"이라고 부른다. 왕이나 제사장 중 하나에만 해당해도 최고의 지위일 텐데, 그 둘 모두에 해당한다면 얼마나 높은 지위를 가리키는 것일까? 그러나 예수님의 삶을 묵상하면 왕 같은 제사장이 단지 높고 존귀한 지위를 상징하는 말이 아니라는 것을 알게 된다. 적어도 하나님 나라에서는 말이다. 하나님의 아들이신 예수님은 만왕의 왕이셨지만 가장 낮은 자리로 내려간 '섬김의 왕'이셨고, 대제사장이셨지만 자신의 목숨을 희생하여 제사를 드리셨던 '희생의 제사장'이셨다. 그리고 예수님의 십자가는 그 섬김과 희생의 정점에 있다. 그렇다면 그리스도인에게 "왕 같은 제사장"이라는 직분을 주신 예수님의 뜻은 섬김과 희생의 삶에 대한 요구일 것이다. 예수님을 따르는 그리스도인으로서 나는 왕 같은 제사장이 될 마음의 준비가 되었는지 돌아보아야 한다.

무릎기도 하나님, 죄인을 불러 "왕 같은 제사장" 삼아 주신 하나님의 은혜를 늘 기억하며, 그 은혜에 합당한 삶을 살게 하소서.

ESV - 1 Peter 2

1 So put away all malice and all deceit and hypocrisy and envy and all slander.
2 Like newborn infants, long for the pure spiritual milk, that by it you may grow up into salvation—
3 if indeed you have tasted that the Lord is good.
4 As you come to him, a living stone rejected by men but in the sight of God chosen and precious,
5 you yourselves like living stones are being built up as a spiritual house, to be a holy priesthood, to offer spiritual sacrifices acceptable to God through Jesus Christ.
6 For it stands in Scripture: "Behold, I am laying in Zion a stone, a cornerstone chosen and precious, and whoever believes in him will not be put to shame."
7 So the honor is for you who believe, but for those who do not believe, "The stone that the builders rejected has become the cornerstone,"*
8 and "A stone of stumbling, and a rock of offense." They stumble because they disobey the word, as they were destined to do.
9 But you are a chosen race, a royal priesthood, a holy nation, a people for his own possession, that you may proclaim the excellencies of him who called you out of darkness into his marvelous light.
10 Once you were not a people, but now you are God's people; once you had not received mercy, but now you have received mercy.

* 2:7 Greek *the head of the corner*

---

1 put away 버리다 malice 악의 deceit 사기 hypocrisy 위선 slander 비방   2 infant 유아 long for …를 열망하다 salvation 구원   4 reject 버리다   5 priesthood 제사장직 sacrifice 제사 acceptable 받아들일 만한   6 Scripture 성경 behold 보다 cornerstone 주춧돌 be put to shame 망신을 당하다   8 stumble 넘어지다 offense 실족하게 하는 일 be destined to do …할 운명이다   9 excellency 우월 marvelous 놀라운

묵상 체크

월 일

20 그리스도인의 사회생활: 선한 행실

베드로전서 2:11-17 • 새찬송 510장 | 통일 276장

• 말씀묵상 전에 성령님의 인도하심을 구하는 기도를 드리십시오.

본문요약 | 당시 그리스도인들은 이방인들의 비방과 로마 제국의 핍박을 받고 있었다. 베드로 사도는 그러한 현실에 대한 실제적 권면으로서 사회 안에서 성도들의 선행을 강조한다. 이는 이방인들이 회심하게 하며, 로마와의 불필요한 갈등을 피함으로 평화를 유지하는 방편이 된다.

11 사랑하는 자들아 거류민과 나그네 같은 너희를 권하노니 영혼을 거슬러 싸우는 육체의 정욕을 제어하라
12 너희가 이방인 중에서 행실을 선하게 가져 너희를 악행한다고 비방하는 자들로 하여금 너희 선한 일을 보고 1)오시는 날에 하나님께 영광을 돌리게 하려 함이라
13 인간의 모든 제도를 주를 위하여 순종하되 혹은 위에 있는 왕이나
14 혹은 그가 악행하는 자를 징벌하고 선행하는 자를 포상하기 위하여 보낸 총독에게 하라
15 곧 선행으로 어리석은 사람들의 무식한 말을 막으시는 것이라
16 너희는 자유가 있으나 그 자유로 악을 가리는 데 쓰지 말고 오직 하나님의 종과 같이 하라
17 뭇 사람을 공경하며 형제를 사랑하며 하나님을 두려워하며 왕을 존대하라

1. 오늘 하나님께서 나에게 주신 깨달음은 무엇입니까?

2. 말씀을 어떻게 내 삶에 구체적으로 적용해야 합니까?

1) 또는 심판하시는

절별 해설

11 영혼을 거슬러 싸우는 육체의 정욕을 제어하라 "거슬러 싸우는"(헬, 스트라튜온타이)은 현재형 동사로 지속적이고 반복되는 행동을 묘사한다. 이는 육체의 정욕을 제어하기 위한 자기와의 싸움이 그리스도인의 생애 동안 반복적으로 일어나게 될 것을 암시한다.

12 너희 선한 일을 보고 오시는 날에 하나님께 영광을 돌리게 하려 함이라 베드로 사도는 선한 행실에 관한 예수님의 가르침을 염두에 두었을 것이다(마 5:16). "오시는"에 해당하는 헬라어 '에피스코페스'는 누가복음에서 '보살핌을 받는'으로 번역되었다(눅 19:44). 하나님의 보살핌은 구원을 의미하므로 본문에 언급된 "오시는 날"은 구원의 날이라고 볼 수 있다. 이 경우에 오시는 날은 종말론적 측면에서 예수님의 재림의 날 또는 이방인이 회심하고 구원받는 날을 가리키는 것으로 볼 수도 있다. 두 가지 의미를 모두 포함한다고 보는 것이 가장 적절하다.

13 인간의 모든 제도를 주를 위하여 순종하되 그리스도인은 한 사회의 구성원으로서 자신이 속한 사회에서 권위를 가진 자들에게 순종해야 한다. 그러나 이때의 순종은 맹목적인 것이 아니라 주를 위한 순종이어야 한다. 만약 세상의 권위가 하나님의 권위를 거슬러 행한다면 그리스도인은 당연히 하나님의 권위를 따라야 하며 타락한 세상의 권위자들을 향해 선지자적인 목소리를 낼 수 있어야 한다(행 5:29).

15 곧 선행으로 어리석은 사람들의 무식한 말을 막으시는 것이라 당시 그리스도인들은 복음을 전했다가 사회의 질서를 어지럽힌다는 이유로 종종 무고한 핍박을 받기도 했다(행 16:16-23; 19:23). 이러한 상황에서 베드로 사도는 교회를 비방하는 어리석고 무식한 자들의 괜한 구설에 오르내리는 것을 피하기 위해 선을 행하라고 권면한다. 바울 사도도 이와 비슷하게 선으로 악을 이기라고 당부했다(롬 12:21).

16 그 자유로 악을 가리는 데 쓰지 말고 악을 가린다는 표현에 사용된 헬라어 '에피칼룹냐'의 사전적 의미는 덮개이고, 직역하면 '너희의 자유를 죄의 덮개로 사용하지 말라'이다. 문맥을 고려하여 의역한다면 '자유를 악을 행하기 위한 도구로 사용하지 말라' 정도가 될 것이다.

하나님의 종과 같이 하라 "종"(헬, 둘로스)은 자유인과는 반대로 법적으로 주인의 소유이며, 주인의 뜻에 전적으로 복종한다. 그러므로 하나님의 종은 하나님의 뜻에 전적으로 복종하는 사람을 가리킨다. 악을 행하지 않기 위해 스스로 하나님의 종으로 살아갈 것을 다짐하는 그리스도인은 어떤 의미에서 참된 자유인일 것이다.

쉬운성경

11 사랑하는 여러분, 여러분은 이 세상에서 나그네와 같은 사람들입니다. 그러므로 육신이 원하는 악한 일들을 멀리하시기 바랍니다. 이런 것은 영혼을 대적해 싸우는 것들입니다.

12 여러분 주위에는 믿지 않는 자들이 많이 있습니다. 그들은 여러분이 잘못 살고 있다고 말할지도 모릅니다. 그러므로 착하게 사십시오. 그들이 여러분의 선한 행동을 보고 그리스도께서 다시 오시는 날에 하나님께 영광을 올려 드릴 것입니다.

13 이 세상의 권위를 가진 사람들에게 복종하십시오. 그렇게 하는 것이 주님을 위한 것입니다. 최고의 권위를 가진 왕께 복종하십시오.

14 또한 왕이 보낸 관리에게도 복종하십시오. 그들은 잘못된 사람을 벌하고 옳은 일을 하는 사람에게 상을 주라고 보냄을 받은 자들입니다.

15 여러분이 선하게 행동할 때, 어리석은 사람들은 여러분에 관해 더 이상 험담을 하지 못할 것입니다. 이렇게 하는 것이 하나님의 뜻입니다.

16 자유인으로 사십시오. 그러나 자유를 잘못 사용하여 악을 행하는 구실로 삼지는 말기 바랍니다. 하나님을 섬기는 자로 생활하십시오.

17 모든 사람을 존중하고, 하나님 안에서 형제자매를 사랑하며, 하나님을 두려워하고, 왕을 존경하십시오.

저자의 묵상

베드로 사도가 목회하던 당시의 그리스도인은 사회적 약자였다. 예수와 복음을 비방하는 이방인들에게 엄중한 경고를 내릴 수 있는 사회적 지위를 갖지 못했으며, "무식한 말"(15절)로 자신들을 모함하는 로마의 관리들에게 항의할 수 있는 정치적 힘은 더더욱 갖지 못했다. 어쩌면 당시의 그리스도인들이 할 수 있는 최선은 그저 얌전히 착하게 사는 것이었을지도 모른다. 그렇다면 베드로 사도가 말하는 "선한 일"은 당시 사회적 약자였던 그리스도인이 주변과의 갈등을 피하고자 취했던 소극적 대응으로 보아야 할까? 본문은 그 질문에 대해 "No!"라는 분명한 대답을 준다(12절). 그리스도인의 선행은 단순히 주변과의 갈등을 피하기 위한 소극적인 대응이 아니라 불신자들을 감화하여 회심하고 구원받도록 하기 위한 적극적 신앙의 행동이었다. 오늘날 그리스도인들은 마음만 먹으면 교회를 비방하고 모함하는 자들을 사회적, 혹은 법적으로 제지할 수 있는 시대를 살고 있다. 그러나 우리는 오히려 복음 전파와 하나님의 영광을 위해 선한 행실로 그들을 대해야 한다.

> **무릎기도** 하나님, 복음의 전파와 하나님의 영광을 위해 선한 행실로 이웃과 세상을 감화시키는 그리스도인으로 살게 하소서.

ESV - 1 Peter 2

11 Beloved, I urge you as sojourners and exiles to abstain from the passions of the flesh, which wage war against your soul.
12 Keep your conduct among the Gentiles honorable, so that when they speak against you as evildoers, they may see your good deeds and glorify God on the day of visitation.
13 Be subject for the Lord's sake to every human institution,* whether it be to the emperor* as supreme,
14 or to governors as sent by him to punish those who do evil and to praise those who do good.
15 For this is the will of God, that by doing good you should put to silence the ignorance of foolish people.
16 Live as people who are free, not using your freedom as a cover-up for evil, but living as servants* of God.
17 Honor everyone. Love the brotherhood. Fear God. Honor the emperor.

* 2:13 Or *every institution ordained for people*
* 2:13 Or *king*; also verse 17
* 2:16 For the contextual rendering of the Greek word *doulos*, see Preface

---

11 urge 열심히 권하다 sojourner 일시 체류자 exile 나그네 abstain from …을 삼가다 wage war against …과 싸우다   12 conduct 행위 gentile 이방인 honorable 올바른 evildoer 악인 glorify 찬미하다 visitation 심판   13 subject 복종하는 institution 제도 emperor 왕 supreme 최고의   14 governor 총독 punish 벌을 주다   15 ignorance 무지   16 servant 종

☐ 묵상 체크

21
월   일

선을 행함으로 받는 고난
베드로전서 2:18-25 • 새찬송 336장 | 통일 383장

• 말씀묵상 전에 성령님의 인도하심을 구하는 기도를 드리십시오.

본문요약 | 당시 노예 제도 하에서 종은 주인의 소유물 혹은 재산으로 여겨졌다. 그런 상황에서 빈번하게 부당한 처우를 받기도 했다. 베드로 사도는 종의 신분으로 주인과의 관계에서 어려움을 겪는 성도들에게 그리스도의 십자가 고난을 상기시키면서, 현재의 고난을 믿음 안에서 잘 견뎌 낼 것을 권면한다.

18 사환들아 범사에 두려워함으로 주인들에게 순종하되 선하고 관용하는 자들에게만 아니라 또한 까다로운 자들에게도 그리하라
19 부당하게 고난을 받아도 하나님을 생각함으로 슬픔을 참으면 이는 ¹⁾아름다우나
20 죄가 있어 매를 맞고 참으면 무슨 칭찬이 있으리요 그러나 선을 행함으로 고난을 받고 참으면 이는 하나님 앞에 아름다우니라
21 이를 위하여 너희가 부르심을 받았으니 그리스도도 너희를 위하여 고난을 받으사 너희에게 본을 끼쳐 그 자취를 따라오게 하려 하셨느니라
22 그는 죄를 범하지 아니하시고 그 입에 거짓도 없으시며
23 욕을 당하시되 맞대어 욕하지 아니하시고 고난을 당하시되 위협하지 아니하시고 오직 공의로 심판하시는 이에게 부탁하시며
24 친히 나무에 달려 그 몸으로 우리 죄를 담당하셨으니 이는 우리로 죄에 대하여 죽고 의에 대하여 살게 하심이라 그가 채찍에 맞음으로 너희는 나음을 얻었나니
25 너희가 전에는 양과 같이 길을 잃었더니 이제는 너희 영혼의 목자와 감독 되신 이에게 돌아왔느니라

1. 오늘 하나님께서 나에게 주신 깨달음은 무엇입니까?

2. 말씀을 어떻게 내 삶에 구체적으로 적용해야 합니까?

1) 헬, 은혜

절별 해설

18 사환들아 범사에 두려워함으로 주인들에게 순종하되 "사환"(헬, 오이케타이)은 주인의 명령에 따라 가정에서 일하던 종 혹은 노예를 가리킨다. 본절에서 두려움의 대상을 누구로 볼 것인가에 따라 '(하나님을) 두려워하는 마음으로', 혹은 '(주인을) 두려워하는 마음으로'라는 두 가지 해석이 가능하다. 앞선 구절에서 그리스도인을 가리켜 "하나님의 종"이라고 표현하며 "하나님을 두려워하며" 왕을 존대할 것을 권면했다는(2:16-17) 점을 고려할 때 전자의 해석이 더욱 타당하다고 볼 수 있다.

19 부당하게 고난을 받아도 하나님을 생각함으로 슬픔을 참으면 "부당하게"(헬, 아디코스)라는 단어가 암시하듯이 당시 종들은 종종 부당한 대우를 받았다. 당시의 교회는 예수 안에서 노예나 자유인의 구별 없이 구원을 받고 동등한 하나님의 백성이 되었음을 가르쳤지만 노예 제도 자체를 정죄하거나 부정하지 않았다. 그들의 고난은 피할 수 없는 현실이었고, 그리스도인 종은 자신이 경험하는 부당한 고난을 신앙적으로 승화시킬 수밖에 없었을 것이다.

20 선을 행함으로 고난을 받고 참으면 이는 하나님 앞에 아름다우니라 선을 행함에도 불구하고 고난을 받는 상황은 "부당하게 고난을 받아도"(19절)라는 구절과 관련지어 생각할 수 있다. 베드로 사도는 선을 행하고도 고난을 받는 종들의 슬픔을 위로하며, 궁극적 주인이신 하나님께서 그들의 선행을 기억하신다는 사실을 상기시킨다. "아름다우니라"에 해당하는 헬라어 '카리스'는 하나님의 은혜를 가리키며 '은혜를 입는다'라는 의미로 이해할 수 있다.

24 친히 나무에 달려 그 몸으로 우리 죄를 담당하셨으니 유대인들은 나무에 달린 자는 하나님께 저주를 받았다고 생각했다(신 21:23 참고). 초대 교회의 사도들은 종종 예수 그리스도를 나무에 달리신 분으로 묘사한다(행 5:30; 갈 3:13). 그 이유는 예수님께서 십자가(나무) 위에서 죄인인 인간이 받아야 할 하나님의 저주를 대신 받고 죽으셨다고 생각했기 때문이다.

이는 우리로 죄에 대하여 죽고 의에 대하여 살게 하려 하심이라 이와 비슷한 사상을 바울에게서 찾아볼 수 있다(롬 6:11). 죄에 대하여 죽는다는 것은 욕심을 따라 살던 과거의 삶으로부터 돌아서겠다는 신앙적 결단을 의미한다. 이러한 결단은 반드시 의를 위하여 사는 삶을 통해 증명되어야 한다.

25 이제는 너희 영혼의 목자와 감독 되신 이에게 돌아왔느니라 신약성경은 예수님을 "이스라엘의 목자"(마 2:6), 혹은 "선한 목자"(요 10:11-14)로 묘사한다. 이를 고려할 때 "목자와 감독 되신 이"는 예수님을 가리킨다고 볼 수 있다. "감독"(헬, 에피스코포스)에는 '보살피고 돌보는 자'라는 의미가 담겨 있다.

쉬운성경

18 하인들이여, 주인을 존경하고 그 권위에 복종하십시오. 선하고 친절한 주인에게만 아니라 악하고 나쁜 주인에게도 복종하십시오.

19 아무런 잘못이 없는데도 억울하게 벌을 받을 수 있습니다. 그때, 하나님을 생각하고 말없이 참는다면, 하나님은 그런 그를 기뻐하실 것입니다.

20 만약 잘못한 일로 벌을 받는다면, 그것을 참는다고 칭찬받을 이유가 없는 것입니다. 여러분이 선한 일을 하고 고난을 받을 때 인내할 수 있다면, 그것은 하나님 보시기에 참으로 아름다운 일이 됩니다.

21 이것을 위해 여러분은 부르심을 받았습니다. 그리스도께서 여러분을 위해 고난을 받으심으로 우리가 따라야 할 모범을 보여주셨습니다. 그러므로 그리스도의 발자취를 따르십시오.

22 그분은 죄가 없으시며, 거짓을 말한 적도 없습니다.

23 예수님은 모욕을 당해도 욕하지 않으시고, 고난을 받을 때도 위협하지 않으셨습니다. 그는 모든 것을 공정하게 심판하시는 하나님의 손에 자신을 맡기셨습니다.

24 그리고 몸소 우리 죄를 짊어지고 십자가에 달려 돌아가심으로써, 우리가 더 이상 죄를 위해 살지 않고 의를 위해 살 수 있게 하셨습니다. 그리스도께서 상처를 입으심으로써, 우리가 낫게 된 것입니다.

25 여러분은 길 잃은 양처럼 잘못된 길로 갔지만, 이제는 영혼을 살피시는 목자와 보호자의 품으로 되돌아왔습니다.

저자의 묵상

신앙생활을 하다 보면 '선을 행하고도 받는 고난'에 대해 고민이 될 때가 있다. 신앙인으로서 하나님 앞에 부끄럽지 않으려고 불의와 타협하지 않고 정직하게 살았는데 오해를 사거나 따돌림을 당하는 경우가 있기 때문이다. 그런데 베드로 사도는 선을 행하고도 고난을 받을 때 예수 그리스도를 떠올려 보라고 권면한다. 예수님은 평생 가난한 자들, 병든 자들, 마음 상한 자들에게 선을 베풀며 사셨다. 그 정도의 선행이면 많은 존경과 명예를 얻어야 했을 텐데 오히려 세상의 미움을 받았고 십자가에서 죽음을 맞으셨다. 세상은 예수님의 선행을 알아주지 않았지만 예수님은 선을 행하는 것을 멈추지 않으셨다. 이유는 분명하다. 하나님이 선을 행하는 자를 기뻐하시고 그와 함께하신다는 사실을 아셨기 때문이다(요 8:29). 그러므로 성도는 낙심하지 않을 수 있다. 선을 행하고도 고난받을 때 이를 알아주시는 하나님으로 인해 낙심하거나 포기하지 않는 성도가 되어야 한다.

> **무릎기도** 하나님, 나를 보며 기뻐하실 하나님을 생각하며 고난을 당할 때에도 낙심하지 않고 늘 선을 행하는 삶을 살게 하소서.

ESV - 1 Peter 2

18 Servants, be subject to your masters with all respect, not only to the good and gentle but also to the unjust.

19 For this is a gracious thing, when, mindful of God, one endures sorrows while suffering unjustly.

20 For what credit is it if, when you sin and are beaten for it, you endure? But if when you do good and suffer for it you endure, this is a gracious thing in the sight of God.

21 For to this you have been called, because Christ also suffered for you, leaving you an example, so that you might follow in his steps.

22 He committed no sin, neither was deceit found in his mouth.

23 When he was reviled, he did not revile in return; when he suffered, he did not threaten, but continued entrusting himself to him who judges justly.

24 He himself bore our sins in his body on the tree, that we might die to sin and live to righteousness. By his wounds you have been healed.

25 For you were straying like sheep, but have now returned to the Shepherd and Overseer of your souls.

18 servant 종 subject 복종하는 unjust 부정한 19 gracious 아름다운 mindful of …을 유념하여 endure 참다 sorrow 슬픔 suffer 고통을 받다 20 credit 칭찬 22 commit 범하다 deceit 거짓 23 revile 비방하다 threaten 위협하다 entrust 맡기다 24 righteousness 의 wound 상처 25 stray 길을 잃다 shepherd 목자 overseer 감독

묵상 체크 ☐

22
월   일

아내들아, 남편들아

베드로전서 3:1-7 • 새찬송 559장 | 통일 305장

• 말씀묵상 전에 성령님의 인도하심을 구하는 기도를 드리십시오.

> **본문요약** ｜ 그리스도인의 사회생활에 관한 권면을 마친 베드로 사도는 좀 더 범위를 좁혀 가정생활에 관한 권면을 시작한다. 본문은 주로 남편과 아내의 관계에 관한 내용을 담고 있다. 아내들에게는 남편의 권위를 인정하고 순종함으로 자신을 단장할 것을, 남편들에게는 아내를 존중하며 소중히 여길 것을 강조한다.

1 아내들아 이와 같이 자기 남편에게 순종하라 이는 혹 말씀을 순종하지 않는 자라도 말로 말미암지 않고 그 아내의 행실로 말미암아 구원을 받게 하려 함이니
2 너희의 두려워하며 정결한 행실을 봄이라
3 너희의 단장은 머리를 꾸미고 금을 차고 아름다운 옷을 입는 외모로 하지 말고
4 오직 마음에 숨은 사람을 온유하고 안정한 심령의 썩지 아니할 것으로 하라 이는 하나님 앞에 값진 것이니라
5 전에 하나님께 소망을 두었던 거룩한 부녀들도 이와 같이 자기 남편에게 순종함으로 자기를 단장하였나니
6 사라가 아브라함을 주라 칭하여 순종한 것 같이 너희는 선을 행하고 아무 두려운 일에도 놀라지 아니하면 그의 딸이 된 것이니라
7 남편들아 이와 같이 ¹⁾지식을 따라 너희 아내와 동거하고 그를 더 연약한 그릇이요 또 생명의 은혜를 함께 이어받을 자로 알아 귀히 여기라 이는 너희 기도가 막히지 아니하게 하려 함이라

1. 오늘 하나님께서 나에게 주신 깨달음은 무엇입니까?

2. 말씀을 어떻게 내 삶에 구체적으로 적용해야 합니까?

1) 또는 그 아내를 더 연약한 그릇 같이 여겨 지식을 따라 동거하고 또 생명의 은혜를

절별 해설

1 아내들아 이와 같이 자기 남편에게 순종하라 남편과 아내의 관계는 왕과 백성, 혹은 주인과 종의 관계와는 엄연히 다르다. 그렇지만 베드로 사도는 세 종류의 관계 모두 하나님 앞에서의 순종을 기반으로 한다는 점을 강조한다.

그 아내의 행실로 말미암아 구원을 받게 하려 함이니 당시의 사회 제도에서는 남편이 가족 구성원들에 대해 절대적인 권위를 가졌다. 그러므로 아내가 불신자 남편에게 적극적으로 복음을 전하는 것은 매우 조심스러운 일이었다. 말이 아닌 행실로 남편을 감화시켜 구원을 받게 하라는 말에는 당시의 가부장적인 사회에 대한 고려가 담겨 있다. 이전 권면의 맥락에서 본다면 선한 행실로 이방인을 감화시키듯(2:12) 아내의 정숙한 행실은 불신자인 남편을 감화시켜 구원에 이르게 할 수 있음을 의미할 것이다.

5 전에 하나님께 소망을 두었던 거룩한 부녀들 "거룩한"(헬, 하기아이)은 성경에서 선지자, 사도, 천사 등을 수식할 때 사용되었다. "부녀들"은 예수님이 오시기 이전에 살았던 구약 시대의 아내들을 가리킨다. 구체적으로는 아브라함(사라), 이삭(리브가), 야곱(레아와 라헬)의 아내들이 이에 해당한다.

6 너희는 선을 행하고 아무 두려운 일에도 놀라지 아니하면 이 구절에 해당하는 원문은 '그녀(사라)의 딸이 되었다. 그러므로 너희는 아무 두려움 없이 선을 행할 수 있다'라고 해석할 수도 있다. 베드로 사도가 염두에 둔 "두려운 일"은 일반적인 의미에서의 두려운 상황, 혹은 어려움을 가리킬 것이다.

7 남편들아 이와 같이 지식을 따라 너희 아내와 동거하고 "지식"(헬, 그노신)은 하나님의 말씀에 대한 지식, 혹은 당시 교회 공동체가 규범으로 지켰던 가정생활에 대한 신앙적 관습을 가리킨다. "동거하고"(헬, 쉬노이쿤테스)는 일차적으로는 '성적인 관계'를 의미하지만 여기에서는 육체적 관계를 비롯하여 인격적으로 친밀한 관계까지 포함한다고 보는 것이 자연스럽다.

더 연약한 그릇이요 또 생명의 은혜를 함께 이어받을 자로 알아 귀히 여기라 "그릇"(헬, 스큐에이)은 질그릇(고후 4:7)으로 번역되기도 했으며 인간의 연약함을 상징한다. "더 연약한 그릇"은 정신적, 도덕적 연약함이 아닌 육체적 연약함을 가리킨다. "생명의 은혜"란 그리스도인이 장차 받게 될 영원한 생명을 의미한다.

너희 기도가 막히지 아니하게 하려 함이라 기도가 막히는 이유는 아내와의 불편한 관계로 인해 기도에 집중할 수 없기 때문일 수도 있고, 아내를 귀히 여기지 않는 자의 기도를 하나님께서 받지 않으시기 때문일 수도 있다. 두 가지 모두를 함축한다고 보아도 무방하다.

쉬운성경

1 이와 같이 아내들은 남편에게 순종하십시오. 그러면 하나님을 멀리하고 그 말씀에 귀를 기울이지 않던 남편들도 아내의 순종하는 모습에 의해 하나님을 믿게 될 것입니다. 억지로 설득하려는 백 마디 말보다 온전한 행동이 남편을 감동시킬 것입니다.

2 남편들은 여러분이 하나님을 경외하며 깨끗하게 살아가는 것을 지켜보고 있습니다.

3 화려한 옷이나 보석을 걸치거나, 머리 치장을 한다고 여러분이 아름답게 보이는 것은 아닙니다.

4 진정한 아름다움은 내면의 아름다움에서 나오는 것입니다. 온유하고 정숙한 마음을 가진 사람이 정말 아름다운 사람입니다. 이러한 아름다움은 없어지지도 않으며, 하나님께서도 귀하게 보시는 것입니다.

5 전에 하나님을 경외하며 순종했던 믿음의 여인들이 이러했습니다. 그들은 외모보다 내면을 아름답게 꾸몄고, 남편의 권위에 순종하였습니다.

6 아브라함의 아내 사라는 남편을 주인이라 부르며 복종했습니다. 여러분도 바르게 행동하고 두려워할 것이 없으면, 사라처럼 아름다운 그녀의 후손이 될 것입니다.

7 마찬가지로 남편들도 아내를 잘 이해하고 돌보아 주며 살아가십시오. 아내를 존중해 주시기 바랍니다. 아내는 남편인 여러분보다 더 연약합니다. 그러나 하나님께서는 여러분에게 주시는 것과 똑같은 은혜인 참 생명을 아내들에게도 주셨습니다. 아내를 소중히 대함으로써 여러분의 기도가 막히지 않도록 하십시오.

저자의 묵상

"가정"(household) 공동체는 1세기 기독교가 폭발적으로 성장하는 데 큰 역할을 했다. 베드로 사도가 활동하던 당시는 일단 한 가정의 가장이 복음을 받아들이면 그 가정에 속한 구성원 전체(아내, 자녀, 하인)가 교회의 일원이 되었다. 다시 말해 가정은 당시 교회의 근간이 되는 최소 단위의 공동체였다. 그래서 초대 교회는 교회 안의 각 가정이 남편(가장)의 권위 아래 질서 있게 신앙생활을 하는 것을 중요하게 여겼다(골 3:18-4:2; 엡 5:22-6:9). 오늘 본문의 권면은 가정생활 중에서도 "부부"의 관계에 초점을 맞추고 있는데 한 문장으로 요약하면 '아내는 남편에게 순종하고, 남편은 아내를 사랑하라' 정도가 될 것이다. 그런데 한집에서 부대끼며 살다 보면 자연히 서로의 부족한 모습을 보게 된다. 첫 사람 아담은 자신의 배우자를 향해 이렇게 말했다. "내 뼈 중의 뼈요 살 중의 살이라"(창 2:23). 남편이 부족하다고 느껴질 때, 아내가 미워지려고 할 때, 아담의 지혜를 되새기고 오히려 배우자를 존중하는 마음을 가져야 한다.

> **무릎기도** 하나님, 돕는 배필을 허락하심에 감사합니다. 상대의 단점을 바라보며 불평하는 대신 장점을 칭찬하고 감사하며 살게 하소서.

ESV - 1 Peter 3

1 Likewise, wives, be subject to your own husbands, so that even if some do not obey the word, they may be won without a word by the conduct of their wives,
2 when they see your respectful and pure conduct.
3 Do not let your adorning be external—the braiding of hair and the putting on of gold jewelry, or the clothing you wear—
4 but let your adorning be the hidden person of the heart with the imperishable beauty of a gentle and quiet spirit, which in God's sight is very precious.
5 For this is how the holy women who hoped in God used to adorn themselves, by submitting to their own husbands,
6 as Sarah obeyed Abraham, calling him lord. And you are her children, if you do good and do not fear anything that is frightening.
7 Likewise, husbands, live with your wives in an understanding way, showing honor to the woman as the weaker vessel, since they are heirs with you* of the grace of life, so that your prayers may not be hindered.

* 3:7 Some manuscripts *since you are joint heirs*

1 subject 복종하는 obey 순종하다 conduct 행위 2 respectful 존경하는 3 adorn 치장하다 external 외부의 braid 땋다
4 imperishable 불멸의 precious 귀중한 5 submit to …에 복종하다 6 frightening 깜짝 놀라게 하는 7 honor 존경하다
vessel 그릇 hinder 막다

☐ 묵상 체크

23 부르심의 이유

베드로전서 3:8-12 • 새찬송 212장 | 통일 347장

월 일

• 말씀묵상 전에 성령님의 인도하심을 구하는 기도를 드리십시오.

> **본문요약** | 그리스도인 공동체는 사회적 편견과 핍박 속에서도 예수님의 가르침을 따라 사랑과 평화를 전하는 삶을 살아야 했다. 베드로는 그리스도인들이 형제를 사랑하고 악한 자에게 선을 행하는 삶을 위해 부르심 받았다는 사실을 상기시키며, 주님이 다시 오실 날까지 그 부르심에 합당한 삶을 살 것을 권면한다.

8 마지막으로 말하노니 너희가 다 마음을 같이하여 동정하며 형제를 사랑하며 불쌍히 여기며 겸손하며
9 악을 악으로, 욕을 욕으로 갚지 말고 도리어 복을 빌라 이를 위하여 너희가 부르심을 받았으니 이는 복을 이어받게 하려 하심이라
10 그러므로
    ㄱ생명을 사랑하고 좋은 날 보기를 원하는 자는 혀를 금하여 악한 말을 그치며 그 입술로 거짓을 말하지 말고
11 악에서 떠나 선을 행하고 화평을 구하며 그것을 따르라
12 주의 눈은 의인을 향하시고 그의 귀는 의인의 간구에 기울이시되 주의 얼굴은 악행하는 자들을 대하시느니라 하였느니라

1. 오늘 하나님께서 나에게 주신 깨달음은 무엇입니까?

2. 말씀을 어떻게 내 삶에 구체적으로 적용해야 합니까?

ㄱ. 시 34:12 이하

절별 해설

8 동정하며 형제를 사랑하며 불쌍히 여기며 겸손하며 "동정하며"(헬, 쉼파데이스)는 타인의 슬픔과 연약함에 대해 깊이 이해하고 공감하는 태도를 가리킨다. 이 단어는 대제사장이신 예수님께서 인간의 연약함을 다 알고 이해하신다는 의미로 사용되기도 했다(히 4:15). "불쌍히 여기며"는 형제의 어려운 사정을 헤아리고 실제적인 도움을 주는 행동까지를 염두에 둔 표현이다.

9 이를 위하여 너희가 부르심을 받았으니 "이를 위하여"라는 표현이 가리키는 것을 무엇으로 보는지에 따라 두 가지의 번역이 가능하다. 바로 이전 구절을 가리킨다고 볼 경우 1)"악을 악으로, 욕을 욕으로 갚지 않고 복을 비는 것을 위해 너희가 부르심을 받았으니"라고 번역할 수 있다. 하지만 뒤따르는 구절을 가리킨다고 볼 경우 2)"복을 빌라. 왜냐하면 복을 유업으로 받는 것을 위하여 너희가 부르심을 받았기 때문이다"라고 해석할 수도 있다. 전자는 타인을 위해 복을 비는 행위가 성도가 복을 받기 위한 조건이 된다는 뜻이다. 후자는 하나님께서 성도를 불러 복을 받게 하셨으므로 당연히 타인을 위해 복을 빌어야 한다는 의미가 된다.

10 생명을 사랑하고 좋은 날 보기를 원하는 자 시편 34:12-16의 인용이다. 그러나 여기에서 "생명", "좋은 날"과 같은 표현은 종말론적 소망을 가리킨다(1:8). '영생'(생명), '구원받는 날'(좋은 날)의 의미로 이해할 수 있다.

혀를 금하여 악한 말을 그치며 그 입술로 거짓을 말하지 말고 1세기 기독교가 폭발적으로 성장하고 이방 지역에 교회 공동체가 생겨나면서 가장 먼저 대두된 문제는 교회 안팎에서 경험하는 갈등이었다. 교회 안에서는 구성원들 사이의 신분, 사회적 지위, 경제적 능력의 차이에 기인한 갈등이 주를 이루었고 교회 밖에서는 당시 그리스도인 공동체를 겨냥한 모함과 거짓 송사로 인한 갈등이 적지 않았다. 말을 조심하고 거짓을 지양하는 공동체적 삶의 방식은 일차적으로는 예수의 가르침에 근거한 것이지만, 당시 그리스도인들이 처해 있던 사회적 맥락에서 이해할 수도 있다.

12 주의 얼굴은 악행하는 자들을 대하시느니라 베드로 사도는 자신에게 악을 행하는 사람을 위해 오히려 복을 빌어 주는 성도를 의인으로 간주한다. 하나님께서 의인에게 귀를 기울이시고 악인을 벌하시는 분임을 믿는 성도는 의인을 향한 보상과 악인을 향한 심판을 소망하며 부르심에 합당한 삶을 포기하지 않는다.

쉬운성경

8 마지막으로 여러분 모두에게 부탁합니다. 서로를 이해하고, 한 형제처럼 사랑하며, 한 마음으로 서로 따뜻이 대하며, 겸손하십시오.

9 해를 입었다고 도로 보복하지 말며, 욕을 먹었다고 그 사람을 욕하지 마십시오. 오히려 그 삶을 축복해 주십시오. 이것은 여러분 자신이 축복받는 인생을 누리도록 부르심을 받았기 때문입니다.

10 성경에도 이렇게 기록되어 있습니다.

> "행복한 나날을 보내며, 인생을 즐겁게 살기 원하는 사람은 악한 말과 거짓말을 해서는 안 됩니다.

11 악한 행동을 그치고 선한 일을 하며, 평화를 찾고 그것을 위해 힘써 일해야 합니다.

12 주님은 선한 사람을 찾으시고 그들의 기도에 귀를 기울이시지만, 악한 일을 하는 자는 멀리하십니다."*

---

* 3:10-12 시 34:12-16에 기록되어 있다.

저자의 **묵상**

함무라비 법전과 구약성경에서 공통으로 발견되는 세계관은 '눈에는 눈, 이에는 이'로 잘 알려진 동해복수법이다. 나에게 해를 가한 사람에게 똑같이, 혹은 더 많이 갚아 주어야 속이 후련하기도 하지만 그냥 넘어가면 또 그런 일을 저지를 수 있으니 철저히 응징하는 것이 뒤탈이 없기 때문이다. 이러한 세계관은 예수님 당시 헬레니즘 문화권에서는 '정의'라는 꽤 괜찮은 옷을 입었다. 나에게 해를 가한 사람의 행위를 불의로 규정하고 그에 상응하는 복수는 정의의 실천으로 여겼다. 이는 현대 사회에서도 익숙하다. 속 시원하게 복수하는 영화나 드라마 주인공에게 감정 이입을 하는 우리의 모습이 그 단편적 예다. 그러나 오늘 본문에서 베드로는 정반대의 권면을 한다. 욕보이는 자를 위해 복을 빌라는 것이다. 이는 예수께서 십자가의 죽음을 통해 보여주신 가르침에 근거한다. 복수당하는 것이 마땅했을 자들을 위해 자기 목숨을 희생하셨던 예수의 가르침이 깊이 새겨진 곳이 바로 십자가이기 때문이다.

무릎기도 | 하나님, 악을 악으로 갚지 않고 선으로 악을 이기는 신앙으로 살게 하소서.

ESV - 1 Peter 3

8 Finally, all of you, have unity of mind, sympathy, brotherly love, a tender heart, and a humble mind.

9 Do not repay evil for evil or reviling for reviling, but on the contrary, bless, for to this you were called, that you may obtain a blessing.

10 For "Whoever desires to love life and see good days, let him keep his tongue from evil and his lips from speaking deceit;

11 let him turn away from evil and do good; let him seek peace and pursue it.

12 For the eyes of the Lord are on the righteous, and his ears are open to their prayer. But the face of the Lord is against those who do evil."

8 unity 통합 sympathy 동정 tender 사랑을 지닌 humble 겸손한 9 repay 갚다 evil 악 revile …을 욕하다 on the contrary 그와는 빈대로 obtain 얻나 10 deceit 거짓 11 pursue 추구하다 12 righteous 의로운

24 의를 위하여 받는 고난

베드로전서 3:13-17 • 새찬송 95장 | 통일 82장

• 말씀묵상 전에 성령님의 인도하심을 구하는 기도를 드리십시오.

> **본문요약** ㅣ 의를 위하여 받는 고난을 받는 성도가 복이 있는 이유는 그러한 고난 가운데 하나님의 뜻과 섭리가 있기 때문이다. 베드로 사도는 성도들에게 장차 실현될 영생의 소망(종말론적 소망)을 다시 한번 상기시키며 현재 겪고 있는 고난을 두려워하지 말고 담대할 것을 권면한다.

13 또 너희가 열심으로 선을 행하면 누가 너희를 해하리요
14 그러나 의를 위하여 고난을 받으면 복 있는 자니 그들이 두려워하는 것을 두려워하지 말며 근심하지 말고
15 너희 마음에 그리스도를 주로 삼아 거룩하게 하고 너희 속에 있는 소망에 관한 이유를 묻는 자에게는 대답할 것을 항상 준비하되 온유와 두려움으로 하고
16 선한 양심을 가지라 이는 그리스도 안에 있는 너희의 선행을 욕하는 자들로 그 비방하는 일에 부끄러움을 당하게 하려 함이라
17 선을 행함으로 고난 받는 것이 하나님의 뜻일진대 악을 행함으로 고난 받는 것보다 나으니라

1. 오늘 하나님께서 나에게 주신 깨달음은 무엇입니까?

2. 말씀을 어떻게 내 삶에 구체적으로 적용해야 합니까?

절별 해설

13 또 너희가 열심으로 선을 행하면 누가 너희를 해하리요 선을 행하라는 권면은 단순히 도덕적 차원의 선행에 대한 촉구가 아니라, 예수 그리스도의 가르침을 실천하는 성도의 옳은 신앙을 독려하는 권면으로 이해해야 할 것이다(마 5:16).

14 그러나 의를 위하여 고난을 받으면 복 있는 자니 베드로 사도는 예수님이 산 위에서 하셨던 여덟 개의 복 선언 중 마지막 것을 염두에 두었을 것이다(마 5:10).
그들이 두려워하는 것을 두려워하지 말며 근심하지 말고 이사야 8:12의 인용이다. 여기서 "그들"은 일반적인 사람들을 가리킨다. 사람들은 보통 고난을 받는 것을 두려워한다. 하지만 성도는 두려워하지 않을 수 있다. 왜냐하면 의를 위하여 받는 모든 고난이 믿는 자들의 주 되신 그리스도의 주권과 섭리 아래 있다는 것을 알기 때문이다.

15 너희 속에 있는 소망에 관한 이유를 묻는 자에게는 대답할 것을 항상 준비하되 당시 그리스도인의 "소망"은 종말론적 차원에서 이해할 수 있다. 그리스도의 재림과 마지막 때에 누리게 될 영광에 대한 확고한 소망은 당시의 성도들이 눈앞에 놓인 고난과 핍박을 견딜 수 있는 이유이기도 했다. "대답하다"(헬, 아폴로기안)는 법정 용어인데 '변호하다'라는 의미로 사용되기도 했다(행 22:1). 세상 사람들은 마치 법정에서 검사가 심문하듯이 그리스도의 복음에 대해 따져 물을 것이지만, 그리스도인은 그때마다 하나님 나라의 변호사가 되어 담대히 복음을 변호해야 한다.

16 선한 양심을 가지라 "양심"(헬, 수네이데이신)은 선악의 구분, 윤리적 인식, 신앙적 판단 등이 이루어지는 인간 내면의 영역을 가리킨다(행 23:1; 딤전 1:5).
그 비방하는 일에 부끄러움을 당하게 하려 함이라 "비방"은 거짓으로 하는 모함이나 험담을 가리킨다. 당시 그리스도인들은 이방인들이 퍼뜨리는 거짓 소문으로 모함을 받았다. 비방하는 자들은 악행으로 인해 마지막 심판의 날에 부끄러움을 당하게 될 것이다.

17 선을 행함으로 고난 받는 것이 하나님의 뜻일진대 악을 행함으로 고난 받는 것보다 나으니라 전자의 경우 고난이 성도가 하나님의 뜻을 행했다는 분명한 증거가 되지만 후자의 경우 고난은 악인에 대한 심판의 증거이다. 베드로 사도는 이 땅을 살아가는 모든 성도는 두 가지 종류의 고난 중 한 가지는 반드시 겪게 된다는 것을 전제하며, 선을 행하고 난 후에 받을 고난을 이상히 여기거나 두려워하지 말라고 권면한다.

쉬운성경

13 만약 여러분이 늘 선한 일을 하고자 애쓴다면, 아무도 여러분을 해치지 못할 것입니다.

14 때로는 옳은 일을 함으로 고난을 받을 때도 있을 것입니다. 하지만 하나님께서는 그러한 순간에 여러분에게 복을 주실 것입니다. 사람들이 두려워하는 것을 두려워하지 말며, 겁내지 마십시오.

15 마음속에 그리스도만 거룩한 주님으로 모시십시오. 여러분이 가지고 있는 소망에 관해 묻는 사람들에게 대답할 말을 준비해 두십시오.

16 그들에게 공손하고 친절한 태도로 그것을 설명해 주십시오. 늘 바르게 살아가십시오. 그러면 그리스도 안에서 선하게 살아가는 여러분을 헐뜯는 사람들이 도리어 부끄러움을 느낄 것입니다.

17 악한 일보다 선한 일을 하다가 고난을 받는 것이 더 낫지 않겠습니까? 선한 일을 하다 고난을 받더라도 그것이 하나님의 뜻이라면 더 나은 것입니다.

저자의 묵상

수험생들이 힘든 현실에 놓여 있지만 학업에 몰두할 수 있는 이유는 대학 진학이라는 목표와 소망이 있기 때문이다. 군인들이 힘든 군대 생활을 견디는 힘은 "거꾸로 매달아 놔도 국방부의 시계는 간다"라는 말처럼 언젠가는 전역의 날이 다가오기 때문이다. 다이어트를 하는 동안 식욕을 억제하며 절제된 식단을 유지하는 이유는 성공한 후에 갖게 될 건강한 몸을 기대하기 때문이다. 우리 삶의 원동력은 각자의 마음속에 품고 있는 크고 작은 소망들이다. 그런 맥락에서 보았을 때 인간이야말로 소망을 먹고 사는 존재다. 한 인간으로서 그리스도인 역시 수많은 소망을 품고 살아간다. 그리고 오늘 본문은 '다시 오실 예수님에 대한 소망'이 가장 확실하고 중요한 것임을 우리에게 상기시켜 준다. 이 땅에서의 삶을 위해 내가 원했던 것들은 결국 하나둘씩 사라질 것이다. 그러나 다시 오실 예수께 둔 소망은 확실하며, 반드시 영원한 구원과 생명의 길로 우리를 이끌어 줄 것이다.

무릎기도 하나님, 다시 오실 예수님을 기대하며 늘 소망 중에 살아가는 그리스도인이 되게 하소서.

ESV - 1 Peter 3

13 Now who is there to harm you if you are zealous for what is good?
14 But even if you should suffer for righteousness' sake, you will be blessed. Have no fear of them, nor be troubled,
15 but in your hearts honor Christ the Lord as holy, always being prepared to make a defense to anyone who asks you for a reason for the hope that is in you; yet do it with gentleness and respect,
16 having a good conscience, so that, when you are slandered, those who revile your good behavior in Christ may be put to shame.
17 For it is better to suffer for doing good, if that should be God's will, than for doing evil.

13 zealous 열심인 14 for one's sake …을 위하여 righteousness 의 15 honor 예우하다 defense 변호 gentleness 관대함
16 conscience 양심 slander 중상하다 revile 욕하다 behavior 행위 17 suffer 고통받다

☐ 묵상 체크

25
월   일

의를 위해 고난받으신 그리스도

베드로전서 3:18-22 • 새찬송 502장 | 통일 259장

• 말씀묵상 전에 성령님의 인도하심을 구하는 기도를 드리십시오.

> **본문요약** | 베드로 사도는 예수 그리스도의 고난을 예로 들어 선을 행함으로 인해 받는 고난을 설명한다. 불의한 자를 위한 예수님의 고난과 죽음을 통해 죄인에게 구원의 복음이 선포되었다. 마찬가지로 하나님 나라를 위해 고난받는 성도의 삶을 통해 불신자들에게 예수 그리스도의 복음이 전해지게 될 것이다.

18 그리스도께서도 단번에 죄를 위하여 1)죽으사 의인으로서 불의한 자를 대신하셨으니 이는 우리를 하나님 앞으로 인도하려 하심이라 육체로는 죽임을 당하시고 영으로는 살리심을 받으셨으니
19 그가 또한 영으로 가서 옥에 있는 영들에게 선포하시니라
20 그들은 전에 노아의 날 방주를 준비할 동안 하나님이 오래 참고 기다리실 때에 복종하지 아니하던 자들이라 방주에서 물로 말미암아 구원을 얻은 자가 몇 명뿐이니 겨우 여덟 명이라
21 물은 예수 그리스도께서 부활하심으로 말미암아 이제 너희를 구원하는 2)표니 곧 3)세례라 이는 육체의 더러운 것을 제하여 버림이 아니요 하나님을 향한 선한 양심의 간구니라
22 그는 하늘에 오르사 하나님 우편에 계시니 천사들과 권세들과 능력들이 그에게 복종하느니라

1. 오늘 하나님께서 나에게 주신 깨달음은 무엇입니까?

2. 말씀을 어떻게 내 삶에 구체적으로 적용해야 합니까?

1) 어떤 사본에, 고난을 받으사
2) 또는 실체
3) 헬, 또는 침례

절별 해설

18 그리스도께서도 단번에 죄를 위하여 죽으사 "단번에"(헬, 하팍스)는 '최종적으로', '확실하고 완벽하게'라는 뜻을 갖는다. 예수 그리스도께서 십자가를 통해 인간(불의한 자)이 직면한 죄와 저주의 문제를 최종적으로 또한 완전하게 해결하셨다는 의미를 전달한다. 히브리서 역시 예수 그리스도의 완전한 속죄를 설명하기 위해 "단번에"(헬, 하팍스)라는 표현을 사용한다(히 9:26).
육체로는 죽임을 당하시고 영으로는 살리심을 받으셨으니 이 구절은 자칫하면 예수 그리스도의 육체(물질)는 죽임을 당했지만, 영(본질)은 살리심을 받았다는 의미로 해석될 위험이 있다. 그러나 예수 그리스도의 죽음은 전인격(a whole person)적 차원의 사건이기 때문에 단지 육체만의 죽음일 수 없다. 앞서 베드로 사도는 예수님의 십자가 사건의 의미를 설명하며 "이는 우리로 죄에 대하여 죽고 의에 대하여 살게 하려 하심이라"(2:24)라는 진술을 하였다. 그와 같은 맥락에서 본 구절은 '예수 그리스도께서 죄에 속한 삶의 방식(육체)에 대하여 죽고, 성령에 속한 삶의 방식(영)에 대하여 사셨다' 정도로 해석할 수 있다. 예수의 죽음과 부활에 대한 이러한 생각은 바울 사도에게서도 발견된다(갈 2:20).

19 영으로 가서 옥에 있는 영들에게 선포하시니라 매우 난해한 구절이며 1)"영으로 가서"라는 구절을 어떻게 해석하는지, 2) "옥"(헬, 플라케)과 "영들"이 가리키는 대상을 누구로 규정하는지에 따라 매우 다양한 해석이 존재해 왔다. 비교적 다수의 학자가 동의하는 견해를 받아들일 때 이 구절이 함축하는 바는 다음과 같다. "부활하신 예수 그리스도께서(영으로) 사탄의 본거지(옥)에 있는 타락한 천사들(영들)에게 부활의 승리를 선언하셨다."

20-21 물은 … 너희를 구원하는 표니 곧 세례라 하나님이 홍수로 세상을 심판하셨을 때(창 6-7장) 육지에서 숨 쉬는 모든 생물은 죽었지만, 방주 안에 있던 노아의 가족은 방주가 물 위로 떠오름과 동시에 구원을 받았다. 베드로 사도는 물속에서 노아를 끌어내어 구원하셨던 그 사건을 "세례"에 비유한다. 초대 교회 당시의 세례 의식은 물에 잠겼다가 물 위로 올라오는 '침례'의 방식으로 실행되었다. 이는 그리스도와 함께 죽고(물에 잠김), 그리스도와 함께 부활했음을(물 위로 올라옴) 상징했다.
하나님을 향한 선한 양심의 간구니라 세례는 단순히 육체의 죄를 씻어 내는 의식이 아니다. 죄의 지배 아래에서 무기력했던 이전의 삶의 방식에 대하여 죽고 부활의 능력 안에서 살아가겠다는 결단의 표현이다. 이러한 결단은 성도의 "선한 양심"을 통해 이루어지며, 세례 의식을 통해 1)하나님 앞에서와 2)교회 공동체 앞에서 공식적으로 선포된다.

쉬운성경

18 그리스도께서는 여러분을 위해 죽으셨습니다. 그리고 그 한 번의 죽으심으로 여러분의 모든 죄를 담당하셨습니다. 죄가 없는 분이시지만 죄인을 대신하여 돌아가셨던 것입니다. 그것은 여러분 모두를 하나님께로 인도하기 위함이었습니다. 육체는 죽었지만 성령 안에서 다시 살아나셔서,

19 갇혀 있는 영혼을 찾아가 말씀을 전하셨습니다.

20 그들은 오래전, 노아 시대에 하나님께 불순종했던 사람들입니다. 하나님께서는 노아가 방주를 다 짓기까지 오랫동안 그들의 악한 행동을 참으셨습니다. 그 홍수에서는 오직 여덟 명만이 구원함을 받았습니다.

21 그 홍수는 이제 여러분을 구원하는 세례와 같은 것입니다. 몸을 깨끗하게 씻는 것이 아니라 선한 마음으로 하나님께 내 삶을 드리며 정결하게 살기를 약속하는 것입니다. 바로 이것을 위해 예수 그리스도께서 죽음에서 부활하셨습니다.

22 지금 그리스도께서는 하늘에 올라가셔서 하나님의 오른편에 앉아 계시며, 모든 천사와 권세와 능력을 다스리고 계십니다.

저자의 **묵상**

당시의 그리스도인은 자신들을 비방하는 사람들에게까지 선을 행하라는 교회의 가르침이 못마땅했을지도 모른다. 그런데 오늘 본문에서 베드로 사도는 부당하게 고난받는 상황에서 힘들어 할 성도들에게 예수님도 고난받으셨다는 사실을 상기시켜 준다. 베드로 사도는 이런 말을 하고 싶었을 것이다. "여러분, 하나님의 아들이신 예수님이 힘이 없어서 사람들의 비방을 듣고도 참으시고 십자가 위에서 힘없이 돌아가신 것이 아니지 않습니까? 그 모든 것이 죄인인 우리를 하나님 앞으로 인도하시기 위함이었다는 것을 꼭 기억하십시오(18절). 그렇다면 예수님의 제자 된 우리 또한 죄인들을 하나님께 인도하기 위해 참고 끝까지 선을 행해야 하지 않겠습니까?" 견디기 쉬운 고난은 없다. 특히 별 잘못도 안 했는데 예수를 믿는다는 이유로 나를 비방하는 사람들로 인해 받는 고난은 더 견디기 힘들다. 하지만 '예수님 때문에' 견딜 수 있다. 잘 참고 견뎠다고 칭찬해 주실 예수님을 생각하며 선으로 악을 이기는 승리의 삶을 사는 성도가 되어야 한다.

> **무릎 기도** 하나님, 나를 하나님 앞으로 인도하시기 위해 죽음의 고난을 견디신 예수님을 본받아 복음을 위해 고난을 견디는 예수의 참된 제자 되게 하소서.

ESV - 1 Peter 3

18 For Christ also suffered* once for sins, the righteous for the unrighteous, that he might bring us to God, being put to death in the flesh but made alive in the spirit,

19 in which* he went and proclaimed* to the spirits in prison,

20 because* they formerly did not obey, when God's patience waited in the days of Noah, while the ark was being prepared, in which a few, that is, eight persons, were brought safely through water.

21 Baptism, which corresponds to this, now saves you, not as a removal of dirt from the body but as an appeal to God for a good conscience, through the resurrection of Jesus Christ,

22 who has gone into heaven and is at the right hand of God, with angels, authorities, and powers having been subjected to him.

* 3:18 Some manuscripts *died*
* 3:19 Or *the Spirit, in whom*
* 3:19 Or *preached*
* 3:20 Or *when*

18 suffer 고통받다　righteous 의로운　flesh 육체　19 proclaim 선포하다　prison 감옥　20 obey 복종하다　patience 인내
21 baptism 세례　correspond to …와 일치하다　removal 제거　appeal to …에 호소하다　conscience 양심　resurrection 부활
22 authority 권세　subject 복종시키다

26 그리스도의 고난과 죽음에 참여한 자의 삶

베드로전서 4:1-6 • 새찬송 407장 | 통일 465장

- 말씀묵상 전에 성령님의 인도하심을 구하는 기도를 드리십시오.

본문요약 | 예수 그리스도의 고난과 죽음에 참여한 성도의 삶의 목표는 하나님의 뜻을 따르는 삶이다. 베드로 사도는 성도가 어떤 삶을 살아야 하는가에 관해 두 가지를 언급한다. 성도는 정욕을 좇아 살던 과거의 방탕한 삶에서 과감히 돌아서야 하고, 미래에 있을 하나님의 심판의 날을 기억하며 살아야 한다.

1 그리스도께서 이미 육체의 고난을 받으셨으니 너희도 같은 마음으로 갑옷을 삼으라 이는 육체의 고난을 받은 자는 죄를 그쳤음이니
2 그 후로는 다시 사람의 정욕을 따르지 않고 하나님의 뜻을 따라 육체의 남은 때를 살게 하려 함이라
3 너희가 음란과 정욕과 술취함과 방탕과 향락과 무법한 우상 숭배를 하여 이방인의 뜻을 따라 행한 것은 지나간 때로 족하도다
4 이러므로 너희가 그들과 함께 그런 극한 방탕에 달음질하지 아니하는 것을 그들이 이상히 여겨 비방하나
5 그들이 산 자와 죽은 자를 심판하기로 예비하신 이에게 사실대로 고하리라
6 이를 위하여 죽은 자들에게도 복음이 전파되었으니 이는 육체로는 사람으로 심판을 받으나 영으로는 하나님을 따라 살게 하려 함이라

1. 오늘 하나님께서 나에게 주신 깨달음은 무엇입니까?

2. 말씀을 어떻게 내 삶에 구체적으로 적용해야 합니까?

절별 해설

1-2 육체의 고난을 받은 자는 죄를 그쳤음이니 예수 그리스도의 고난에 참여하는 성도는 죄에 대하여 죽고 의에 대하여 살아난 존재이다(2:24). 죄를 짓지 않겠다는 성도의 결단은 이러한 존재론적 변화에 근거한다.
하나님의 뜻을 따라 육체의 남은 때를 살게 하려 함이라 "육체의 고난을 받은 자"는 예수 그리스도와 연합하여 그분의 고난에 참여한 믿음의 백성을 가리킨다. 그리스도께서는 육신을 입고 오셔서 고난을 받으셨고 그의 백성을 죄로부터 구원하셨다. 이들은 자신을 죄에 대하여 죽은 자로 여길 뿐 아니라(2:24), 정욕을 따르던 이전의 삶에서 스스로 돌이켜 하나님의 뜻을 따르는 삶을 살기로 결단한 자들이다.

3 이방인의 뜻을 따라 행한 것은 지나간 때로 족하도다 음란, 정욕, 술 취함, 방탕, 향락, 우상 숭배는 당시 이방인들이 따르던 불경건한 삶의 방식을 묘사하기 위해 나열된 항목이다. "방탕"(헬, 오이노플루기아이스)과 "향락"(헬, 포토이스)은 술 취함과 관련된 말로 인사불성이 될 정도의 만취한 상태를 가리킨다.

4 극한 방탕에 달음질하지 아니하는 것을 그들이 이상히 여겨 비방하나 "극한"(헬, 아나쿠신)은 한꺼번에 봇물 터지듯 분출되는 모습을 묘사한다. 그러므로 "극한 방탕"은 도무지 제어할 수 없는 죄의 욕망에 사로잡혀 살아가는 이방인의 상태를 말한다. "이상히 여겨"라는 말에는 '놀라다'라는 의미가 있는데 예수를 믿고 변화된 그리스도인의 삶의 모습이 이전과는 아주 달라졌음을 암시한다. "비방하나"(헬, 블라스페모운테스)는 '악한 의도로 거짓 증언을 하나'라고 해석할 수도 있다.

5 산 자와 죽은 자를 심판하기로 예비하신 이 마지막 날에 있을 최후 심판을 상기시키는 구절이다. 그리스도인과 비그리스도인 모두 심판의 날에 하나님 앞에 서서 자신이 살아온 삶에 대해 증언하게 될 것이다. 그때 그리스도인을 비방했던 자들의 말이 모두 거짓이었음이 분명히 드러나게 될 것이다.

6 이를 위하여 죽은 자들에게도 복음이 전파되었으니 "죽은 자들"이 누구를 가리키는가에 대해 많은 견해가 존재한다. 당시의 그리스도인들은 예수님의 재림이 임박했다고 믿었다. 그렇기 때문에 재림 이전에 죽은 자들이 마지막 날에 어떤 모습으로 부활하여 예수님의 재림에 참여하게 될 것인지 궁금해했던 것으로 보인다(고전 15:12-28; 살전 4:13-14). 그런 맥락에서 볼 때 "죽은 자들"은 재림 이전에 죽은 그리스도인을 가리킨다고 보아야 한다.

쉬운성경

1 그리스도께서도 고난을 받으셨습니다. 그러므로 여러분 자신도 그리스도와 같은 마음으로 무장하십시오. 고난을 겪은 사람은 죄와 관계를 끊은 사람입니다.

2 여러분의 남은 생애를 사람들이 좋아하는 악한 일을 하면서 보내지 말고, 하나님이 원하시는 일들을 하며 살아가십시오.

3 이전에는 믿지 않는 사람들이 좋아하는 일들에 너무나 많은 시간을 낭비하였습니다. 방탕하고, 악한 욕망에 사로잡혀 술 취하고, 흥청망청 떠들며, 우상에게 절하고 경배하였습니다. 이런 것들은 지나간 때로 충분합니다.

4 믿지 않는 이들은 자신들이 하는 방탕한 생활에 끼어들지 않는 여러분을 이상히 여길 것입니다. 또 경멸하고 비웃기도 할 것입니다.

5 그러나 그들은 자신들이 저지른 잘못들을 산 자와 죽은 자를 심판하시는 하나님 앞에서 낱낱이 말하게 될 것입니다.

6 그래서 지금 죽어 있는 자들에게도 복음이 전해졌습니다. 모든 사람과 똑같이 그들 역시 죽음의 심판을 받을 것이나, 영으로는 하나님과 함께 살게 하기 위해서 그들에게도 복음이 전파된 것입니다.

저자의 묵상

초대 교회의 성도들은 자신의 회심(回心)과 구원의 사건을 예수의 십자가와 부활 사건에 빗대어 이해했다. 그러한 방식의 이해는 "내가 그리스도와 함께 십자가에 못 박혔나니 그런즉 이제는 내가 사는 것이 아니요 오직 내 안에 그리스도께서 사시는 것이라"(갈 2:20)라는 바울의 고백에 잘 드러난다. 오늘 본문에 언급된 "육체의 고난을 받은 자"라는 표현도 같은 맥락에서 이해할 수 있다. 그리스도인은 자기의 옛사람을 예수의 십자가에 못 박은 사람이다. 그런데 그리스도인으로 살아가는 동안 반드시 마주하게 되는 한 가지 당혹스러운 진실이 있다. 그것은 바로 나의 옛사람이 때때로 내 안에서 스멀스멀 올라온다는 것이다. 욕심, 분노, 음란, 게으름과 같은 모습으로 고약한 냄새를 풍기며 말이다. 그렇지만 순간순간 마주하게 되는 나의 옛사람을 십자가에 못 박고, 믿음 안에서 새사람으로 성장해 가는 인생의 모든 여정이 바로 그리스도인의 신앙생활일 것이다. 날마다 옛사람을 십자가에 못 박고 새사람을 덧입는 그리스도인이 되어야 한다.

> **무릎 기도** 하나님, 날마다 옛사람을 십자가에 못 박고 남은 인생을 예수의 고난에 참여하는 자로 살아가게 하소서.

ESV - 1 Peter 4

1 Since therefore Christ suffered in the flesh,* arm yourselves with the same way of thinking, for whoever has suffered in the flesh has ceased from sin,
2 so as to live for the rest of the time in the flesh no longer for human passions but for the will of God.
3 For the time that is past suffices for doing what the Gentiles want to do, living in sensuality, passions, drunkenness, orgies, drinking parties, and lawless idolatry.
4 With respect to this they are surprised when you do not join them in the same flood of debauchery, and they malign you;
5 but they will give account to him who is ready to judge the living and the dead.
6 For this is why the gospel was preached even to those who are dead, that though judged in the flesh the way people are, they might live in the spirit the way God does.

* 4:1 Some manuscripts add *for us*; some *for you*

1 suffer 고통받다 flesh 육체 cease 중단하다 2 so as to do …하기 위해서 no longer 더 이상 …아니다 3 suffice for …에 충분하다 gentile 이방인 sensuality 호색 drunkenness 취한 상태 orgy 흥청거리기 idolatry 우상 숭배 4 with respect to …에 대하여 flood 홍수 debauchery 방탕 malign 헐뜯다 5 account 보고 6 gospel 복음

☐ 묵상 체크

27
월   일

무엇보다도 뜨겁게 서로 사랑할지니

베드로전서 4:7-11 • 새찬송 215장 | 통일 354장

• 말씀묵상 전에 성령님의 인도하심을 구하는 기도를 드리십시오.

> **본문요약** ㅣ 말세를 살아가는 그리스도인이 반드시 기억해야 할 신앙의 원리는 바로 사랑이다. 베드로 사도는 본문에서 사랑의 중요성을 강조하면서 교우들을 향한 섬김과 봉사를 통해 사랑을 실천할 것을 권면한다. 또한 그리스도인은 선한 청지기로 봉사함으로써 하나님께 영광을 돌려야 한다.

7 만물의 마지막이 가까이 왔으니 그러므로 너희는 정신을 차리고 근신하여 기도하라
8 무엇보다도 뜨겁게 서로 사랑할지니 사랑은 허다한 죄를 덮느니라
9 서로 대접하기를 원망 없이 하고
10 각각 은사를 받은 대로 하나님의 여러 가지 은혜를 맡은 선한 청지기 같이 서로 봉사하라
11 만일 누가 말하려면 하나님의 말씀을 하는 것 같이 하고 누가 봉사하려면 하나님이 공급하시는 힘으로 하는 것 같이 하라 이는 범사에 예수 그리스도로 말미암아 하나님이 영광을 받으시게 하려 함이니 그에게 영광과 권능이 세세에 무궁하도록 있느니라 아멘

1. 오늘 하나님께서 나에게 주신 깨달음은 무엇입니까?

2. 말씀을 어떻게 내 삶에 구체적으로 적용해야 합니까?

절별 해설

7 만물의 마지막이 가까이 왔으니 … 정신을 차리고 근신하여 "정신을 차리고"(헬, 소포로네사테)는 '지혜롭게 생각하라'(롬 12:3)라고 번역되기도 했는데 말세의 징조를 살피고 분별하라는 의미로 사용되었다. 마지막 날은 밤에 도둑같이 임할 것이지만, 정신을 차리고 근신하는 성도에게는 도둑같이 임하지 못할 것이다(살전 5:1-6). 뒤따르는 8-11절의 내용은 정신을 차리고 사는 삶이 무엇인지에 대한 부연 설명에 해당한다.

8 무엇보다도 뜨겁게 서로 사랑할지니 사랑은 허다한 죄를 덮느니라 정신을 차리고 근신하는 삶을 위한 첫 번째 권면은 사랑이다. 신약성경에는 사랑하라는 권면이 많이 언급되지만 "뜨겁게"라는 수식어를 사용하는 경우는 베드로 사도가 유일하다. "사랑은 허다한 죄를 덮느니라"라는 구절은 뜨거운 사랑이 용서의 사랑이라는 것을 말해 준다.

9 서로 대접하기를 원망 없이 하고 정신을 차리고 근신하는 삶을 위한 두 번째 권면은 대접이다. "대접하기를"(헬, 필로제노이)은 손님과 나그네를 환대하는 태도를 가리키는 형용사다. 초기의 교회는 함께 떡을 떼며 교제했던 공동체였으므로(행 2:46) 서로를 대접하는 태도가 무엇보다 중요했다. 또한 복음이 이방 지역에 전파되는 과정에서 자신의 집을 교회로 사용할 수 있도록 허락한 사람들이 있었다(고전 16:19). 그러한 헌신 또한 대접하는 태도의 일환이었으며 그들의 헌신을 통해 이방 지역에 교회가 세워질 수 있었다. "원망 없이" 하라는 말은 대접하는 쪽과 대접을 받는 쪽 모두에게 해당하는 권면이다. 베드로 사도는 '즐거운 마음으로 대접하고, 감사한 마음으로 받으라'는 말을 하고 싶었을 것이다.

10 각각 은사를 받은 대로 … 선한 청지기 같이 서로 봉사하라 정신을 차리고 근신하는 삶을 위한 세 번째 권면은 봉사다. "은사"(헬, 카리스마)는 '선물'이라는 뜻으로 하나님께서 교회의 구성원 각자에게 부여하신 재능, 혹은 역할이라고 이해할 수 있다. 하나님께서 각 성도에게 은사를 허락하신 목적은 서로 봉사하는 삶에 있다. "봉사하라"(헬, 디아코눈테스)에는 '섬기는 자가 되라' 혹은 '조력자가 되라'는 의미가 담겨 있다.

11 하나님의 말씀을 하는 것 같이, 하나님이 공급하시는 힘으로 하는 것 같이 베드로 사도는 그리스도인을 "은혜를 맡은 선한 청지기"에 비유한다(10절). 청지기는 주인의 뜻에 합당한 말을 해야 하고, 주인이 허락한 권세 안에서만 행동할 수 있으며, 모든 영광을 주인에게 돌린다. 하나님은 모든 그리스도인의 주인이시다. 그러므로 그리스도인의 모든 섬김과 봉사는 하나님의 뜻과 영광을 위한 것이어야 한다.

쉬운성경

7 세상의 종말이 가까워 오고 있습니다. 마음을 깨끗이 하고 침착하십시오. 그리고 정신을 차려 기도하십시오.

8 무엇보다도 서로를 깊이 사랑하십시오. 사랑은 다른 사람의 허물과 죄를 덮어 줍니다.

9 불평하지 말고 서로 대접하십시오.

10 하나님께서는 여러분 모두에게 성령의 선물을 허락해 주셨습니다. 또한 각자에게 특별한 다른 선물을 주심으로, 하나님의 은혜를 알게 하셨습니다. 그러므로 하나님의 선물을 가볍게 여기지 말고, 착한 종처럼 남을 돕는 일에 사용하십시오.

11 말씀을 전하는 사람은 하나님의 말씀만을 전하는 사람이 되고, 봉사하는 사람은 하나님이 주시는 힘으로 남을 도우십시오. 무슨 일을 하든지 예수 그리스도를 통해 하나님께서 영광을 받으시도록 하기 바랍니다. 그분에게 영광과 능력이 영원토록 함께하기를 바랍니다. 아멘.

저자의 묵상

모든 인간은 죽는다. 그런 의미에서 우리의 인생은 시한부다. 그와 동시에 모든 그리스도인은 '만물의 마지막이 가까운 시대', 즉 말세의 때를 살아간다. 그러므로 이 땅에서 그리스도인이 처해 있는 상태를 약간 과장해서 표현한다면 '말세를 살아가는 시한부 인생'이라 말할 수 있을 것이다. 인간이 처해 있는 이러한 실존에 대한 진지한 고민이 있는 그리스도인은 자연스럽게 한 가지 질문을 하게 된다. "그렇다면 어떻게 살아야 할 것인가?" 오늘 본문이 말하는 해답은 이것이다. "무엇보다도 뜨겁게 서로 사랑할지니"(8절). 먹고 사느라 바쁘고 해야 할 일들은 산더미고, 치열한 경쟁 사회 속에서 사실 내 몸 하나 건사하기도 바쁘다. 하지만 그 와중에도 그리스도인은 사랑을 베풀며 살아야 한다. 부지런히 짬을 내서 주변의 어려운 지체들을 살피고 기회가 닿는 대로 나누며 용서하는 뜨거운 사랑을 실천하는 것, 그것이 바로 '말세'와 '시한부'를 동시에 짊어진 그리스도인에게 하나님이 내 주신 인생 숙제이기 때문이다.

> **무릎기도** 하나님, 내게 주어진 인생의 시간을 그리스도의 사랑을 실천하는 일에 사용하게 하소서.

ESV - 1 Peter 4

7 The end of all things is at hand; therefore be self-controlled and sober-minded for the sake of your prayers.
8 Above all, keep loving one another earnestly, since love covers a multitude of sins.
9 Show hospitality to one another without grumbling.
10 As each has received a gift, use it to serve one another, as good stewards of God's varied grace:
11 whoever speaks, as one who speaks oracles of God; whoever serves, as one who serves by the strength that God supplies—in order that in everything God may be glorified through Jesus Christ. To him belong glory and dominion forever and ever. Amen.

7 sober-minded 분별 있는   for the sake of …을 위해서   8 earnestly 진심으로   cover 덮다   a multitude of 수많은   9 show hospitality 환대하다   grumble 불평하다   10 serve 봉사하다   steward 청지기   varied 여러 가지의   11 oracle 하나님의 말씀   supply 공급하다   in order that …하기 위하여   glorify 찬미하다   dominion 통치

28 그리스도의 고난에 참여하는 자

베드로전서 4:12-19 • 새찬송 240장 | 통일 231장

• 말씀묵상 전에 성령님의 인도하심을 구하는 기도를 드리십시오.

> **본문요약** | 하나님께서는 예수 그리스도를 위해 세상에서 고난을 겪는 성도와 늘 함께하신다. 그러므로 그 사실을 확신하는 성도는 고난의 순간에도 부끄러움이 아닌 즐거움으로 하나님께 영광을 돌릴 수 있다. 하나님의 뜻 안에서 현재의 고난을 잘 이겨 낸 성도는 마지막 날 영원한 구원을 상급으로 받게 된다.

12 사랑하는 자들아 너희를 연단하려고 오는 불 시험을 이상한 일 당하는 것 같이 이상히 여기지 말고
13 오히려 너희가 그리스도의 고난에 참여하는 것으로 즐거워하라 이는 그의 영광을 나타내실 때에 너희로 즐거워하고 기뻐하게 하려 함이라
14 너희가 그리스도의 이름으로 치욕을 당하면 복 있는 자로다 영광의 영 곧 하나님의 영이 너희 위에 계심이라
15 너희 중에 누구든지 살인이나 도둑질이나 악행이나 남의 일을 간섭하는 자로 고난을 받지 말려니와
16 만일 그리스도인으로 고난을 받으면 부끄러워하지 말고 도리어 그 이름으로 하나님께 영광을 돌리라
17 하나님의 집에서 심판을 시작할 때가 되었나니 만일 우리에게 먼저 하면 하나님의 복음을 순종하지 아니하는 자들의 그 마지막은 어떠하며
18 또 의인이 겨우 구원을 받으면 경건하지 아니한 자와 죄인은 어디에 1)서리요
19 그러므로 하나님의 뜻대로 고난을 받는 자들은 또한 선을 행하는 가운데에 그 영혼을 미쁘신 창조주께 의탁할지어다

1. 오늘 하나님께서 나에게 주신 깨달음은 무엇입니까?

2. 말씀을 어떻게 내 삶에 구체적으로 적용해야 합니까?

1) 헬, 보이리요

절별 해설

쉬운성경

12 너희를 연단하려고 오는 불 시험을 … 이상히 여기지 말고 "연단", "불 시험"과 같은 단어는 뜨거운 용광로에서 금속이 제련되는 과정을 떠오르게 한다. 제련의 목적이 금속의 순도를 높이는 데 있는 것처럼 그리스도인의 믿음은 고난과 시험의 과정을 통해 더욱 견고해진다. "연단"(헬, 페이라스몬)은 유혹(temptation) 혹은 시험(testing)을 의미하는데 여기서는 후자의 의미로 사용되었다. 그리스도인에게 있어서 고난은 신앙의 시험대가 된다.

13 그의 영광을 나타내실 때에 너희로 즐거워하고 기뻐하게 하려 함이라 이 땅에서 사는 동안 예수 그리스도의 고난에 참여한 성도는 예수께서 영광 가운데 다시 오시는 그날에 영원한 즐거움과 기쁨을 누리게 될 것이다. 이러한 종말론적 소망은 기독교 신앙의 근간이며, 그리스도인이 삶 속에서 겪는 여러 가지 시험과 환란을 견딜 수 있도록 하는 원동력이 된다.

14 영광의 영 곧 하나님의 영이 너희 위에 계심이라 "영광"(헬, 독세스)은 종종 하나님의 거룩하심과 임재를 상징하며, "하나님의 영"은 성령을 가리킨다. 복음서의 저자들도 종종 성령에 관해 고난을 겪는 예수님의 제자들과 함께하시며 사람들 앞에서 할 말을 주시는 분으로 묘사한다(마 10:20; 막 13:11).

17 하나님의 집에서 심판을 시작할 때가 되었나니 "하나님의 집"은 교회를 가리킨다. 하나님의 심판은 교회에서 시작되어 교회 밖(복음을 순종하지 아니하는 자들)으로 확대될 것이다. 이러한 베드로 사도의 진술은 하나님의 심판이 성소에서부터 시작될 것이라는 에스겔서의 예언의 말씀을 염두에 둔 것으로 보인다(겔 9:1-8). 교회 공동체를 향한 하나님의 심판은 징계의 성격을 띠지만, 복음을 멸시하는 자들은 영원한 멸망의 심판을 받게 된다.

18 또 의인이 겨우 구원을 받으면 경건하지 아니한 자와 죄인은 어디에 서리요 이 구절에 담긴 의미를 살려 쉽게 표현하면 다음과 같다. "의인이라도 힘들게 고난을 견뎌야 구원을 얻을 정도라면, 경건하지 아니한 자와 죄인이 구원을 얻지 못할 것은 불 보듯 뻔한 일이 아니겠는가?"

19 또한 선을 행하는 가운데에 그 영혼을 미쁘신 창조주께 의탁할지어다 예수님은 십자가 위에서 "아버지 내 영혼을 아버지 손에 부탁하나이다"라고 말씀하셨다(눅 23:46). 베드로 사도는 예수님의 그 말씀을 염두에 두었을 것이다. "미쁘신"(헬, 피스토)은 '믿음직한', 혹은 '신실한'이라고 번역할 수 있다.

12 사랑하는 여러분, 고난을 받는 중에 당황스러워하거나 놀라지 마십시오. 그것은 여러분의 믿음을 시험하는 것입니다. 그러므로 여러분에게 이상한 일이 일어나고 있다고 생각하지 말고,

13 그리스도의 고난에 참여하게 됨을 기뻐하시기 바랍니다. 그리스도께서 영광 중에 다시 오실 그날에 여러분은 기뻐하고 즐거워할 것입니다.

14 그리스도의 이름 때문에 모욕을 받는다면, 그것은 도리어 복입니다. 이는 영광의 영이신 하나님의 성령이 여러분과 함께 계시다는 표시이기 때문입니다.

15 누구든지 사람을 죽이거나 도적질하거나 다른 사람을 괴롭힌 죄로 고난받지 않도록 하십시오.

16 그러나 그리스도인이라는 이유로 고난을 받았다면 부끄러워할 필요가 없습니다. 오히려 그리스도인이라는 이름을 얻게 된 것에 대해 하나님께 찬양을 올려 드리십시오.

17 심판의 때가 이제 시작되었습니다. 그 심판은 먼저 하나님의 자녀들로부터 시작합니다. 믿는 우리에게도 심판이 있다면, 하나님의 복음에 순종하지 않는 사람들은 어떻게 되겠습니까?

18 "선한 사람들도 구원받기 힘든데, 악한 사람들과 죄인들이 어떻게 구원 받겠습니까?"*

19 그러므로 하나님의 뜻에 따라 고난받는 사람들은 하나님께 자기 영혼을 맡겨 두십시오. 하나님은 우리를 지은 분이시니 우리 영혼을 지켜 주실 것입니다. 흔들리지 말고, 옳은 일에 계속 힘쓰시기 바랍니다.

* 4:18 잠 11:31에 기록되어 있다.

저자의 묵상

그리스도인은 이 땅에서 예수를 위해 시험과 치욕을 당할 때 기뻐할 수 있는 사람들이다. 왜냐하면 하나님의 영이 예수를 위해 고난받는 자들과 함께하시기 때문이다. 오늘 본문에서 한 가지 눈에 띄는 점은 하나님의 영이 함께하시는 사람을 가리켜 "복 있는 자"라고 말하고 있다는 것이다. 세상에서 좀 더 편하고, 좀 더 많은 것을 누리고, 좀 더 잘 먹고, 좀 더 높은 지위에서 사는 것에 인생의 목적을 둔다면 '하나님이 함께하시는 복'이 그리 달갑지 않을 것이다. 왜냐하면 그 복을 받기 위해서는 예수 그리스도를 위해 이 땅에서 치욕과 고난을 감내해야 할지도 모르기 때문이다. 그러나 하나님이 내 삶의 주인이심을 고백하고 그분의 뜻대로 살아가는 것을 인생의 목적으로 삼은 그리스도인에게 하나님이 함께하시는 복보다 더 큰 복은 없을 것이다. 그 복의 참된 가치를 잘 알았던 1세기의 그리스도인들을 본받아 예수를 위해 시험과 치욕을 당할 때 오히려 기뻐하는 그리스도인이 되어야 한다.

> **무릎기도** 하나님, 예수를 위해 받는 고난을 피하지 않게 하시고, 고난 중에도 함께하실 하나님을 기억하고 기뻐할 수 있는 믿음을 주소서.

ESV - 1 Peter 4

12 Beloved, do not be surprised at the fiery trial when it comes upon you to test you, as though something strange were happening to you.

13 But rejoice insofar as you share Christ's sufferings, that you may also rejoice and be glad when his glory is revealed.

14 If you are insulted for the name of Christ, you are blessed, because the Spirit of glory* and of God rests upon you.

15 But let none of you suffer as a murderer or a thief or an evildoer or as a meddler.

16 Yet if anyone suffers as a Christian, let him not be ashamed, but let him glorify God in that name.

17 For it is time for judgment to begin at the household of God; and if it begins with us, what will be the outcome for those who do not obey the gospel of God?

18 And "If the righteous is scarcely saved, what will become of the ungodly and the sinner?"*

19 Therefore let those who suffer according to God's will entrust their souls to a faithful Creator while doing good.

* 4:14 Some manuscripts insert *and of power*
* 4:18 Greek *where will the ungodly and sinner appear?*

---

12 fiery 불같은   trial 시험   13 insofar as …하는 한에 있어서   suffer 고통받다   reveal 드러내다   14 insult 모욕하다   15 murderer 살인자   evildoer 악인   meddler 간섭하려는 사람   16 ashamed 부끄러운   glorify 찬미하다   17 household 가정   begin with …부터 시작하다   outcome 결과   obey 순종하다   gospel 복음   18 righteous 의로운   scarcely 겨우   ungodly 죄 많은   19 entrust 맡기다   faithful 충실한

☐ 묵상 체크

29
월 일

장로들은 본이 되고, 젊은 자들은 겸손하라
베드로전서 5:1-6 • 새찬송 570장 | 통일 453장

• 말씀묵상 전에 성령님의 인도하심을 구하는 기도를 드리십시오.

> **본문요약** | 교회의 장로들은 공동체의 구성원을 보호하고 바른길로 인도하기 위해 자원하는 마음과 솔선수범하는 태도로 섬겨야 한다. 한편 교회의 젊은 자들은 장로의 가르침에 겸손히 순종하는 자세를 가져야 한다. 이러한 겸손은 장로를 교회의 지도자로 세우신 하나님의 권위에 대한 경외심에서 비롯된다.

1 너희 중 장로들에게 권하노니 나는 함께 장로 된 자요 그리스도의 고난의 증인이요 나타날 영광에 참여할 자니라
2 너희 중에 있는 하나님의 양 무리를 치되 억지로 하지 말고 하나님의 뜻을 따라 자원함으로 하며 더러운 이득을 위하여 하지 말고 기꺼이 하며
3 맡은 자들에게 주장하는 자세를 하지 말고 양 무리의 본이 되라
4 그리하면 목자장이 나타나실 때에 시들지 아니하는 영광의 관을 얻으리라
5 젊은 자들아 이와 같이 장로들에게 순종하고 다 서로 겸손으로 허리를 동이라 하나님은 교만한 자를 대적하시되 겸손한 자들에게는 은혜를 주시느니라
6 그러므로 하나님의 능하신 손 아래에서 겸손하라 때가 되면 너희를 높이시리라

1. 오늘 하나님께서 나에게 주신 깨달음은 무엇입니까?

2. 말씀을 어떻게 내 삶에 구체적으로 적용해야 합니까?

절별 해설

1 장로들에게 권하노니 나는 함께 장로 된 자요 이 구절에 해당하는 원문에는 "그러므로"(헬, 운)라는 접속사가 포함되어 있다. 이는 장로들을 향한 권면이 앞 단락(4:12-19)에서 언급된 하나님의 심판에 관한 내용을 근거로 하고 있음을 의미한다. 다시 말해 접속사 "그러므로"에는 '하나님의 집에서 심판을 시작할 때가 되었으므로'라는 의미가 담겨 있는 것이다. "장로들"(헬, 프로스부테루스)은 당시 교회의 연장자로 구성된 지도자 그룹을 가리킨다(딤전 5:17). 베드로 사도는 자신을 사도가 아닌 "함께 장로 된 자"로 칭하는데 이는 편지를 받는 교회의 장로들과의 유대감을 형성하기 위함이었을 것이다.

2 너희 중에 있는 하나님의 양 무리를 치되 "(양 무리를) 치되"(헬, 포이마나테)에는 '다스리다', '인도하다'라는 의미가 담겨 있다. 이 표현은 예수님께서 베드로에게 하셨던 "내 양을 치라"라는 말씀에서도 사용되었다(요 21:16). "더러운 이득을 위하여"에 해당하는 원문의 의미를 살려 쉽게 번역해 본다면 '돈을 벌려는 탐욕의 마음으로 하지 말고' 정도가 될 것이다. 당시의 교회는 장로들에게 일정 금액의 사례를 했던 것으로 생각된다(고전 9:6). 그런 상황에서 혹시 갖게 될지 모르는 탐욕에 대한 경각심을 주기 위한 권면으로 이해할 수 있다.

3 맡은 자들에게 주장하는 자세를 하지 말고 양 무리의 본이 되라 "주장하는 자세를 하다"(헬, 카타큐리운테스)는 '주인 노릇을 하다', '복종시키다'라는 의미가 있다. 베드로 사도는 권위를 남용하여 성도를 복종시키는 지도자가 아니라 섬김의 마음으로 공동체의 본이 되는 지도자가 될 것을 권면한다(막 10:44).

4 목자장이 나타나실 때에 시들지 아니하는 영광의 관을 얻으리라 "목자장"은 예수 그리스도를 가리킨다(2:25). "나타나실 때"라는 표현은 신약성경에서 종종 언급되는데 예수님의 재림을 가리키는 숙어이다(고전 1:7; 딤후 4:1; 골 3:4; 딛 2:13). "영광의 관"은 그리스도를 위해 받는 고난을 참고 견뎌 낸 성도들에게 마지막 날에 주어질 상급, 즉 영생의 구원을 상징한다.

5-6 젊은 자들아 … 하나님의 능하신 손 아래에서 겸손하라 어떤 학자들은 "젊은 자들"이 장로보다는 나이가 적은 젊은 지도자 그룹을 가리킨다고 주장하기도 한다. 그렇지만 여기서는 일반적인 의미에서 교회의 젊은 성도를 가리킨다고 보는 것이 적절하다. 베드로 사도는 잠언에 언급된 겸손에 관한 권면을 인용하며(잠 3:34) 교회 안에서 지도자의 권위에 겸손히 순종하는 것이 하나님의 뜻임을 강조한다.

쉬운성경

1 제가 이제 같은 장로로서 교회의 장로들에게 몇 마디 당부합니다. 그리스도께서 당하신 고난을 직접 보았고, 장차 우리에게 나타날 영광에 동참하게 될 자로서, 여러분에게 부탁을 드립니다.

2 여러분에게 맡겨진 하나님의 양 떼를 잘 돌보십시오. 기쁨으로 그들을 돌보며 억지로 하지 마십시오. 그것이 하나님을 기쁘시게 하는 것입니다. 기쁨으로 섬기며, 돈을 생각하고 그 일을 하지 않도록 하십시오.

3 여러분이 맡은 사람들을 지배하려 들지 말며, 그들에게 좋은 모범이 되십시오.

4 그리하면 우리의 목자장이신 그리스도께서 오실 때에 여러분은 결코 시들지 않는 영광의 면류관을 받게 될 것입니다.

5 젊은이들은 웃어른께 순종하며 겸손하십시오.
"하나님은 교만한 사람을 물리치시고, 겸손한 사람에게 은혜를 베푸십니다."*

6 그러므로 하나님의 전능하신 손 아래 자신을 낮추십시오. 그러면 하나님께서는 때가 이를 때에 여러분을 높이실 것입니다.

* 5:5 잠 3:34에 기록되어 있다.

저자의 묵상

베드로 사도는 젊은 자들을 향하여 장로들에게 순종할 것을 권면하며 이렇게 말한다. "겸손으로 허리를 동이라"(5절). 이때 사용된 헬라어 '엔콤본부오마이'는 그리스-로마 사회에서 종(slave)의 복장과 관련하여 '앞치마를 단단히 매다'라는 의미를 담고 있다. 종들이 앞치마를 단단히 매어야 할 이유는 두 가지 정도로 생각할 수 있다. 첫째는 궂은일을 하는 동안 옷에 때가 묻지 않게 하기 위함이고, 둘째는 그것이 종의 신분임을 나타내는 일종의 복장 규정(dress code)이었기 때문일 것이다. 그러므로 베드로 사도가 굳이 이 단어를 사용하여 종의 이미지를 연상시키는 이유는 '종과 같이 자신을 낮추고 교회의 궂은일에 솔선하라'는 의미를 전달하기 위함이라고 볼 수 있다. 예수님은 이렇게 말씀하셨다. "너희 중에 누구든지 으뜸이 되고자 하는 자는 너희의 종이 되어야 하리라"(마 20:27). 성도는 겸손히 자신을 낮추는 성숙한 신앙인이 되어야 한다.

무릎기도 하나님, 예수님의 섬김을 본받아 겸손과 순종으로 교회 공동체를 섬기는 성숙한 신앙인이 되게 하소서.

ESV - 1 Peter 5

1 So I exhort the elders among you, as a fellow elder and a witness of the sufferings of Christ, as well as a partaker in the glory that is going to be revealed:
2 shepherd the flock of God that is among you, exercising oversight,* not under compulsion, but willingly, as God would have you;* not for shameful gain, but eagerly;
3 not domineering over those in your charge, but being examples to the flock.
4 And when the chief Shepherd appears, you will receive the unfading crown of glory.
5 Likewise, you who are younger, be subject to the elders. Clothe yourselves, all of you, with humility toward one another, for "God opposes the proud but gives grace to the humble."
6 Humble yourselves, therefore, under the mighty hand of God so that at the proper time he may exalt you,

* 5:2 Some manuscripts omit *exercising oversight*
* 5:2 Some manuscripts omit *as God would have you*

1 exhort 열심히 권하다   elder 장로   witness 목격자   suffering 고통   partaker 참여자   reveal 드러내다   2 shepherd 돌보다   flock 무리   exercise 수행하다   oversight 감독   under compulsion 강요를 받아   willingly 자진해서   shameful 수치스러운   eagerly 열심히   3 domineer over 위세를 부리다   charge 담당   4 unfading 시들지 않은   5 subject 복종하는   humility 겸손   oppose 대치하다   6 exalt 높이다

묵상 체크

30
월 일

믿음을 굳건히 하여 마귀를 대적하라

베드로전서 5:7-14 • 새찬송 348장 | 통일 388장

• 말씀묵상 전에 성령님의 인도하심을 구하는 기도를 드리십시오.

> **본문요약** | 본문은 본서에서 베드로의 마지막 권면이다. 그리스도를 위해 이 땅에서 받는 고난은 잠깐이며, 장차 누리게 될 영원한 영광에 비교할 수 없다. 베드로 사도는 현재 성도들이 당하는 박해와 시험의 배후에 대적 마귀가 있음을 상기시키며, 믿음을 굳게 하여 마귀에 대항할 것을 당부한다.

7 너희 염려를 다 주께 맡기라 이는 그가 너희를 돌보심이라
8 근신하라 깨어라 너희 대적 ¹⁾마귀가 우는 사자 같이 두루 다니며 삼킬 자를 찾나니
9 너희는 믿음을 굳건하게 하여 그를 대적하라 이는 세상에 있는 너희 형제들도 동일한 고난을 당하는 줄을 앎이라
10 모든 은혜의 하나님 곧 그리스도 안에서 너희를 부르사 자기의 영원한 영광에 들어가게 하신 이가 잠깐 고난을 당한 너희를 친히 온전하게 하시며 굳건하게 하시며 강하게 하시며 ²⁾터를 견고하게 하시리라
11 권능이 세세무궁하도록 그에게 있을지어다 아멘
12 내가 신실한 형제로 아는 실루아노로 말미암아 너희에게 간단히 써서 권하고 이것이 하나님의 참된 은혜임을 증언하노니 너희는 이 은혜에 굳게 서라
13 택하심을 함께 받은 바벨론에 있는 ³⁾교회가 너희에게 문안하고 내 아들 마가도 그리하느니라
14 너희는 사랑의 입맞춤으로 서로 문안하라 그리스도 안에 있는 너희 모든 이에게 평강이 있을지어다

1. 오늘 하나님께서 나에게 주신 깨달음은 무엇입니까?

2. 말씀을 어떻게 내 삶에 구체적으로 적용해야 합니까?

1) 헬, 훼방자
2) 어떤 사본에, '터를 견고하게'가 없음
3) 또는 여자가

절별 해설

쉬운성경

8 너희 대적 마귀가 우는 사자 같이 두루 다니며 삼킬 자를 찾나니 "마귀"(헬, 디아볼로스)는 참소하는 자, 고소하는 자, 대적자를 가리키며 히브리어 사탄에 대응하는 명칭이다. 요한계시록에는 마귀가 "옛 뱀", "사탄", "온 천하를 꾀는 자"로 묘사된다(계 12:9). 마귀는 하와를 유혹했던 그때부터 오늘날까지 하나님을 대적해 왔으며 믿는 자를 참소하여 넘어뜨리는 존재이다. "두루 다니며"라는 표현은 먹이를 찾아 어슬렁거리는 굶주린 사자를 연상시킨다.

9 너희는 믿음을 굳건하게 하여 그를 대적하라 이 구절을 원문의 의미를 살려 좀 더 구체적으로 표현하자면 "세상에 있는 다른 형제들도 고난의 과정을 겪고 잘 이겨 내었음을 기억하며 굳건한 믿음으로 마귀를 대적하라" 정도가 될 것이다. 욥의 일화에서도 볼 수 있듯이 마귀는 종종 고난의 모습으로 성도의 믿음을 시험한다. 그러나 욥이 겪었던 모든 고난이 하나님의 섭리 가운데 있었듯, 성도가 겪는 고난 또한 그러할 것이다. 하나님 나라에 들어가려면 많은 환난을 겪어야 한다(행 14:22).

10 그리스도 안에서 너희를 부르사 자기의 영원한 영광에 들어가게 하신 이가 신실하신 하나님은 모든 상황에서 택한 백성을 보호하시고 때때로 필요를 채우실 뿐 아니라 결국엔 영원한 영광의 구원으로 이끄신다. 하나님의 이러한 신적 활동은 자기 백성을 향한 하나님의 은혜에 근거한다. 성도는 오직 "그리스도 안"에서 그 은혜를 경험할 수 있다.

잠깐 고난을 당한 너희를 "잠깐"은 앞서 언급된 "영원한 영광"과 대비를 이룬다. 베드로 사도는 이 땅에서의 고난은 잠시 동안이며 영원한 영광에 비교할 수 없음을 강조한다. 이러한 생각은 바울 사도에게서도 발견된다. 바울은 성도가 이 땅에서 고난을 받는 이유가 그리스도 함께 영광을 받기 위함이며, 현재의 고난을 장차 나타날 영광과 비교할 수 없다고 말한다(롬 8:17-18).

14 너희는 사랑의 입맞춤으로 서로 문안하라 바울 사도는 종종 "거룩한 입맞춤"으로 서로 문안하라는 말로 서신을 마무리 했다(롬 16:16; 고전 16:20; 고후 13:11; 살전 5:26). 어떤 학자들은 거룩한 입맞춤이 실제로 예배 의식의 마지막에 진행되었던 성도 간의 인사였다고 주장하기도 한다. 베드로 사도가 언급한 "사랑의 입맞춤"이 공식적인 예배의 순서였는지는 알 수 없지만, 성도 간의 사랑과 유대감을 확인하는 초대 교회 성도들의 인사법이었다는 것은 확실해 보인다.

7 모든 걱정과 근심을 하나님께 맡기십시오. 하나님께서 여러분을 돌보시고 계십니다.

8 마음을 강하게 하고 늘 주의하십시오. 원수 마귀가 배고파 으르렁거리는 사자처럼 먹이를 찾아 돌아다니고 있습니다.

9 마귀에게 지지 말고 믿음에 굳게 서 있기 바랍니다. 온 세상의 모든 성도들도 여러분과 같은 고난을 겪고 있습니다.

10 힘든 고난은 잠시 동안입니다. 이후에 하나님께서는 모든 것을 바르게 세우실 것입니다. 여러분의 뒤에서 받쳐 주시고 든든하게 세워 주셔서, 결코 넘어지지 않게 하실 것입니다. 은혜를 주시는 하나님께서 그리스도 안에서 함께 영광을 누릴 수 있도록 여러분을 친히 부르셨으니, 그 영광이 영원토록 함께하기를 기도드립니다.

11 모든 능력이 하나님과 영원히 함께하기를 빕니다. 아멘.

12 나는 이 짧은 편지를 실라*의 손을 빌어 여러분께 보냅니다. 그는 진실한 믿음의 형제입니다. 부디 이 편지를 통해 위로와 격려가 되었으면 좋겠습니다. 이 모든 것이 하나님의 은혜임을 기억하고, 그 은혜 안에서 흔들리지 말고 굳게 서십시오.

13 여러분과 함께 택함을 받은 바빌론에 있는 교회가 여러분께 문안합니다. 그리스도 안에서 내 아들된 마가도 여러분에게 문안합니다.

14 여러분도 만날 때마다 그리스도의 사랑으로 서로 문안하십시오. 그리스도 안에 있는 여러분 모두에게 평안이 함께하기를 빕니다.

* 5:12 '실라'는 '실루아노'의 또 다른 이름이다.

저자의 묵상

초대 교회 당시의 성도는 두려우리만큼 많은 모함과 박해를 받았지만 끝까지 믿음을 포기하지 않았다. 그 이유에 대해 우리는 당시의 그리스도인들이 그 고난의 끝에 있을 영원한 상급을 소망하며 살았기 때문이라고 생각한다. 그런데 오늘 본문에서 베드로 사도는 조금 다른 설명을 한다. "세상에 있는 너희 형제들도 동일한 고난을 당하는 줄을 앎이라"(9절). 고난의 골짜기를 지날 때 나의 아픔에 공감하고 위로해 주는 동지가 옆에 있다면 참 든든할 것이다. 고난의 길은 사망의 음침한 골짜기와 같아서 늘 외로움을 수반한다. 물론 하나님께서는 언제나 나와 함께하시겠지만, 내 옆에 함께 울고 웃어 줄 사람이 있다면 훨씬 큰 힘이 될 것이다. 성도의 신앙생활이란 자기 십자가를 지고 가는 고난의 길이다(막 8:34). 힘들고 어려울 때는 나의 믿음의 동지들도 각자의 길 위에서 고군분투하고 있음을 기억해야 한다. 가끔은 서로 만나 격려하며 힘을 북돋아 주며, 그렇게 하루하루 살아가다 보면 언젠가 '하나님의 영원한 영광'(10절)에 들어가게 되는 날이 올 것이다.

> **무릎기도** 하나님, 우리 교회가 고난 중에 서로 격려하고 위로하는 믿음의 공동체 되게 하소서.

ESV - 1 Peter 5

7 casting all your anxieties on him, because he cares for you.

8 Be sober-minded; be watchful. Your adversary the devil prowls around like a roaring lion, seeking someone to devour.

9 Resist him, firm in your faith, knowing that the same kinds of suffering are being experienced by your brotherhood throughout the world.

10 And after you have suffered a little while, the God of all grace, who has called you to his eternal glory in Christ, will himself restore, confirm, strengthen, and establish you.

11 To him be the dominion forever and ever. Amen.

12 By Silvanus, a faithful brother as I regard him, I have written briefly to you, exhorting and declaring that this is the true grace of God. Stand firm in it.

13 She who is at Babylon, who is likewise chosen, sends you greetings, and so does Mark, my son.

14 Greet one another with the kiss of love. Peace to all of you who are in Christ.

7 cast 맡기다 anxiety 염려 8 sober-minded 분별 있는 watchful 경계를 하는 adversary 적 prowl around 어슬렁거리다 roar 으르렁거리다 devour 집어삼키다 9 resist 저항하다 firm 굳건해지다 suffering 고통 10 restore 회복시키다 confirm 확실히 하다 establish 세우다 11 dominion 주권 12 faithful 충실한 regard 생각하다 exhort 열심히 권하다

☐ 묵상 체크

31

월   일

보배롭고 지극히 큰 약속

베드로후서 1:1-4 • 새찬송 461장 | 통일 519장

• 말씀묵상 선에 성령님의 인도하심을 구하는 기도를 드리십시오.

> **본문요약** | 하나님의 부르심과 택하심을 입은 성도는 그리스도를 향한 보배로운 믿음을 통해 그리스도 안에 있는 보배로운 구원의 약속을 받은 사람이다. 그리스도인은 그러한 귀한 믿음과 약속을 소유한 자로서 썩어질 세상의 정욕을 피하고 하나님의 신성한 성품에 참여하는 삶을 살아야 한다.

1 예수 그리스도의 종이며 사도인 시몬 베드로는 우리 하나님과 구주 예수 그리스도의 의를 힘입어 동일하게 보배로운 믿음을 우리와 함께 받은 자들에게 편지하노니
2 하나님과 우리 주 예수를 앎으로 은혜와 평강이 너희에게 더욱 많을지어다
3 그의 신기한 능력으로 생명과 경건에 속한 모든 것을 우리에게 주셨으니 이는 자기의 영광과 덕으로써 우리를 부르신 이를 앎으로 말미암음이라
4 이로써 그 보배롭고 지극히 큰 약속을 우리에게 주사 이 약속으로 말미암아 너희가 정욕 때문에 세상에서 썩어질 것을 피하여 신성한 성품에 참여하는 자가 되게 하려 하셨느니라

1. 오늘 하나님께서 나에게 주신 깨달음은 무엇입니까?

2. 말씀을 어떻게 내 삶에 구체적으로 적용해야 합니까?

절별 해설

1 예수 그리스도의 종이며 사도인 시몬 베드로는 "시몬"은 베드로의 옛날 이름이고, 반석이라는 뜻의 "베드로"(히, 게바/ 헬, 페트로스)는 예수님이 지어 주신 이름이다(요 1:42). 베드로 사도가 편지의 서두에 자신의 과거와 현재 이름을 모두 적은 이유는 알 수 없다. 그는 예수님을 모르던 유대인 시몬이 열두 사도 중의 한 명이자 교회의 지도자인 베드로가 되기까지 일어났던 모든 사연을 담고 싶었을 것이다.

우리 하나님과 구주 예수 그리스도의 의를 힘입어 여기서 언급된 "의"(헬, 디카이오수네)에 관해 다양한 의견이 있다. 그렇지만 뒤따르는 구절의 내용을 고려할 때 차별 없는 은혜를 베푸시는 하나님의 정의로우심(justice)을 가리키는 것으로 보는 것이 가장 자연스럽다.

동일하게 보배로운 믿음을 우리와 함께 받은 자들에게 당시의 교회에는 사도들처럼 예수님과 동시대를 살며 그분의 말씀과 가르침을 직접 경험했던 성도도 있었고, 예수님의 승천 이후에 사도들이 전한 복음을 듣고 그리스도인이 된 성도도 있었다. 베드로후서의 수신자들은 예수님을 직접 보지 못한 성도들이었을 것이다. 베드로 사도는 수신자들이 비록 예수님의 사역을 직접 목격하지는 못하였을지라도 그들의 믿음이 사도들("우리")의 믿음과 본질상 다르지 않음을 강조한다.

2 하나님과 우리 주 예수를 앎으로 이 구절에 해당하는 원문은 '하나님과 우리 주 예수의 지식 안에서'라고 직역할 수 있으며 두 가지 해석이 가능하다. 첫째는 '하나님과 우리 주 예수를 아는 지식 안에서'이고, 둘째는 '하나님과 우리 주 예수로부터 배운 지식 안에서'이다. 둘 중 어떤 해석을 선택해도 신학적으로 문제가 되지 않는다.

3 그의 신기한 능력으로 생명과 경건에 속한 모든 것을 우리에게 주셨으니 "신기한"(헬, 테이오스)은 '신적인' 혹은 '신성한'(divine)이라고 번역하는 것이 더 적절하다. "생명과 경건"은 경건한 삶을 의미하는 숙어적 표현이다.

4 신성한 성품에 참여하는 자가 되게 하려 하셨느니라 당시의 유대인들은 신성한 성품에 참여하는 것을 죽거나 썩지 않는 존재가 되는 것으로 이해했다. 그러한 맥락에서 볼 때 이 구절은 마지막 날에 영생의 구원을 얻는 자가 되는 것을 의미할 수도 있다. 그러나 신성한 성품을 사랑이나 의로움과 같이 하나님의 인격적 속성을 가리키는 것으로 볼 수도 있다. 그렇다면 이 구절은 성도 각자의 삶을 통해 하나님의 성품을 세상에 반영하는 그리스도인이 되게 하셨다는 뜻으로 이해할 수 있다. 문맥상 후자의 해석이 더 자연스럽다.

쉬운성경

1 예수 그리스도의 종이며 사도인 시몬 베드로는, 우리와 같이 소중한 믿음을 받은 여러분에게 이 편지를 씁니다. 여러분은 우리 하나님과 구주 예수 그리스도의 의로우심을 힘입어 이 믿음을 받았습니다.

2 하나님과 우리 주 예수님을 더 깊이 앎으로써 은혜와 평안이 여러분에게 더욱 넘치기를 기도합니다.

3 그리스도께서는 하나님의 능력으로 우리가 하나님을 섬기며 살아가는 데 필요한 모든 것을 허락해 주셨습니다. 이 모든 것은 우리가 그분을 알 때에 받게 되는 것입니다. 그분은 자신의 영광과 선함으로 우리를 불러 주셨습니다.

4 그 영광과 선함을 통해 약속하신 크고 놀라운 선물을 우리에게 주셨으며, 이 약속을 통해 하나님을 닮은 모습으로 함께 교제하게 하셨습니다. 그러므로 세상의 어떤 정욕도 여러분을 멸망시킬 수 없습니다.

저자의 묵상

하나님께서 믿음의 백성에게 약속하신 모든 것에 대한 감격을 어떻게 표현할 수 있을까? 베드로 사도는 "그 보배롭고 지극히 큰"이라는 수식어구를 사용한다(4절). 이 구절에 해당하는 원문의 의미를 좀 더 살려서 표현하면 '경이로울 만큼 귀하고 입이 떡 벌어질 만큼 웅장한' 정도가 될 것이다. 그렇다면 그토록 귀한 약속을 우리에게 주신 이유는 무엇일까? 뒤따르는 구절에 이렇게 쓰여 있다. "너희가 정욕 때문에 세상에서 썩어질 것을 피하여 신성한 성품에 참여하는 자가 되게 하려 하셨느니라"(4절). 죄의 속성을 지닌 인간은 쉽게 정욕에 사로잡히는 존재이다. 그리스도인도 예외가 될 수는 없다. 그러나 하나님이 주신 약속 위에 굳게 서서 그 약속의 성취를 간절히 소망하는 사람은 어떤 유혹도 뿌리칠 수 있다. 장차 누리게 될 영원한 나라의 영광이 세상의 그 어떤 쾌락에 비교될 수 없다는 것을 잘 알기 때문이다. 성도는 하나님이 주신 "보배롭고 지극히 큰 약속"을 놓치지 않기 위해 오늘도 치열하게 죄와 정욕을 다스리며 살고 있는지 늘 돌아보아야 한다.

무릎기도 | 하나님, 이 땅에서 살아가는 매 순간 주님이 주신 약속의 말씀을 기억하고 그 약속의 성취를 소망하며 살게 하소서.

ESV - 2 Peter 1

1 Simeon* Peter, a servant* and apostle of Jesus Christ, To those who have obtained a faith of equal standing with ours by the righteousness of our God and Savior Jesus Christ:

2 May grace and peace be multiplied to you in the knowledge of God and of Jesus our Lord.

3 His divine power has granted to us all things that pertain to life and godliness, through the knowledge of him who called us to* his own glory and excellence,*

4 by which he has granted to us his precious and very great promises, so that through them you may become partakers of the divine nature, having escaped from the corruption that is in the world because of sinful desire.

* 1:1 Some manuscripts *Simon*
* 1:1 For the contextual rendering of the Greek word *doulos*, see Preface
* 1:3 Or *by*
* 1:3 Or *virtue*

1 servant 종 apostle 사도 obtain 얻다 standing 지위 righteousness 의   2 multiply 늘리다   3 divine 신성한 grant 주다 pertain to …와 관계가 있다 godliness 경건   4 partaker 참여자 nature 성품 escape 피하다 corruption 부패 sinful 죄악의 desire 욕구

묵상 체크

32
월　일

영원한 나라에 넉넉히 들어가는 방법

베드로후서 1:5-11 • 새찬송 454장 | 통일 508장

• 말씀묵상 전에 성령님의 인도하심을 구하는 기도를 드리십시오.

> **본문요약** | 그리스도인의 믿음은 다양한 실제적 덕목들(덕, 지식, 절제, 인내, 경건, 형제 우애, 사랑)을 통해 삶 속에서 실천되고 증명되어야 한다. 이러한 믿음의 실천을 통해 성도는 하나님의 부르심과 택하심 위에 더욱 굳건히 설 수 있으며, 예수 그리스도의 영원한 나라에 넉넉히 들어갈 수 있게 된다.

5 그러므로 너희가 더욱 힘써 너희 믿음에 덕을, 덕에 지식을,
6 지식에 절제를, 절제에 인내를, 인내에 경건을,
7 경건에 형제 우애를, 형제 우애에 사랑을 더하라
8 이런 것이 너희에게 있어 흡족한즉 너희로 우리 주 예수 그리스도를 알기에 게으르지 않고 열매 없는 자가 되지 않게 하려니와
9 이런 것이 없는 자는 맹인이라 멀리 보지 못하고 그의 옛 죄가 깨끗하게 된 것을 잊었느니라
10 그러므로 형제들아 더욱 힘써 너희 부르심과 택하심을 굳게 하라 너희가 이것을 행한즉 언제든지 실족하지 아니하리라
11 이같이 하면 우리 주 곧 구주 예수 그리스도의 영원한 나라에 들어감을 넉넉히 너희에게 ¹⁾주시리라

1. 오늘 하나님께서 나에게 주신 깨달음은 무엇입니까?

2. 말씀을 어떻게 내 삶에 구체적으로 적용해야 합니까?

1) 헬, 공급하시리라

절별 해설

5-7 여기에 나오는 일곱 가지는 그리스도인의 삶에서 나타나야 하는 실제적인 덕목이다. 성도는 그리스도를 믿는 믿음 안에서 자라 가며 삶 속에서 다음과 같은 모습을 드러내야 한다. 즉 신앙의 성장과 성숙의 열매를 맺어야 하는 것이다.

5 그러므로 너희가 더욱 힘써 너희 믿음에 덕을, 덕에 지식을 "그러므로"라는 접속사는 5절에 언급된 권면이 4절의 연장선상에 있음을 보여준다. 또한 '하나님께서 우리를 신성한 성품에 참여하는 자게 되게 하려 약속을 주셨으므로'라는 의미를 함축한다. "덕"(헬, 아레텐)은 도덕적 탁월함을 의미한다. "지식"은 하나님의 뜻을 분별하고 삶 속에서 올바른 결정을 내리도록 하는 실제적이고 실천적 차원의 지식을 가리킨다.

6 지식에 절제를, 절제에 인내를, 인내에 경건을 "절제"(헬, 엔크라테이안)는 세상의 유혹과 인간적인 욕망에 휩쓸리지 않기 위한 성도의 자발적이고 의지적인 자기 통제(self-control)를 의미한다. 바울은 절제를 성령의 열매 중의 하나로 소개했다(갈 5:23). "인내"(헬, 후포모네)는 역경 속에서도 흔들림 없이 평정심을 유지할 수 있는 강인함을, "경건"(헬, 유세베이아)은 신앙적 가르침을 따르는 삶을 위한 성도의 헌신을 가리킨다.

7 경건에 형제 우애를, 형제 우애에 사랑을 더하라 믿음, 덕, 지식, 절제, 인내, 경건 등의 덕목이 성도 각자의 신앙적 성장에 필요한 것이라면, "형제 우애"(헬, 필라델피아)는 공동체 구성원들의 상호 관계에 필요한 덕목이다. 흥미로운 것은 베드로 사도가 "형제 우애"와 "사랑"(헬, 아가페)을 구분하고 있다는 점이다. 전자는 공동체 안에서의 사랑과 애정을, 후자는 공동체 밖의 불신자와 이방인들까지를 대상으로 하는 보다 넓은 범위의 사랑을 가리키는 개념으로 이해할 수 있다.

9 이런 것이 없는 자는 맹인이라 멀리 보지 못하고 "예수 그리스도의 영원한 나라"(11절)는 이 땅에서 하나님의 성품에 참여하는 삶을 살아간 자들에게만 허락될 것이다. 그러나 장차 누리게 될 영원한 나라의 영광을 보지 못하는 사람은 이 땅에서 하나님의 성품에 참여할 필요를 느끼지 못할 것이다. 그들은 어떤 의미에서 멀리 보지 못하는 "맹인"과 같다.

10 이것을 행한즉 언제든지 실족하지 아니하리라 "실족하지 아니하리라"라는 구절은 마지막 심판의 날을 염두에 둔 표현이다. 하나님의 부르심과 택하심을 굳게 붙잡고 살아가는 성도는 하나님께서 세상을 심판하실 때 탈락하지 않고 "넉넉히" 영원한 나라에 들어갈 것이다(11절).

쉬운성경

5 그러므로 이러한 복을 받은 여러분은 열심히 여러분의 생활 가운데 믿음에 덕을, 덕에 지식을,

6 지식에 절제를, 절제에 인내를, 인내에 경건을,

7 경건에 형제 우애를, 형제 우애에 사랑을 더하십시오.

8 이 모든 것이 여러분의 삶 가운데서 자라난다면, 여러분을 유익하고 쓸모 있는 사람으로 만들어 줄 것입니다. 또한 우리 주 예수 그리스도를 아는 지식이 여러분의 삶을 더욱 풍성하게 해 줄 것입니다.

9 그러나 이런 것을 갖추지 못한 자는 앞 못 보는 사람과 같으며, 과거의 더러운 죄로부터 깨끗함을 받은 사실을 잊은 사람들입니다.

10 형제 여러분, 하나님께서는 여러분을 부르시고 하나님의 백성으로 선택하셨습니다. 여러분은 자신이 하나님께 선택받은 백성임을 남들이 알 수 있도록 힘써야 합니다. 이렇게 할 때, 여러분은 결코 넘어지지 않으며,

11 우리 주님이시며 구원자이신 예수 그리스도의 영원한 나라에서 최고의 환영을 받게 될 것입니다.

저자의 묵상

그리스도인은 "신성한 성품", 즉 하나님의 성품에 참여하는 자이다(1:4). 오늘 본문에서 베드로 사도는 신성한 성품에 참여한 자들의 삶 속에서 반드시 나타나야 하는 몇 가지 덕목을 나열한다. "너희 믿음에 덕을, 덕에 지식을 … 사랑을 더하라"(5-7절). 꼬리에 꼬리를 무는 방식으로 나열된 이러한 문학 구조에서는 보통 마지막에 언급된 것에 가장 중요한 의미가 있는데 그것은 바로 "사랑"이다. 다시 말해 신성한 성품에 참여하고 있는가는 사랑을 실천하는 삶을 통해 증명된다는 것이다. 그래서인지 성경의 저자들은 사랑을 참 강조한다(요일 4:8; 고전 13:13; 막 12:31). 신앙생활을 하다 보면 사랑하고 싶은 마음이 잘 생기지 않는 사람도 있다. 너무 얌체 같은 사람, 나랑 성격이 맞지 않는 사람, 나한테 피해 주는 사람 등은 특히 어렵다. "하나님! 사랑하고 싶지 않은 사람은 사랑하지 않으면 안 될까요?" 그러면 하나님께서는 이렇게 말씀하시지 않을까? "그래? 그럼 신성한 성품에 참여하는 일은 그만둘 거니?" 그만둘 텐가, 아니면 사랑하며 살 텐가?

> **무릎기도** 하나님, 예수 그리스도의 사랑을 본받아 사랑하고 싶은 사람뿐 아니라 사랑하고 싶지 않은 사람도 사랑하며 살게 하소서.

ESV - 2 Peter 1

5 For this very reason, make every effort to supplement your faith with virtue,* and virtue with knowledge,

6 and knowledge with self-control, and self-control with steadfastness, and steadfastness with godliness,

7 and godliness with brotherly affection, and brotherly affection with love.

8 For if these qualities* are yours and are increasing, they keep you from being ineffective or unfruitful in the knowledge of our Lord Jesus Christ.

9 For whoever lacks these qualities is so nearsighted that he is blind, having forgotten that he was cleansed from his former sins.

10 Therefore, brothers,* be all the more diligent to confirm your calling and election, for if you practice these qualities you will never fall.

11 For in this way there will be richly provided for you an entrance into the eternal kingdom of our Lord and Savior Jesus Christ.

* 1:5 Or *excellence*; twice in this verse
* 1:8 Greek *these things*; also verses 9, 10, 12
* 1:10 Or *brothers and sisters*. In New Testament usage, depending on the context, the plural Greek word *adelphoi* (translated "brothers") may refer either to *brothers* or to *brothers and sisters*

---

5 make every effort to do …하려고 온갖 노력을 다하다 supplement 보충하다 virtue 덕 6 steadfastness 견고함 godliness 경건 7 affection 애정 8 quality 자질 ineffective 쓸모없는 unfruitful 헛된 9 nearsighted 근시안적인 10 diligent 성실한 confirm 굳히다 election 선택 11 entrance 입장

☐ 묵상 체크

33
그리스도의 능력과 재림에 대한 확신

베드로후서 1:12-21 • 새찬송 180장 | 통일 168장

월 일

• 말씀묵상 전에 성령님의 인도하심을 구하는 기도를 드리십시오.

> **본문요약** ㅣ 예수 그리스도는 하나님의 아들로서 신성한 영광을 지니셨을 뿐 아니라 장차 영광 중에 이 세상을 심판하러 오실 것이다. 베드로 사도는 거룩한 산에서 겪었던 개인적인 경험과 성경에 기록된 예언의 말씀에 근거하여 예수 그리스도의 영광스러운 재림은 의심할 여지가 없는 확실한 약속임을 강조한다.

12 그러므로 너희가 이것을 알고 이미 있는 진리에 서 있으나 내가 항상 너희에게 생각나게 하려 하노라
13 내가 이 장막에 있을 동안에 너희를 일깨워 생각나게 함이 옳은 줄로 여기노니
14 이는 우리 주 예수 그리스도께서 내게 지시하신 것 같이 나도 나의 장막을 벗어날 것이 임박한 줄을 앎이라
15 내가 힘써 너희로 하여금 내가 떠난 후에라도 어느 때나 이런 것을 생각나게 하려 하노라
16 우리 주 예수 그리스도의 능력과 강림하심을 너희에게 알게 한 것이 교묘히 만든 이야기를 따른 것이 아니요 우리는 그의 크신 위엄을 친히 본 자라
17 지극히 큰 영광 중에서 이러한 소리가 그에게 나기를 이는 내 사랑하는 아들이요 내 기뻐하는 자라 하실 때에 그가 하나님 아버지께 존귀와 영광을 받으셨느니라
18 이 소리는 우리가 그와 함께 거룩한 산에 있을 때에 하늘로부터 난 것을 들은 것이라
19 또 우리에게는 더 확실한 예언이 있어 어두운 데를 비추는 등불과 같으니 날이 새어 샛별이 너희 마음에 떠오르기까지 너희가 이것을 주의하는 것이 옳으니라
20 먼저 알 것은 성경의 모든 예언은 사사로이 풀 것이 아니니
21 예언은 언제든지 사람의 뜻으로 낸 것이 아니요 오직 성령의 감동하심을 받은 사람들이 하나님께 받아 말한 것임이라

1. 오늘 하나님께서 나에게 주신 깨달음은 무엇입니까?

2. 말씀을 어떻게 내 삶에 구체적으로 적용해야 합니까?

절별 해설

13 내가 이 장막에 있을 동안에 장막(헬, 스케노마티)은 목초지를 찾아 이곳저곳으로 옮겨 다니던 유목민이나 목자들이 사용했던 이동식 임시 거처이다. 성경의 저자들은 인간의 육체를 종종 장막에 비유하기도 했다(고후 5:1-4). 성도 역시 영원한 부활의 몸을 입기 전까지 이 땅에서 임시로 육신의 몸을 입고 산다는 생각 때문이다.

14 우리 주 예수 그리스도께서 내게 지시하신 것 같이 베드로 사도가 염두에 둔 예수님의 말씀이 무엇인지는 알 수 없다. 그러나 몇몇 학자들은 그것이 요한복음에 언급된 베드로의 죽음에 관한 말씀이라고 주장한다(요 21:18).

16 교묘히 만든 이야기를 따른 것이 아니요 "교묘히 만든 이야기"는 사실에 기반을 둔 이야기가 아닌 신화나 설화를 가리킨다. 당시 교회 안의 거짓 교사들은 예수 그리스도의 부활, 승천, 강림에 관한 사도들의 증언이 거짓으로 꾸며 낸 허구라고 주장했던 것으로 보인다. 베드로 사도는 그러한 시도에 대해 사도들이 그리스도의 능력과 위엄을 직접 경험했음을 단호하게 말한다(마 17:1-8).

18 우리가 그와 함께 거룩한 산에 있을 때에 복음서에 기록된 예수님의 모습이 변화되었던 사건을 가리킨다(마 17:1-2; 막 9:2-3; 눅 9:28-29). 당시의 예수님은 영광 중에 희고 빛나는 옷을 입고 계셨다. 이것은 하나님의 아들로서 예수님의 신성과 능력을 상징한다.

19 또 우리에게는 더 확실한 예언이 있어 구약성경에 기록된 예수님에 관한 예언의 말씀을 가리킨다. 부활하신 예수님은 제자들에게 구약성경에 언급된 메시아에 대한 예언이 자신에 관한 것임을 가르쳐 주셨는데(눅 24:27) 초기 기독교 공동체의 성경 해석은 그러한 전통을 따른다. 당시의 교회는 예수님을 직접 목격한 사도들의 증언에 큰 권위를 부여했지만, 베드로 사도는 하나님의 말씀(구약성경)이 더 확실한 증언임을 강조한다. **샛별이 너희 마음에 떠오르기까지** "샛별"(헬, 포스포로스)은 계명성 혹은 새벽별(morning star)을 뜻하며 예수 그리스도를 상징한다. 샛별이 떠오르면 어둠에 가려져 있던 모든 것을 분명하게 볼 수 있듯이 예수님은 빛으로 어둠을 밝히신다. 예수님이 다시 오셔서 빛을 비춰 주시는 날에 성도들은 성경에 기록된 모든 예언의 말씀을 온전하고 분명하게 깨닫게 될 것이다(고전 13:12).

쉬운성경

12 여러분이 이 모든 것을 다 알고 있고, 또 진리 안에 굳게 서 있지만, 한 번 더 여러분의 기억을 일깨워 주고 싶습니다.

13 내가 이 세상에 살아 있는 동안, 여러분에게 이렇게 하는 것이 옳다고 생각합니다.

14 나는 이제 곧 육신을 떠나야 함을 알고 있습니다. 우리 주 예수 그리스도께서 내게 그것을 알려 주셨습니다.

15 내가 할 수 있는 한 몇 번이고, 여러분이 이것들을 기억할 수 있도록 힘쓸 것입니다. 내가 이 세상을 떠난 후에도 여러분이 이 사실들을 기억하기를 진심으로 원합니다.

16 우리는 주 예수 그리스도가 영광 가운데 오실 것을 여러분에게 전했습니다. 그것은 누군가가 지어낸 근사한 이야기가 결코 아닙니다. 우리는 그분의 위엄 있는 모습을 우리 눈으로 직접 보았습니다.

17 장엄한 영광 가운데 하나님의 음성이 들렸습니다. "이는 내 사랑하는 아들이며, 내가 그로 인해 무척 기쁘다." 그 순간 예수 그리스도는 영광과 존귀를 받으셨습니다.

18 우리는 그 음성을 똑똑히 들었습니다. 거룩한 산에서 예수님과 함께 있었을 때 들은 그 음성은 분명히 하늘로부터 울려 온 것이었습니다.

19 이렇게 해서 우리는 예언자들이 전한 말씀을 보다 확실히 믿게 되었습니다. 여러분도 그 말씀을 가까이하고 따르는 것이 유익할 것입니다. 그들이 전해 준 말씀은 어두움을 환히 밝혀 주는 빛과도 같은 것입니다. 그 빛은 여러분의 마음 가운데 동이 트고, 아침 샛별이 환히 떠오를 때까지 여러분의 마음을 밝혀 줄 것입니다.

절별 해설

21 오직 성령의 감동하심을 받은 사람들이 하나님께 받아 말한 것임이라 성경이 인간 저자를 통해 기록되는 과정에서 성령께서 어떤 방식으로, 어느 정도의 범위까지 개입하셨는가에 관해 매우 다양하고 복잡한 신학적 주장이 존재한다. 하지만 성도가 기억해야 할 한 가지 단순하고 중요한 진리는 인간 저자가 성경을 기록하는 모든 과정을 성령께서 주관하셨기 때문에 성경은 하나님의 말씀으로서 오류가 없다는 것이다. 그뿐 아니라 성령께서는 오늘날 말씀을 읽고 묵상하는 모든 그리스도인이 하나님의 뜻을 깨닫고 실천할 수 있도록 힘을 주신다.

20 그러므로 분명히 이 사실을 기억하십시오. 어떠한 예언의 말씀도 예언자가 마음대로 해석해서 기록한 것이 아니며,

21 사람의 뜻대로 말하고 싶은 것을 적어 놓은 것도 아닙니다. 그들은 성령의 감동을 받아 하나님의 말씀을 적어 놓았습니다.

저자의 묵상

예수님의 신성과 재림을 부정하는 사람들은 대략 이런 주장을 한다. 1)예수님은 그저 이스라엘 촌 동네 출신의 한 인간에 불과하다. 2)인간이 다시 살아나는 것은 불가능하다. 3)결과적으로 예수님의 재림은 실제로 일어날 수 없다. 이러한 주장의 기저에는 계몽주의적 세계관이 자리 잡고 있다. 과학적 증명과 이성적 추론이 가능하지 않은 현상을 허구 혹은 미신으로 규정하는 세계관은 오랜 시간 동안 사람들의 생각을 지배했고, 그 세계관에 익숙한 많은 현대인은 자연스럽게 예수의 부활과 재림을 미신으로 치부해 왔다. 그렇다면 예수님의 신성과 재림이 허구라는 주장에 대해 우리는 어떤 대답을 해야 할까? 오늘 본문에는 베드로 사도가 제시한 모범 답안이 적혀 있다. 첫째, "내가 직접 보고 들었다(경험했다)!" 둘째, "성경에 그렇게 쓰여 있다!" 짧지만 강력한 말씀이다. 신의 영역은 과학과 이성으로 증명할 수 없을뿐더러 그럴 필요도 없다. 우리가 해야 할 일은 그저 내가 믿고 경험한 복음을 전하는 것이다. 나머지 일은 성령께서 알아서 하실 것이다.

> **무릎기도** 하나님, 성령의 도우심을 구하며 예수 그리스도의 복음을 세상에 담대히 전하는 그리스도인이 되게 하소서.

ESV - 2 Peter 1

12 Therefore I intend always to remind you of these qualities, though you know them and are established in the truth that you have.

13 I think it right, as long as I am in this body,* to stir you up by way of reminder,

14 since I know that the putting off of my body will be soon, as our Lord Jesus Christ made clear to me.

15 And I will make every effort so that after my departure you may be able at any time to recall these things.

16 For we did not follow cleverly devised myths when we made known to you the power and coming of our Lord Jesus Christ, but we were eyewitnesses of his majesty.

17 For when he received honor and glory from God the Father, and the voice was borne to him by the Majestic Glory, "This is my beloved Son,* with whom I am well pleased,"

18 we ourselves heard this very voice borne from heaven, for we were with him on the holy mountain.

19 And we have the prophetic word more fully confirmed, to which you will do well to pay attention as to a lamp shining in a dark place, until the day dawns and the morning star rises in your hearts,

20 knowing this first of all, that no prophecy of Scripture comes from someone's own interpretation.

21 For no prophecy was ever produced by the will of man, but men spoke from God as they were carried along by the Holy Spirit.

* 1:13 Greek *tent*; also verse 14
* 1:17 Or *my Son, my (or the) Beloved*

---

12 intend 의도하다 remind 상기시키다 establish 세우다   13 stir… up …를 각성시키다   15 departure 떠남 recall 기억해 내다   16 devise 꾸미다 myth 이야기 eyewitness 목격자 majesty 위엄   19 prophetic 예언의 confirm 확신하다 pay attention to …에 유의하다   20 Scripture 성경 interpretation 해석   21 carry along …을 감복시키다

☐ 묵상 체크

34 거짓 선생들에 대한 심판

월 일

베드로후서 2:1-8 • 새찬송 357장 | 통일 397장

• 말씀묵상 전에 성령님의 인도하심을 구하는 기도를 드리십시오.

> **본문요약** ❙ 예수 그리스도의 주 되심을 부인하는 이단적 사상은 구약 시대 때부터 교회의 역사 속에 늘 존재해 왔다. 베드로 사도는 하나님의 엄중한 심판이 당시 교회를 어지럽히던 거짓 선생들에게 임박하였음을 강조한다. 또한 성도들에게 거짓 선생들의 이단적 가르침을 경계할 것을 당부한다.

1 그러나 백성 가운데 또한 거짓 선지자들이 일어났었나니 이와 같이 너희 중에도 거짓 선생들이 있으리라 그들은 멸망하게 할 이단을 가만히 끌어들여 자기들을 사신 1)주를 부인하고 임박한 멸망을 스스로 취하는 자들이라
2 여럿이 그들의 호색하는 것을 따르리니 이로 말미암아 진리의 도가 비방을 받을 것이요
3 그들이 탐심으로써 지어낸 말을 가지고 너희로 이득을 삼으니 그들의 심판은 옛적부터 지체하지 아니하며 그들의 멸망은 잠들지 아니하느니라
4 하나님이 범죄한 천사들을 용서하지 아니하시고 지옥에 던져 어두운 구덩이에 두어 심판 때까지 지키게 하셨으며
5 옛 세상을 용서하지 아니하시고 오직 의를 전파하는 노아와 그 일곱 식구를 보존하시고 경건하지 아니한 자들의 세상에 홍수를 내리셨으며
6 소돔과 고모라 성을 멸망하기로 정하여 재가 되게 하사 후세에 경건하지 아니할 자들에게 본을 삼으셨으며
7 무법한 자들의 음란한 행실로 말미암아 고통 당하는 의로운 롯을 건지셨으니
8 (이는 이 의인이 그들 중에 거하여 날마다 저 불법한 행실을 보고 들음으로 그 의로운 심령이 상함이라)

1. 오늘 하나님께서 나에게 주신 깨달음은 무엇입니까?

2. 말씀을 어떻게 내 삶에 구체적으로 적용해야 합니까?

1) 또는 상전

절별 해설

1 그들은 멸망하게 할 이단을 가만히 끌어들여 자기들을 사신 주를 부인하고 "가만히 끌어들여"(헬, 파레이스아쿠신)에는 '몰래 들이다'라는 뜻이 있다. "자기들을 사신 주를 부인하고"라는 구절을 좀 더 명확히 번역하면 '(피의) 값을 지불하고 자신들을 구원한 주(예수 그리스도)를 부인하고' 정도가 될 것이다. 예수 그리스도께서 피의 값으로 죄인을 구원하셨다는 가르침은 기독교의 핵심이다(고전 7:23). 베드로 사도는 교회 공동체의 일원으로서 교우들에게 이단적 가르침을 전하는 것을 '주인을 부인하는' 배교 행위로 규정한다.

임박한 멸망을 스스로 취하는 자들이라 "임박한 멸망"은 마지막 심판의 날에 받게 될 미래의 영원한 형벌을 가리킨다.

2 여럿이 그들의 호색하는 것을 따르리니 "호색"(헬, 아셀게이아이스)은 방탕함이나 문란함을 가리킨다. 당시 교회의 상황을 재구성하면 거짓 선생들은 이단적 가르침을 통해 자신들의 방탕하고 부도덕한 삶을 정당화하고, 그 가르침을 따르는 성도들은 마음의 거리낌 없이 문란한 삶을 즐겼을 것이다. 베드로 사도는 그들의 문란한 삶으로 인해 교회가 전하는 "진리의 도"(예수 그리스도의 복음)가 비방받게 될 것을 염려한다.

3 그들이 탐심으로써 지어낸 말을 가지고 너희로 이득을 삼으니 거짓 선생들이 자신들을 추종하는 사람들에게 가르침의 대가로 돈 혹은 다양한 형태의 물질적 보상을 요구했음을 의미한다.

그들의 심판은 옛적부터 지체하지 아니하며 거짓 선생들의 악행에 대한 하나님의 심판이 반드시 이루어진다는 것을 강조하기 위한 일종의 문학적 표현이다.

4 범죄한 천사들 여기서 언급된 "천사들"은 1)창세기에 언급된 '하나님의 아들들'(창 6:4)을 가리킬 수도 있고, 2)인간의 창조 이전에 존재했던 타락한 천사들을 가리킬 수도 있다. 베드로 사도는 하나님께서 범죄를 저지른 천사를 심판하셨듯이 불의한 자들 역시 반드시 심판하실 것을 강조한다.

6-8 이는 이 의인이 그들 중에 거하여 … 의로운 심령이 상함이라 창세기에 언급된 소돔과 고모라의 멸망 이유는 두 가지다(창 18:20). 첫째, 소돔과 고모라의 악행으로 인해 고통당하는 사람들의 부르짖음이 컸기 때문이다. 둘째, 그곳에 거주하는 사람들의 죄악이 컸기 때문이다. 하나님께서 악인을 심판하시는 이유는 그들의 악행에 합당한 벌을 내리기 위함이기도 하지만, 더 중요한 이유는 의인을 보호하시기 위함이다.

쉬운성경

1 전에 이스라엘 백성 가운데 거짓 예언자들이 있었던 것처럼, 여러분 가운데도 거짓 선생이 나타날 것입니다. 이들은 살며시 여러분 가운데 들어와 여러분을 잘못된 길로 인도하고 혼란스럽게 만들 것입니다. 또한 그들은 우리를 죄에서 풀어 주시려고 피 흘리신 주 예수 그리스도를 부인하여 스스로 멸망의 길로 달려가고 있습니다.

2 많은 사람이 그들의 악한 길을 따르고, 참 진리의 길을 방해할 것입니다.

3 여러분에게 거짓을 말하여 이용하는 그 사람들은 여러분이 가진 돈에만 관심이 있을 뿐입니다. 하나님께서는 이미 그들에게 죄가 있다고 선언하셨으며, 그들은 의로우신 하나님의 심판을 피할 길이 없습니다.

4 천사들이 죄를 저질렀을 때, 하나님께서는 그들을 용서하지 않으시고 지옥으로 보내어 심판 날까지 어두운 구덩이에 갇혀 있게 하셨습니다.

5 또한 오래전, 하나님을 거역하고 악한 행실을 하던 사람들을 홍수로 쓸어버리셨습니다. 하지만 하나님께서는 하나님의 의로우심을 외치던 노아와 일곱 식구의 생명을 보호하셨습니다.

6 그리고 죄악의 도시, 소돔과 고모라에 불을 내려 잿더미로 만드시고, 훗날 하나님을 거역하고 순종치 아니하는 사람들에 대한 본보기로 삼으셨습니다.

7 그러나 하나님께서는 그 가운데서 롯을 구원하셨습니다. 의로운 롯은 그 성의 사람들이 방탕하게 살아가는 것을 보며 괴로워하였습니다.

8 롯은 선한 사람이었기에 이웃들이 날마다 행하는 악한 일들을 보고 들으면서 몹시 괴로워하였습니다.

저자의 **묵상**

"거짓 선지자", "거짓 선생"은 당시 존재했던 이단들을 가리키는 말일 것이다. 본문에 기록된 내용을 참고하면 그들은 예수 그리스도의 신성을 부정했고 예수님의 재림도 무시했다. 성적으로 문란했으며 금전적인 측면에서는 사기꾼에 가까웠다. 그런데 이상한 것은 당시의 그리스도인들이 그들에게 미혹당했다는 것이다. 그들이 성경의 내용을 교묘하게 왜곡하고, 자신들의 문란하고 타락한 행태도 성경의 구절을 짜깁기해서 정당화시켰기 때문에 성도들은 그들의 이단성을 쉽게 분별할 수 없었다. 오늘날 교회도 이단들로 인해 골머리를 앓는다. 그들은 이단 사상을 '가만히 끌어들여' 와서 성도들을 속이고 가정과 교회를 파괴한다. 안타까운 것은 적지 않은 교회가 그들에게 속수무책으로 당한다는 것이다. 분명 이단들이 한 짓은 나쁘다. 그러나 그들이 거짓 가르침을 가만히 끌어들이기 전에 미리 분별하고 차단하지 못한 것은 분명 교회의 책임이다. 바른 성경 해석과 건전한 교리로 무장하여 강하고 든든한 교회가 될 때 예수 그리스도의 복음을 바로 전할 수 있다.

> **무릎 기도** 하나님, 예수 그리스도의 복음을 바르게 붙들어 이단의 미혹에도 끄떡없는 든든한 가정, 든든한 교회가 되게 하소서.

ESV - 2 Peter 2

1 But false prophets also arose among the people, just as there will be false teachers among you, who will secretly bring in destructive heresies, even denying the Master who bought them, bringing upon themselves swift destruction.

2 And many will follow their sensuality, and because of them the way of truth will be blasphemed.

3 And in their greed they will exploit you with false words. Their condemnation from long ago is not idle, and their destruction is not asleep.

4 For if God did not spare angels when they sinned, but cast them into hell* and committed them to chains* of gloomy darkness to be kept until the judgment;

5 if he did not spare the ancient world, but preserved Noah, a herald of righteousness, with seven others, when he brought a flood upon the world of the ungodly;

6 if by turning the cities of Sodom and Gomorrah to ashes he condemned them to extinction, making them an example of what is going to happen to the ungodly;*

7 and if he rescued righteous Lot, greatly distressed by the sensual conduct of the wicked

8 (for as that righteous man lived among them day after day, he was tormenting his righteous soul over their lawless deeds that he saw and heard);

* 2:4 Greek *Tartarus*
* 2:4 Some manuscripts *pits*
* 2:6 Some manuscripts *an example to those who were to be ungodly*

1 prophet 선지자 destructive 파괴적인 heresy 이단 deny 부정하다 2 sensuality 호색 blaspheme 신성 모독하다
3 greed 탐욕 exploit 착취하다 condemnation 유죄 판결 idle 게으른 4 spare 용서하다 cast 던지다 commit 저지르다
5 ancient 오래된 preserve 보존하다 ungodly 죄 많은 6 ash 재 extinction 소멸 make an example of …을 본보기로 삼아 처벌하다 7 rescue 구하다 distressed 괴로워하는 conduct 행실 8 torment 아프게 하다

묵상 체크 ☐

35
월 일

불의한 자의 결말

베드로후서 2:9-14 • 새찬송 179장 | 통일 167장

• 말씀묵상 전에 성령님의 인도하심을 구하는 기도를 드리십시오.

> **본문요약 |** 불의한 자는 육체의 정욕 가운데 행하며 하나님의 주권을 멸시한다. 그들은 교만하여 하나님과 천사를 비방하고 죄악을 저지르며 연약한 성도들을 유혹한다. 불의한 자들의 심판은 이미 예정되었고 마지막 날에 그들은 각자의 불의한 행위에 상응하는 형벌을 받게 될 것이다.

9 주께서 경건한 자는 시험에서 건지실 줄 아시고 불의한 자는 형벌 아래에 두어 심판 날까지 지키시며
10 특별히 육체를 따라 더러운 정욕 가운데서 행하며 주관하는 이를 멸시하는 자들에게는 형벌할 줄 아시느니라 이들은 당돌하고 자긍하며 떨지 않고 영광 있는 자들을 비방하거니와
11 더 큰 힘과 능력을 가진 천사들도 주 앞에서 그들을 거슬러 비방하는 고발을 하지 아니하느니라
12 그러나 이 사람들은 본래 잡혀 죽기 위하여 난 이성 없는 짐승 같아서 그 알지 못하는 것을 비방하고 그들의 멸망 가운데서 멸망을 당하며
13 불의의 값으로 불의를 당하며 낮에 즐기고 노는 것을 기쁘게 여기는 자들이니 점과 흠이라 너희와 함께 연회할 때에 그들의 1)속임수로 즐기고 놀며
14 음심이 가득한 눈을 가지고 범죄하기를 그치지 아니하고 굳세지 못한 영혼들을 유혹하며 탐욕에 연단된 마음을 가진 자들이니 저주의 자식이라

1. 오늘 하나님께서 나에게 주신 깨달음은 무엇입니까?

2. 말씀을 어떻게 내 삶에 구체적으로 적용해야 합니까?

1) 어떤 사본에, 애연에

절별 해설

9 형벌 아래에 두어 심판 날까지 지키시며 본서는 마지막 날에 있을 최후의 심판을 강조한다. 이를 고려할 때 본절은 하나님께서 불의한 자들의 심판을 최후의 날까지 유보해 두셨다는 의미로 이해할 수 있다. 악한 세상에서는 불의한 자들이 일시적으로 득세할 수 있지만, 신앙의 눈으로 보았을 때 악인의 형통함은 축복이 아닌 형벌이다.

10 주관하는 이를 멸시하는 자들 "주관하시는 이"(헬, 큐리오테스)는 주권 혹은 주 되심을 의미한다. 그러므로 문맥을 고려할 때 이 구절은 '하나님의 주권 혹은 예수 그리스도의 권위를 멸시하는 자들'이라고 의역할 수 있다. 불의한 자들이 심판을 받는 가장 큰 이유는 그들의 악행이 하나님의 주권을 무시하는 교만한 마음에서 비롯되었기 때문이다.

이들은 당돌하고 자긍하며 떨지 않고 영광 있는 자들을 비방하거니와 "당돌하고 자긍하며"는 '뻔뻔스럽고 교만하여'라는 뜻이다. "영광 있는 자들"은 악한 천사들을 가리키는데 불의한 자들이 하나님의 주권뿐 아니라 악한 영의 세력까지도 무시하고 비방하였음을 의미한다.

12 잡혀 죽기 위하여 난 이성 없는 짐승 같아서 … 멸망을 당하며 "이성 없는 짐승"은 거짓 교사를 가리킨다(유 1:10). "그들의 멸망 가운데서 멸망을 당하며"는 반드시 멸망할 운명임을 강조하기 위한 표현으로 볼 수도 있고, '그들(짐승들)이 멸망하듯이 멸망을 당하며'라는 의미로도 볼 수 있다. 이 두 가지를 모두 포함하는 것으로 보아도 무방하다.

13 불의의 값으로 불의를 당하며 불의한 자는 장차 심판대 앞에서 자신이 저지른 불의의 대가를 치르게 될 것이다(롬 2:6; 벧전 1:17; 계 18:6; 22:12). 신약성경은 예수 그리스도를 가리켜 "흠 없고 점 없는 어린 양"(벧전 1:19)으로, 예수의 가르침을 따르는 그리스도인을 "흠"이 없는 백성으로 묘사한다(빌 2:15; 골 1:22). 그러므로 베드로 사도가 불의한 자(거짓 선생)를 가리켜 "점과 흠"이라고 칭한 이유는 그들이 예수 그리스도의 거룩한 교회에 있어서는 안 될 존재임을 말하기 위함일 것이다.

그들의 속임수로 즐기고 놀며 "속임수"(헬, 아파테)는 "사랑"에 해당하는 '아가페'와 발음이 유사하다. 이것은 당시 그리스 문학에서 종종 발견되는 언어유희(word-play)라는 문학적 기법으로 볼 수 있다. 거짓 선생들의 가르침이 사랑(아가페)의 말처럼 들리지만, 그 실상은 속임수(아파테)에 불과하다는 의미를 함축한다.

14 탐욕에 연단된 마음을 가진 자들이니 저주의 자식이라 "연단된"(헬, 게굼나스메네인)은 '단련된', '훈련된'이라는 의미가 있다. 여기서는 부정적인 의미로 사용되었으며 익숙한 우리말로 표현하자면 탐욕에 '닳고 닳은' 정도가 될 수 있을 것이다.

쉬운성경

9 하나님께서는 경건한 사람을 어떻게 구원해야 할지 아시고, 큰 어려움이 닥칠 때 구원해 주십니다. 그러나 악한 사람은 심판날까지 계속 벌하실 것입니다.

10 특별히 육체의 정욕을 따라 죄악을 저지르며 살아가는 자와 하나님의 권위를 무시하는 자들에게는 더 큰 벌을 내리실 것입니다. 거짓 선생들은 이처럼 자기 마음대로 행동하고 교만할 뿐 아니라, 영광스런 천사들에 대해서도 욕하며 함부로 떠들어 댑니다.

11 그러나 하늘에 있는 천사들은 그들보다 더 큰 힘과 능력을 가졌지만, 하나님 앞에서 그들을 헐뜯거나 욕하지 않습니다.

12 이 거짓 선생들은 알지도 못하면서 욕하고 떠들어 댑니다. 이들은 잡혀 죽기 위해 태어난 생각 없는 짐승 같아서 결국 멸망하고 말 것입니다.

13 많은 사람들을 괴롭혔으니, 그들 자신이 고통받는 것은 당연합니다. 그들이 한 것에 대한 대가를 치러야 하는 것입니다. 그들은 드러내 놓고 악한 일을 행하며 쾌락을 추구합니다. 그들은 여러분 가운데 끼어 있는 더러운 티와 같아서, 함께 먹는 자리에서 여러분에게 불명예와 부끄러움을 가져다줄 것입니다.

14 그들은 여자를 볼 때마다 나쁜 마음을 품으며, 그러한 행위를 멈추지 않습니다. 약한 자들을 꾀어 죄의 올가미 가운데 빠뜨리고, 자기 욕심만 채우도록 부추깁니다. 하나님께서는 이들을 분명히 벌하실 것입니다.

저자의 묵상

하나님 보시기에 세상 모든 사람은 죄인이다. 그리고 세상에는 두 종류의 죄인이 존재한다. 첫째는 하나님 앞에서 죄인임을 고백하고 하나님의 뜻대로 살려고 하는 죄인이다. 성경은 이러한 사람들을 "경건한 자"로 규정한다. 둘째는 자신이 죄인임을 인정하지 않고 하나님을 멸시하는 죄인이다. 성경은 이러한 사람들을 "불의한 자"로 규정한다. 세상에는 경건한 자와 불의한 자가 함께 살아가는데, 문제는 불의한 자들로 인해 경건한 자들이 고통을 받는다는 것이다. 소돔과 고모라에 살던 롯의 경우가 그러했다(2:7). 불의한 자들이 세상에서 벌이는 흉악하고 잔인한 일들을 목격할 때마다 우리는 종종 하나님께 질문한다. "하나님! 저런 자들을 왜 가만히 놔두십니까?" 악인의 형통함과 세상에 존재하는 고통의 문제에 관한 하나님의 뜻이 무엇인지는 알 수 없다. 하지만 분명한 한 가지 진리는 이것이다. 경건한 자는 구원을 받고 불의한 자는 심판을 받는다. 그 진리를 붙잡고 불의한 세상에서 경건한 자로 살아가는 것, 그것이 그리스도인이 할 수 있는 최선일 것이다.

> **무릎기도** 하나님, 점점 악해지는 세상에서 불의와 타협하지 말게 하시고, 늘 경건한 믿음으로 살게 하소서.

ESV - 2 Peter 2

9 then the Lord knows how to rescue the godly from trials,* and to keep the unrighteous under punishment until the day of judgment,

10 and especially those who indulge* in the lust of defiling passion and despise authority. Bold and willful, they do not tremble as they blaspheme the glorious ones,

11 whereas angels, though greater in might and power, do not pronounce a blasphemous judgment against them before the Lord.

12 But these, like irrational animals, creatures of instinct, born to be caught and destroyed, blaspheming about matters of which they are ignorant, will also be destroyed in their destruction,

13 suffering wrong as the wage for their wrongdoing. They count it pleasure to revel in the daytime. They are blots and blemishes, reveling in their deceptions,* while they feast with you.

14 They have eyes full of adultery,* insatiable for sin. They entice unsteady souls. They have hearts trained in greed. Accursed children!

* 2:9 Or *temptations*
* 2:10 Greek *who go after the flesh*
* 2:13 Some manuscripts *love feasts*
* 2:14 Or *eyes full of an adulteress*

---

9 rescue 구하다 godly 경건한 trial 시험 unrighteous 죄 많은 punishment 형벌 10 indulge ~에 탐닉하다 lust 정욕 defile 더럽히다 despise 멸시하다 authority 권위 tremble 떨다 blaspheme 모독하다 glorious 영광스러운 12 irrational 이성이 없는 instinct 본능 ignorant 무지한 13 wage 대가 count ~이라고 생각하다 revel 한껏 즐기다 blot 오점 blemish 흠 deception 속임수 14 adultery 간음 insatiable 만족할 줄 모르는 entice 꾀다 accursed 저주받은

☐ 묵상 체크

36
월   일

발람의 길을 따를 것인가?

베드로후서 2:15-22 • 새찬송 516장 | 통일 265장

• 말씀묵상 전에 성령님의 인도하심을 구하는 기도를 드리십시오.

> **본문요약** | 거짓 선생들의 가르침은 마치 물이 없는 샘과 같아서 겉으로 보기엔 그럴듯하지만 실상은 공허하다. 이들은 성도를 미혹하여 과거의 죄악에 다시 빠지게 한다. 베드로 사도는 불의와 불법, 음란과 정욕으로 가득한 거짓 선생들을 가리켜 멸망의 종들이라 규정하며 경계할 것을 권면한다.

15 그들이 바른 길을 떠나 미혹되어 브올의 아들 발람의 길을 따르는도다 그는 불의의 삯을 사랑하다가
16 자기의 불법으로 말미암아 책망을 받되 말하지 못하는 나귀가 사람의 소리로 말하여 이 선지자의 미친 행동을 저지하였느니라
17 이 사람들은 물 없는 샘이요 광풍에 밀려가는 안개니 그들을 위하여 캄캄한 어둠이 예비되어 있나니
18 그들이 허탄한 자랑의 말을 토하며 그릇되게 행하는 사람들에게서 겨우 피한 자들을 음란으로써 육체의 정욕 중에서 유혹하는도다
19 그들에게 자유를 준다 하여도 자신들은 멸망의 종들이니 누구든지 진 자는 이긴 자의 종이 됨이라
20 만일 그들이 우리 주 되신 구주 예수 그리스도를 앎으로 세상의 더러움을 피한 후에 다시 그 중에 얽매이고 지면 그 나중 형편이 처음보다 더 심하리니
21 의의 도를 안 후에 받은 거룩한 명령을 저버리는 것보다 알지 못하는 것이 도리어 그들에게 나으니라
22 참된 속담에 이르기를 ㄱ개가 그 토하였던 것에 돌아가고 돼지가 씻었다가 더러운 구덩이에 도로 누웠다 하는 말이 그들에게 응하였도다

1. 오늘 하나님께서 나에게 주신 깨달음은 무엇입니까?

2. 말씀을 어떻게 내 삶에 구체적으로 적용해야 합니까?

ㄱ. 잠 26:11 일부

절별 해설

15 브올의 아들 발람의 길을 따르는도다 이방 선지자 "발람"(민 22~23장)은 유대인들 사이에 탐욕스러운 거짓 선지자의 대명사처럼 통용되었다. 그러한 전통은 신약성경에서도 발견된다(유 1:11; 계 2:14).

그는 불의의 삯을 사랑하다가 모압과 미디안 장로들이 복채를 가지고 찾아갔다는 기록을 참고할 때(민 22:7), 발람은 돈을 받고 누군가를 저주하거나 축복하는 일을 했던 것으로 짐작된다. 후일 이스라엘 백성은 전투에서 승리하고 미디안의 다섯 왕을 죽인다. 여기서 흥미로운 점은 민수기의 저자가 발람에 대한 심판을 강조하여 언급하였다는 것이다(민 31:8). 이는 당시 발람이 미디안에서 상당한 위치를 차지했으며 이스라엘 백성이 그의 악행에 대해 큰 분노와 적개심을 가지고 있었음을 암시한다.

17 물 없는 샘이요 광풍에 밀려 가는 안개니 고대 사회에서 물은 생명을 상징했다. 거짓 선생들의 가르침에는 "샘"의 모양은 있지만 "물"은 없다. 다시 말해 그들의 가르침에는 참된 생명이 없다는 의미이다. 바람이 불면 금방 사라져 버리는 안개는 아무런 유익이 없다. 광풍이 불면 거짓 선생들의 가르침은 안개처럼 흩어지며 무가치함을 드러낼 것이다.

그들을 위하여 캄캄한 어둠이 예비되어 있나니 "캄캄한 어둠"은 거짓 선생들에게 예정된 종말론적 심판을 가리킨다(유 1:13).

18 그들이 허탄한 자랑의 말을 토하며 "허탄한"(헬, 마타이오테스)은 신약성경의 다른 구절에서는 '허무한'(롬 8:20), '허망한'(엡 4:17) 등으로 번역되었다. 문맥을 고려할 때 가르침을 왜곡하거나 부풀리는 거짓 선생들의 과장된 말을 가리킨다고 볼 수 있다.

그릇되게 행하는 사람들에게서 겨우 피한 자들 "그릇되게 행하는 사람들"은 우상을 섬기는 이방인들을 가리킨다. "겨우 피한 자들"은 회심한 지 얼마 되지 않아 확고한 믿음을 소유하지 못한 교회 구성원을 가리킨다.

19 그들에게 자유를 준다 하여도 거짓 선생들은 그들(겨우 피한 자들)에게 자유를 주겠다고 약속하며 유혹한다. 여기서 "자유"는 뒤따르는 구절에서 "멸망"이 언급됨을 고려할 때 종말론적 멸망(심판)으로부터의 자유를 가리킨다고 볼 수 있다.

20 세상의 더러움을 피한 후에 다시 그 중에 얽매이고 지면 이 구절에서 "그들"은 1)거짓 선생들 혹은 2)"겨우 피한 자들"이 될 수 있다. 뒤따르는 구절(20~22절)의 내용이 믿음이 연약한 성도에게 배교에 관한 경각심을 주기 위한 목적으로 기록된 것으로 보이기 때문에 "그들"은 "겨우 피한 자들"을 가리킬 것이다.

쉬운성경

15 옳은 길을 버리고 잘못된 길에 빠진 이들은 발람의 길을 그대로 밟고 있습니다. 브올의 아들 발람은 나쁜 방법으로 얻은 재물에 눈이 어두워져 있었습니다.

16 그러나 발람은 자기가 저지른 죄 때문에 꾸지람을 받았습니다. 나귀는 말 못하는 짐승이었지만, 사람의 소리로 말하여 이 예언자의 미친 행동을 막은 것입니다.

17 또한 이들은 물 없는 샘이나 마찬가지이며, 바람이 부는 대로 밀려다니는 구름과도 같습니다. 그들이 갈 곳은 캄캄하고 어두운 구덩이뿐입니다.

18 그들은 헛된 말로 자랑하며 잘못된 길에서 겨우 빠져나온 사람들을 악한 욕망으로 꾀어 다시 죄 가운데로 끌고 들어가려 합니다.

19 그들은 자유를 주겠다고 약속하지만, 사실 그들 자신들조차 자유하지 못하고 멸망의 종이 되어 있습니다. 사람은 누구든지 자신이 지배당하는 것의 종이 되기 마련입니다.

20 우리 구주 예수 그리스도를 알고 세상의 죄악에서 해방된 사람이, 다시 그 악한 생활로 되돌아가 세상 죄에 끌려다닌다면, 그 상태는 이전보다도 훨씬 나쁠 것입니다.

21 차라리 바른길을 모르는 게 더 낫지 않겠습니까? 바른길을 알면서도 자신들이 받은 거룩한 가르침을 내팽개쳐 버린다면, 오히려 그 길을 알지 못하는 편이 낫습니다.

22 "개는 토한 것을 다시 먹고, 돼지는 씻은 후에 다시 진흙탕에서 뒹군다"*라는 속담이 그들에게 들어맞는 것입니다.

---

* 2:22 잠 26:11에 기록되어 있다.

저자의 **묵상**

22절을 읽으며 잘 훈련받은 개, 돼지에게는 해당하지 않는 속담일 수도 있겠다는 생각이 들었다. 요즘 유튜브나 소셜 미디어에 종종 소개되는 개, 돼지의 영상을 보면 금방 그 이유를 짐작할 수 있다. 훈련만 잘 받는다면 개, 돼지라 할지라도 속담에 묘사된 그런 행동은 하지 않을 것이기 때문이다. 그뿐인가? 개, 돼지는 훈련을 통해 일단 한번 습득한 주인의 가르침은 여간해서는 잘 어기지 않는다. 개, 돼지가 받은 훈련과 비교할 때 우리는 훨씬 더 높은 수준의 신앙 교육을 받았다. 그러나 한 가지 씁쓸한 사실은 잘 훈련받은 개, 돼지에 비해 우리는 빈번히, 혹은 상습적으로 주인(하나님)의 가르침을 어기며 살아간다는 것이다. 물론 이성이 없는 동물과 인간을 동등한 잣대로 비교하는 것 자체가 어불성설이다. 하지만 만약 우리가 하나님의 은혜로 구원받고 새사람이 된 후에도 여전히 육체의 정욕에 끌려 다니며 옛사람의 옷을 입고 살아간다면, 마지막 날 하나님의 심판대 앞에서 개, 돼지보다 더 나은 삶을 살았다고 감히 말할 수 없을 것이다.

> **무릎 기도** 하나님, 예수 그리스도의 복음과 하나님의 말씀 위에 굳게 서게 하시고, 사회 곳곳에 만연한 허탄한 철학 사상과 이단적 가르침에 흔들리지 않는 믿음을 주소서.

ESV - 2 Peter 2

15 Forsaking the right way, they have gone astray. They have followed the way of Balaam, the son of Beor, who loved gain from wrongdoing,
16 but was rebuked for his own transgression; a speechless donkey spoke with human voice and restrained the prophet's madness.
17 These are waterless springs and mists driven by a storm. For them the gloom of utter darkness has been reserved.
18 For, speaking loud boasts of folly, they entice by sensual passions of the flesh those who are barely escaping from those who live in error.
19 They promise them freedom, but they themselves are slaves* of corruption. For whatever overcomes a person, to that he is enslaved.
20 For if, after they have escaped the defilements of the world through the knowledge of our Lord and Savior Jesus Christ, they are again entangled in them and overcome, the last state has become worse for them than the first.
21 For it would have been better for them never to have known the way of righteousness than after knowing it to turn back from the holy commandment delivered to them.
22 What the true proverb says has happened to them: "The dog returns to its own vomit, and the sow, after washing herself, returns to wallow in the mire."

*2:19 For the contextual rendering of the Greek word *doulos*, see Preface

15 forsake 떠나다 go astray 길을 잃다 16 rebuke 꾸짖다 transgression 죄 restrain 저지하다 prophet 선지자 17 gloom 어둠 reserve 예정해 두다 18 entice 꾀다 sensual 음란한 19 corruption 타락 enslave 노예로 삼다 20 defilement 더러움 entangle in …에 말려들게 하다 21 righteousness 의 commandment 계명 deliver 전하다 22 proverb 속담 vomit 토사물 sow 암퇘지 wallow in …의 속에서 뒹굴다 mire 수렁

묵상 체크

37
월 일

말세를 살아가는 그리스도인
베드로후서 3:1-7 • 새찬송 181장

• 말씀묵상 전에 성령님의 인도하심을 구하는 기도를 드리십시오.

> **본문요약** ㅣ 예수님의 재림에 관한 초대 교회 성도들의 신앙은 성경에 기록된 예언의 말씀과 사도들의 가르침에 근거한다. 그러나 일부 거짓 선생들은 종말과 재림에 관한 사도들의 가르침을 정면으로 반박한다. 베드로 사도는 그러한 거짓 사상이 창조주 하나님에 대한 불신앙에서 비롯되었다고 설명한다.

1 사랑하는 자들아 내가 이제 이 둘째 편지를 너희에게 쓰노니 이 두 편지로 너희의 진실한 마음을 일깨워 생각나게 하여
2 곧 거룩한 선지자들이 예언한 말씀과 주 되신 구주께서 너희의 사도들로 말미암아 명하신 것을 기억하게 하려 하노라
3 먼저 이것을 알지니 말세에 조롱하는 자들이 와서 자기의 정욕을 따라 행하며 조롱하여
4 이르되 주께서 강림하신다는 약속이 어디 있느냐 조상들이 잔 후로부터 만물이 처음 창조될 때와 같이 그냥 있다 하니
5 이는 하늘이 옛적부터 있는 것과 땅이 물에서 나와 물로 성립된 것도 하나님의 말씀으로 된 것을 그들이 일부러 잊으려 함이로다
6 이로 말미암아 그 때에 세상은 물이 넘침으로 멸망하였으되
7 이제 하늘과 땅은 그 동일한 말씀으로 불사르기 위하여 보호하신 바 되어 경건하지 아니한 사람들의 심판과 멸망의 날까지 보존하여 두신 것이니라

1. 오늘 하나님께서 나에게 주신 깨달음은 무엇입니까?

2. 말씀을 어떻게 내 삶에 구체적으로 적용해야 합니까?

절별 해설

2 곧 거룩한 선지자들이 예언한 말씀과 3장은 전반적으로 그리스도의 재림과 심판에 관한 내용을 다룬다. 이 점으로 미루어 볼 때 "거룩한 선지자들"은 구약의 선지자를, "예언한 말씀"은 그리스도의 재림과 심판에 관한 구약성경의 예언을 가리키는 것으로 보인다. 1세기 기독교 공동체는 예수 그리스도의 죽음과 부활의 사건을 중심으로 하여 구약성경에 언급된 메시아에 관한 예언을 재해석하였는데, 이러한 해석 방식은 그리스도의 재림 사건을 이해하는 데에도 적용되었다.

4 조상들이 잔 후로부터 만물이 처음 창조될 때와 같이 그냥 있다 하니 "조상들"이 세상을 떠난 1세대 그리스도인을 가리킨다고 보는 견해도 있지만, 그보다는 구약 시대를 살면서 종말과 심판에 관한 예언을 했던 선조들을 가리킨다고 보는 것이 더 적절해 보인다. 두 가지 견해 중 어떤 것을 택해도 본문이 전달하는 의미에는 큰 차이가 없다. 이 구절을 쉽게 표현하면 다음과 같다. "심판이 올 것이라고 외치던 사람들이 다 죽고 난 후 이렇게 긴 시간이 흘렀지만, 심판은커녕 세상은 아무렇지도 않게 잘 돌아간다. 대체 언제까지 심판이 온다는 그런 예언을 믿을 것인가?"

5 하늘이 … 땅이 … 하나님의 말씀으로 된 것을 그들이 일부러 잊으려 함이로다 하늘과 땅은 하나님이 지으신 창조 세계 전체를 가리킨다(창 1:1). 베드로 사도가 하나님께서 말씀으로 세상을 창조하셨다는 사실을 언급하는 이유는 말씀으로 세상을 심판하실 수도 있음을 암시하기 위함이다.
땅이 물에서 나와 물로 성립된 것 원문을 직역하면 '땅은 창조되었다. 물로부터 그리고 물을 통과하여' 정도가 될 수 있다. 이는 "천하의 물이 한 곳으로 모이고 뭍이 드러나라"(창 1:9)는 하나님의 말씀을 상기시킨다. 다시 말해 하나님께서 말씀으로 명령하시자마자 물로 덮여 있던 땅(물에서 나와)이 마치 물을 가로지르듯이(물을 통과하여) 모습을 드러내는 일련의 과정을 더욱 생생하게 표현하고 있다.

7 이제 하늘과 땅은 그 동일한 말씀으로 불사르기 위하여 보호하신 바 되어 노아의 때에 홍수로 세상을 심판하셨던 하나님을 상기시키며(6절) 종말의 날에 어떤 방식으로 세상이 멸망하게 될 것인가에 관해 이야기한다. "보호하신 바 되어"라고 번역된 원문의 의미는 '창고에 넣어 두신 바 되어'이다. 이것은 경건하지 아니한 자들의 심판은 이미 정해졌지만 심판의 날까지 잠시 보류되었다는 사실을 암시한다.

쉬운성경

1 사랑하는 여러분. 지금 나는 여러분에게 두 번째 편지를 쓰고 있습니다. 이 편지들이 여러분의 정직하고 진실한 마음을 일깨우는 데에 도움이 되었으면 좋겠습니다.

2 옛날 거룩한 예언자들이 전한 말씀과 구주 되신 우리 주님께서 사도들을 통해 우리에게 주신 명령을 기억하기 바랍니다.

3 마지막 때에 어떤 일이 일어날지 분명히 아십시오. 사람들이 자기들 하고 싶은 대로 악한 일을 하며, 여러분을 비웃을 것입니다.

4 그들은 "다시 온다고 약속한 예수는 도대체 어디 있습니까? 우리 조상들은 죽었고, 이 세상은 창조된 후로 달라진 게 없지 않습니까?"라고 말할 것입니다.

5 그들은 옛적에 하나님께서 말씀으로 하늘과 땅을 지으시고, 또한 땅이 물에서 나와 물로 이루어진 것을 일부러 잊으려고 합니다.

6 그 후, 하나님께서 세상을 홍수로 멸하셨습니다.

7 또한 동일한 하나님의 말씀이 지금 이 세상의 하늘과 땅을 지키고 있습니다. 우리가 살고 있는 이 세상은 불로 멸망당할 것인데, 마지막 심판날에 하나님을 믿지 않고 거역한 사람들과 함께 멸망될 것입니다.

저자의 묵상

노아가 몇 년 동안 방주를 지었는가에 관한 다양한 해석을 모두 수렴하면 대략 80-120년 정도의 시간이 걸렸을 것이라고 가정할 수 있다. 당시 "대홍수"라는 개념은 존재하지 않았기 때문에 듣도 보도 못한 홍수를 대비한답시고 수십 년 동안 산 위에서 방주를 만들고 있는 노아의 모습은 참으로 기괴하고 한심해 보였을 것이다. 그런데 이때 놓치지 말아야 할 한 가지는 노아에게도 대홍수의 개념은 생소했을 것이라는 사실이다. 그러나 노아는 끝까지 믿음을 지켰다. 세상을 창조하신 전능하신 하나님께 세상을 멸망시킬 힘과 능력이 있다고 확신했기 때문이었을 것이다. 수십 년의 시간이 지난 후에 하나님의 말씀대로, 그리고 노아의 예언대로 온 세상은 물에 잠겼다. 듣도 보도 못한 일이라는 이유로 하나님의 경고를 무시했던 사람들은 다 죽었지만, 끝까지 하나님을 신뢰했던 노아는 보란 듯이 살아남았다. 상식적으로 이해가 되지 않더라도 우리는 성경에 기록된 예언의 말씀을 신뢰해야 한다. 하나님께서 그 말씀을 반드시 이루실 것이기 때문이다.

> **무릎기도** 하나님, 마지막 때를 사는 동안 다시 오실 예수님에 대한 확고한 믿음 위에서 흔들림 없이 살아가게 하소서.

ESV - 2 Peter 3

1 This is now the second letter that I am writing to you, beloved. In both of them I am stirring up your sincere mind by way of reminder,

2 that you should remember the predictions of the holy prophets and the commandment of the Lord and Savior through your apostles,

3 knowing this first of all, that scoffers will come in the last days with scoffing, following their own sinful desires.

4 They will say, "Where is the promise of his coming? For ever since the fathers fell asleep, all things are continuing as they were from the beginning of creation."

5 For they deliberately overlook this fact, that the heavens existed long ago, and the earth was formed out of water and through water by the word of God,

6 and that by means of these the world that then existed was deluged with water and perished.

7 But by the same word the heavens and earth that now exist are stored up for fire, being kept until the day of judgment and destruction of the ungodly.

---

1 stir up 불러일으키다　sincere 진실된　reminder 상기시키는 것　2 prediction 예측　prophet 선지자　commandment 계명　apostle 사도　3 scoffer 비웃는 사람　sinful 나쁜　5 deliberately 의도적으로　overlook 간과하다　6 by means of …에 의하여　deluge 물에 잠기게 하다　perish 파괴하다　7 store up 적치하다　destruction 파괴　ungodly 죄 많은

☐ 묵상 체크

38 새 하늘과 새 땅을 바라보도다

월 일

베드로후서 3:8-13 • 새찬송 286장 | 통일 218장

• 말씀묵상 전에 성령님의 인도하심을 구하는 기도를 드리십시오.

> **본문요약 |** 주의 날은 불신자들에게는 무섭고 두려운 심판의 날로 다가올 것이지만, 그리스도인에게는 하나님의 약속이 실현되는 감격의 날이 될 것이다. 베드로 사도는 주의 날에 이 땅에 도래하게 될 새 하늘과 새 땅을 성도들에게 상기시키며 거룩한 행실과 경건함으로 그날을 예비할 것을 권면한다.

8 사랑하는 자들아 주께는 하루가 천 년 같고 천 년이 하루 같다는 이 한 가지를 잊지 말라
9 주의 약속은 어떤 이들이 더디다고 생각하는 것 같이 더딘 것이 아니라 오직 주께서는 너희를 대하여 오래 참으사 아무도 멸망하지 아니하고 다 회개하기에 이르기를 원하시느니라
10 그러나 주의 날이 도둑 같이 오리니 그 날에는 하늘이 큰 소리로 떠나가고 물질이 뜨거운 불에 풀어지고 땅과 그 중에 있는 모든 일이 1)드러나리로다
11 이 모든 것이 이렇게 풀어지리니 너희가 어떠한 사람이 되어야 마땅하냐 거룩한 행실과 경건함으로
12 하나님의 날이 임하기를 바라보고 간절히 사모하라 그 날에 하늘이 불에 타서 풀어지고 물질이 뜨거운 불에 녹아지려니와
13 우리는 그의 약속대로 의가 있는 곳인 새 하늘과 새 땅을 바라보도다

1. 오늘 하나님께서 나에게 주신 깨달음은 무엇입니까?

2. 말씀을 어떻게 내 삶에 구체적으로 적용해야 합니까?

1) 어떤 사본에, 타지리라

절별 해설

쉬운성경

8 주께는 하루가 천 년 같고 천 년이 하루 같다는 이 한 가지를 잊지 말라 "하루", "천 년" 등의 단어는 특정한 기간이라기보다는 하나님께서 시간을 초월하여 존재하신다는 것을 강조하는 표현으로 보아야 한다. 당시 어떤 이들은 수천 년 동안 실현되지 않았다는 이유로 심판과 종말에 관한 성경의 예언을 조롱했다(3:4). 그들은 인간의 관점에서 천 년은 긴 시간이지만 하나님께는 하루와 같이 짧은 시간이 될 수 있음을 간과했다.

9 주께서는 너희를 대하여 오래 참으사 하나님이 죄인들에 대하여 오래 참으신다는 생각은 노하기를 더디 하신다는 구약성경의 진술에 근거한 것으로 보인다(출 34:6; 민 14:18).
아무도 멸망하지 아니하고 다 회개하기에 이르기를 원하시느니라 예수님의 재림이 속히 이루어질 것으로 기대했던 당시 성도들은 시간이 지날수록 재림에 대한 의문을 가지게 되었다. 이러한 상황에서 재림의 지연에 관해 신학적으로 설명을 해야 할 필요를 느꼈을 초대 교회의 사도들은 하나님의 관대하심과 자비로움에서 그 이유를 찾았던 것으로 보인다.

10 하늘이 큰 소리로 떠나가고 물질이 뜨거운 불에 풀어지고 마지막 날에 하늘이 사라질 것이라는 생각은 신약성경에서 종종 발견된다(마 5:18; 막 13:31; 눅 16:17; 계 6:14). 그러한 생각은 "하늘의 만상이 사라지고 하늘들이 두루마리 같이 말리되"(사 34:4)라는 예언에 근거한다. "물질"(헬, 스토이케이아)이 무엇인지에 관하여 다양한 견해가 존재하지만 해, 달, 별들로 상징되는 하늘의 권세를 가리킨다고 보는 것이 일반적이다.

11-12 거룩한 행실과 경건함으로 하나님의 날이 임하기를 바라보고 간절히 사모하라 "하나님의 날"은 죄인에게는 무서운 심판으로 다가올 것이지만, 믿음의 백성에게는 즐겁고 영광스러운 잔칫날과도 같을 것이다. "바라보고"(헬, 프로스도콘타스)는 '미리 생각하다' 혹은 '기대하다'라는 의미를 함축한다. "사모하라"(헬, 스퓨돈타스)는 '서두르다'라는 의미인데 '서둘러 회개하고 몸과 마음을 단장하라'는 의도를 전달하기 위해 사용되었을 것이다. 미리 생각하고 서둘러 회개하는 신앙, 그것이 바로 그리스도인이 가져야 할 종말론적 신앙이다.

13 그의 약속대로 의가 있는 곳인 새 하늘과 새 땅을 바라보도다 "의가 있는 곳"은 '(하나님의) 의가 (우리 가운데) 거하시는 곳'이라는 의미를 담고 있다. "새 하늘과 새 땅"이 이전의 세상과 다른 가장 큰 이유는 하나님의 의로우심이 세상 구석구석에서 온전하게 실현되기 때문이다.

8 그러나 사랑하는 여러분, 이 한 가지만은 잊지 마십시오. 주님께는 하루가 천 년 같고, 천 년이 하루와도 같습니다.

9 우리 주님은 하시기로 약속하신 것을 뒤로 미루시는 분이 아닙니다. 어떤 사람들은 더디다고 생각할지도 모릅니다. 그러나 이것은 하나님께서 우리를 위해 오래 참으시기 때문입니다. 하나님께서는 한 사람이라도 멸망치 않고 모두 회개하고 돌아오기를 바라고 계십니다.

10 하지만 주님의 날은 도적같이 갑자기 올 것입니다. 하늘이 큰 소리를 내며 사라지고, 하늘에 있는 모든 것들이 불에 의해 녹을 것입니다. 또한 땅과 땅에 있는 모든 것들도 불타 버릴 것입니다.

11 모든 것이 이렇게 다 타 버릴 텐데, 여러분은 어떤 사람이 되어야 하겠습니까? 거룩하고 경건하게 살아야 하지 않겠습니까?

12 여러분은 그날이 오기를 손꼽아 기다려야 합니다. 그날에 하늘과 하늘에 있는 모든 것이 불타 없어지겠지만,

13 하나님께서는 우리에게 약속하셨습니다. 정의가 살아 있는 새 하늘과 새 땅을 우리에게 주시겠다고 말입니다.

저자의 묵상

베드로 사도는 "새 하늘과 새 땅"을 이렇게 규정한다. '그의 약속대로 의가 있는 곳!' 다시 말해 새 하늘과 새 땅은 하나님의 의가 삶의 원칙과 원리가 되는 세상이다. 그렇다면 이와 관련한 몇 가지 질문을 자신에게 던져 볼 수 있을 것이다. "하나님의 의가 충만한 세상에 살면 좋은 이유가 무엇인가?" "불의하고 악한 세상을 바라보면서도 애통해하지도, 분노하지도 않는 그리스도인에게 새 하늘과 새 땅은 과연 기다림의 대상이 될 수 있을까?" "나는 세상의 불의에 분노하는 하나님의 거룩한 백성인가?" 만약 우리가 하나님의 의가 온전히 실현되지 않는 악한 세상을 살아가면서 아무런 불편함을 느끼지 못한다면 어떨까? 악한 세상과 일정 수준에서 타협하며 살아가는 것에 익숙해져 있다면 "새 하늘과 새 땅"은 이루어지면 좋고 이루어지지 않아도 그만인 약속에 지나지 않을 것이다. 그러나 참된 그리스도인은 새 하늘과 새 땅을 간절히 기다린다. 불의함이 존재할 수 없는 곳, 하나님의 의가 충만한 그곳에서 더 이상의 애통함은 없을 것이기 때문이다.

> **무릎기도** 하나님, 주의 날을 사모하며 새 하늘과 새 땅에 합당한 거룩하고 경건한 하나님의 백성으로 살게 하소서.

ESV - 2 Peter 3

8 But do not overlook this one fact, beloved, that with the Lord one day is as a thousand years, and a thousand years as one day.

9 The Lord is not slow to fulfill his promise as some count slowness, but is patient toward you,* not wishing that any should perish, but that all should reach repentance.

10 But the day of the Lord will come like a thief, and then the heavens will pass away with a roar, and the heavenly bodies* will be burned up and dissolved, and the earth and the works that are done on it will be exposed.*

11 Since all these things are thus to be dissolved, what sort of people ought you to be in lives of holiness and godliness,

12 waiting for and hastening the coming of the day of God, because of which the heavens will be set on fire and dissolved, and the heavenly bodies will melt as they burn!

13 But according to his promise we are waiting for new heavens and a new earth in which righteousness dwells.

* 3:9 Some manuscripts *on your account*
* 3:10 Or *elements*; also verse 12
* 3:10 Greek *found*; some manuscripts *will be burned up*

---

8 overlook 간과하다 9 fulfill one's promise 약속을 지키다 count 여기다 patient 참을성 있는 perish 죽다 repentance 회개 10 pass away 없어지다 roar 굉음 dissolve 녹이다 expose 드러내다 11 holiness 거룩 godliness 경건함 12 hasten 앞당기다 set on fire …에 불을 지르다 13 according to …에 따라 righteousness 의 dwell 있다

묵상 체크 ☐

39
월 일

예수 그리스도의 은혜와 그를 아는 지식

베드로후서 3:14-18 • 새찬송 453장 | 통일 506장

• 말씀묵상 전에 성령님의 인도하심을 구하는 기도를 드리십시오.

> **본문요약** | 그리스도인은 마지막 날에 하나님 앞에서 점도 없고 흠도 없는 모습으로 설 수 있도록 힘써 준비해야 한다. 그러한 삶을 위한 실제적 권면으로 두 가지를 언급한다. 첫째로 무법한 자들(거짓 선생들)의 가르침을 분별하여 경계하며, 둘째로 예수 그리스도의 은혜와 그를 아는 지식에서 자라가는 것이다.

14 그러므로 사랑하는 자들아 너희가 이것을 바라보나니 주 앞에서 점도 없고 흠도 없이 평강 가운데서 나타나기를 힘쓰라
15 또 우리 주의 오래 참으심이 구원이 될 줄로 여기라 우리가 사랑하는 형제 바울도 그 받은 지혜대로 너희에게 이같이 썼고
16 또 그 모든 편지에도 이런 일에 관하여 말하였으되 그 중에 알기 어려운 것이 더러 있으니 무식한 자들과 굳세지 못한 자들이 다른 성경과 같이 그것도 ¹⁾억지로 풀다가 스스로 멸망에 이르느니라
17 그러므로 사랑하는 자들아 너희가 이것을 미리 알았은즉 무법한 자들의 미혹에 이끌려 너희가 굳센 데서 떨어질까 삼가라
18 오직 우리 주 곧 구주 예수 그리스도의 은혜와 그를 아는 지식에서 자라 가라 영광이 이제와 영원한 날까지 그에게 있을지어다²⁾

1. 오늘 하나님께서 나에게 주신 깨달음은 무엇입니까?

2. 말씀을 어떻게 내 삶에 구체적으로 적용해야 합니까?

1) 또는 교묘하게
2) 어떤 사본에, 18절 끝에 '아멘'이 있음

절별 해설

14 주 앞에서 점도 없고 흠도 없이 이 구절은 희생 제물의 조건에 관한 율법의 규정을 상기시킨다(레 1:10; 민 6:14). 그리스도인의 삶이 정결하게 준비된 제물과도 같아야 한다는 생각은 바울 사도에게서도 발견된다(롬 12:1).

15 우리 주의 오래 참으심이 구원이 될 줄로 여기라 인간의 관점에서는 주의 재림과 심판이 지연되는 것처럼 보이지만, 하나님의 관점에서는 하나님의 '예정' 안에 포함된 한 부분이다. 그러므로 하나님을 신뢰하는 믿음의 백성이 해야 할 일은 시간이 있을 때 마지막 기회라 생각하고 서둘러 회개하는 결단일 것이다.

우리가 사랑하는 형제 바울 일부 학자들은 1세기 기독교가 성장하는 과정에서 바울과 베드로가 갈등 관계에 있었다고 주장하기도 한다(갈 2:11-16). 그러나 바울과 예루살렘 교회 사도들의 우호적인 관계를 암시하는 성경의 여러 정황을 참고할 때(행 15:25; 갈 2:9) 그러한 주장은 옳지 않다.

16 그 중에 알기 어려운 것이 더러 있으니 바울이 쓴 신약성경의 몇몇 서신들의 문체와 어법은 그가 상당한 수준의 헬라어와 수사법을 구사하였음을 짐작하게 한다. 이것은 바울이 당시 그리스-로마 문화권에서 교육적 혜택을 받았기 때문일 것이다(행 22:3). 그런 맥락에서 볼 때 "알기 어려운 것"은 바울의 가르침이 심오해서가 아니라 헬라식 교육 배경이 없는 사람들이 이해하기 어려운 부분이 있다는 것을 의미한다.

무식한 자들과 굳세지 못한 자들 "무식한"(헬, 아마테이스)보다는 '(성경을 해석할 수 있는 적절한) 교육받지 못한'이라는 번역이 더 적절해 보인다. 이 구절은 1)거짓 선생들, 2)거짓 선생의 가르침에 유혹된 자들, 혹은 3)양쪽 모두를 가리킬 수 있다.

17 무법한 자들의 미혹에 이끌려 너희가 굳센 데서 떨어질까 삼가라 베드로 사도는 거짓 선생들을 소돔과 고모라성에 살았던 성적, 도덕적으로 문란한 자들에 비유하며 "무법한 자들"이라고 규정하였다(2:7). "삼가라"는 직역하면 '경계심을 늦추지 말아라' 정도가 될 것이다. 그리스도인은 거짓 선생들의 거짓 가르침에 미혹되지 않기 위해서 올바른 신앙과 신학으로 무장하고 늘 깨어 있어야 한다.

18 예수 그리스도의 은혜와 그를 아는 지식에서 자라 가라 "그를 아는 지식"이란 삶 속에서 경험하고 확인하며 성숙해 가는 살아 있는 지식을 의미한다. 이러한 지식이 쌓이는 과정을 통해 성도의 신앙은 조금씩 성장하고 성숙해진다.

쉬운성경

14 사랑하는 여러분, 그날을 기다리며 죄를 멀리하고 흠 없이 살도록 노력하십시오. 하나님과 평안 가운데 거하시기 바랍니다.

15 우리 주님의 오래 참으심으로 우리가 구원받았다는 사실을 잊지 마시기 바랍니다. 사랑하는 형제 바울도 하나님께 받은 지혜로 이와 같은 편지를 여러분에게 보냈습니다.

16 바울이 그의 편지 가운데 이 모든 것을 써 놓았습니다. 그의 편지 가운데 이해하기 힘든 부분이 조금 있어, 몇몇 사람들이 그것을 잘못 설명하기도 하였습니다. 무식하고 믿음이 약한 사람들은 다른 성경도 잘못 해석합니다. 그러나 이것은 그들에게 스스로 멸망을 불러들일 뿐입니다.

17 사랑하는 여러분, 이제 이 모든 것을 알았으니 부디 조심하십시오. 악한 자들의 꾀임에 빠져 잘못된 길에 들어서지 말며, 굳건한 믿음에서 떨어지지 않도록 주의하십시오.

18 오직 우리 구주 예수 그리스도를 아는 지식과 그의 은혜 가운데 자라나기를 빕니다. 이제부터 영원까지 주님께 영광이 있기를 바랍니다. 아멘.

저자의 묵상

서신의 후반부에서 베드로 사도는 성도들에게 마지막 권면을 한다. "점도 없고 흠도 없이 평강 가운데서 나타나기를 힘쓰라"(14절). 그는 마지막 날에 세상을 심판하러 오실 "재판장 하나님"을 염두에 두었을 것이다. 어떻게 하면 점도 없고 흠도 없는 모습을 유지할 수 있을까? 이런 고민은 원문을 좀 더 자세히 살펴보면 해결된다. 원문의 의미를 최대한 살려 번역하면 다음과 같다. "너희가 흠도 없고 점도 없는 상태로 (하나님에 의해) 발견될 수 있도록 애써라." 쉽게 말해 인간의 눈으로 보았을 때 점과 흠이 없는 상태가 아니라 하나님이 보실 때 점도 없고 흠도 없는 상태가 되라는 말이다. 마지막 날에 우리는 여전히 점도 있고 흠도 있는 부족한 모습으로 하나님 앞에 서게 될 것이다. 하지만 나의 "점과 흠"을 없이 하려고 십자가에서 피 흘려 죽으신 예수를 믿는 믿음이 내 안에 있다면 하나님은 그 믿음을 보시고 판결하실 것이다. 마지막 날에 점과 흠이 없이 나타나는 방법은 오직 예수를 믿는 믿음을 끝까지 품고 사는 것뿐이다.

> **무릎기도** 하나님, 세상의 유혹과 시험 속에서도 예수 그리스도의 은혜와 그를 아는 지식을 통해 끝까지 믿음을 지키며 살게 하소서.

ESV - 2 Peter 3

14 Therefore, beloved, since you are waiting for these, be diligent to be found by him without spot or blemish, and at peace.
15 And count the patience of our Lord as salvation, just as our beloved brother Paul also wrote to you according to the wisdom given him,
16 as he does in all his letters when he speaks in them of these matters. There are some things in them that are hard to understand, which the ignorant and unstable twist to their own destruction, as they do the other Scriptures.
17 You therefore, beloved, knowing this beforehand, take care that you are not carried away with the error of lawless people and lose your own stability.
18 But grow in the grace and knowledge of our Lord and Savior Jesus Christ. To him be the glory both now and to the day of eternity. Amen.

14 diligent 부지런한　spot 점　blemish 흠　15 count 여기다　patience 인내　salvation 구원　just as 꼭 …처럼　16 ignorant 무식한　unstable 불안정한　twist 왜곡하다　destruction 멸망　Scripture 성경　17 beforehand 미리　take care 조심하다　carry away …을 가져가 버리다　stability 안정　18 eternity 영원

요한일서를 묵상하기 전에

저자

요한일서의 저자에 대한 전통적 견해는 서신의 저자를 예수님의 제자요, 세베대의 아들인 사도 요한으로 보는 것이다. 전통적 견해에 대한 외적 증거는 강력하다. 이에 대한 초기 증언으로는 2세기 교부인 이레니우스가 있다. 그는 『이단 논박』이라는 저서에서 예수님의 신성과 인성에 대해 잘못된 가르침을 퍼뜨리는 거짓 선생들을 논박하며 2:18-19을 인용한다. 여기서 이레니우스는 요한일서를 "그의 서신"이라고 지칭하는데 문맥상 "그"는 사도 요한을 가리킨다. 요한일서의 저자를 사도 요한이라고 주장하는 다른 증언들로는 알렉산드리아의 디오니시오스, 터툴리안, 파피아스, 제롬 등이 있다. 또한 저자가 예수님과 그의 복음을 가깝게 체험한 자라는 본문의 내적 증거(1:1-3)는 사도 요한 저작설과 잘 부합한다.

이러한 전통적 견해에 이의를 제기하는 일군의 학자들도 있다. 요한복음과 요한일서가 단어, 표현, 개념적인 부분에서 상당한 차이를 보인다는 것이 그 이유다. 예를 들어 요한복음의 보혜사(헬, 파라클레토스; 요 14:26)는 성령인 반면 요한일서의 보혜사(동일한 헬라어 단어이지만 "대언자"로 번역됨; 요일 2:1)는 예수님이다. 하지만 요한복음과 요한일서에는 개념적 유사점도 많이 발견된다. 이 그룹의 학자들은 이러한 차이점과 유사점을 고려하여 요한일서의 저자가 사도 요한의 전통 아래 있는 장로 요한이거나 요한 학파라고 주장한다.

요한일서의 저자를 사도 요한으로 보든 사도 요한의 전통 아래 서 있는 개인이나 공동체로 보든 한 가지 사실은 변하지 않는다. 저자가 예수님의 사역과 삶을 직접적으로 경험한 목격자로서 증언을 소유한 자라는 점이다.

역사적 배경과 기록 목적

요한일서의 중요한 기록 목적은 이단적 가르침을 정죄하고 독자들이 처음부터 들은 말씀에 견고히 서 있도록 하기 위함이다. 이단적 가르침의 정체에 대해서는 케린투스, 영지주의, 가현설이 주로 언급되어 왔다. 케린투스(Cerinthus)는 초기 영지주의자로서 그리스도가 예수님의 세례(침례) 시 임했다가 십자가 처형 때 다시 떠났다고 주장했다. 이러한 주장의 저변에는 고통받는 육체는 신성할 수 없다는 전제가 깔려 있다. 즉 그들은 고통받는 그리스도를 상상할 수 없었던 것이다. 가현설(Docetism)은 "~인 것처럼 보이다"(seem)라는 의미를 지닌 '도케오'라는 헬라어 동사에 기원을 둔다. 가현설의 주장은 인간의 몸을 입은 예수님이 인간처럼 보이긴 했지만 실상은 신이었다는 것이다. 가현설 역시 물질로 이루어진 육체를 천한 것으로 여기는 패턴을 보인다. 예수가 육체로 오신 것을 시인하는가의 여부가 하나님께 속해 있는가를 결정짓는다는 요한일서의 메시지(4:1-3)는 이러한 이단적 가르침을 경계하는 것처럼 보인다. 하지만 케린투스, 영지주의, 가현설이 본서의 직접적 배경이라고 단정하는 것은 조심할 필요가 있다. 요한일서의 저자가 겨냥한 이단적 가르침이 케린투스, 영지주의, 가현설이라는 분명한 근거는 없기 때문이다.

이 때문에 학자들은 요한일서의 역사적 배경을 본문에 근거하여 찾아야 한다고 말한다. 본문에 따르면 거짓 선생들은 한때 동일한 교회 공동체에 속해 있었으나 이제는 그곳을 나간 사람들이다(2:19). 그들은 죄가 없다고 주장하고(1:8) 하나님을 안다고 하지만 그분의 계명을 지키지 않고(2:4) 형제자매를 사랑하지 않는다(2:9). 또한 예수가 그리스도임을 부인하고(2:22) 육체로 오신 것을 인정하지 않으며(4:2-3) 그분의 피로 인한 속죄를 부정한다(5:6). 저자는 이러한 이단적 가르침으로부터 독자들을 보호하고 그들이 처음부터 들었던 사도적 가르침에 머물러 있도록 권면하기 위해 요한일서를 기록한다. 사도적 가르침이란 예수님에게서 기원을 찾을 수 있는 사도들의 가르침을 뜻한다. 요한일서 독자들이 이단적 가르침에 빠지지 않기 위해서는 새로운 가르침에 현혹될 것이 아니라 사도적 가르침을 전하는 저자의 말에 귀를 기울일 필요가 있다.

주요 신학적 주제

요한일서의 신학적 주제는 크게 기독론, 죄, 사랑, 복음의 우선성 이 네 가지로 요약될 수 있다. 첫째, 저자는 그리스도에 대한 이단적 가르침을 지적하고 교정한다. 예수님이 그리스도이고 육체를 입고 오셨으며 그분의 피로 말미암아 우리의 죄 문제가 해결되었다는 것을 힘주어 강조한다. 둘째, 저자는 죄에 대해 상반된 진술을 한다. 신자가 죄를 지을 수 있다는 사실을 인정하면서도(5:16), "하나님께로부터 난 자는 다 범죄하지 아니[한다]"(5:18)고 선언한다. 이러한 모순을 해결하기 위해 다양한 해석이 제시된다. 그중 설득력 있는 한 가지 해석은 신자가 죄를 지을 수는 있지만 의도적이고 습관적인 죄를 지을 수는 없다는 것이다. 셋째, 저자는 사랑을 자주 언급한다. 사랑의 모델은 하나님 안에서 발견된다. 하나님은 우리를 살리기 위해 독생자 아들 예수를 이 세상에 보내어 화목 제물로 삼으셨다(4:9-10). 이는 신자가 따라야 할 사랑의 모델이다. "하나님이 이같이 우리를 사랑하셨은즉 우리도 서로 사랑하는 것이 마땅하도다"(4:11). 신자의 사랑은 "서로 사랑"으로 귀결되는데 본서에서는 교회 공동체 밖의 이웃 사랑이나 원수 사랑이 아니라 신자 간의 사랑을 의미한다. 주 안에서 형제자매 된 이들을 사랑하지 않는 자는 하나님께 속해 있지 않다. 넷째, 복음이 우선되어야 함을 강조한다. 올바른 기독론을 견지하고 반복적인 죄를 짓지 않으며 형제자매를 깊이 사랑하기 위해서 신자들은 처음부터 들은 말씀에 유념해야 한다(1:1-3; 2:24; 3:11).

단락 구분

1. 하나님의 빛 가운데서 행하라(1:1-2:11)
2. 하나님의 진리를 실천하라(2:12-3:12)
3. 하나님의 사랑을 실천하라(3:13-24)
4. 하나님의 영과 거짓의 영을 분별하라(4:1-6)
5. 하나님은 사랑이시니 서로 사랑하라(4:7-21)
6. 하나님의 승리를 나누라(5:1-21)

☐ 묵상 체크

40
월 일

태초부터 있는 생명의 말씀
요한일서 1:1-4 • 새찬송 94장 | 통일 102장

• 말씀묵상 전에 성령님의 인도하심을 구하는 기도를 드리십시오.

> **본문요약** ㅣ 저자는 자신이 예수님과 그의 복음을 직접 혹은 간접적으로 경험한 자임을 고백한다. 다시 말해 저자를 포함한 우리는 사도적 가르침을 소유한 자들이다. 우리가 메시지를 전하는 궁극적 목적은 독자들이 하나님과 예수님과의 사귐을 갖게 하기 위함이다. 이는 사도적 가르침을 소유한 우리와의 교제를 통해 이루어진다.

1 태초부터 있는 생명의 ¹⁾말씀에 관하여는 우리가 들은 바요 눈으로 본 바요 자세히 보고 우리의 손으로 만진 바라
2 이 생명이 나타내신 바 된지라 이 영원한 생명을 우리가 보았고 증언하여 너희에게 전하노니 이는 아버지와 함께 계시다가 우리에게 나타내신 바 된 이시니라
3 우리가 보고 들은 바를 너희에게도 전함은 너희로 우리와 사귐이 있게 하려 함이니 우리의 사귐은 아버지와 그의 아들 예수 그리스도와 더불어 누림이라
4 우리가 이것을 씀은 우리의 기쁨이 충만하게 하려 함이라

1. 오늘 하나님께서 나에게 주신 깨달음은 무엇입니까?

2. 말씀을 어떻게 내 삶에 구체적으로 적용해야 합니까?

1) 헬. 로고스

절별 해설

1 태초부터 있는 생명의 말씀 "태초부터"(혹은 "처음부터")라는 표현은 본서에서 다양한 의미로 사용된다. 첫째, 창조의 때를 가리킨다. 이는 요한복음 1:1-3을 상기시키는데 여기서 예수님은 창조 때부터 하나님과 함께 있던 존재로 묘사된다(2:13-14). 둘째, 독자들이 회심한 시점을 가리킨다. 이러한 용례는 2장에서 발견된다. "너희는 처음부터 들은 것을 너희 안에 거하게 하라"(2:24). 셋째, 예수님의 복음 선포와 사역 시기를 가리킨다. 예를 들어 저자는 독자들이 서로 사랑하라는 계명을 "처음부터" 가지고 있었다고 진술한다(2:6-8; 요이 1:5-6).

각 해석에 따라 저자의 강조하는 바가 달라진다. 첫 번째 해석은 예수님의 선재성을 강조한다. 두 번째 해석은 독자들이 예수님과 그의 복음에 대해 알게 된 시점이 회심 때였음을 부각시킨다. 세 번째 해석은 저자가 예수님과 그가 전한 복음의 직·간접적 목격자임을 강조한다(1절 하반절). 물론 저자는 "태초부터"라는 표현을 중의적으로 사용하지만 여기서는 세 번째 해석이 가장 타당해 보인다.

우리가 들은 바요 눈으로 본 바요 자세히 보고 우리의 손으로 만진 바라 저자는 감각 동사를 사용하여 생명의 말씀을 가깝게 체험했음을 밝힌다. 이는 저자가 예수님과 그의 복음을 직접적으로 목격했거나 혹은 실제 목격자들의 증언을 간직하고 있음을 암시한다. 여기서 '보다'라는 동사가 두 번 사용된다. 첫 번째 헬라어(헬. 호라오)는 예수님을 물리적으로 보았음을 의미하고, 두 번째 헬라어(헬. 테아오마이)는 물리적 시각을 넘어 예수님과 그의 사역의 중요성을 인식하는 영적 시각을 소유함을 암시한다.

3 우리, 너희 저자는 '우리'라는 대명사를 자주 사용한다. 본서에서 우리는 두 가지 의미로 사용된다. 독자를 포함한 우리의 용례가 있고 독자를 제외한 우리의 용례가 있다. '너희'라는 대명사가 사용된 것으로 보아 여기서는 두 번째 용례로 사용된 것으로 보인다. 독자를 제외한 우리는 사도적 가르침을 소유한 자요 예수님을 직·간접적으로 목격한 자다.

보고 들은 바를 … 전함은 너희로 우리와 사귐이 있게 하려 함이니 저자는 메시지 선포의 목적을 밝힌다. 궁극적 목적은 독자들이 하나님과 그 아들 예수님과 사귐을 갖도록 하는 것이다. 그런데 흥미로운 것은 이러한 상태가 우리와의 사귐을 통해 이루어진다는 점이다. 즉 하나님과 예수님과의 사귐에 이르는 데 있어서 사도적 가르침 아래 있는가의 여부가 중요하다.

쉬운성경

1 이제 우리는 생명의 말씀인 예수 그리스도에 관하여 쓰려고 합니다. 그분은 태초부터 계셨으며, 우리는 그분에 대해 듣고, 눈으로 보고, 손으로 만져 본 바 되었습니다. 우리는 생명을 주시는 말씀에 관하여 쓰고 있습니다.

2 생명을 주시는 그분이 우리에게 나타나셨습니다. 우리는 그분을 보았으며, 또한 그분에 관한 증거도 제시할 수 있습니다. 이제 우리가 말하는 것은 그분이 영원한 생명을 가지고 계시다는 것입니다. 이 생명을 주시는 분은 하나님 아버지와 함께 계시다가 우리에게 나타나셨습니다.

3 우리가 보고 들은 것을 여러분에게 말하는 이유는 여러분이 우리와 함께 교제하기를 원하기 때문입니다. 우리가 함께 나누는 이 교제는 하나님 아버지, 그리고 그의 아들 예수 그리스도와 함께 가지는 교제입니다.

4 우리는 여러분과 함께 기쁨을 나누려고 이 글을 쓰고 있습니다.

저자의 **묵상**

현대인들은 혁신, 패러다임의 전환, 뉴 아이디어(new idea)와 같은 단어를 선호한다. 옛 것을 과감하게 버리고 새로운 가능성을 탐색하는 일이 용감하고 지혜로운 것으로 여겨진다. 그렇기 때문에 역사와 전통은 고리타분한 개념처럼 비친다. 하지만 과연 완전히 새로운 것이 있을까? 새로움과 혁신의 많은 부분도 결국 따져보면 기존의 개념들을 변경, 역전, 연결시킨 결과이다. 우리가 현재 어디에 있는지 그리고 결국 어디에 이르게 되는지 뒤를 돌아보는 일, 즉 시작점을 되짚어 보는 일은 언제나 중요하다. 예수님 그리고 그분의 삶과 사역을 가까이에서 경험했던 저자는 거짓 가르침에 흔들리는 성도들을 향해 '처음으로 돌아가라'는 메시지를 전한다. 거짓 가르침에 속지 않기 위해서는 거짓 가르침의 내용을 분석하는 것도 중요하지만 그들이 처음부터 들었던 참된 가르침, 신앙의 초석이 되었던 예수님을 더 깊이 알아가는 것이 급선무이다.

> **무릎 기도** 하나님, 우리의 신앙이 예수님을 직접 보고, 듣고, 만졌던 사도들의 가르침에 속해 있음을 감사드립니다. 말씀을 성실히 준행함으로 하나님과의 관계가 더욱 깊어지게 하소서.

ESV - 1 John 1

1 That which was from the beginning, which we have heard, which we have seen with our eyes, which we looked upon and have touched with our hands, concerning the word of life—

2 the life was made manifest, and we have seen it, and testify to it and proclaim to you the eternal life, which was with the Father and was made manifest to us—

3 that which we have seen and heard we proclaim also to you, so that you too may have fellowship with us; and indeed our fellowship is with the Father and with his Son Jesus Christ.

4 And we are writing these things so that our* joy may be complete.

*1:4 Some manuscripts *your*

1 concerning …에 관한   2 manifest 분명한   testify 증언하다   proclaim 선포하다   eternal life 영생   3 fellowship 교제
4 complete 완전한

묵상 체크 ☐

41
월 일

빛 가운데 행하는 삶

요한일서 1:5-10 • 새찬송 421장 | 통일 210장

• 말씀묵상 전에 성령님의 인도하심을 구하는 기도를 드리십시오.

> **본문요약 |** 예수님과 그의 복음을 가까이에서 경험한 저자는 예수님으로부터 들은 복음의 내용을 설명한다. 하나님은 빛이시고 하나님과 사귐이 있는 자들은 어둠이 아닌 빛 가운데서 행해야 한다. 빛 가운데 행하는 삶이란 선하고 의로운 삶을 추구하는 것이고 죄를 지었을 때 그것을 빛 가운데 드러내는 삶이다.

5 우리가 그에게서 듣고 너희에게 전하는 소식은 이것이니 곧 하나님은 빛이시라 그에게는 어둠이 조금도 없으시다는 것이니라
6 만일 우리가 하나님과 사귐이 있다 하고 어둠에 행하면 거짓말을 하고 ¹⁾진리를 행하지 아니함이거니와
7 그가 빛 가운데 계신 것 같이 우리도 빛 가운데 행하면 우리가 서로 사귐이 있고 그 아들 예수의 피가 우리를 모든 죄에서 깨끗하게 하실 것이요
8 만일 우리가 죄가 없다고 말하면 스스로 속이고 또 ¹⁾진리가 우리 속에 있지 아니할 것이요
9 만일 우리가 우리 죄를 자백하면 그는 미쁘시고 의로우사 우리 죄를 사하시며 우리를 모든 불의에서 깨끗하게 하실 것이요
10 만일 우리가 범죄하지 아니하였다 하면 하나님을 거짓말하는 이로 만드는 것이니 또한 그의 말씀이 우리 속에 있지 아니하니라

1. 오늘 하나님께서 나에게 주신 깨달음은 무엇입니까?

2. 말씀을 어떻게 내 삶에 구체적으로 적용해야 합니까?

1) 헬, 참

절별 해설

쉬운성경

5 우리가 그에게서 듣고 너희에게 전하는 소식은 이것이니 앞에서 저자는 자신이 예수님과 그의 복음을 직·간접적으로 경험했음을 강조했다(1:1-4). 같은 맥락에서 본절은 저자가 하나님에 대한 소식을 예수님("그")으로부터 들었음을 강조한다. 여기서도 우리와 너희는 다른 그룹으로 묘사된다. 저자를 포함하는 우리는 사도적 가르침의 소유자로서 독자들에게 하나님에 대한 중요한 진리를 가르친다.

하나님은 빛이시라 본절 후반부는 예수님으로부터 들은 복음의 내용을 진술한다. 그것은 바로 하나님이 빛이라는 것이다. 여기서 빛은 윤리적 함의가 강하며 전혀 흠이 없으신 하나님의 완전한 거룩함을 상징한다. 빛과 어둠이 한 자리에 함께할 수 없듯이 하나님 안에 선과 악이 공존할 수 없다.

6 만일 우리가 하나님과 사귐이 있다 하고 어둠에 행하면 하나님의 존재 방식은 신자의 존재 방식에 영향을 준다. 하나님 안에 어둠이 있을 수 없듯이 신자는 어둠 가운데 행할 수 없다. 하나님과 사귐이 있다고 고백하는 신자가 어둠 가운데 행한다면 그것은 거짓말이다. 신앙고백과 실천은 분리될 수 없기 때문이다.

7 우리도 빛 가운데 행하면 우리가 서로 사귐이 있고 본절에서 흥미로운 점은 우리가 빛 가운데 행하면 '하나님과 사귐이 있다'고 말하지 않고 '서로 간에 사귐이 있다'고 말하는 것이다. 이는 1:3의 내용과 일맥상통한다. 하나님과의 사귐의 여부는 다른 신자들과의 사귐에 근거하여 판단할 수 있다. 성도 간의 교제는 하나님과의 교제를 바탕으로 하기 때문이다.

8 만일 우리가 죄가 없다고 말하면 5-7절에 따르면 신자는 어둠 가운데 행할 수 없다. 하지만 본절에 따르면 어둠 가운데 행하지 않는 것이 신자가 죄를 전혀 짓지 않는다는 뜻은 아니다. 다음 절에서 저자는 신자가 죄를 짓고 회개하는 상황에 대해 설명한다.

9 우리 죄를 자백하면 … 우리 죄를 사하시며 … 깨끗하게 하실 것이요 신자가 빛 가운데 행한다는 것의 일차적 의미는 하나님의 뜻을 따라 선하고 의로운 삶을 살아가는 것이다. 하지만 8,10절이 암시하듯 신자도 실패하고 죄를 지을 때가 있다. 그럴 때 빛 가운데 행한다는 것은 어떤 의미일까? 본절에 따르면 우리 죄를 하나님 앞에 고백함으로써 악한 행위를 빛 가운데 드러내는 것이다. 성도는 죄를 발견할 때마다 하나님 앞에 자백함으로 회개해야 한다. 믿을 만하고 의로우신 하나님은 빛 가운데 드러난 죄를 용서해 주실 것이다.

5 우리가 그리스도께로부터 듣고 여러분에게 전하려고 하는 말씀은, 하나님은 빛이시며 그분께는 전혀 어두움이 없다는 것입니다.

6 그렇기 때문에 만약 우리가 하나님과 사귀고 있다고 말하면서 여전히 어두움 가운데 살고 있다면, 우리는 거짓말쟁이며 진리를 따라 살고 있지 않는 것입니다.

7 하나님께서 빛 가운데 계시기에 우리 역시 빛 가운데서 살아야 합니다. 우리가 빛 가운데 살게 되면 서로 교제하게 됩니다. 또한 하나님의 아들이신 예수 그리스도의 피가 우리의 모든 죄를 깨끗이 씻어 주실 것입니다.

8 또한 우리가 스스로 죄를 짓지 않았다고 말한다면, 그것은 우리 자신을 속이는 것이며 진리가 우리 안에 없는 것입니다.

9 그러나 우리가 죄를 고백하면, 그분은 우리를 용서해 주실 것입니다. 그분은 옳은 일만 행하시는 분이기 때문에 우리는 그분을 믿을 수 있습니다. 그분은 우리의 모든 잘못을 깨끗하게 해 주실 것입니다.

10 우리가 계속 죄를 지은 적이 없다고 말한다면, 그것은 하나님을 거짓말쟁이로 만드는 것이며 우리는 하나님께서 주신 진리의 가르침을 받아들이지 않는 것입니다.

저자의 묵상

믿음과 행동, 지식과 실천이 가깝게 연결되어 있다는 것은 본서에서 반복되는 주제다. 하나님에 대한 지식과 믿음은 신자의 지성을 확장시키기도 하지만 결국 그의 삶을 변화시킨다. 하나님은 빛이시고 그에게 어둠이 없다는 믿음은 우리를 빛 가운데 행하는 삶으로 초청한다. 빛 가운데 행하는 삶이란 좀 더 구체적으로는 죄를 짓지 않기 위해 분투하는 삶이다. 그런데 분투하는 삶은 죄를 전혀 짓지 않는 완전한 상태를 의미하지 않는다. 오늘 본문과 우리의 경험을 통해 분명히 알 수 있는 사실은 하나님을 믿는 자들도 죄를 지을 수 있다는 것이다. 하지만 이것은 죄를 지어도 된다는 면죄부를 주는 것이 아니라 죄인을 여전히 용서하시고 회복시키는 하나님의 은혜를 강조하기 위함이다. 신자들은 죄를 지었을 때 일차적으로는 빛 되신 하나님 앞에 그것을 드러내야 한다. 그리고 더 나아가 어둠이 전혀 없으신 하나님을 본받아 의로운 삶을 살아가기 위해 끊임없이 경주해야 할 것이다.

> **무릎기도** 하나님, 우리를 빛 가운데 행하는 삶으로 초청해 주셔서 감사합니다. 죄를 범했을 때 그것을 빛 가운데 드러내게 하시고 날마다 선하고 의로운 삶을 살아가게 하소서.

ESV - 1 John 1

5 This is the message we have heard from him and proclaim to you, that God is light, and in him is no darkness at all.
6 If we say we have fellowship with him while we walk in darkness, we lie and do not practice the truth.
7 But if we walk in the light, as he is in the light, we have fellowship with one another, and the blood of Jesus his Son cleanses us from all sin.
8 If we say we have no sin, we deceive ourselves, and the truth is not in us.
9 If we confess our sins, he is faithful and just to forgive us our sins and to cleanse us from all unrighteousness.
10 If we say we have not sinned, we make him a liar, and his word is not in us.

5 proclaim 선포하다　6 fellowship 교제　practice 실천하다　truth 진리　7 cleanse 깨끗이 하다　sin 죄　8 deceive oneself 자신을 속이다　9 confess 자백하다　faithful 신실한　unrighteousness 불의

☐ 묵상 체크

42
월 일

하나님과 예수님 안에 거하는 삶

요한일서 2:1-6 • 새찬송 430장 | 통일 456장

• 말씀묵상 전에 성령님의 인도하심을 구하는 기도를 드리십시오.

본문요약 | 본서의 또 다른 기록 목적은 독자들이 죄를 범하지 않게 하려 함이다. 하지만 죄를 전혀 짓지 않는 것은 불가능하다. 이 때문에 저자는 독자들에게 대언자인 예수 그리스도가 있음을 상기시킨다. 그리고 더 나아가 하나님과 예수님의 말씀을 지킴으로써 그분 안에 지속적으로 거할 것을 촉구한다.

1 나의 자녀들아 내가 이것을 너희에게 씀은 너희로 죄를 범하지 않게 하려 함이라 만일 누가 죄를 범하여도 아버지 앞에서 우리에게 ¹⁾대언자가 있으니 곧 의로우신 예수 그리스도시라
2 그는 우리 죄를 위한 화목제물이니 우리만 위할 뿐 아니요 온 세상의 죄를 위하심이라
3 우리가 그의 계명을 지키면 이로써 우리가 그를 아는 줄로 알 것이요
4 그를 아노라 하고 그의 계명을 지키지 아니하는 자는 거짓말하는 자요 ²⁾진리가 그 속에 있지 아니하되
5 누구든지 그의 말씀을 지키는 자는 하나님의 사랑이 참으로 그 속에서 온전하게 되었나니 이로써 우리가 그의 안에 있는 줄을 아노라
6 그의 안에 산다고 하는 자는 그가 행하시는 대로 자기도 행할지니라

1. 오늘 하나님께서 나에게 주신 깨달음은 무엇입니까?

2. 말씀을 어떻게 내 삶에 구체적으로 적용해야 합니까?

1) 또는 보혜사 2) 헬, 참

절별 해설

1 내가 이것을 너희에게 씀은 너희로 죄를 범하지 않게 하려 함이라 저자는 독자와의 보다 친밀한 관계를 표현하면서("나의 자녀들아") 본서의 또 다른 기록 목적을 밝힌다. 1:4에 명시된 기록 목적은 "우리의 기쁨이 충만하게 하려 함"이고, 본절에 나타난 기록 목적은 "너희로 죄를 범하지 않게 하려 함"이다. **우리에게 대언자가 있으니 곧 의로우신 예수 그리스도시라** 1:6-10에서 저자가 충분히 설명했듯이 신자들은 죄를 짓지 않으려고 노력해야 하지만 죄를 전혀 짓지 않는 것은 불가능하다. 앞에서 죄 문제를 해결하는 분은 하나님이었던 반면 본절에서 동일한 역할을 하시는 분은 예수님이다. "대언자"는 헬라어로 '파라클레토스'인데 이 용어의 기본적 의미는 '누군가를 대신하다'이다. 요한은 성령을 동일한 단어로 묘사하기도 한다(요 14:26). 즉 예수님은 죄지은 우리를 대신하여 중재자요, 중보자요, 변호인의 역할을 하신다.

2 그는 우리 죄를 위한 화목제물이니 … 온 세상의 죄를 위하심이라 예수님은 하나님 앞에서 말로 우리를 변호할 뿐 아니라 행동으로 직접 우리의 죄를 해결하시는 분이다. 예수님은 화목 제물로서 우리의 죄를 사하셨다. 예수님이 온 세상의 죄를 위해 화목 제물이 되셨다는 것은 모든 사람이 구원받게 된다는 보편구원론을 의미하는 것이 아니다. 예수님의 대속 사역이 지역, 민족, 성, 지위에 관계없이 모든 믿는 자들에게 적용될 수 있음을 의미한다.

3-4 우리가 그의 계명을 지키면 이로써 우리가 그를 아는 줄로 알 것이요 1-2절에서 '그'는 예수님을 지칭하는 것이 분명하다. 하지만 3절부터 시작해 2장 전반에 걸쳐 사용된 '그'는 하나님과 예수님 중 누구를 가리키는지 명확하지 않다. 하지만 본서에서 하나님과 예수님은 그 뜻과 사역에 있어 일치된 존재로 묘사되기 때문에 어느 쪽을 지칭하든 의미에는 큰 변화가 없다. 3-4절은 하나님과 예수님을 아는 것과 그의 계명을 지키는 일이 긴밀하게 연결되어 있음을 강조한다. 하나님과 예수님을 안다고 고백하면서 그의 계명을 지키지 않는 것은 가능하지 않다.

5 누구든지 그의 말씀을 지키는 자는 하나님의 사랑이 참으로 그 속에서 온전하게 되었나니 3-4절의 '계명을 지키는 것'이 본절에서는 '말씀을 지키는 것'으로 표현된다. 3-4절은 말씀을 지키는 것을 통해 하나님과 예수님에 대한 지식을 확인할 수 있다고 주장한다. 반면에 본절은 말씀을 지키는 것을 통해 하나님의 사랑이 온전함을 확인하고, 어떤 사람이 하나님 안에 거하는지를 알 수 있다고 말한다.

쉬운성경

1 나의 사랑하는 자녀들이여, 나는 여러분이 죄를 짓지 않게 하려고 이 편지를 씁니다. 그러나 누군가가 죄를 짓는다 하더라도, 우리에게는 우리를 도와주시는 예수 그리스도가 계십니다. 그는 의로우신 분이시며, 우리를 대신하여 아버지 앞에서 우리를 변호해 주십니다.

2 예수님만이 우리의 죄를 위해 화목 제물이 되셨으며, 오직 예수님을 통해서만 모든 사람들의 죄가 용서받을 수 있습니다.

3 또한 우리는 우리가 하나님의 계명들에 순종할 때, 진실로 하나님을 안다고 자신 있게 말할 수 있습니다.

4 하지만 누군가가 "나는 하나님을 알아요!"라고 말하면서 그분이 명령하신 것에 순종하지 않는다면, 그 사람은 거짓말쟁이입니다. 그에게는 진리가 없습니다.

5 하나님의 가르침을 따라 순종해야만, 그 사람 안에 하나님의 사랑이 완전히 이루어지게 될 것입니다. 이것이 우리가 하나님을 따르고 있음을 보여주는 방법이 됩니다.

6 누구든지 자기 안에 하나님께서 계신다고 말하는 사람은 예수님께서 사신 것처럼 살아야만 합니다.

저자의 묵상

이신론(理神論)에서 신과 세상의 관계를 설명할 때 흔히 시계태엽에 비유한다. 이신론의 신은 세상을 시계태엽처럼 만들었기 때문에 세상은 신의 도움 없이도 정해진 규칙에 따라 유지된다. 가만히 두어도 시계태엽이 잘 돌아가듯이 창조된 세상은 신의 간섭과 섭리를 필요로 하지 않는다. 하지만 기독교의 신 개념은 전혀 다르다. 세상은 규칙대로 움직이지 않고 왜곡되고 파괴되었다. 하나님은 그러한 세상을 그저 내버려 두지 않으시고 자신의 아들을 보내 구원하기로 결정하신다. 이신론의 신이 팔짱을 낀 채 수수방관하는 존재라면 기독교의 하나님은 반응하고 행동하는 분이시다. 하나님께서 보낸 성자 예수님 역시 세상을 그저 바라보고만 있지 않으셨다. 예수님은 이 땅에 오셔서 우리의 죄를 사하기 위해 화목 제물이 되기를 자처하셨다. 또한 그분은 지금도 여전히 우리를 위해 일하신다. 우리가 죄를 지었을 때 하나님 앞에서 대언자로서 우리를 변호하신다.

> **무릎기도** 하나님, 우리를 사랑하셔서 독생자 예수 그리스도를 화목 제물로 보내 주심에 감사드립니다. 이제 날마다 주의 말씀에 순종함으로 하나님의 온전한 사랑을 경험하게 하소서.

ESV - 1 John 2

1 My little children, I am writing these things to you so that you may not sin. But if anyone does sin, we have an advocate with the Father, Jesus Christ the righteous.
2 He is the propitiation for our sins, and not for ours only but also for the sins of the whole world.
3 And by this we know that we have come to know him, if we keep his commandments.
4 Whoever says "I know him" but does not keep his commandments is a liar, and the truth is not in him,
5 but whoever keeps his word, in him truly the love of God is perfected. By this we may know that we are in him:
6 whoever says he abides in him ought to walk in the same way in which he walked.

---

1 advocate 대변자 righteous 의로운   2 propitiation 속죄   3 commandment 계명   4 liar 거짓말쟁이   5 perfect 완전하게 하다   6 abide 살다   ought to …해야 한다

묵상 체크 ☐

43
월 일

서로 사랑하라

요한일서 2:7-11 • 새찬송 310장 | 통일 410장

• 말씀묵상 전에 성령님의 인도하심을 구하는 기도를 드리십시오.

> **본문요약** ㅣ 예수님은 "내가 너희를 사랑한 것 같이 너희도 서로 사랑하라"는 새 계명을 주신다. 저자는 이 새 계명이 독자들이 구원을 받은 날부터 알고 있던 말씀이었음을 강조한다. 예수님이 주신 새 계명을 지키는가의 여부는 어떤 사람이 빛 가운데 행하는지 아니면 어둠 가운데 행하는지를 판별하는 기준이 된다.

7 사랑하는 자들아 내가 새 계명을 너희에게 쓰는 것이 아니라 너희가 처음부터 가진 옛 계명이니 이 옛 계명은 너희가 들은 바 말씀이거니와
8 다시 내가 너희에게 새 계명을 쓰노니 그에게와 너희에게도 참된 것이라 이는 어둠이 지나가고 참빛이 벌써 비침이니라
9 빛 가운데 있다 하면서 그 형제를 미워하는 자는 지금까지 어둠에 있는 자요
10 그의 형제를 사랑하는 자는 빛 가운데 거하여 자기 속에 거리낌이 없으나
11 그의 형제를 미워하는 자는 어둠에 있고 또 어둠에 행하며 갈 곳을 알지 못하나니 이는 그 어둠이 그의 눈을 멀게 하였음이라

1. 오늘 하나님께서 나에게 주신 깨달음은 무엇입니까?

2. 말씀을 어떻게 내 삶에 구체적으로 적용해야 합니까?

절별 해설

7-8 새 계명을 너희에게 쓰는 것이 아니라 … 처음부터 가진 옛 계명이니 7-8절에서는 옛 계명과 새 계명이 대조되고 있다. 그런데 저자의 말을 이해하는 것이 쉽지 않다. 7절에서는 저자가 소유한 메시지를 옛 계명이라고 칭했는데 8절에서는 새 계명이라고 다시 번복한다. 저자가 7절에서 옛 계명이라고 부른 것과 8절에서 새 계명이라고 칭한 것은 요한복음에서 예수님이 주신 계명이다(요 13:34). '서로 사랑'의 계명은 아래에서(9-11절) 좀 더 자세하게 설명된다. 그렇다면 저자가 7절에서 의미한 바는 예수님이 주신 '서로 사랑'의 계명은 독자들이 회심한 순간부터 알고 있었기 때문에("너희가 처음부터 가진 옛 계명이니") 전혀 새로운 것이 아니라는 것이다. 그런 면에서 그것은 "옛 계명"이라고 할 수 있다. 하지만 8절에서 그것을 다시 "새 계명"이라고 부른 이유는 애초에 예수님께서 그 계명을 주실 때 붙인 이름이 "새 계명"이기 때문이다("새 계명을 너희에게 주노니"_요 13:34). **이는 어둠이 지나가고 참빛이 벌써 비침이니라** 새 계명은 예수님("그")과 독자들("너희") 모두에게 적용된다. 신자들이 새 계명을 따라야 하는 이유는 예수님이 오심으로 인해 새 시대가 밝았기 때문이다. 신자들은 더 이상 어둠 가운데 살아가는 것이 아니라 빛의 자녀답게 살아야 한다.

9-10 빛 가운데 있다 하면서 그 형제를 미워하는 자는 지금까지 어둠에 있는 자요 빛과 어둠의 대조는 1:5-7에 이미 나온 적이 있다. 하지만 1장에서는 빛 가운데 행하는 것과 어둠 가운데 행하는 것이 구체적으로 무엇인지 밝히지 않는다. 본절은 그것들이 무엇을 의미하는지 설명한다. 어둠 가운데 행하는 것은 형제를 미워하는 것이고, 빛 가운데 행하는 것은 형제를 사랑하는 것이다. 중간 지대란 존재하지 않는다. 하나님께 속한 것과 속하지 않은 것, 빛 가운데 거하는 것과 어둠 가운데 거하는 것, 형제를 사랑하는 것과 미워하는 것은 양립할 수 없다. 또한 고백과 실천은 반드시 함께 가야 한다. 하나님께 속해 있다고 고백하면서 형제를 미워하는 일은 있을 수 없다. 빛 가운데 행한다고 하면서 서로 사랑의 계명을 실천하지 않는 일은 있을 수 없다.
형제를 사랑하는 자는 빛 가운데 거하여 … 거리낌이 없으나 여기서 "거리낌"으로 번역된 헬라어 단어는 '스칸달론'이다. '스칸달론'의 의미를 풀어 쓰자면 다른 사람을 걸려 넘어지게 하는 것이다. 다시 말해 형제를 미워하는 자는 그를 실족하게 하지만 형제를 사랑하는 자는 실족하게 하지 않는다.

쉬운성경

7 나의 사랑하는 친구들이여, 나는 여러분에게 새 계명을 쓰고 있는 것이 아닙니다. 이것은 여러분이 처음부터 가지고 있었던 것과 똑같은 계명이며, 이미 들어 보았던 가르침입니다.

8 그러나 나는 분명히 새로운 계명을 쓰고 있습니다. 이 계명은 진리입니다. 여러분은 이 진리를 예수님 안에서, 그리고 여러분 자신 안에서 발견할 수 있습니다. 어두움은 지나갔고, 이제는 진리의 빛이 밝게 비치고 있습니다.

9 "나는 빛 가운데 있습니다"라고 말하면서 자기의 형제를 미워하면, 그는 여전히 어두움 가운데 사는 사람입니다.

10 자기의 형제를 사랑하는 사람만이 빛 가운데 살고 있는 사람이며, 그런 사람은 다른 사람들을 잘못되게 하는 일이 없습니다.

11 그러나 형제를 미워하는 사람은 어두움 가운데 있는 사람이며, 어두움 속에 살면서 자신이 어디를 향해 가고 있는지를 알지 못하는 사람입니다. 그것은 어두움이 그를 눈멀게 만들었기 때문입니다.

저자의 묵상

신앙은 어떤 면에서 볼 때 지극히 개인적이다. 신앙인이 된다는 것은 예수님을 나의 삶의 구원자요 주인으로 삼겠다는 개인적인 고백이자 결단이다. 또한 우리는 하나님 앞에 그 어떤 중재자 없이 단독자로 나아갈 수 있다. 그런데 역사를 살펴보면 기독교가 공동체의 이름으로 개인에게 신앙을 강요하는 일들이 있었다. 이런 면에서 보자면 신앙의 개인성은 반드시 보장되어야 한다. 그러나 그렇다고 해서 신앙이 오롯이 개인적인 것만은 아니다. 신앙을 소유한다는 것은 하나님의 백성, 즉 신앙의 공동체 안에 편입된다는 의미이다. 하나님 안에서 형제요 자매된 이들과 신앙의 여정을 함께하겠다는 약속이다. 서로 사랑하라는 예수님의 새 계명은 이러한 신앙의 공동체성을 확인할 수 있는 중요한 지표이다. 믿음을 가지고 있다고 말하면서 신앙 공동체에 속한 형제자매를 사랑하지 않는 것은 믿음을 증명하지 못하는 어불성설이다.

> **무릎기도** 새 계명을 주신 예수님, 우리가 그 계명을 따라 예수님의 사랑으로 주의 몸 된 교회의 지체인 형제자매를 마음 깊이 사랑할 수 있도록 도와주소서.

ESV - 1 John 2

7 Beloved, I am writing you no new commandment, but an old commandment that you had from the beginning. The old commandment is the word that you have heard.

8 At the same time, it is a new commandment that I am writing to you, which is true in him and in you, because* the darkness is passing away and the true light is already shining.

9 Whoever says he is in the light and hates his brother is still in darkness.

10 Whoever loves his brother abides in the light, and in him* there is no cause for stumbling.

11 But whoever hates his brother is in the darkness and walks in the darkness, and does not know where he is going, because the darkness has blinded his eyes.

* 2:8 Or that
* 2:10 Or it

7 beloved 아주 사랑하는 사람 commandment 계명   8 pass away 사라지다   10 abide 살다   stumble 발이 걸리다
11 blind 눈이 멀게 만들다

☐ 묵상 체크

세상을 사랑하지 말라

요한일서 2:12-17 • 새찬송 436장 | 통일 493장

• 말씀묵상 전에 성령님의 인도하심을 구하는 기도를 드리십시오.

본문요약 | 저자는 독자들을 자녀들, 아비들, 청년들이라고 부르며 그들의 현 주소를 상기시킨다. 그들은 태초부터 계신 하나님을 알고 있고 죄가 사해졌으며 결국 세상과 악한 자를 이길 것이다. 신자들은 육신의 정욕, 안목의 정욕, 이생의 자랑과 같은 세상의 것을 사랑하지 말고 하나님의 뜻을 묵묵히 행해야 한다.

12 자녀들아 내가 너희에게 쓰는 것은 너희 죄가 그의 이름으로 말미암아 사함을 받았음이요
13 아비들아 내가 너희에게 쓰는 것은 너희가 태초부터 계신 이를 알았음이요 청년들아 내가 너희에게 쓰는 것은 너희가 악한 자를 이기었음이라
14 아이들아 내가 너희에게 쓴 것은 너희가 아버지를 알았음이요 아비들아 내가 너희에게 쓴 것은 너희가 태초부터 계신 이를 알았음이요 청년들아 내가 너희에게 쓴 것은 너희가 강하고 하나님의 말씀이 너희 안에 거하시며 너희가 흉악한 자를 이기었음이라
15 이 세상이나 세상에 있는 것들을 사랑하지 말라 누구든지 세상을 사랑하면 아버지의 사랑이 그 안에 있지 아니하니
16 이는 세상에 있는 모든 것이 육신의 정욕과 안목의 정욕과 이생의 자랑이니 다 아버지께로부터 온 것이 아니요 세상으로부터 온 것이라
17 이 세상도, 그 정욕도 지나가되 오직 하나님의 뜻을 행하는 자는 영원히 거하느니라

1. 오늘 하나님께서 나에게 주신 깨달음은 무엇입니까?

2. 말씀을 어떻게 내 삶에 구체적으로 적용해야 합니까?

절별 해설

12-14 자녀들아 … 아비들아 … 청년들아 내가 너희에게 쓴 것은 저자는 본절에서 독자들을 자녀(아이들), 아비들, 청년들이라는 세 개의 호격으로 지칭한다. 저자는 각 그룹에게 서신을 쓰는 이유를 설명하며 내용이 중복됨에도 불구하고 두 번에 걸쳐 순서대로(자녀→아비→청년) 알린다. 현대인의 관점에서 보았을 때 본절의 내용은 다소 장황하거나 불필요한 표현처럼 보일 수 있다. 하지만 고대 수사학에서 당면한 주제로부터 살짝 벗어나 보이는 이야기를 하는 것은 청자의 관심을 끌기 위한 일종의 기술이다.

그렇다면 자녀들, 아비들, 청년들은 누구를 가리키는 것일까? 요한일서의 용례(2:1; 5:21)에 비추어 볼 때 자녀들은 독자 전체를 가리키는 것이 분명하다. 아비들, 청년들은 독자 내의 특정 계층을 가리킨다고 보는 견해도 있으나 서신을 쓴 이유를 살펴보면 독자 전체에 해당되는 내용이다. 따라서 이러한 호칭은 수사적인 표현일 뿐 독자 전체를 가리킨다고 보는 것이 더 합당해 보인다. 죄를 사함(1:9), 태초부터 계신 이(아버지)를 앎(1:1; 2:4), 하나님의 말씀이 너희 안에 거함(1:1-3), 악한 자를 이김(5:4-5)과 같은 내용은 얼핏 보면 불필요한 것처럼 보인다. 하지만 사실 저자는 본절에서 독자들의 정체성을 상기시키면서 서신의 주요 주제들을 강조하고 있다.

15 이 세상이나 세상에 있는 것들을 사랑하지 말라 저자는 서신 전체에 걸쳐 강력한 이분법을 사용한다(2:9-10). 대표적인 예가 1장의 빛과 어둠이다. 빛 가운데 행하는 것은 하나님께 속한 것이고 어둠 가운데 행하는 것은 하나님께 속하지 않은 것이다. 하나님께 속했는지의 여부를 판별하는 또 다른 중요한 키워드로 본절에서는 "세상"이 등장한다. 세상과 세상의 것을 사랑하는 자는 하나님의 사랑과 관계없는 자이다. 이는 세상을 떠나 수도자로 살라는 것이 아니라 세상 속에서 살지만 세상의 것들에 마음을 쏟고 휘둘리지 말라는 뜻이다.

16-17 세상에 있는 모든 것이 육신의 정욕과 안목의 정욕과 이생의 자랑이니 세상에 있는 모든 것을 세 가지로 분류한다. "육신의 정욕"은 자기중심적인 인간성이 지닌 욕심을 의미하고, "안목의 정욕"은 보는 것으로 말미암아 생기는 욕심을 의미하며, "이생의 자랑"은 주로 물질적인 것과 관련하여 자랑하는 것을 말한다. 세상과 정욕은 지나가는 것인데 이는 2:8에서 저자가 어둠을 지나가는 것으로 묘사한 것을 떠올려 보면 흥미롭다. 어둠, 세상, 정욕은 지나가는 것이며 영원히 거하기 위해서는 하나님의 뜻을 성실히 행하는 것이 중요하다.

쉬운성경

12 사랑하는 자녀들이여, 내가 이 글을 쓰는 것은 그리스도를 통하여 여러분의 죄가 용서함을 받았기 때문입니다.

13 부모들이여, 내가 이 글을 쓰는 것은 태초부터 계신 그분을 당신이 알고 있기 때문입니다. 젊은이들이여, 내가 이 글을 쓰는 것은 여러분이 이미 악한 자와 싸워 이겼기 때문입니다.

14 자녀들이여, 내가 이 글을 쓴 것은 여러분이 아버지를 알고 있기 때문입니다. 부모들이여, 내가 이 글을 쓴 것은 태초부터 계신 그분을 당신이 알고 있기 때문입니다. 젊은이들이여, 내가 이 글을 쓴 것은 여러분이 강하기 때문입니다. 하나님의 말씀이 여러분 안에 살아 있으므로, 여러분은 악한 자와 싸워 이겼습니다.

15 이 세상과 세상에 속한 것들을 사랑하지 마십시오. 누구라도 이 세상을 사랑하게 되면, 그 마음속에는 하나님의 사랑이 없게 됩니다.

16 이 세상에는 악한 것들이 있습니다. 그것은 바로 우리 육신을 즐겁게 해 주는 것, 우리 눈을 즐겁게 해 주는 것, 우리들의 삶에 대해 자랑하는 것입니다. 이러한 것들은 아버지께로부터 나온 것이 아니라, 세상으로부터 나온 것입니다.

17 이 세상은 지나갈 것이며, 사람들이 이 세상에서 그토록 갖고 싶어하는 것들도 다 사라지게 됩니다. 그러나 하나님의 뜻대로 사는 사람은 영원히 살 것입니다.

저자의 **묵상**

빛과 어둠이 공존할 수 없듯이 하나님을 사랑하는 것과 세상을 사랑하는 것은 공존하지 못한다. 저자는 본문에서 세상을 사랑하는 것을 육신의 정욕, 안목의 정욕, 이생의 자랑이라는 세 가지 키워드로 표현한다. 육신의 정욕은 흔히 생각하는 것처럼 성적 욕망이라는 제한적인 의미가 아니다. 그것은 보다 포괄적인 의미를 지니는 표현으로서 자기중심적인 인간이 가지는 온갖 종류의 욕심을 가리킨다. 육신의 정욕의 최고봉은 하나님의 뜻보다 자신의 생각을 앞세우는 교만과 자만심일 것이다. 안목의 정욕은 보이는 것과 외관에만 치중하여 보이지 않는 것들의 가치를 깨닫지 못하는 무지함을 경계하는 표현이다. 믿음은 보이지 않는 것들과 아직 현실화되지 않은 것들의 중요성을 볼 수 있는 능력이다(히 11:1 참조). 이생의 자랑은 부와 재물이 주는 혜택을 의존하고 자랑하는 것이다. 이 세 가지는 일시적이고 지나가는 것들이라는 공통점이 있다. 육신은 썩고 보이는 것은 사라지며 재물은 언제든 줄어들 수 있다. 그러므로 신자는 눈에 보이지 않지만 영원하신 하나님을 의지해야 한다.

> **무릎 기도** | 하나님, 우리의 죄를 사하시고 세상을 이기는 자로 불러 주심을 감사드립니다. 세상적인 욕심과 자랑에 흔들리지 않게 하시고 주님의 뜻을 행하는 자로 살아가게 하소서.

ESV - 1 John 2

12 I am writing to you, little children, because your sins are forgiven for his name's sake.
13 I am writing to you, fathers, because you know him who is from the beginning. I am writing to you, young men, because you have overcome the evil one. I write to you, children, because you know the Father.
14 I write to you, fathers, because you know him who is from the beginning. I write to you, young men, because you are strong, and the word of God abides in you, and you have overcome the evil one.
15 Do not love the world or the things in the world. If anyone loves the world, the love of the Father is not in him.
16 For all that is in the world—the desires of the flesh and the desires of the eyes and pride of life*—is not from the Father but is from the world.
17 And the world is passing away along with its desires, but whoever does the will of God abides forever.

*2:16 Or *pride in possessions*

12 forgive 용서하다　for one's name's sake …의 이름 때문에　13 overcome 이기다　evil 악한　14 abide 살다　16 desire 욕망　flesh 육체　pride 자랑　17 pass away 사라지다　along with …와 함께

묵상 체크 ☐

45
월 일

공동체를 안전하게 지키는 방법

요한일서 2:18-29 • 새찬송 186장 | 통일 176장

• 말씀묵상 전에 성령님의 인도하심을 구하는 기도를 드리십시오.

> **본문요약** | 저자는 본문에서 적그리스도의 정체를 밝히고 공동체를 보호하는 방법을 제시한다. 적그리스도는 예수가 그리스도요 하나님의 아들임을 부인하는 자들이다. 이러한 거짓 가르침으로부터 공동체를 보호하기 위해서는 첫째, 처음부터 들었던 말씀을 굳게 붙잡아야 하고 둘째, 궁극적인 선생이신 성령을 의지해야 한다.

18 아이들아 지금은 마지막 때라 적그리스도가 오리라는 말을 너희가 들은 것과 같이 지금도 많은 적그리스도가 일어났으니 그러므로 우리가 마지막 때인 줄 아노라
19 그들이 우리에게서 나갔으나 우리에게 속하지 아니하였나니 만일 우리에게 속하였더라면 우리와 함께 거하였으려니와 그들이 나간 것은 다 우리에게 속하지 아니함을 나타내려 함이니라
20 너희는 거룩하신 자에게서 기름 부음을 받고 모든 것을 아느니라
21 내가 너희에게 쓰는 것은 너희가 ¹⁾진리를 알지 못하기 때문이 아니라 알기 때문이요 또 모든 거짓은 ¹⁾진리에서 나지 않기 때문이라
22 거짓말하는 자가 누구냐 예수께서 그리스도이심을 부인하는 자가 아니냐 아버지와 아들을 부인하는 그가 적그리스도니
23 아들을 부인하는 자에게는 또한 아버지가 없으되 아들을 시인하는 자에게는 아버지도 있느니라
24 너희는 처음부터 들은 것을 너희 안에 거하게 하라 처음부터 들은 것이 너희 안에 거하면 너희가 아들과 아버지 안에 거하리라
25 그가 우리에게 약속하신 것은 이것이니 곧 영원한 생명이니라
26 너희를 미혹하는 자들에 관하여 내가 이것을 너희에게 썼노라
27 너희는 주께 받은 바 기름 부음이 너희 안에 거하나니 아무도 너희를 가르칠 필요가 없고 오직 그의 기름 부음이 모든 것을 너희에게 가르치며 또 참되고 거짓이 없으니 너희를 가르치신 그대로 주 안에 거하라
28 자녀들아 이제 그의 안에 거하라 이는 주께서 나타내신 바 되면 그가 강림하실 때에 우리로 담대함을 얻어 그 앞에서 부끄럽지 않게 하려 함이라
29 너희가 그가 의로우신 줄 알면 의를 행하는 자마다 그에게서 난 줄을 알리라

1) 헬, 참

1. 오늘 하나님께서 나에게 주신 깨달음은 무엇입니까?

2. 말씀을 어떻게 내 삶에 구체적으로 적용해야 합니까?

절별 해설

18-19 아이들아 지금은 마지막 때라 적그리스도가 오리라는 말을 너희가 들은 것과 같이 지금도 많은 적그리스도가 일어났으니 앞에서 언급한 바(2:12-14 절별해설 참조)와 같이 "아이들"이라는 호칭은 독자 전체를 가리킨다. 저자는 독자들을 아이들이라고 부름으로써 자신의 신앙적 권위를 다시 한번 확인한 뒤 경고의 메시지를 전달한다. 저자는 반대자들을 다소 과격한 용어인 '적그리스도'로 칭하는데 여기서 적그리스도란 사탄이 아니라 거짓 선생들을 말한다. 19절에 따르면 거짓 선생은 본래 "우리" 공동체에 속하였으나 현재는 그곳을 나간 사람들을 가리킨다. 우리에게 속하지 않았기 때문에 그들을 거짓 선생이라고 말하는 것은 자칫 독단적인 것처럼 보일 수도 있다. 하지만 앞서 이야기했듯이(1:1-4) "우리"는 예수님에게로 거슬러 올라가는 사도적 가르침의 소유자들이다. 다시 말해 우리에게 속하지 않은 것은 예수 그리스도에게 속하지 않은 것과 다름없다. 그런 면에서 그들을 적그리스도라고 칭하는 것은 놀라운 일이 아니다.

22-23 거짓말하는 자가 누구냐 예수께서 그리스도이심을 부인하는 자가 아니냐 "예수"는 그의 인성을, "그리스도"는 신성을 가리킨다. 18-19절에서 적그리스도를 언급했다면 본 절에서는 적그리스도의 정체를 보다 상세하게 설명한다. 적그리스도는 거짓말하는 자이고(26절, "미혹하는 자") 그 내용은 예수가 그리스도요 하나님의 아들임을 부인하는 것이다. 당시 이단 중에는 예수를 선지자로서 인정하나 하나님의 아들 또는 메시아로서는 부정하는 자들이 있었다. 저자는 예수가 그리스도요 하나님의 아들임을 부인하는 것의 의미를 서신의 후반부에서 다룬다(4:2-3; 5:20). 간략히 말하자면 그것은 예수님의 인성과 신성의 특정 면모를 부인하는 것과 관련되어 있다.

24 너희는 처음부터 들은 것을 너희 안에 거하게 하라 적그리스도, 즉 거짓 선생들로부터 공동체를 보호하는 첫 번째 방법은 "처음부터 들은 것"을 붙잡고 지키는 것이다. 처음부터 들은 것은 사도들을 통한 가르침으로 예수 그리스도의 복음을 의미한다. 본서에서 "거한다"는 동사는 지적 동의뿐 아니라 실천과 순종을 포함한다. 독자들은 신자가 된 후로 처음부터 들었던 복음의 메시지, 즉 예수가 그리스도요 하나님의 아들이라는 사실을 끝까지 붙잡아야 한다.

27 주께 받은 바 기름 부음이 너희 안에 거하나니 아무도 너희를 가르칠 필요가 없고 거짓 선생들로부터 공동체를 보호하는 두 번째 방법은 성령을 의지하는 것이다. 성령이 진정

쉬운성경

18 사랑하는 자녀들이여, 마지막 때가 가까워 오고 있습니다. 그리스도의 적이 올 것이라는 말을 여러분은 들었으며, 이미 그리스도의 적들이 많이 나타났습니다. 그래서 우리들은 마지막이 가까웠다는 사실을 알 수 있습니다.

19 그 적들은 우리의 모임 안에 있었습니다. 그러나 그들은 정말로 우리에게 속한 자들이 아니었기 때문에 우리를 떠나갔습니다. 만약 그들이 정말로 우리 모임의 일부분이었다면, 우리와 함께 머물렀을 것입니다. 그러나 그들은 떠나갔고, 이 사실은 그들 중 어느 누구도 우리에게 속한 자가 아니었다는 것을 보여줍니다.

20 여러분은 거룩하신 분이 주신 선물을 가지고 있습니다. 그러므로 여러분 모두는 진리를 알고 있습니다.

21 왜 내가 이 글을 쓰고 있습니까? 여러분이 진리를 모르고 있기 때문입니까? 그렇지 않습니다. 내가 이 편지를 쓰는 이유는 여러분이 정말로 진리를 알고 있기 때문이며, 또한 진리로부터는 어떠한 거짓말도 나올 수 없음을 알고 있기 때문입니다.

22 그렇다면 누가 거짓말쟁이입니까? 예수님께서 그리스도가 아니라고 말하는 사람이 아니겠습니까? 예수님을 그리스도가 아니라고 말하는 사람은 그리스도의 적입니다. 그는 하나님 아버지도, 그의 아들도 믿지 않습니다.

23 누구든지 아들을 믿지 않으면 아버지도 잃게 되고, 아들을 인정하게 되면 아버지도 얻게 됩니다.

24 여러분이 처음부터 들은 가르침을 따라 살아가기를 계속하십시오. 그 가르침 안에서 계속 살아갈 때, 여러분은 아들과 아버지 안에 머물 수 있게 됩니다.

25 이것이 바로 그분이 우리에게 약속하신 그것, 영원한 생명인 것입니다.

26 나는 여러분을 잘못된 길로 인도하려는 사람들에 관하여 이 편지를 쓰고 있습니다.

한 선생이 되시기 때문에 독자들은 다른 선생이나 다른 가르침이 필요하지 않다. 성령이 신자들에게 모든 것을 가르칠 것이라는 저자의 주장은 요한복음의 말씀을 상기시킨다. "보혜사 곧 아버지께서 내 이름으로 보내실 성령 그가 너희에게 모든 것을 가르치고 내가 너희에게 말한 모든 것을 생각나게 하리라"(요 14:26).

28 주께서 나타내신 바 되면 그가 강림하실 때에 예수님이 다시 오실 것(헬, 파루시아)에 대해 말한다. 원래 '파루시아'는 로마인들에게 황제의 방문을 뜻했다. 저자는 본절에서 이 단어를 사용하여 예수님이 왕으로서 영광스럽게 오시는 광경을 암시한다. 예수님의 다시 오심을 바라보면서 소망을 가지고 거룩한 생활을 할 것을 권면한다.

27 그리스도께서는 여러분에게 특별한 선물을 주셨습니다. 여러분은 이 선물을 갖고 있기 때문에 어떤 다른 선생으로부터 가르침을 받지 않아도 됩니다. 성령께서는 모든 것을 가르쳐 주시며 진실되고 거짓이 없으십니다. 그러므로 성령이 가르치시는 대로 그리스도 안에서 살아가기를 계속하십시오.

28 나의 사랑하는 자녀들이여, 그리스도 안에서 살아가십시오. 우리가 이렇게 살아가면 그리스도가 다시 오시는 날, 두려워하지 않아도 될 것입니다. 우리는 숨을 필요도 없고, 그분 앞에서 부끄러워할 이유도 없을 것입니다.

29 하나님께서 의로운 분이심을 여러분은 알고 있을 것입니다. 그렇다면 옳은 일을 하는 사람만이 하나님의 자녀가 될 수 있다는 사실을 기억하십시오.

저자의 묵상

오늘 본문에 따르면 성부, 성자, 성령은 긴밀하게 연결되어 있다. 이 때문에 성자 예수님을 부인하는 것은 성부 하나님을 부인하는 것과 동일한 효과를 지닌다. 또한 내주하시는 성령은 신자들에게 성자 예수님이 그리스도인 것을 지속적으로 확신시킨다. 본서의 저자는 거짓 가르침을 분별하고 공동체를 안전하게 지킬 수 있는 방법으로써 처음 들은 복음을 지키며 내주하시는 성령을 의지할 것을 강조한다. 예수님께서 부활, 승천하신 후로는 성령이 신자들의 참 선생이 되신다. 그렇기 때문에 '아무도 너희를 가르칠 필요가 없고 오직 그의 기름 부음이 모든 것을 너희에게 가르칠'(27절) 것이라고 말한다. 이 말은 영적 지도자와 신앙 공동체가 더 이상 필요하지 않다는 뜻이 아니다. 성령은 예수님이 가르치신 것을 생각나게 하는 분이기 때문에(요 14:26) 성령의 가르침을 잘 따라가면 신자들이 결국 하나님과 예수님을 더욱 잘 믿고 섬기게 될 것이라는 의미다.

> **무릎기도** 하나님, 거짓 선생들이 거짓 교훈으로 미혹하는 이 마지막 때에 분별력을 허락하여 주소서. 처음 주신 말씀을 굳게 붙잡고 성령을 따라 행하게 하소서.

ESV - 1 John 2

18 Children, it is the last hour, and as you have heard that antichrist is coming, so now many antichrists have come. Therefore we know that it is the last hour.

19 They went out from us, but they were not of us; for if they had been of us, they would have continued with us. But they went out, that it might become plain that they all are not of us.

20 But you have been anointed by the Holy One, and you all have knowledge.*

21 I write to you, not because you do not know the truth, but because you know it, and because no lie is of the truth.

22 Who is the liar but he who denies that Jesus is the Christ? This is the antichrist, he who denies the Father and the Son.

23 No one who denies the Son has the Father. Whoever confesses the Son has the Father also.

24 Let what you heard from the beginning abide in you. If what you heard from the beginning abides in you, then you too will abide in the Son and in the Father.

25 And this is the promise that he made to us*—eternal life.

26 I write these things to you about those who are trying to deceive you.

27 But the anointing that you received from him abides in you, and you have no need that anyone should teach you. But as his anointing teaches you about everything, and is true, and is no lie—just as it has taught you, abide in him.

28 And now, little children, abide in him, so that when he appears we may have confidence and not shrink from him in shame at his coming.

29 If you know that he is righteous, you may be sure that everyone who practices righteousness has been born of him.

*2:20 Some manuscripts *you know everything*
*2:25 Some manuscripts *you*

18 as…, so~ …와 마찬가지로 ~하다 antichrist 적그리스도   19 continue 머무르다 plain 명백한   20 anoint 기름을 바르다
22 liar 거짓말쟁이 deny 부인하다   23 confess 시인하다   24 abide 머무르다   25 eternal life 영생   26 deceive 속이다
28 appear 나타나다 confidence 확신 shrink 주눅이 들다 shame 수치   29 righteous 의로운 be born of …에서 태어나다

묵상 체크 ☐

 성결한 삶

요한일서 3:1-10 • 새찬송 289장 | 통일 208장

• 말씀묵상 전에 성령님의 인도하심을 구하는 기도를 드리십시오.

본문요약 ㅣ 마귀에게 속한 자는 죄를 짓고 형제를 사랑하지 아니하며 하나님께 속한 자는 죄를 짓지 않고 형제를 사랑한다. 신자가 죄를 짓지 않는다는 선언은 과감해 보인다. 하지만 이것은 신자가 전혀 죄를 짓지 않는다는 의미가 아니다. 성령의 내주하심으로 인해 지속적으로 혹은 습관적으로 죄를 짓지 않는다는 것이다.

1 보라 아버지께서 어떠한 사랑을 우리에게 베푸사 하나님의 자녀라 일컬음을 받게 하셨는가, 우리가 그러하도다 그러므로 세상이 우리를 알지 못함은 그를 알지 못함이라
2 사랑하는 자들아 우리가 지금은 하나님의 자녀라 장래에 어떻게 될지는 아직 나타나지 아니하였으나 그가 나타나시면 우리가 그와 같을 줄을 아는 것은 그의 참모습 그대로 볼 것이기 때문이니
3 주를 향하여 이 소망을 가진 자마다 그의 깨끗하심과 같이 자기를 깨끗하게 하느니라
4 죄를 짓는 자마다 불법을 행하나니 죄는 불법이라
5 그가 우리 죄를 없애려고 나타나신 것을 너희가 아나니 그에게는 죄가 없느니라
6 그 안에 거하는 자마다 범죄하지 아니하나니 범죄하는 자마다 그를 보지도 못하였고 그를 알지도 못하였느니라
7 자녀들아 아무도 너희를 미혹하지 못하게 하라 의를 행하는 자는 그의 의로우심과 같이 의롭고
8 죄를 짓는 자는 마귀에게 속하나니 마귀는 처음부터 범죄함이라 하나님의 아들이 나타나신 것은 마귀의 일을 멸하려 하심이라
9 하나님께로부터 난 자마다 죄를 짓지 아니하나니 이는 하나님의 씨가 그의 속에 거함이요 그도 범죄하지 못하는 것은 하나님께로부터 났음이라
10 이러므로 하나님의 자녀들과 마귀의 자녀들이 드러나나니 무릇 의를 행하지 아니하는 자나 또는 그 형제를 사랑하지 아니하는 자는 하나님께 속하지 아니하니라

1. 오늘 하나님께서 나에게 주신 깨달음은 무엇입니까?

2. 말씀을 어떻게 내 삶에 구체적으로 적용해야 합니까?

절별 해설

1 어떠한 사랑을 우리에게 베푸사 하나님의 자녀라 일컬음을 받게 하셨는가 본절은 1-2장에서 다루었던 몇 가지 키워드를 통해 신자들의 상태를 설명한다. 하나님이 '사랑'을 베푸셔서 그들은 하나님의 '자녀'가 되었다. 하나님과 전혀 다른 방식으로 존재하는 '세상'은 어둠 가운데 행하고 죄를 범하며 하나님을 '알지 못한다'. 따라서 세상은 하나님의 자녀인 신자들도 알지 못한다.

2-3 그가 나타나시면 우리가 그와 같을 줄을 아는 것은 … 그의 깨끗하심과 같이 자기를 깨끗하게 하느니라 하나님께 속한 자는 빛 가운데 거하며 의를 행하고, 세상에 속한 자는 어둠 가운데 행하며 죄를 짓는다는 개념은 앞에서 이미 다루었다. 저자는 이 개념을 심화시키기 위해 독자들의 시선을 종말로 향하게 한다. 예수님이 다시 나타나실 때 우리는 그와 같게 될 것이라는 소망의 선언을 한다. 이러한 미래의 소망은 현재 신자의 행동에도 영향을 준다. 신자들은 다시 나타나실 예수님의 깨끗하심을 생각하며 지금 이곳에서 깨끗한 삶을 살아가야 한다.

4 죄는 불법이라 율법은 모세의 율법만이 아니라 근본적으로 하나님의 뜻과 계명(2:4)을 말한다. 따라서 죄란 하나님의 뜻을 어기는 모든 생각이나 행동이다. 그것은 원수인 마귀의 편에 서는 것이기 때문에 심각한 문제이다.

6 그 안에 거하는 자마다 범죄하지 아니하나니 본절에서 "그"가 하나님을 지칭하는지 예수님을 지칭하는지에 대해서는 학자들 간에 합의를 이루지 못하고 있다. 5절("그가 우리 죄를 없애려고 나타나신 것을 너희가 아나니")을 고려하면 본절의 "그"는 예수님을 가리키는 것 같지만, 요한일서에서 '거하다'라는 동사가 하나님과 주로 짝을 이루는 것(4:15)을 생각하면 본절의 "그"는 하나님을 가리키는 것 같다. 하지만 더 중요한 문제는 '하나님(예수님) 안에 거하는 자마다 범죄하지 않는다'는 선언을 어떻게 해석할 것인가이다. 다양한 해석이 있지만, 가장 설득력 있는 해석은 본절에서 '범죄하다'(헬, 하마르타노)라는 동사가 현재 시제라는 점에 주목한다. 헬라어 현재 시제의 용법 중 하나는 행동의 지속성을 나타낸다. 즉 하나님(예수님) 안에 있는 자가 죄를 아예 안 짓는 것은 아니지만(1:8) 습관적으로 혹은 지속적으로 지을 수는 없다는 것이다.

7-8 의를 행하는 자는 그의 의로우심과 같이 의롭고 죄를 짓는 자는 마귀에게 속하나니 마귀는 처음부터 범죄함이라 본서에는 다양한 이원론이 등장한다. 빛과 어둠(1:5), 진리와 거짓말(1:6), 형제를 사랑함과 미워함(2:9-10), 하나님께 속한 것과 세상에 속한 것(2:15-17)과 같이 대조되는 개념을 통해 메시

쉬운성경

1 아버지께서 우리를 얼마나 사랑하고 계신지 생각해 보십시오. 하나님께서는 우리를 너무나 사랑하셔서, 우리를 그분의 자녀라고 불러 주셨습니다. 이제 우리는 정말로 그분의 자녀입니다. 그러나 세상 사람들은 우리를 이해하지 못합니다. 왜냐하면 그들은 하나님을 모르기 때문입니다.

2 사랑하는 친구들이여, 우리는 분명한 하나님의 자녀입니다. 우리가 아직은 미래에 어떤 모습으로 있게 될지 알 수 없지만, 그리스도께서 다시 오실 그때에는 우리의 모습이 그와 같을 줄을 알고 있습니다. 우리는 그분의 참모습을 보게 될 것입니다.

3 예수 그리스도는 깨끗하신 분이십니다. 적어도 그리스도 안에서 이러한 소망을 가지고 있는 사람이라면 그리스도와 같이 자기 자신을 깨끗하게 지켜야 할 것입니다.

4 죄를 짓는 자는 하나님의 법을 깨뜨리는 사람입니다. 죄를 짓는다는 것은 하나님의 법을 어기며 사는 것과 같습니다.

5 여러분도 알고 있는 것처럼, 그리스도는 죄를 없애기 위해 오셨으며, 그리스도께서는 죄가 없으십니다.

6 그러므로 그리스도 안에 사는 사람은 더 이상 죄를 짓지 않습니다. 만약 그가 계속하여 죄를 짓는다면, 그는 그리스도를 진정 이해하지 못한 것이며, 또한 그리스도를 알았다고도 할 수 없을 것입니다.

7 사랑하는 자녀들이여, 어느 누구라도 여러분을 잘못된 길로 인도하지 못하게 하십시오. 그리스도께서 의로우신 것처럼 의를 행하는 사람은 의로운 사람입니다.

8 마귀는 태초부터 지금까지 죄를 지어 오고 있습니다. 계속하여 죄를 짓는 사람은 마귀에게 속한 자입니다. 하나님의 아

절별 해설

지를 전달한다. 본절에서는 의를 행하는 것과 죄를 짓는 것을 대조한다. 그리고 무엇을 행하는가의 문제는 결국 누구에게 속해 있느냐에 달려 있다고 말한다. 하나님(예수님)에게 속한 자는 의를 행하고 사탄에게 속한 자는 죄를 짓는다.

9 이는 하나님의 씨가 그의 속에 거함이요 본절은 6절과 마찬가지로 신자가 죄를 짓지 않는다는 선언을 하는데, 이는 "하나님의 씨"가 그 속에 거하기 때문이라는 말을 덧붙인다. 여기서 하나님의 씨란 성령을 비유적으로 가리킨다. 즉 성령이 내주하심으로 인해 신자는 지속적으로 죄를 짓지 않는다.

> 들은 바로 이 마귀의 일을 멸하기 위해서 오셨습니다.
>
> 9 하나님께서 누군가를 그의 자녀로 삼으셨을 때, 그 사람은 더 이상 죄를 짓지 않습니다. 그것은 하나님께서 주신 새로운 삶의 씨가 그의 안에 머무르게 되기 때문입니다. 그는 이제 하나님의 자녀가 되었기 때문에 계속하여 죄를 짓고 살 수 없습니다.
>
> 10 이것으로 우리는 누가 하나님의 자녀이며, 누가 마귀의 자녀인지를 알 수 있습니다. 올바른 일을 행하지 않는 사람은 하나님의 자녀가 아닙니다. 그리고 자기 형제를 사랑하지 않는 사람도 하나님의 자녀가 아닙니다.

저자의 묵상

본서의 저자는 "하나님의 자녀는 하나님의 자녀답게 살아야 합니다"라고 말하지 않고 "하나님의 자녀는 하나님의 자녀답게 살 수밖에 없습니다"라고 이야기한다. 즉 우리의 신분이 우리의 행위를 결정짓는다는 말이다. 사탄에게 속한 자는 지속적으로 죄를 짓고 하나님께 속한 자는 지속적으로 죄를 지을 수 없다. 본문에 따르면 신자가 계속 죄를 지을 수 없는 것은 예수님과 성령의 덕분이다. 예수님의 속죄함으로 인해 신자는 더 이상 사탄과 죄의 세력 아래 머물지 않는다(8절). 사탄과 죄의 세력 아래 있을 때 우리는 죄를 지을 수밖에 없는 존재였지만 이제는 죄를 짓지 않을 수 있는 가능성이 허락되었다. 또한 마지막 날에 우리가 성결한 예수님과 같은 존재가 될 것이라는 소망은 신자들이 지금 여기에서 성결의 삶을 살아가게 하는 촉매제가 된다(2-3절). 내주하시는 성령의 인도하심을 받는 신자는 비록 실패할 때가 있을지라도 지속적으로 죄를 지을 수 없으며 의로운 삶을 추구하게 된다.

무릎기도 하나님, 우리를 자녀 삼으셔서 하나님께 속한 자로 불러 주심을 감사드립니다. 날마다 내주하시는 성령을 의지하여 죄를 멀리 하고 형제자매를 더욱 사랑하게 하소서.

ESV - 1 John 3

1 See what kind of love the Father has given to us, that we should be called children of God; and so we are. The reason why the world does not know us is that it did not know him.

2 Beloved, we are God's children now, and what we will be has not yet appeared; but we know that when he appears* we shall be like him, because we shall see him as he is.

3 And everyone who thus hopes in him purifies himself as he is pure.

4 Everyone who makes a practice of sinning also practices lawlessness; sin is lawlessness.

5 You know that he appeared in order to take away sins, and in him there is no sin.

6 No one who abides in him keeps on sinning; no one who keeps on sinning has either seen him or known him.

7 Little children, let no one deceive you. Whoever practices righteousness is righteous, as he is righteous.

8 Whoever makes a practice of sinning is of the devil, for the devil has been sinning from the beginning. The reason the Son of God appeared was to destroy the works of the devil.

9 No one born of God makes a practice of sinning, for God's* seed abides in him; and he cannot keep on sinning, because he has been born of God.

10 By this it is evident who are the children of God, and who are the children of the devil: whoever does not practice righteousness is not of God, nor is the one who does not love his brother.

* 3:2 Or *when it appears*
* 3:9 Greek *his*

2 beloved 아주 사랑하는 사람 not yet 아직도 …않다 appear 나타나다   3 purify 정화하다   4 lawlessness 무법   5 in order to 위하여 take away 제거하다   6 abide 살다 keep on doing 계속 …하다   7 deceive 속이다 righteousness 의로움   8 sin 죄를 짓다 destroy 멸망시키다   9 seed 씨   10 evident 분명한

묵상 체크 ☐

47

행함으로 실천하는 사랑

요한일서 3:11-18 • 새찬송 459장 | 통일 514장

· 말씀묵상 전에 성령님의 인도하심을 구하는 기도를 드리십시오.

> **본문요약** ㅣ 본문에서 사랑은 교회 안에서의 사랑을 의미한다. 형제자매를 사랑하는 것을 통해 어떤 사람이 생명에 속해 있는지 사망에 속해 있는지를 판별할 수 있다. 서로 사랑하는 것은 철저한 자기희생을 요구한다. 예수님이 자기 목숨을 버리기까지 사랑하셨듯이 신자의 사랑은 말에서 그치는 것이 아니라 행동으로 표현되어야 한다.

11 우리는 서로 사랑할지니 이는 너희가 처음부터 들은 소식이라
12 가인 같이 하지 말라 그는 악한 자에게 속하여 그 １⁾아우를 죽였으니 어떤 이유로 죽였느냐 자기의 행위는 악하고 그의 １⁾아우의 행위는 의로움이라
13 형제들아 세상이 너희를 미워하여도 이상히 여기지 말라
14 우리는 형제를 사랑함으로 사망에서 옮겨 생명으로 들어간 줄을 알거니와 사랑하지 아니하는 자는 사망에 머물러 있느니라
15 그 형제를 미워하는 자마다 살인하는 자니 살인하는 자마다 영생이 그 속에 거하지 아니하는 것을 너희가 아는 바라
16 그가 우리를 위하여 목숨을 버리셨으니 우리가 이로써 사랑을 알고 우리도 형제들을 위하여 목숨을 버리는 것이 마땅하니라
17 누가 이 세상의 재물을 가지고 형제의 궁핍함을 보고도 도와 줄 마음을 닫으면 하나님의 사랑이 어찌 그 속에 거하겠느냐
18 자녀들아 우리가 말과 혀로만 사랑하지 말고 행함과 진실함으로 하자

1. 오늘 하나님께서 나에게 주신 깨달음은 무엇입니까?

2. 말씀을 어떻게 내 삶에 구체적으로 적용해야 합니까?

1) 헬, 형제

절별 해설

11 서로 사랑할지니 이는 너희가 처음부터 들은 소식이라 서로 사랑하라는 계명은 독자들이 하나님의 자녀가 된 처음 순간부터 들어왔던 말씀이다. 이는 요한복음에 기록된 예수님이 주신 계명을 상기시킨다. "새 계명을 너희에게 주노니 서로 사랑하라 내가 너희를 사랑한 것 같이 너희도 서로 사랑하라"(요 13:34). 본서의 중요한 주제 중 하나는 예수님에게로 거슬러 올라가는 사도적 가르침에 귀를 기울이고 순종하는 것이다. 서로 사랑은 예수님이 먼저 명하신 것이고 본서의 독자들이 여전히 붙들고 지켜야 할 계명이다.

12-13 가인 같이 하지 말라 그는 악한 자에게 속하여 그 아우를 죽였으니 저자는 서로 사랑의 원리를 설명하기 위해 가인을 예로 든다. 가인이 동생 아벨을 미워하고 죽인 이유는 두 가지다. 첫째, 그가 악한 자에게 속했기 때문이다. 누구에게 속해 있느냐는 어떻게 행동하느냐와 긴밀하게 연결된다. 마귀는 처음부터 살인한 자였기에(요 8:44) 그에게 속한 가인이 살인을 저지른 것은 놀랍지 않다. 둘째, 동생 아벨의 행위가 의롭기 때문이다. 악한 자는 의로운 자를 미워하고 이것이 살인이라는 결과로 이어진 것이다. 이는 13절의 내용과 연결된다. 세상은 악하기 때문에 의로운 신자들을 미워하는 것은 놀라운 일이 아니다.

14-15 우리는 형제를 사랑함으로 사망에서 옮겨 생명으로 들어간 줄을 알거니와 "형제를 사랑함으로"에 쓰인 헬라어 접속사는 '호티'(~때문에)이다. 직역하자면 우리가 형제를 사랑하기 때문에 생명에 속한 존재임을 알 수 있다는 것이다. 여기서 저자가 의미하는 바는 형제를 사랑한 것이 원인이 되어 어떤 사람이 구원받는 결과를 얻게 된다는 것이 아니다. 형제를 사랑하는 것을 보니 그 사람이 구원받은 사람임을 확인할 수 있다는 뜻이다. 즉 겉으로 표현된 행위는 그 사람의 영적 상태를 보여준다. 15절은 14절과 내용 면에서 동일하고 표현만 다를 뿐이다.

16-17 그가 우리를 위하여 목숨을 버리셨으니 우리가 이로써 사랑을 알고 우리도 형제들을 위하여 목숨을 버리는 것이 마땅하니라 3:2-3에서 예수님이 깨끗한 삶의 모본이었듯이 16절에서 예수님은 사랑하는 삶의 모본으로 제시된다. 목숨까지 버리셨던 예수님은 신자들의 사랑이 어떤 모습을 지녀야 하는지를 보여주신다. 목숨을 버리는 행위는 철저한 자기희생을 의미한다. 여기에는 실제로 목숨을 버리는 일도 포함되겠지만 더 많은 행위, 가령 궁핍한 형제를 재물로 돕는 것도 포함된다(17절). 하나님 사랑과 형제 사랑은 긴밀하게 연결되어 있다.

쉬운성경

11 여러분이 처음부터 들어 온 말씀은 우리가 서로 사랑해야 한다는 것입니다.

12 악한 자에게 속했던 가인과 같이 되지 마십시오. 가인은 자기 동생을 죽였습니다. 자기 동생을 죽인 이유는 자기는 악한 일을 했고, 동생은 선한 일을 했기 때문입니다.

13 형제 여러분, 이 세상 사람들이 여러분을 미워할 때, 놀라지 마십시오.

14 우리는 죽음을 벗어나 생명으로 옮기웠음을 알고 있습니다. 우리는 이것을 그리스도 안에서 우리 형제들을 서로서로 사랑함으로써 알 수 있습니다. 서로 사랑하지 않는 사람은 죽음 가운데 거하는 사람입니다.

15 자기 형제를 미워하는 사람은 누구나 살인자입니다. 여러분도 아시다시피 살인자에게는 영원한 생명이 있을 수 없습니다.

16 예수께서 우리를 위하여 그의 생명을 주심으로써 우리는 진실한 사랑이 어떠한 것인지를 알게 되었습니다. 그러므로 우리도 우리 형제를 위하여 우리 생명을 내어 줌이 마땅합니다.

17 어떤 한 믿는 사람이 자기가 필요로 하는 것은 다 가질 수 있을 만큼 부자라고 합시다. 만약 그가 가난하고 필요한 것들을 갖지 못한 형제를 보고도, 그 형제를 돕지 않는다면 어떻겠습니까? 그는 마음속에 하나님의 사랑이 없는 사람일 것입니다.

18 자녀들이여, 우리는 말로만 사랑하는 사람이 되어서는 안 됩니다. 우리의 사랑은 진실되어야 합니다. 그리고 우리는 행함으로써 그 사랑을 보여야 할 것입니다.

저자의 묵상

사랑을 종종 느낌이나 분위기로 묘사하는 현대적인 개념과 달리 본문은 사랑을 철저히 행동의 관점에서 묘사한다. 고백뿐인 사랑은 힘이 없다. 아니, 그러한 사랑은 존재하지 않는다. 사랑한다는 고백은 그 고백을 확인할 수 있는 실제적인 행동으로 나타나야 한다. 도울 수 있는 능력과 자원이 있음에도 불구하고 어려움을 겪는 형제자매를 보며 눈을 감고 아무 일도 없는 듯이 행동한다면 그에게는 사랑이 없으며 결국 하나님께 속하지 않은 자다. 여기서 예수님은 사랑의 모델로 제시된다. 예수님이 우리를 위해 목숨을 버린 사건 안에서 우리는 참 사랑이 무엇인지를 깨닫게 된다(16절, "우리가 이로써 사랑을 알고"). 참 사랑은 자기를 희생하여 다른 이를 살리는 것이다. 예수님은 우리를 위해 목숨까지 버리시며 죽음으로부터 살려 내셨다. 성도는 이를 본받아 형제자매를 위해 우리의 것을 기쁨으로 희생하여 그들의 필요를 채우고 풍성한 삶을 선사해야 할 것이다.

> **무릎기도** 자신의 목숨을 버리기까지 사랑하신 예수님, 우리가 그 사랑을 본받아 주 안에서 형제요 자매된 이들을 죽기까지 사랑하되 말이 아닌 행동으로 실천하게 하소서.

ESV - 1 John 3

11 For this is the message that you have heard from the beginning, that we should love one another.
12 We should not be like Cain, who was of the evil one and murdered his brother. And why did he murder him? Because his own deeds were evil and his brother's righteous.
13 Do not be surprised, brothers,* that the world hates you.
14 We know that we have passed out of death into life, because we love the brothers. Whoever does not love abides in death.
15 Everyone who hates his brother is a murderer, and you know that no murderer has eternal life abiding in him.
16 By this we know love, that he laid down his life for us, and we ought to lay down our lives for the brothers.
17 But if anyone has the world's goods and sees his brother in need, yet closes his heart against him, how does God's love abide in him?
18 Little children, let us not love in word or talk but in deed and in truth.

* 3:13 Or *brothers and sisters*. In New Testament usage, depending on the context, the plural Greek word *adelphoi* (translated "brothers") may refer either to *brothers* or to *brothers* and *sisters*; also verses 14, 16

12 evil 악한 murder 죽이다 deed 행위 righteous 의로운 14 abide 살다 15 eternal life 영생 16 ought to …해야 한다 lay down 버리다 17 goods 재산 in need 궁핍한

☐ 묵상 체크

48
월 일

마음을 굳세게 하라
요한일서 3:19-24 • 새찬송 382장 | 통일 432장

• 말씀묵상 전에 성령님의 인도하심을 구하는 기도를 드리십시오.

> **본문요약** | 예수님을 믿고 "서로 사랑하라"는 계명을 지키는 자는 진리와 하나님께 속한 자이다. 하지만 실수하고 넘어질 때 이러한 확신이 흔들릴 수도 있다. 그때 신자는 요동하는 자신의 마음에 좌지우지되지 말아야 한다. 오히려 모든 것을 아시는 하나님을 바라보며 확신 가운데 그분께 나아가 원하는 것들을 구해야 한다.

19 이로써 우리가 ¹⁾진리에 속한 줄을 알고 또 우리 마음을 주 앞에서 굳세게 하리니
20 이는 우리 마음이 혹 우리를 책망할 일이 있어도 하나님은 우리 마음보다 크시고 모든 것을 아시기 때문이라
21 사랑하는 자들아 만일 우리 마음이 우리를 책망할 것이 없으면 하나님 앞에서 담대함을 얻고
22 무엇이든지 구하는 바를 그에게서 받나니 이는 우리가 그의 계명을 지키고 그 앞에서 기뻐하시는 것을 행함이라
23 그의 계명은 이것이니 곧 그 아들 예수 그리스도의 이름을 믿고 그가 우리에게 주신 계명대로 서로 사랑할 것이니라
24 그의 계명을 지키는 자는 주 안에 거하고 주는 그의 안에 거하시나니 우리에게 주신 성령으로 말미암아 그가 우리 안에 거하시는 줄을 우리가 아느니라

1. 오늘 하나님께서 나에게 주신 깨달음은 무엇입니까?

2. 말씀을 어떻게 내 삶에 구체적으로 적용해야 합니까?

1) 헬. 참

절별 해설

19-20 이로써 우리가 진리에 속한 줄을 알고 "이로써"는 3:18을 가리킨다. 성도가 말과 혀로만 사랑하지 않고 행함과 진실함으로 사랑함으로써 진리에 속한 줄을 안다. 겉으로 드러나는 행위를 통해 행위자의 내면 혹은 영적 상태를 알 수 있다는 저자의 신학은 여기서도 분명히 나타난다.

또 우리 마음을 주 앞에서 굳세게 하리니 … 하나님은 우리 마음보다 크시고 모든 것을 아시기 때문이라 진리에 속해 있음을 알았다면 이제 성도는 마음을 굳세게 할 필요가 있다. 저자는 여기서 끊임없이 요동하는 마음을 신뢰하지 말고 모든 것을 아시는 하나님을 신뢰함으로써 마음을 다스릴 것을 주문한다. 하나님은 성도의 연약함을 아실 뿐 아니라 그럼에도 불구하고 끝까지 우리를 사랑해 주시는 분이다(롬 8:31-34). 잘못과 죄를 저질렀을 때, 설령 마음이 우리를 책망한다 하더라도 진리에 속해 있음을 아시는 하나님을 바라보며 확신 가운데 서 있으라는 초청의 메시지다.

21-22 만일 우리 마음이 우리를 책망할 것이 없으면 하나님 앞에서 담대함을 얻고 무엇이든지 구하는 바를 그에게서 받나니 마음이 우리를 책망할 것이 없다는 것은 죄를 전혀 짓지 않는 상태를 말하는 것이 아니다. 여전히 죄를 짓고 실수할 때가 있지만 우리가 진리와 하나님께 속해 있음을 믿음으로 받아들이는 것이다. 그럴 때 성도는 담대함으로 하나님께 기도하고 구하는 바를 받을 수 있다. 이것은 우리가 주님 안에 거하면 구하는 것이 이루어진다는 요한복음의 말씀을 상기시킨다(요 15:7).

이는 우리가 그의 계명을 지키고 그 앞에서 기뻐하시는 것을 행함이라 헬라어 원문은 22절의 두 문장 사이의 인과 관계를 분명히 밝힌다. 우리가 계명을 지키고 행하기 때문에(원인) 무엇이든지 구하는 바를 그에게서 받는다(결과). 하지만 이것은 계명을 지키는 것이 원인이 되어 하나님께 기도한 것이 응답된다는 뜻이 아니다. 위의 원인과 결과 사이에 위치한 중요한 명제가 있다. 그것은 바로 계명을 지키는 자는 주 안에 거하는 자라는 것이다(24절). 따라서 본절의 의미를 풀어 쓰자면 다음과 같다. 계명을 지키는 자는 주 안에 거하는 자이고, 그는 무엇이든지 구하는 바를 하나님께서 받을 수 있다.

23 그의 계명은 이것이니 … 서로 사랑할 것이니라 저자가 생각하는 계명 준수가 무엇인지 명시적으로 밝힌다. 그것은 바로 예수님을 믿고 그가 주신 서로 사랑의 계명을 준수하는 것이다.

쉬운성경

19 이를 통해 우리가 진리에 속하였음을 알 수 있게 되며, 하나님 앞에서도 평안할 수 있게 됩니다.

20 우리의 양심이 우리를 책망하는데, 우리의 양심보다 크시며, 또한 모든 것을 아시는 하나님께서는 얼마나 더 우리를 책망하시겠습니까?

21 사랑하는 친구들이여, 만약 우리가 양심의 가책을 받지 않는다면, 우리는 아무런 두려움 없이 하나님 앞에 나아갈 수 있을 것입니다.

22 그리고 하나님은 우리가 구하는 것들을 우리에게 주실 것입니다. 우리가 이러한 것들을 받을 수 있는 것은 우리가 하나님의 명령을 지켰고, 하나님이 기뻐하시는 일들을 했기 때문입니다.

23 하나님께서 명령하신 것은 그의 아들 예수 그리스도의 이름을 믿고, 그분이 우리에게 명령하신 대로 서로 사랑하는 것입니다.

24 하나님의 명령을 지키는 사람은 하나님 안에서 살게 되고, 하나님도 그 사람 안에 거하시게 됩니다. 하나님께서 우리 안에 거하신다는 사실을 어떻게 알 수 있습니까? 우리는 그것을 하나님께서 우리에게 주신 성령으로 알 수 있습니다.

저자의 묵상

믿음은 흔들리는 우리의 마음과 감정에 의지하는 것이 아니라 흔들리지 않으시는 하나님을 굳게 신뢰하는 것이다. "하나님은 우리 마음보다 크시고 모든 것을 아신다"(20절)는 표현은 정죄의 메시지가 아니라 위로의 메시지다. 여기서 하나님의 전지하심은 우리의 악한 의도와 숨겨진 죄를 향하는 것이 아니라 선한 의도와 마음을 살핀다. 본서에서 반복적으로 언급되는 한 가지 주제는 신자들도 죄를 범할 수 있다는 것이다. 이처럼 신자가 실패한 순간에 사탄은 종종 무력감과 좌절감을 심어 준다. 이러한 사탄의 메시지에 굴복하여 죄책감에 시달리고 의로운 삶을 추구하는 것을 포기하기도 한다. 저자는 바로 이때 모든 것을 아시는 하나님을 바라보고 그분을 신뢰하라고 말한다. 하나님은 우리가 진리 가운데 있으며 하나님의 자녀로 살아가려는 마음을 가지고 있음을 아신다. 그러한 하나님을 바라보며 마음을 굳세게 할 때 영광스런 신앙의 여정을 지속할 수 있을 것이다.

> **무릎기도** 하나님, 우리의 마음은 시시때때로 변하지만 하나님은 어제나 오늘이 동일하신 분입니다. 마음이 흔들릴 때 변치 않는 하나님을 붙잡고 확신 가운데 걸어가게 하소서.

ESV - 1 John 3

19 By this we shall know that we are of the truth and reassure our heart before him;
20 for whenever our heart condemns us, God is greater than our heart, and he knows everything.
21 Beloved, if our heart does not condemn us, we have confidence before God;
22 and whatever we ask we receive from him, because we keep his commandments and do what pleases him.
23 And this is his commandment, that we believe in the name of his Son Jesus Christ and love one another, just as he has commanded us.
24 Whoever keeps his commandments abides in God,* and God* in him. And by this we know that he abides in us, by the Spirit whom he has given us.

* 3:24 Greek him
* 3:24 Greek he

19 reassure 기운나게 하다   20 condemn 책망하다   21 beloved 아주 사랑하는 사람   confidence 확신   22 receive 받다   commandment 계명   please 기쁘게 하다   23 believe in …을 믿다   24 abide 살다   Spirit 성령

묵상 체크

49
월 일

선명한 분별력

요한일서 4:1-6 • 새찬송 446장 | 통일 500장

• 말씀묵상 전에 성령님의 인도하심을 구하는 기도를 드리십시오.

> **본문요약** | 다른 초기 기독교 공동체들과 마찬가지로 요한의 공동체도 거짓 선지자들의 문제에 직면한다. 저자는 참된 영과 거짓된 영을 분별하는 두 가지 기준을 제시하며 진리이신 하나님께 속할 것을 권면한다. 두 가지 기준은 예수가 성육신한 것을 믿는가의 여부와 사도적 가르침을 받아들이는가의 여부이다.

1 사랑하는 자들아 영을 다 믿지 말고 오직 영들이 하나님께 속하였나 분별하라 많은 거짓 선지자가 세상에 나왔음이라
2 이로써 너희가 하나님의 영을 알지니 곧 예수 그리스도께서 육체로 오신 것을 시인하는 영마다 하나님께 속한 것이요
3 예수를 시인하지 아니하는 영마다 하나님께 속한 것이 아니니 이것이 곧 적그리스도의 영이니라 오리라 한 말을 너희가 들었거니와 지금 벌써 세상에 있느니라
4 자녀들아 너희는 하나님께 속하였고 또 그들을 이기었나니 이는 너희 안에 계신 이가 세상에 있는 자보다 크심이라
5 그들은 세상에 속한 고로 세상에 속한 말을 하매 세상이 그들의 말을 듣느니라
6 우리는 하나님께 속하였으니 하나님을 아는 자는 우리의 말을 듣고 하나님께 속하지 아니한 자는 우리의 말을 듣지 아니하나니 1)진리의 영과 미혹의 영을 이로써 아느니라

1. 오늘 하나님께서 나에게 주신 깨달음은 무엇입니까?

2. 말씀을 어떻게 내 삶에 구체적으로 적용해야 합니까?

1) 헬. 참

절별 해설

1 영을 다 믿지 말고 오직 영들이 하나님께 속하였나 분별하라 앞절인 3:24에 신자를 인도하시는 '성령'이 언급된다. 이와 대조하여 저자는 모든 영이 거룩한 것은 아니며, 영의 이끌림을 받는 모든 자가 참된 선지자가 아닐 수도 있음을 강조한다. 신자는 분별력을 가지고 영과 선지자의 진정성을 시험할 필요가 있다.

2 예수 그리스도께서 육체로 오신 것을 시인하는 영마다 하나님께 속한 것이요 1절이 영을 분별할 필요가 있음을 설파했다면 2절은 명확한 분별 기준을 제시한다. 예수가 성육신한 것을 믿는가의 여부가 그 판단 기준이다. 성육신한 예수 그리스도를 믿으면 하나님께 속한 영이고 믿지 않으면 하나님께 속한 영이 아니다. '육체로 오다'라는 표현에서 헬라어 동사 '오다'는 완료형인데, 완료형은 어떤 사건이 과거부터 현재까지 미치는 의미와 영향력을 강조한다. 즉 예수의 성육신을 그저 과거에 일어난 하나의 사건으로 간주하는 것이 아니라 성육신 사건의 의미와 영향력을 지금도 여전히 절감하며 고백하는 것이 바로 하나님께 속한 영이다.

3 예수를 시인하지 아니하는 영마다 하나님께 속한 것이 아니니 이것이 곧 적그리스도의 영이니라 헬라어 원문에서 '예수'라는 표현 앞에는 관사가 있는데, 이는 예수가 일반적 의미가 아니라 특정한 의미의 예수임을 암시한다. 즉 2절에서 언급되었던 육체로 오신 예수 그리스도를 지칭한다. 따라서 3절 전반부는 '육체로 오신 예수 그리스도를 시인하지 아니하는 영마다 하나님께 속한 것이 아니니'라고 풀어 쓸 수 있다.

4 자녀들아 너희는 하나님께 속하였고 또 그들을 이기었나니 "그들"은 1절의 거짓 선지자들을, "너희 안에 계신 이"는 하나님을, "세상에 있는 자"는 적그리스도를 가리킨다. 신자들은 하나님께 속해 있고 거짓 선지자들은 적그리스도와 세상에 속해 있다. 승리는 결국 누구에게 속해 있느냐에 달려 있다.

6 우리는 하나님께 속하였으니 … 진리의 영과 미혹의 영을 이로써 아느니라 본절에는 새로운 인칭대명사 '우리'가 등장한다. '우리'는 일반적으로 신자를 지칭할 때도 있지만, 여기서 우리는 저자를 포함한 사도 그룹을 지칭하는 것으로 보인다(1:3). 본절에 따르면 영의 진정성을 판별하는 또 다른 기준은 사도적 가르침을 받아들이는가의 여부이다. 왜냐하면 사도는 하나님께 속해 있고 성육신한 예수 그리스도를 직접 체험하고 증언하는 자이기 때문이다(참고. 1:1-4).

쉬운성경

1 사랑하는 친구들이여, 많은 거짓 예언자들이 지금 이 세상에 있습니다. 그러므로 모든 영을 다 믿지는 말기 바랍니다. 그 영들이 하나님으로부터 온 것인지 아닌지 시험해 보십시오.

2 하나님의 영을 알 수 있는 방법은 다음과 같습니다. 어떤 영이 말하기를, "나는 예수님께서 이 땅에 사람으로 오셨음을 믿습니다"라고 얘기하면, 그 영은 하나님께로부터 온 것입니다.

3 그러나 예수님에 대해 이렇게 말하는 것을 인정하지 않으면, 그 영은 하나님으로부터 온 것이 아니며, 그리스도의 적으로부터 온 것입니다. 여러분은 그리스도의 적이 오리라는 말을 들었을 것입니다. 이미 그는 이 세상에 와 있습니다.

4 사랑하는 자녀들이여, 여러분은 하나님께 속하였으니, 이미 그들을 이겼습니다. 왜냐하면 여러분 안에 계신 분이 세상에 있는 어떤 자보다 위대한 분이시기 때문입니다.

5 거짓 예언자들은 세상에 속한 사람들입니다. 그들이 말하는 것은 세상으로부터 온 것이며, 세상은 그들의 말을 듣습니다.

6 그러나 우리는 하나님께로부터 왔습니다. 하나님을 아는 사람들은 우리의 말을 듣지만, 하나님께로부터 오지 않은 사람들은 우리의 말을 듣지 않을 것입니다. 이것으로 우리는 진리의 영과 거짓의 영을 구별할 수 있습니다.

저자의 묵상

본문에 따르면 모든 영이 거룩한 것은 아니고, 모든 선지자가 참 선지자인 것도 아니다. 악한 영과 거짓 선지자의 활동은 시대와 장소를 불문하고 어디에나 존재한다. 그런 면에서 본문의 교훈은 오늘날에도 여전히 유효하다. 저자는 영과 선지자의 진정성을 분별하는 선명한 두 가지 기준을 제시한다. 첫째는 성육신한 예수 그리스도를 믿는가의 여부이고, 둘째는 사도적 가르침을 받아들이는가의 여부이다. 첫째 기준은 쉽게 수긍할 수 있지만 둘째 기준은 선뜻 받아들이기 힘들 수도 있다. 하지만 사도적 가르침을 받아들이는 것의 중요성은 사실 신약성서 전반에 걸쳐 강조되고 있다(참고. 고전 11:2; 살후 3:6; 벧후 3:2). 사도적 가르침은 성육신한 예수 그리스도의 가르침에 그 뿌리를 두고 있다. 사도들은 이 가르침을 후세에 전해 주었고, 후세의 신자들은 전해 받은 것을 유의하며 준수하는 것을 미덕으로 여긴다. 거짓 영과 가르침을 분별하는 일은 결국 예수의 가르침을 철두철미하게 이해하고 실천하는 것에 달려 있다.

> **무릎 기도** 진리의 영이신 하나님, 선명한 분별력을 통해 참과 거짓을 구분하기 원합니다. 그릇된 길로부터 돌아서는 용기와 참된 길을 묵묵히 걸어갈 수 있는 성실함을 허락하여 주소서.

ESV - 1 John 4

1 Beloved, do not believe every spirit, but test the spirits to see whether they are from God, for many false prophets have gone out into the world.
2 By this you know the Spirit of God: every spirit that confesses that Jesus Christ has come in the flesh is from God,
3 and every spirit that does not confess Jesus is not from God. This is the spirit of the antichrist, which you heard was coming and now is in the world already.
4 Little children, you are from God and have overcome them, for he who is in you is greater than he who is in the world.
5 They are from the world; therefore they speak from the world, and the world listens to them.
6 We are from God. Whoever knows God listens to us; whoever is not from God does not listen to us. By this we know the Spirit of truth and the spirit of error.

1 beloved 아주 사랑하는 사람 spirit 영 test 시험하다 false 거짓의 prophet 선지자 2 confess 시인하다 flesh 육체
3 antichrist 적그리스도 4 overcome 이기다 6 error 오류

☐ 묵상 체크

월   일

사랑의 하나님, 사랑의 신자

요한일서 4:7-16 • 새찬송 304장 | 통일 404장

• 말씀묵상 전에 성령님의 인도하심을 구하는 기도를 드리십시오.

> **본문요약** ｜ 본문은 사랑이 하나님의 핵심적인 속성이라고 이야기한다. 하나님은 사랑이시며 그 사랑의 증거로 독생자 예수 그리스도를 화목 제물로 보내 주셨다. 인간을 향한 하나님의 사랑은 그분만의 고유한 존재 양식이 아니라 신자들도 공유해야 할 삶의 방식이다. 하나님을 아는 신자들 역시 서로 사랑하는 삶을 살아야 한다.

7 사랑하는 자들아 우리가 서로 사랑하자 사랑은 하나님께 속한 것이니 사랑하는 자마다 하나님으로부터 나서 하나님을 알고
8 사랑하지 아니하는 자는 하나님을 알지 못하나니 이는 하나님은 사랑이심이라
9 하나님의 사랑이 우리에게 이렇게 나타난 바 되었으니 하나님이 자기의 독생자를 세상에 보내심은 그로 말미암아 우리를 살리려 하심이라
10 사랑은 여기 있으니 우리가 하나님을 사랑한 것이 아니요 하나님이 우리를 사랑하사 우리 죄를 속하기 위하여 화목제물로 그 아들을 보내셨음이라
11 사랑하는 자들아 하나님이 이같이 우리를 사랑하셨은즉 우리도 서로 사랑하는 것이 마땅하도다
12 어느 때나 하나님을 본 사람이 없으되 만일 우리가 서로 사랑하면 하나님이 우리 안에 거하시고 그의 사랑이 우리 안에 온전히 이루어지느니라
13 그의 성령을 우리에게 주시므로 우리가 그 안에 거하고 그가 우리 안에 거하시는 줄을 아느니라
14 아버지가 아들을 세상의 구주로 보내신 것을 우리가 보았고 또 증언하노니
15 누구든지 예수를 하나님의 아들이라 시인하면 하나님이 그의 안에 거하시고 그도 하나님 안에 거하느니라
16 하나님이 우리를 사랑하시는 사랑을 우리가 알고 믿었노니 하나님은 사랑이시라 사랑 안에 거하는 자는 하나님 안에 거하고 하나님도 그의 안에 거하시느니라

1. 오늘 하나님께서 나에게 주신 깨달음은 무엇입니까?

2. 말씀을 어떻게 내 삶에 구체적으로 적용해야 합니까?

절별 해설

7–8 서로 사랑하자 사랑은 하나님께 속한 것이니 헬라어 원문에는 앞뒤 문장 사이에 '왜냐하면'(헬, 호티)이라는 접속사가 있다. 우리가 서로 사랑해야 하는 이유는 사랑이 하나님께 속한 것이기 때문이다.
사랑하는 자마다 하나님으로부터 나서 하나님을 알고 하나님에 대한 '앎'과 하나님을 아는 신자의 '삶'은 긴밀하게 연결되어 있다. 사랑이신 하나님을 알고 있는 신자가 이웃을 사랑하는 것은 자연스럽고 당연한 일이다. 또한 실천적인 사랑은 하나님의 자녀 됨을 보여주는 표지이기도 하다.

9–10 하나님의 사랑이 우리에게 이렇게 나타난 바 되었으니 7–8절이 하나님은 사랑의 원천이자 모델임을 이야기하고 있다면, 9–10절은 하나님의 사랑이 구체적으로 우리에게 어떻게 계시되었는지 알려 준다.
자기의 독생자를 세상에 보내심은 그로 말미암아 우리를 살리려 하심이라 하나님의 사랑은 독생자 예수를 이 세상에 보내는 구체적인 사건으로 표현되었다. 하나님의 사랑은 일시적인 느낌이나 감정이 아니라 분명한 목적을 지닌 행위였다. 우리의 죄를 사하고 우리를 살리기 위해 하나밖에 없는 아들을 보내신 것이다.

11 우리도 서로 사랑하는 것이 마땅하도다 하나님의 사랑의 방식은 신자의 사랑의 방식에 영향을 준다. 하나님이 우리에게 가장 필요한 것을 주기 위해 자신의 가장 소중한 것을 내어 주었듯이 신자 역시 타인에게 그러해야 한다.

12 만일 우리가 서로 사랑하면 … 그의 사랑이 우리 안에 온전히 이루어지느니라 보이지 않는 하나님의 사랑이 과거에 육신을 입고 오신 예수를 통해 드러났다면(9–10절), 이제 그 하나님의 사랑은 서로 사랑하는 신자들의 공동체를 통해 다시 명징하게 드러난다.

13 성령을 우리에게 주시므로 우리가 그 안에 거하고 12절에 따르면 우리가 서로 사랑할 때 하나님이 우리 안에 거하신다. 13절은 하나님이 우리 안에 거하시는 것을 알 수 있는 또 다른 증거가 내주하시는 성령이라고 부연한다. 이는 3:24의 진술을 상기시킨다.

14–16 아버지가 아들을 세상의 구주로 보내신 것을 우리가 보았고 또 증언하노니 14–16절은 주로 이전에 전개했던 개념들을 반복하거나 확장한다. 14절은 1:1–4을, 15절은 4:2–3을, 16절은 4:12의 내용을 반영하고 있다.

쉬운성경

7 사랑하는 친구들이여, 우리는 서로서로 사랑해야 합니다. 왜냐하면 사랑은 하나님께로부터 오기 때문입니다. 사랑하는 사람은 하나님의 자녀가 된 것이며, 또한 하나님을 안다고 할 수 있습니다.

8 하나님은 사랑이시기에, 사랑할 줄 모르는 사람은 하나님을 알지 못하는 자입니다.

9 하나님은 그의 독생자를 이 땅에 보내심으로 우리를 향한 그분의 사랑을 보여주셨으며, 그를 통해 우리에게 생명을 주셨습니다.

10 진실한 사랑이란 하나님을 향한 우리의 사랑이 아니라, 우리를 향한 하나님의 사랑인 것입니다. 하나님은 당신의 아들을 보내셔서 우리의 죄를 위해 화목 제물이 되게 하셨습니다.

11 사랑하는 친구 여러분! 하나님께서 이처럼 우리를 사랑해 주셨으니 우리 역시 서로를 사랑해야만 합니다.

12 어느 누구도 여태까지 하나님을 본 적이 없습니다. 그러나 우리가 서로서로 사랑하면, 하나님께서 우리 안에 거하십니다. 우리가 서로 사랑할 때, 하나님의 사랑은 우리 안에서 완전해질 것입니다.

13 우리는 우리가 하나님 안에서 살고, 하나님께서 우리 안에 계신다는 사실을 알고 있습니다. 이는 하나님께서 우리에게 주신 그의 성령을 통해 알 수 있습니다.

14 우리는 아버지께서 그의 아들을 세상의 구주로 보내신 것을 보았고, 또 그것을 증언합니다.

15 만약 누구든지 "나는 예수님께서 하나님의 아들이심을 믿어요"라고 얘기하면, 하나님께서는 그 사람 안에 거하시고, 그는 하나님 안에 살게 됩니다.

16 이로써 우리는 하나님께서 우리를 위해 베푸신 그 사랑을 알 수 있고, 그 사랑을 굳게 믿을 수 있습니다. 하나님은 사랑이십니다. 사랑 안에 사는 사람은 하나님 안에 사는 사람이며, 하나님도 그 사람 안에 계십니다.

저자의 묵상

본서의 저자는 하나님의 속성을 가장 잘 드러내는 것이 사랑이라고 말한다. 하나님의 아가페 사랑은 인간의 로맨스 사랑과는 다르다. 꽃다발, 선물, 로맨틱한 고백을 떠올리는 우리에게 하나밖에 없는 아들 예수를 희생 제물로 세상에 보내시는 하나님의 사랑은 생경하기 그지없다. 하지만 이 생경한 사랑은 하나님만이 외로이 연주하는 독주가 아니라 신자들이 함께 참여해야 하는 합주이다. 본문의 중심 말씀은 11절이다. "하나님이 이같이 우리를 사랑하셨은즉 우리도 서로 사랑하는 것이 마땅하도다". 이 말씀에서 키워드는 "이같이"다. 다시 말해 하나님의 사랑은 신자의 사랑에 동기 부여를 할 뿐 아니라 그것의 구체적인 방식을 제시한다. 하나님이 타자인 인간을 살리기 위해 독생자 아들도 아끼지 않으셨던 것처럼, 신자들 역시 타인을 살리기 위해 희생과 섬김을 기꺼이 감내해야 할 것이다.

> **무릎기도** 사랑의 하나님, 우리를 빛의 자리로 나아오게 하기 위해 독생자 아들을 보내 주셔서 감사합니다. 그 사랑을 먼저 받은 자로서 다른 이들에게도 넉넉히 베풀게 하소서.

ESV - 1 John 4

7 Beloved, let us love one another, for love is from God, and whoever loves has been born of God and knows God.

8 Anyone who does not love does not know God, because God is love.

9 In this the love of God was made manifest among us, that God sent his only Son into the world, so that we might live through him.

10 In this is love, not that we have loved God but that he loved us and sent his Son to be the propitiation for our sins.

11 Beloved, if God so loved us, we also ought to love one another.

12 No one has ever seen God; if we love one another, God abides in us and his love is perfected in us.

13 By this we know that we abide in him and he in us, because he has given us of his Spirit.

14 And we have seen and testify that the Father has sent his Son to be the Savior of the world.

15 Whoever confesses that Jesus is the Son of God, God abides in him, and he in God.

16 So we have come to know and to believe the love that God has for us. God is love, and whoever abides in love abides in God, and God abides in him.

---

7 beloved 아주 사랑하는 사람 one another 서로   9 manifest 분명한 send into …에 내보내다 so that …하기 위하여   10 propitiation 화목 제물   11 ought to …해야 하다   12 abide 살다 perfect 완전하게 하다   13 give of …을 아낌없이 주다 Spirit 성령   14 testify 증언하다 Savior 구세주   15 confess 시인하다

51 두려움을 이기는 사랑

요한일서 4:17-5:3 • 새찬송 563장 | 통일 411장

월 일

• 말씀묵상 전에 성령님의 인도하심을 구하는 기도를 드리십시오.

> **본문요약** | 하나님 안에서 경험하는 온전한 사랑은 두려움을 내쫓는다. 하나님의 사랑은 언제나 동일하며 신자는 변함없는 하나님의 사랑으로 심판 날에도 담대할 수 있다. 이러한 사랑을 먼저 받은 자는 이웃을 사랑할 수 있다. 하나님 사랑과 이웃 사랑이 연결되어 있다는 주제는 본문에서 계속해서 변주된다.

17 이로써 사랑이 우리에게 온전히 이루어진 것은 우리로 심판 날에 담대함을 가지게 하려 함이니 주께서 그러하심과 같이 우리도 이 세상에서 그러하니라

18 사랑 안에 두려움이 없고 온전한 사랑이 두려움을 내쫓나니 두려움에는 형벌이 있음이라 두려워하는 자는 사랑 안에서 온전히 이루지 못하였느니라

19 우리가 사랑함은 그가 먼저 우리를 사랑하셨음이라

20 누구든지 하나님을 사랑하노라 하고 그 형제를 미워하면 이는 거짓말하는 자니 보는 바 그 형제를 사랑하지 아니하는 자는 보지 못하는 바 하나님을 사랑할 수 없느니라

21 우리가 이 계명을 주께 받았나니 하나님을 사랑하는 자는 또한 그 형제를 사랑할지니라

1 예수께서 그리스도이심을 믿는 자마다 하나님께로부터 난 자니 또한 낳으신 이를 사랑하는 자마다 그에게서 난 자를 사랑하느니라

2 우리가 하나님을 사랑하고 그의 계명들을 지킬 때에 이로써 우리가 하나님의 자녀를 사랑하는 줄을 아느니라

3 하나님을 사랑하는 것은 이것이니 우리가 그의 계명들을 지키는 것이라 그의 계명들은 무거운 것이 아니로다

1. 오늘 하나님께서 나에게 주신 깨달음은 무엇입니까?

2. 말씀을 어떻게 내 삶에 구체적으로 적용해야 합니까?

절별 해설

17 이로써 사랑이 우리에게 온전히 이루어진 것은 우리로 심판 날에 담대함을 가지게 하려 함이니 "이로써"는 4장 12절과 16절을 반영한다. 우리가 서로 사랑함으로써 하나님과 우리가 서로 안에 거함으로써 사랑이 완성된다. 사랑이 온전히 이루어지는 데는 목적이 있는데("하려 함이니"; 헬, 히나), 마지막 심판 날에 신자들이 두려워하지 않고 담대하게 하나님 앞에 설 수 있게 하기 위함이다.

주께서 그러하심과 같이 우리도 이 세상에서 그러하니라 "주"는 예수를 가리킨다. 여기서 저자는 예수와 신자 사이의 유사성을 지적하는데 그 유사성의 내용에 관해서는 학자들의 의견이 분분하다. 하나님과의 온전한 사랑 가운데 있었던 예수가 이 땅에서 심판과 형벌을 마주했을 때 담대했던 것처럼, 신자도 그러할 것이라고 보는 견해가 가장 타당해 보인다.

18 사랑 안에 두려움이 없고 온전한 사랑이 두려움을 내쫓나니 헬라어 원문에서 "사랑"이라는 표현 앞에는 정관사가 붙어 있다. 다시 말해 여기서 사랑은 일반적 의미가 아니라 특정한 의미의 사랑, 즉 앞에서 언급한 하나님의 사랑(4:16)을 의미한다. 하나님의 온전한 사랑만이 두려움을 내쫓을 수 있다.

20 보는 바 그 형제를 사랑하지 아니하는 자는 보지 못하는 바 하나님을 사랑할 수 없느니라 눈에 보이는 이웃을 사랑하지 않는 자가 보이지 않는 하나님을 사랑한다고 말하는 것은 어불성설이다. 이웃 사랑은 하나님 사랑의 자연스러운 결과이다. 이 주제는 가깝게는 4:12, 좀 더 멀게는 3:17에서도 나타난다.

21 우리가 이 계명을 주께 받았나니 … 그 형제를 사랑할지니라 하나님이 서로 사랑하라는 계명을 주셨다는 것은 앞서 언급된 적이 있다(3:23). 하지만 여기서는 이전보다 한 단계 더 나아가 서로 사랑하라는 계명이 하나님을 사랑하는 일과 긴밀하게 연결되어 있다고 말한다.

1 낳으신 이를 사랑하는 자마다 그에게서 난 자를 사랑하느니라 "그에게서 난 자"는 예수가 아니라 신자를 가리킨다. 하나님("낳으신 이")을 사랑하는 자는 주 안에서 형제자매 된 이들을 사랑한다는 동일한 주제를 반복하고 있다.

2 우리가 하나님을 사랑하고 그의 계명들을 지킬 때에 지금까지 저자의 주요 주장은 하나님 사랑은 이웃 사랑을 통해 확인할 수 있다는 것이었다. 하지만 여기서는 그 반대로 이웃 사랑은 하나님 사랑을 통해 확인할 수 있다고 주장한다. 하나님 사랑과 이웃 사랑은 불가분의 관계이다.

쉬운성경

17 하나님의 사랑이 우리 안에 완전해질 때, 우리는 하나님께서 심판하시는 그 날에 아무 두려움 없이 설 수 있을 것입니다. 우리에게 어떤 두려움도 있을 수 없는 것은, 우리가 이 세상에서 예수님과 같아지기 때문입니다.

18 사랑이 있는 곳에는 두려움이 없습니다. 왜냐하면 완전한 사랑이 두려움을 내어 쫓기 때문입니다. 사람을 두렵게 만드는 것은 벌을 받을지도 모른다는 마음 때문입니다. 그러므로 두려움을 갖고 있는 사람은 사랑을 완성하지 못한 사람입니다.

19 하나님께서 우리를 먼저 사랑해 주셨기 때문에 우리도 사랑해야 합니다.

20 어떤 사람이 "나는 하나님을 사랑해요"라고 말하면서 그의 형제를 미워하면, 그는 거짓말쟁이입니다. 이는 눈에 보이는 자기의 형제도 사랑하지 못하면서 보이지 않는 하나님을 사랑할 수는 없기 때문입니다.

21 그러므로 하나님께서는 누구든지 하나님을 사랑하는 사람은 자기 형제들도 사랑해야 한다고 우리에게 명령하셨습니다.

1 예수님께서 그리스도이심을 믿는 사람은 모두 하나님의 자녀입니다. 아버지를 사랑하는 사람은 또한 그분의 아들도 사랑합니다.

2 우리가 하나님의 자녀들을 사랑한다는 것을 언제 알 수 있습니까? 그것은 우리가 하나님을 사랑하고 하나님의 명령을 지킬 때에 알 수 있습니다.

3 하나님을 사랑한다는 것은 그분의 명령을 지키는 것을 의미합니다. 하나님의 명령은 우리가 지킬 수 없을 만큼 그렇게 힘든 것이 아닙니다.

저자의 묵상

하나님 사랑과 이웃 사랑이 긴밀하게 연결되어 있다는 것은 요한일서 전반에 걸쳐 다른 언어로 계속해서 변주된다. 오늘 본문에서 독특하게 등장하는 개념은 사랑이 두려움을 내쫓는다는 것이다. 하나님 안에서 경험하는 온전한 사랑은 두려움을 몰아낸다. 칠흑 같은 어둠 속에 한 줄기 빛이 들어올 때 어둠이 자연스럽게 물러가듯이 하나님의 온전한 사랑이 임하는 곳에 두려움은 설 자리가 없다. 사랑과 두려움은 물과 기름처럼 섞일 수 없고 참과 거짓처럼 공존할 수도 없다. 하나님의 온전한 사랑은 추상적인 개념이 아니라 신자의 삶에 실질적인 영향력을 발휘한다. 하나님과 함께 온전한 사랑을 경험하셨던 예수가 이 세상에서의 시련과 고통을 담대하게 이겨 냈던 것처럼 신자 역시 그럴 것이다. 또한 신자는 마지막 심판 날을 두려워하지 않고 담대하게 맞이하게 될 것이다.

> **무릎기도** 사랑이신 하나님, 사랑과 두려움은 공존할 수 없습니다. 빛이 어둠을 몰아내듯이 생각과 삶에서 우리를 두려움에 떨게 만드는 것들을 몰아내소서.

ESV - 1 John 4-5

17 By this is love perfected with us, so that we may have confidence for the day of judgment, because as he is so also are we in this world.
18 There is no fear in love, but perfect love casts out fear. For fear has to do with punishment, and whoever fears has not been perfected in love.
19 We love because he first loved us.
20 If anyone says, "I love God," and hates his brother, he is a liar; for he who does not love his brother whom he has seen cannot* love God whom he has not seen.
21 And this commandment we have from him: whoever loves God must also love his brother.
1 Everyone who believes that Jesus is the Christ has been born of God, and everyone who loves the Father loves whoever has been born of him.
2 By this we know that we love the children of God, when we love God and obey his commandments.
3 For this is the love of God, that we keep his commandments. And his commandments are not burdensome.

* 4:20 Some manuscripts *how can he*

17 perfect 완전하게 하다　so that …하기 위하여　confidence 확신　judgment 심판　18 fear 두려움　cast out …를 내쫓다　have to do with …과 관계가 있다　punishment 형벌　20 liar 거짓말쟁이　21 commandment 계명　1 be born of …에서 태어나다　2 obey 지키다　3 burdensome 부담스러운

☐ 묵상 체크

52 예수님을 믿는다는 것의 의미

요한일서 5:4-12 • 새찬송 149장 | 통일 147장

월 일

• 말씀묵상 전에 성령님의 인도하심을 구하는 기도를 드리십시오.

> **본문요약 |** 예수님을 믿는 자들은 세상을 이긴다. 본문에 따르면 예수님을 믿는다는 것은 여러 가지 의미를 지닌다. 그것은 예수님이 하나님의 아들임을 믿는 것이고, 예수님이 완전한 인간으로서 기꺼이 죽음을 당하셨다는 사실을 믿는 것이며, 하나님이 주신 생명(영생)이 예수님 안에서 발견될 수 있음을 믿는 것이다.

4 무릇 하나님께로부터 난 자마다 세상을 이기느니라 세상을 이기는 승리는 이것이니 우리의 믿음이니라
5 예수께서 하나님의 아들이심을 믿는 자가 아니면 세상을 이기는 자가 누구냐
6 이는 물과 피로 임하신 이시니 곧 예수 그리스도시라 물로만 아니요 물과 피로 임하셨고 증언하는 이는 성령이시니 성령은 ¹⁾진리니라
7 증언하는 이가 셋이니
8 성령과 물과 피라 또한 이 셋은 합하여 하나이니라
9 만일 우리가 사람들의 증언을 받을진대 하나님의 증거는 더욱 크도다 하나님의 증거는 이것이니 그의 아들에 대하여 증언하신 것이니라
10 하나님의 아들을 믿는 자는 자기 안에 증거가 있고 하나님을 믿지 아니하는 자는 하나님을 거짓말하는 자로 만드나니 이는 하나님께서 그 아들에 대하여 증언하신 증거를 믿지 아니하였음이라
11 또 증거는 이것이니 하나님이 우리에게 영생을 주신 것과 이 생명이 그의 아들 안에 있는 그것이니라
12 아들이 있는 자에게는 생명이 있고 하나님의 아들이 없는 자에게는 생명이 없느니라

1. 오늘 하나님께서 나에게 주신 깨달음은 무엇입니까?

2. 말씀을 어떻게 내 삶에 구체적으로 적용해야 합니까?

1) 헬, 참

절별 해설

4 무릇 하나님께로부터 난 자마다 세상을 이기느니라 앞선 장들에서 하나님과 세상이 대조된 방식으로 그려졌다면 여기서는 하나님께 속한 자들이 세상을 이긴다는 개념이 새롭게 등장한다. 헬라어 구문에서 '세상을 이기는 승리'와 '우리의 믿음'은 동격이다. 이것의 의미를 풀어 쓰자면 우리의 믿음 자체가 세상을 이기는 승리를 보장한다는 것이다.

5 예수께서 하나님의 아들이심을 믿는 자가 아니면 4절과 5절은 '믿음'이라는 키워드로 연결되어 있다. 4절이 믿음을 통해 세상을 이기는 것이 가능하다는 점을 서술했다면 5절은 그 믿음의 구체적인 내용을 밝힌다. 그것은 바로 예수 그리스도가 하나님의 아들임을 믿는 것이다.

6-8 이는 물과 피로 임하신 이시니 곧 예수 그리스도시라 물로만 아니요 물과 피로 임하셨고 증언하는 이는 성령이시니 6-8절은 저자로 대표되는 요한 공동체와 거짓 선생들 사이의 논쟁을 담고 있다. 하지만 6-8절의 의미를 정확하게 파악하는 것이 어렵다. 왜냐하면 본문은 두 그룹 사이의 논쟁점을 자세히 설명하지 않고 몇 가지 키워드로만 표현하기 때문이다. 거짓 선생들은 예수가 물로만 임하셨다고 믿었고, 요한 공동체는 예수가 물과 피로 임하셨다고 반박했다는 사실에 대해 학자들은 대체로 동의한다. 하지만 물과 피가 정확히 무엇을 의미하는지에 대해서는 의견이 분분하다. 가장 설득력 있는 해석은 물은 예수님이 세례(침례)를 받으셨을 때 성령이 임하는 사건을, 피는 예수님의 십자가 죽음을 가리킨다고 보는 것이다. 다시 말해 거짓 선생들은 물을 통해 임한 예수의 신적인 모습은 인정하지만 피로 임한 인간적 면모를 인정하지 않는다. 하지만 요한 공동체는 둘 모두가 중요하다고 주장한다. 본절에 따르면 진리이신 성령도 이 사실을 증언한다.

9-12 하나님의 증거는 이것이니 … 하나님이 우리에게 영생을 주신 것과 이 생명이 그의 아들 안에 있는 그것이니라 오늘 본문 전체의 중심인물은 예수님이다. 예수님을 믿는 자는 세상을 이기는 자이고(5절), 예수님은 물만이 아니라 피로도 임하신 분이며(6-8절), 아들이 있는 자는 생명을 가진 자다(12절). 저자는 예수님에 대한 궁극적인 증거가 하나님으로부터 왔고(9-11절) 성령과 물과 피를 통해 증언되었음(7-8절)을 상기시킨다. 그 증거의 내용은 하나님이 예수님 안에서 생명(영생)을 주셨다는 것이다. 따라서 예수님이 하나님의 아들임을 믿는 자는 예수님 안에 있는 영생을 소유할 수 있다.

쉬운성경

4 하나님의 자녀라면 누구나 다 세상을 이길 힘을 갖고 있습니다. 세상에 대해 이길 수 있는 승리는 우리의 믿음에 있습니다.

5 그러므로 세상을 이길 수 있는 사람은 예수님께서 하나님의 아들이심을 믿는 사람인 것입니다.

6 예수 그리스도는 물과 피로 오신 분이십니다. 그분은 단지 물로만 오신 것이 아니라 물과 피로 오셨습니다. 그리고 성령께서 이것이 사실임을 말씀하시고 계십니다. 성령은 곧 진리입니다.

7 그러므로 증언하는 세 증인이 있으니,

8 곧 성령과 물과 피입니다. 이 셋의 증언은 서로 일치하고 있습니다.

9 사람들이 어떤 것이 사실이라고 말할 때, 우리는 그것을 믿습니다. 하물며 하나님께서 말씀하신 것은 더욱더 중요하지 않겠습니까? 하나님께서는 당신의 아들에 관한 진리를 우리에게 말씀해 주셨습니다.

10 하나님의 아들을 믿는 사람은 하나님께서 말씀하신 진리를 가지고 있는 사람입니다. 하나님을 믿지 않는 사람은 하나님을 거짓말쟁이로 만드는 것입니다. 그런 사람은 하나님께서 그의 아들에 관해 말씀하신 것을 믿지 않습니다.

11 하나님께서 우리에게 말씀하신 것은, 하나님이 우리에게 영원한 생명을 주셨다는 것과 이 생명이 바로 그의 아들 안에 있다는 것입니다.

12 누구든지 아들을 믿는 사람은 이 생명을 가지게 됩니다. 그러나 하나님의 아들을 믿지 않는 사람에게는 생명이 없습니다.

저자의 묵상

본문은 승리에 대한 이야기로 시작한다. 예수님이 하나님의 아들이심을 믿는 자는 세상에서 승리할 것이라고 선언한다. 하지만 여기에 반전이 숨어 있다. 예수님이 하나님의 아들인 것을 믿는 것은 그분이 영광스런 존재("물")임을 믿는 것이기도 하지만 고난과 죽음을 기꺼이 감내하신 분("피")이라는 사실을 받아들이는 것이기도 하다. 신자는 이 땅에서 예수님의 승리가 '십자가를 통해' 이루어졌음을 기억해야 한다. 예수님이 다른 이들에게 생명을 주실 수 있었던 것은 그분이 '죽었기 때문에' 가능했던 일이었다. 이 때문에 신자가 세상에서 승리한다는 것은 반드시 영광스런 모습으로 나타나지는 않는다. 일이 잘 풀리고 무언가를 성취하고 높은 자리를 차지하는 것을 보장하지는 않는다. 그리스도인은 그리스도를 따라가는 자들이다. 그리스도인은 다른 사람을 살리기 위해 자신의 피를 쏟으셨던 그리스도의 모습을 본받아 희생을 통해 다른 이들에게 생명을 선사할 수 있음을 기억해야 한다. 이것이 승리의 비밀이다.

> **무릎기도** 하나님, 예수님을 진정으로 믿을 때 세상을 넉넉히 이길 수 있음을 고백합니다. 우리 죄를 사하시고 새 생명을 주신 예수님을 굳게 붙들고 증언자로 살아가게 하소서.

ESV - 1 John 5

4 For everyone who has been born of God overcomes the world. And this is the victory that has overcome the world—our faith.

5 Who is it that overcomes the world except the one who believes that Jesus is the Son of God?

6 This is he who came by water and blood—Jesus Christ; not by the water only but by the water and the blood. And the Spirit is the one who testifies, because the Spirit is the truth.

7 For there are three that testify:

8 the Spirit and the water and the blood; and these three agree.

9 If we receive the testimony of men, the testimony of God is greater, for this is the testimony of God that he has borne concerning his Son.

10 Whoever believes in the Son of God has the testimony in himself. Whoever does not believe God has made him a liar, because he has not believed in the testimony that God has borne concerning his Son.

11 And this is the testimony, that God gave us eternal life, and this life is in his Son.

12 Whoever has the Son has life; whoever does not have the Son of God does not have life.

---

4 overcome 이기다 victory 승리 faith 믿음   6 not only… but~ …뿐만 아니라 ~도   Spirit 성령 testify 증언하다   8 agree 일치하다   9 receive 받다 testimony 증언 concerning …에 관한   10 liar 거짓말쟁이   11 eternal life 영생

묵상 체크

53
월 일

예수를 통해 하나님께 나아감

요한일서 5:13-21 • 새찬송 96장 | 통일 94장

• 말씀묵상 전에 성령님의 인도하심을 구하는 기도를 드리십시오.

본문요약 | 요한일서의 결론 부분에 해당하는 본문은 본서에 등장하는 중요한 개념들을 요약하고 종합한다. 예수님을 믿는 자들은 영생을 소유한 이들이고, 하나님께 담대히 구할 수 있으며, 지속적으로 죄를 범하지 않는다. 또한 예수님은 신자들에게 새로운 지각을 주어 하나님이 참된 분임을 깨닫게 하신다.

13 내가 하나님의 아들의 이름을 믿는 너희에게 이것을 쓰는 것은 너희로 하여금 너희에게 영생이 있음을 알게 하려 함이라
14 그를 향하여 우리가 가진 바 담대함이 이것이니 그의 뜻대로 무엇을 구하면 들으심이라
15 우리가 무엇이든지 구하는 바를 들으시는 줄을 안즉 우리가 그에게 구한 그것을 얻은 줄을 또한 아느니라
16 누구든지 형제가 사망에 이르지 아니하는 죄 범하는 것을 보거든 구하라 ¹⁾그리하면 사망에 이르지 아니하는 범죄자들을 위하여 그에게 생명을 주시리라 사망에 이르는 죄가 있으니 이에 관하여 나는 구하라 하지 않노라
17 모든 불의가 죄로되 사망에 이르지 아니하는 죄도 있도다
18 하나님께로부터 난 자는 다 범죄하지 아니하는 줄을 우리가 아노라 하나님께로부터 ²⁾나신 자가 그를 지키시매 악한 자가 그를 만지지도 못하느니라
19 또 아는 것은 우리는 하나님께 속하고 온 세상은 악한 자 안에 처한 것이며
20 또 아는 것은 하나님의 아들이 이르러 우리에게 지각을 주사 우리로 참된 자를 알게 하신 것과 또한 우리가 참된 자 곧 그의 아들 예수 그리스도 안에 있는 것이니 그는 참 하나님이시요 영생이시라

1) 또는 그리하면 그에게 생명을 주시리니 곧 사망에 이르지 아니하는 범죄자에게니라
2) 어떤 사본에, 난 자가 자기를 지키매

21 자녀들아 너희 자신을 지켜 우상에게서 멀리하라

1. 오늘 하나님께서 나에게 주신 깨달음은 무엇입니까?

2. 말씀을 어떻게 내 삶에 구체적으로 적용해야 합니까?

절별 해설

쉬운성경

13 너희에게 이것을 쓰는 것은 … 영생이 있음을 알게 하려 함이라 본서의 목적을 분명히 밝힌다. 저자는 이단들의 거짓된 가르침으로 인해 예수님을 하나님의 아들이라고 고백하면서도 영생에 대한 확신이 없는 이들에게 믿음을 주고자 서신을 기록한다. 본절은 앞선 절들의 논의에 대한 결론이자 이제 곧 다루게 될 주제인 기도에 대한 서언에 해당한다. 예수님이 하나님의 아들임을 믿는 자들은 영생을 소유한 이들임을 앞 본문(5:10-12)에서 밝혔고, 이러한 상태는 독자들이 기도할 때(14-15절) 확신을 더해 준다.

14-15 우리가 가진 바 담대함이 이것이니 그의 뜻대로 무엇을 구하면 들으심이라 예수님을 믿고 영생을 소유한 자들은 하나님께 담대함으로 기도할 수 있다. 하나님께서 기도를 들으시고 응답하실 것이라는 담대함을 가지게 된다. 그런데 이 기도는 "그의 뜻대로" 구하는 기도이다. 그분의 뜻대로 구할 때 하나님께서 듣고 응답하실 것임을 확신할 수 있다. 이와 유사한 주제는 앞서 언급되었고(3:22-24) 요한복음에서도 발견된다(요 15:7).

16-17 사망에 이르지 아니하는 죄, 사망에 이르는 죄 본절에 따르면 신자들도 사망에 이르지 아니하는 죄를 지을 수 있다. '사망에 이르지 아니하는 죄'란 믿음을 가진 성도가 인간적인 연약함 때문에 세상의 유혹과 시험에 빠져 범하는 죄를 가리킨다. 이때 성도는 적극적으로 회개함으로써 하나님께 용서를 구할 수 있다. 형제자매가 이러한 죄를 짓는다면 동료 신자는 그를 위해 기도하고 권면을 통해 회개를 요청할 필요가 있다. 그렇다면 '사망에 이르는 죄'는 무엇인가? 인접 문맥의 논의를 고려하면 그것은 하나님의 아들인 예수님을 믿지 않아서 생명이 없는 상태이다(5:12). 즉 죄 사함과 영생의 길인 예수 그리스도를 거부하고 배교하며 끝까지 회개하지 않는 태도를 가리킨다.

18 하나님께로부터 난 자는 다 범죄하지 아니하는 줄을 우리가 아노라 16절에서 저자는 신자들도 죄를 지을 수 있다고 분명히 말했다. 하지만 본절에서 그 주장을 금세 뒤집는다. 저자는 자기모순에 빠진 것인가? 하지만 이 문제는 '범죄하다'의 헬라어 동사가 현재 시제임을 고려하면 쉽게 해결된다. 즉 신자들은 죄를 짓지만 습관적이고 반복적으로 죄를 지을 수는 없다는 뜻이다(3:9 절별해설 참조). 첫 번째 표현인 "하나님께로부터 난 자"는 신자를 가리키고, 두 번째 표현인 "하나님께로부터 나신 자"는 예수님을 가리킨다. 다시

13 나는 하나님의 아들을 믿는 여러분에게 이 편지를 씁니다. 내가 이렇게 편지를 쓰는 것은, 이제 여러분에게 영원한 생명이 있음을 알리기 위해서입니다.

14 우리는 아무런 의심 없이 하나님께 나아올 수 있습니다. 이것은 우리가 하나님께 무엇인가를 구할 때, 그리고 이것이 우리를 향한 하나님의 뜻에 맞을 때, 하나님께서 우리가 구하는 것에 깊은 관심을 가져 주신다는 것을 뜻합니다.

15 하나님께서는 우리가 그분께 간구할 때마다 귀를 기울이고 계십니다. 그러므로 우리는 우리가 구한 모든 것들을 그분께서 주시리라는 것을 알 수 있습니다.

16 그리스도 안에서 어떤 형제가 죄짓는 것을 보거든, 그리고 그 죄가 영원한 죽음에 이르게 할 만한 죄가 아니라면 그 사람을 위해 기도해야 할 것입니다. 그러면 하나님께서 그 형제를 살려 주실 것입니다. 나는 지금 영원한 죽음까지는 이르지 않을 그런 죄를 지은 사람들에 관해 이야기하는 것입니다. 죽을 만한 죄가 분명히 있습니다. 내가 말하는 것은 그런 죄를 위해서까지 기도하라는 것은 아닙니다.

17 잘못 행하는 것은 다 죄지만, 영원한 죽음에 이르지 않는 죄도 있습니다.

18 하나님의 자녀가 된 사람은 계속해서 죄를 지을 수 없다는 것을 우리는 알고 있습니다. 하나님의 아들이 그를 지켜 주시므로 악한 자도 그를 해칠 수 없습니다.

19 우리는 우리가 하나님께 속하였음을 분명히 알고 있지만 이 세상은 악한 자가 지배하고 있습니다.

20 하나님의 아들이 오셔서 우리에게 깨달을 수 있는 능력을 주셨기에, 이제 우리는 진리이신 하나님을 알 수 있게 되었습니다. 우리의 생명은 참되신 하나님, 곧 그분의 아들 예수 그리스도 안에 있습니다. 그는

말해 신자가 죄를 지속적으로 지을 수 없는 이유는 예수님이 신자를 지키고 있기 때문이다.

20-21 하나님의 아들이 이르러 우리에게 지각을 주사 우리로 참된 자를 알게 하신 것과 예수님은 신자에게 새로운 지각을 주어 하나님이 참된 분이라는 사실을 깨닫게 하신다. 여기서 우상은 다른 신을 지칭하는 것이 아니라 하나님에 대한 잘못된 개념을 가지고 있는 것을 말한다. 독자들은 하나님에 대해 잘못된 개념을 퍼뜨리는 거짓 선생들로부터 돌아서야 한다.

참 하나님이시며 영원한 생명이십니다.

21 그러므로 사랑하는 자녀 여러분, 여러분 자신을 우상으로부터 멀리하도록 지키십시오.

저자의 묵상

본문은 우리가 예수님을 통해 하나님과 관계를 맺게 된 두 가지 길을 제시한다. 첫째, 예수님의 대속 사역으로 인해 우리는 하나님이 참된 분임을 알게 된다. 둘째, 예수님을 믿는 신자들은 아버지 되신 하나님께 담대히 기도할 수 있다. 두 번째와 관련하여 15절의 선언은 꽤 파격적이다. 우리가 무엇이든지 구하면 하나님께서 들으실 것이고 우리가 구한 것은 무엇이든지 이루어질 것이라고 선언한다. 이는 요한복음의 선언과 일맥상통한다. "무엇이든지 원하는 대로 구하라 그리하면 이루리라"(요 15:7). 듣기 좋은 말씀이고 아멘으로 화답하고 싶은 말씀이다. 하지만 우리는 말씀을 대할 때 보고 싶은 부분만 보고, 듣고 싶은 부분만 들을 때가 많다. 사실 15절의 말씀과 요한복음 15:7 말씀에는 중요한 조건이 선행된다. "그의 뜻대로 무엇을 구하면"(14절). "너희가 내 안에 거하고 내 말이 너희 안에 거하면"(요 15:7). 기도가 응답되기 전에 먼저 점검해야 할 것은 그 기도가 하나님의 뜻대로 구하는 것인가의 여부이다.

무릎기도 하나님, 어둠 가운데 있던 우리를 빛의 자녀 삼아 주시고 새로운 시야를 허락하심을 감사드립니다. 진리이신 하나님께 시선을 고정하고 풍성한 생명의 삶을 누리게 하소서.

ESV - 1 John 5

13 I write these things to you who believe in the name of the Son of God, that you may know that you have eternal life.

14 And this is the confidence that we have toward him, that if we ask anything according to his will he hears us.

15 And if we know that he hears us in whatever we ask, we know that we have the requests that we have asked of him.

16 If anyone sees his brother committing a sin not leading to death, he shall ask, and God* will give him life—to those who commit sins that do not lead to death. There is sin that leads to death; I do not say that one should pray for that.

17 All wrongdoing is sin, but there is sin that does not lead to death.

18 We know that everyone who has been born of God does not keep on sinning, but he who was born of God protects him, and the evil one does not touch him.

19 We know that we are from God, and the whole world lies in the power of the evil one.

20 And we know that the Son of God has come and has given us understanding, so that we may know him who is true; and we are in him who is true, in his Son Jesus Christ. He is the true God and eternal life.

21 Little children, keep yourselves from idols.

*5:16 Greek *he*

13 eternal life 영생 14 confidence 확신 according to …에 따라 15 request 요구 16 commit a sin 죄를 범하다 lead to …로 이어지다 17 wrongdoing 악행 18 be born of …에서 태어나다 protect 지키다 evil 악한 19 in the power of …의 지배 아래 21 idol 우상

요한이삼서를 묵상하기 전에

저자

요한일서의 저자는 익명성에 가려 있지만 요한이삼서는 저자를 '장로'라고 지칭한다. 장로의 정체에 대해서는 학자들 간에 의견이 분분하다. 장로의 정체를 밝히는 문제와 관련하여 자주 언급되는 문헌은 파피아스의 글이다. 파피아스는 예수의 제자들을 열거하는 문맥에서 '요한'을 언급하고 이후에 '장로 요한'을 한 번 더 언급한다. 전통적인 견해는 이 두 요한이 동일한 인물이라는 입장이다. 첫 번째 요한은 예수의 제자요, 세베대의 아들인 사도 요한이고 두 번째 요한은 비록 장로라고 칭하지만 그 역시 사도 요한을 가리킨다는 것이다. 전통적인 견해에서 요한복음과 요한서신은 모두 한 저자, 즉 예수와 그의 사역을 직접 목격했던 사도 요한으로부터 나온 것이다.

반면 파피아스의 글에 등장하는 두 요한을 서로 다른 인물이라고 주장하는 입장도 있다. 예를 들어 제롬은 파피아스의 글을 해석하면서 첫 번째 요한은 사도 요한으로서 요한복음과 요한일서를 기록했고, 두 번째 요한은 사도 요한과 다른 인물인 장로 요한으로서 요한이삼서를 기록했다고 주장했다. 일부 현대 학자들은 두 요한은 서로 다른 인물이며, 특정하기는 어렵지만 요한 전통에 속해 있는 개인이나 공동체라고 주장한다.

외적 증거로 보았을 때는 요한이삼서를 사도 요한의 저작으로 보는 입장과 장로 요한의 저작으로 보는 입장 사이의 우열을 가리기 힘들다. 하지만 분명한 사실은 요한서신이 내용적인 면에서 중첩되는 부분이 많다는 것이다. 이것은 한 저자가 모든 서신을 기록했다는 견해에 무게를 실어 준다.

역사적 배경과 기록 목적

요한이삼서는 동일한 저자에 의해서 기록되었으나 서로 다른 수신자에게 보내는 편지이다. 요한이서의 수신자는 "택하심을 받은 부녀와 그의 자녀들"로서 이는 교회와 그 구성원들을 의미한다. 요한삼서의 수신자는 "가이오"라는 이름을 가진 개인이다. 요한이서는 공동체에게 요한삼서는 개인에게 보낸 서신이지만 두 서신의 공통적인 배경은 가정 교회이다. 저자인 장로는 가정 교회에서 일어나는 목회적 이슈들에 대해 조언과 경고의 메시지를 전한다.

먼저 요한이서는 내용 면에서 요한일서와 교차되는 부분이 상당히 많다. 두 책은 미혹하는 자가 세상에 나왔음을 알리며, 예수 그리스도가 육신을 입고 온 사실을 부인하는 자들을 적그리스도라고 칭한다(요이 1:7; 요일 4:2-3). 사랑은 계명을 행하는 것이며(요이 1:6; 요일 5:3) 계명을 행하지 않는 자는 진리 가운데 있지 않다고 말한다(요이 1:9; 요일 2:4). 또한 신자들은 처음부터 들었던 서로 사랑의 계명을 지켜야 한다는 내용도 중복된다(요이 1:5; 요일 3:11). 요한이서의 저자는 교회의 문제를 진단하고 거짓 가르침의 위험성을 지적한 뒤에 그리스도의 교훈 안에 거하지 않는 자들을 "집에 들이지도 말고 인사도 하지 말라"(요이 1:10)고 경고한다. 여기서 집은 개인적인 장소이기도 하지만 공적인 장소, 즉 예배가 드려지는 가정 교회를 말한다. 거짓 가르침을 전하는 자들을 집에 들이는 것은 하나님의 성전을 더럽히는 것과 다름없다.

요한삼서 역시 가정 교회에서 일어나는 목회적 이슈를 다룬다. 하지만 요한이서에 비해 상황에 대한 설명이 훨씬 더 구체적이다. 가이오, 디오드레베, 데메드리오와 같은 실명을 언급하며 사건의 전말을 기술한다. 저자인 장로가 자신의 신앙 공동체에 속한 복음 전도자들을 디오드레베의 가정 교회에 보냈으나 디오드레베는 그들을 받아들이지 않았고 받아들이고자 했던 이들도 방해하거나 내쫓았다. 장로는 가이오가 이전에 복음 전도자들을 잘 받아들이고 환대했던 것처럼 앞으로도 그렇게 해 줄 것을 부탁한다. 장로는 여러 면에서 본이 되는 데메드리오를 언급하며 가이오가 선을 행할 것을 권면한다. 여기서 디오드레베와 가이오는 서로 다른 가정 교회의 리더로 추정된다. 요한이서와 마찬가지로 요한삼서에서도 누군가를 집에 받아들이는가, 받아들이지 않는가의 문제는 중요한 목회적 이슈다.

주요 신학적 주제

요한이삼서는 짧은 본문이지만 진리 안에서 행함과 환대라는 두 가지 중요한 신학적 주제를 다룬다. 첫째, 요한이삼서는 진리 안에서 행하는 것을 보다 시각적인 언어로 보여준다. 요한일서가 진리와 거짓을 분별하는 신학적이고 교리적인 문제에 좀 더 관심을 기울였다면 요한이삼서는 진리와 거짓을 분별한 뒤에 실제로 어떻게 행동해야 하는지 구체적인 사례를 제시한다. 특히 요한삼서의 경우는 장로가 보낸 복음 전도자들을 거절한 디오드레베와 그들을 환영한 가이오를 언급한다. 요한이삼서는 초대 교회 공동체가 이러한 문제를 어떻게 다루었는지 구체적인 사례를 보여줌으로써 현대 교회에 유용한 통찰력을 던져 준다. 둘째, 요한이삼서는 환대의 신학을 제공한다. 두 서신은 가정 교회가 다른 지역에서 온 복음 전도자들을 집에 들이는 문제를 다룬다. 하지만 집에 들이는 것으로 표현되는 환대는 단순히 여행자에게 친절을 베푸는 행위가 아니라 복음 전도자와 거짓 선지자를 분별하여 합당한 반응을 보이는 신학적이고도 목회적인 문제이다. 장로는 거짓 선지자를 환대하는 것은 "악한 일에 참여하는"(요이 1:11) 것이고 복음 전도자를 환대하는 것은 "선을 행하는"(요삼 1:11) 것이라고 힘주어 말한다.

단락 구분

1. 사랑과 진리 안에서 행하라(요이 1:1-6)
2. 거짓 선생들에 대한 단호한 거절(요이 1:7-13)
3. 가이오에 대한 칭찬(요삼 1:1-8)
4. 디오드레베에 대한 책망과 선에 대한 권면(요삼 1:9-15)

54 사랑과 진리 안에서 행하라

요한이서 1:1-6 • 새찬송 462장 | 통일 517장

• 말씀묵상 전에 성령님의 인도하심을 구하는 기도를 드리십시오.

> **본문요약** ㅣ 저자는 교회와 그 구성원들을 사랑하는 마음으로 권면의 말씀을 전한다. 권면의 말씀에는 계명, 사랑, 진리의 개념이 서로 긴밀하게 얽혀 있다. 독자들은 처음부터 알고 있었던 하나님의 계명을 따라 서로 사랑해야 한다. 더 나아가 저자는 계명을 지키는 것이 진리 안에서 행하는 것과 연관되어 있다고 말한다.

1 장로인 나는 택하심을 받은 부녀와 그의 자녀들에게 편지하노니 내가 참으로 사랑하는 자요 나뿐 아니라 진리를 아는 모든 자도 그리하는 것은
2 우리 안에 거하여 영원히 우리와 함께 할 진리로 말미암음이로다
3 은혜와 긍휼과 평강이 하나님 아버지와 아버지의 아들 예수 그리스도께로부터 진리와 사랑 가운데서 우리와 함께 있으리라
4 너의 자녀들 중에 우리가 아버지께 받은 계명대로 진리를 행하는 자를 내가 보니 심히 기쁘도다
5 부녀여, 내가 이제 네게 구하노니 서로 사랑하자 이는 새 계명 같이 네게 쓰는 것이 아니요 처음부터 우리가 가진 것이라
6 또 사랑은 이것이니 우리가 그 계명을 따라 행하는 것이요 계명은 이것이니 너희가 처음부터 들은 바와 같이 그 가운데서 행하라 하심이라

1. 오늘 하나님께서 나에게 주신 깨달음은 무엇입니까?

2. 말씀을 어떻게 내 삶에 구체적으로 적용해야 합니까?

절별 해설

1-2 장로인 나는 택하심을 받은 부녀와 그의 자녀들에게 편지하노니 저자는 자신을 '장로'라고 칭한다. 이는 지역 교회 내의 특정 직책이라기보다는 나이나 신앙의 성숙으로 인한 권위와 존경의 표현에 가깝다. 장로인 저자는 수신자들을 부녀와 그의 자녀들이라고 부른다. 수신자들의 정체에 대해서 학자들의 의견이 다양하지만, 부녀와 그의 자녀들은 교회와 그 구성원들을 가리키는 것이라고 보는 견해가 가장 타당하다. 여기서 부녀(lady)는 교회를 가리키는데 교회를 여성으로 표현하는 경우는 성경 내에서도 자주 발견된다. 예를 들어 이스라엘 백성은 신부로 하나님은 신랑으로 묘사된다(사 62:5). 또한 그리스도와 교회의 관계는 남편과 아내의 관계로 그려진다(엡 5:24-25).
내가 참으로 사랑하는 자요 … 우리 안에 거하여 영원히 우리와 함께 할 진리로 말미암음이로다 본절에 나오는 '진리'와 '사랑'은 요한이서 전체의 내용을 요약하는 두 가지 키워드다. 본문에서 이 두 키워드는 긴밀하게 연결되어 있다. 본문에 따르면 저자를 포함해 진리를 아는 모든 자는 독자들을 사랑한다. 이러한 사랑의 이유는 저자와 독자가 모두 진리 가운데 거하기 때문이다. 자석의 N극과 S극이 서로를 자연스럽게 끌어당기듯이 진리를 알고 진리 안에 거하는 자는 서로를 알아보고 사랑하는 것이다.

4 너의 자녀들 중에 우리가 아버지께 받은 계명대로 진리를 행하는 자 "너의 자녀들 중에"라는 표현은 교회의 일부 구성원들은 진리를 행하지만 다른 구성원들은 그렇지 못함을 암시한다. 아버지께 받은 계명은 예수를 믿고 서로 사랑하라는 요한일서의 말씀을 상기시킨다. 요한일서 3:23에서 계명을 지키는 것은 사랑과 연결되고, 본절에서 그것은 진리와 연결된다. 즉 진리를 행하는 것과 서로 사랑하는 것은 불가분의 관계이다.

6 사랑은 이것이니 우리가 그 계명을 따라 행하는 것이요 사랑은 계명을 행하는 것이라는 개념은 요한복음과 요한일서에 공통으로 등장한다(요 14:15; 요일 5:3). 사랑은 여러 가지 계명으로 표현된 하나님의 뜻에 순종하려는 노력이고 모든 계명은 사랑으로 완성된다. "그 가운데서 행하라"에서 "그"는 문법적으로 계명, 사랑, 진리를 모두 가리킬 수 있지만, 문맥상 진리가 가장 적절하다. 진리 가운데서 행하는 것은 앞서 4절에서도 등장한 개념이다. 또한 이어지는 6-7절의 논의가 거짓 교훈에 관한 것임을 고려한다면 저자는 계명을 따라 행하는 것이 진리 가운데서 행하는 것이라고 권면하고 있다.

쉬운성경

1 교회의 장로인 나는 하나님께서 선택하신 부인과 자녀들에게 편지를 씁니다. 나는 진리 안에서 여러분을 사랑하며, 진리를 아는 모든 사람들도 여러분을 사랑하고 있습니다.

2 우리가 여러분을 사랑할 수 있음은 진리가 우리 안에 있고, 또한 그 진리가 영원히 우리 마음속에 함께하기 때문입니다.

3 하나님 아버지와 그의 아들 예수 그리스도로부터 은혜와 자비와 평안이, 진리와 사랑 안에서 우리 안에 넘쳐나기를 기도합니다.

4 부인의 자녀들이 하나님의 명령대로 진리를 따르며 살고 있다는 소식을 듣고 나는 매우 기뻤습니다.

5 사랑하는 부인이여, 이제 나는 부인에게 한 가지를 얘기하고자 합니다. 그것은 우리 모두 사랑 안에서 살아가야 한다는 것입니다. 이 말씀은 새로운 명령이 아닙니다. 이것은 처음부터 우리가 받은 말씀입니다.

6 하나님께서 우리에게 명령하신 삶은 사랑의 삶입니다. 하나님께서는 우리가 사랑하며 살아가기를 원하십니다. 아마도 부인 역시 이 말씀을 처음부터 들어 왔을 것입니다.

저자의 묵상

진리와 사랑은 보통 상반되는 개념인 것처럼 인식된다. 상대방에게 진리의 잣대를 들이대면 선악을 분별하여 악을 정죄하기 일쑤다. 반면 사랑의 잣대로 상대방을 대하면 허물과 실수를 덮어 주기도 한다. 하지만 본서에 따르면 진리와 사랑은 단단히 엮여 있다. 진리 가운데 행하는 것과 사랑 가운데 행하는 것은 반대되는 것이 아니라 함께 갈 수 있고 또한 함께 가야 하는 것이다. 진리 가운데 행하는 자들은 서로를 알아보고 서로 사랑하게 된다. 그렇다면 진리와 사랑을 모두 지키며 행한다는 것은 어떤 의미일까? 진리를 따라 행하는 자들을 사랑하고 진리를 따라 행하지 않는 자들은 사랑하지 않는 것이다. 진리를 따라 행하지 않는 자들을 사랑하지 말라는 교훈은 미혹하는 자, 즉 적그리스도에 대한 경계를 의미한다. 이는 거짓 가르침을 행하는 자들을 집에 들이지도 말고 인사도 하지 말라는 이후의 논의(1:10)와 연결된다.

> **무릎기도** 사랑과 진리의 하나님, 예수님을 통해 주신 계명을 따라 형제자매를 전심으로 사랑하게 하소서. 또한 서로 사랑하는 것이 진리 가운데 살아가는 것임을 잊지 않게 하소서.

ESV - 2 John 1

1 The elder to the elect lady and her children, whom I love in truth, and not only I, but also all who know the truth,
2 because of the truth that abides in us and will be with us forever:
3 Grace, mercy, and peace will be with us, from God the Father and from Jesus Christ the Father's Son, in truth and love.
4 I rejoiced greatly to find some of your children walking in the truth, just as we were commanded by the Father.
5 And now I ask you, dear lady—not as though I were writing you a new commandment, but the one we have had from the beginning—that we love one another.
6 And this is love, that we walk according to his commandments; this is the commandment, just as you have heard from the beginning, so that you should walk in it.

1 elder 장로 elect 선택된 truth 진리   2 abide 살다   3 mercy 자비   4 rejoice 기뻐하다 command 명령하다
6 according to …에 따라

☐ 묵상 체크

월 일

단호한 거절

요한이서 1:7-13 • 새찬송 344장

• 말씀묵상 전에 성령님의 인도하심을 구하는 기도를 드리십시오.

본문요약 | 본서의 전반부에서 독자들에게 진리 가운데 행할 것을 권면했다면, 후반부인 현재 본문에서는 이러한 권면의 구체적인 배경이 나온다. 예수 그리스도가 육체로 오신 것을 부인하는 미혹하는 자들이 있으며, 이들과 일체 관계를 맺지 말 것을 강하게 경고한다. 독자들은 그리스도의 교훈 안에 머물러 있어야 한다.

7 미혹하는 자가 세상에 많이 나왔나니 이는 예수 그리스도께서 육체로 오심을 부인하는 자라 이런 자가 미혹하는 자요 적그리스도니
8 너희는 스스로 삼가 우리가 일한 것을 잃지 말고 오직 온전한 상을 받으라
9 지나쳐 그리스도의 교훈 안에 거하지 아니하는 자는 다 하나님을 모시지 못하되 교훈 안에 거하는 그 사람은 아버지와 아들을 모시느니라
10 누구든지 이 교훈을 가지지 않고 너희에게 나아가거든 그를 집에 들이지도 말고 인사도 하지 말라
11 그에게 인사하는 자는 그 악한 일에 참여하는 자임이라
12 내가 너희에게 쓸 것이 많으나 종이와 먹으로 쓰기를 원하지 아니하고 오히려 너희에게 가서 대면하여 말하려 하니 이는 1)너희 기쁨을 충만하게 하려 함이라
13 택하심을 받은 네 자매의 자녀들이 네게 문안하느니라

1. 오늘 하나님께서 나에게 주신 깨달음은 무엇입니까?

2. 말씀을 어떻게 내 삶에 구체적으로 적용해야 합니까?

1) 어떤 사본에, 우리

절별 해설

7 미혹하는 자가 세상에 많이 나왔나니 이는 예수 그리스도께서 육체로 오심을 부인하는 자라 6절과 7절은 논리적으로 연결되어 있다. 한글 번역에서는 드러나지 않지만 헬라어 원문에서 6절과 7절 사이에는 이유의 접속사 '호티'(~때문에)가 위치한다. 6절은 신자가 진리 가운데 행해야 한다는 권면으로 마무리되는데, 그 이유가 바로 미혹하는 자가 세상에 많이 나왔기 때문이다(7절). 본절에서 미혹하는 자는 '적그리스도'라고 칭해진다. 적그리스도라는 용어는 신약성경 전체에서 4번만 등장하는데 본절을 제외한 나머지 3번은 요한일서에서 나온다. 이러한 용어의 일치뿐 아니라 주제 면에서도 본서는 요한일서와 상당히 유사하다. 예수 그리스도가 육체로 오신 것을 부인하면서 사람들을 미혹하는 자가 세상에 많이 나와 있다는 개념은 요한일서 4장의 내용과 거의 일치한다(요일 4:1-3). 저자는 예수님의 성육신 사건을 부인하는 자들은 진리 가운데 행하지 않는 것이라고 힘주어 말한다.

8 너희는 스스로 삼가 우리가 일한 것을 잃지 말고 여기서 '너희'와 '우리'를 구분하는 것은 흥미롭다. 진리에 서 있지 않은 '너희'의 잘못이 공동체 전체를 위태롭게 할 수 있다.

9 지나쳐 그리스도의 교훈 안에 거하지 아니하는 자는 다 하나님을 모시지 못하되 "지나쳐"에 해당하는 헬라어 동사는 '프로아고'이다. 이 동사의 사전적 의미는 '앞서 가다(이끌다)'이다. 사전적 의미를 살려 미혹하는 자의 문제점을 지적한다면, 그들은 그리스도의 교훈을 따라가는 자들이 아니라 그것보다 앞서 가는 자들이다. "그리스도의 교훈"을 헬라어 원문을 살려 번역하자면 '그리스도에 대한 교훈'으로 바꿀 수 있다. 그리스도에 대한 교훈은 '예수 그리스도가 육체를 입고 오셨다'는 7절의 가르침이다. 이 교훈 안에 거하는 자는 자연스럽게 예수님과 하나님 모두를 섬기게 된다.

10-11 누구든지 이 교훈을 가지지 않고 너희에게 나아가거든 그를 집에 들이지도 말고 인사도 하지 말라 "이 교훈"은 7절에 언급된 예수 그리스도의 성육신 사건이다. 저자는 성육신 사건을 부인하는 자를 집에 들이지도 말고 인사도 하지 말라고 강하게 경고한다. 집에 들이는 것과 인사를 하는 것은 당시의 환대 문화를 반영하는 표현이다. 특히 손님을 집에 들이는 것은 그 사람을 지지하고 인정한다는 의미였다. 또한 당시 예배가 종종 집(가정 교회)에서 드려졌던 것을 감안한다면 거짓 선생을 집에 들이는 것은 교회의 안전을 해치고 잘못된 포교 활동을 용인하는 것과 다름없었다.

쉬운성경

7 많은 거짓 선생들이 세상에 나타났습니다. 그들은 예수 그리스도께서 이 땅에 사람으로 오셨다는 것을 믿으려 들지 않습니다. 이 사실을 믿지 않는 자는 다 거짓 선생이며, 그리스도의 적입니다.

8 지금까지 애써 온 수고가 물거품이 되지 않도록 주의하십시오. 온전한 상을 받을 수 있도록 조심하시기 바랍니다.

9 오직 그리스도의 가르침만 좇아가시기 바랍니다. 만약 그리스도께서 가르쳐 주신 것을 따르지 않고 다른 길로 가게 된다면, 그 사람 마음에는 더 이상 하나님이 계시지 않게 됩니다. 그 가르침을 좇아 따라갈 때에만 아버지와 그분의 아들을 함께 마음 가운데 모실 수 있게 됩니다.

10 누군가가 이 가르침 이외의 것을 가지고 여러분을 찾아오거든, 그 사람을 집에 맞아들이지도 말고, 인사도 하지 마십시오.

11 만약 그 사람을 받아들이면, 그가 하는 악한 일을 여러분이 돕는 셈이 됩니다.

12 하고 싶은 말이 많지만 이만 줄이겠습니다. 오히려 빠른 시간 내에 직접 만나서 서로 이야기하는 기쁨을 가지게 되었으면 좋겠습니다.

13 하나님께서 선택하신 당신 자매의 자녀들이 부인에게 안부를 전합니다.

저자의 묵상

본서는 요한일서와 마찬가지로 예수 그리스도가 육체로 오신 것을 부인하는 거짓 선생들을 상대하고 있다. 달라진 것이 있다면 이러한 거짓 선생들을 집에 들이는 실제적인 문제를 다루고 있다는 점이다. 누군가를 집에 들이는 것이 사소한 문제처럼 보일 수도 있다. 하지만 저자에 따르면 그것은 진리 안에 거하느냐 거하지 않느냐, 교회를 지키느냐 무너지게 하느냐와 같은 중대한 문제이다. 우리는 여기서 신앙의 공동체성을 다시 한번 확인할 수 있다. 개인적인 선택은 자신에게 영향을 주는 데서 끝나는 것이 아니라 공동체 전체에 영향을 미칠 수 있다. 미꾸라지 한 마리가 온 웅덩이를 흐려 놓듯이 거짓 선생을 집에 들일 때 가정 교회 예배에 참석한 모든 이들이 미혹에 빠질 수 있다. 이러한 신앙의 공동체성은 성경의 다른 곳에서도 발견된다. 우리는 자신의 죄로 이스라엘 전체를 위험에 빠뜨렸던 아간과 같이 될 수도 있고(수 7:1), 믿음의 행동으로 중풍병자를 살렸던 그의 친구들과 같이 될 수도 있다(막 2:5).

> **무릎기도** 하나님, 거짓 가르침과 미혹의 영이 만연한 이때에 진리이신 예수 그리스도를 꼭 붙잡게 하소서. 그리스도의 교훈 안에 거하며 처음부터 들은 복음을 굳건히 지키게 하소서.

ESV - 2 John 1

7 For many deceivers have gone out into the world, those who do not confess the coming of Jesus Christ in the flesh. Such a one is the deceiver and the antichrist.

8 Watch yourselves, so that you may not lose what we* have worked for, but may win a full reward.

9 Everyone who goes on ahead and does not abide in the teaching of Christ, does not have God. Whoever abides in the teaching has both the Father and the Son.

10 If anyone comes to you and does not bring this teaching, do not receive him into your house or give him any greeting,

11 for whoever greets him takes part in his wicked works.

12 Though I have much to write to you, I would rather not use paper and ink. Instead I hope to come to you and talk face to face, so that our joy may be complete.

13 The children of your elect sister greet you.

* 1:8 Some manuscripts *you*

---

7 deceiver 사기꾼 confess 시인하다 flesh 육체 antichrist 적그리스도   8 so that …하기 위하여 reward 상   9 abide 살다   10 receive 받다 greet 인사하다   11 take part in 참여하다 wicked 악한   12 complete 완전한   13 elect 선택된

56

신앙의 일상성

요한삼서 1:1-8 • 새찬송 438장 | 통일 495장

• 말씀묵상 전에 성령님의 인도하심을 구하는 기도를 드리십시오.

> **본문요약** | 존경받는 장로인 저자는 사랑하는 가이오가 신앙 안에서 진리 가운데 살아가고 있음을 칭찬하고 앞으로도 그렇게 해 줄 것을 당부한다. 본문에서 진리 가운데 살아가는 것은 다른 지역으로부터 온 복음 전도자들을 극진히 환대한 후 다시 파송하는 것을 말한다. 이 일을 감당할 때 진리를 위해 협력하는 자가 된다.

1 장로인 나는 사랑하는 가이오 곧 내가 참으로 사랑하는 자에게 편지하노라
2 사랑하는 자여 네 영혼이 잘됨 같이 네가 범사에 잘되고 강건하기를 내가 간구하노라
3 형제들이 와서 네게 있는 진리를 증언하되 네가 진리 안에서 행한다 하니 내가 심히 기뻐하노라
4 내가 내 자녀들이 진리 안에서 행한다 함을 듣는 것보다 더 기쁜 일이 없도다
5 사랑하는 자여 네가 무엇이든지 형제 곧 나그네 된 자들에게 행하는 것은 신실한 일이니
6 그들이 교회 앞에서 너의 사랑을 증언하였느니라 네가 하나님께 합당하게 그들을 전송하면 좋으리로다
7 이는 그들이 주의 이름을 위하여 나가서 이방인에게 아무 것도 받지 아니함이라
8 그러므로 우리가 이같은 자들을 영접하는 것이 마땅하니 이는 우리로 진리를 위하여 함께 일하는 자가 되게 하려 함이라

1. 오늘 하나님께서 나에게 주신 깨달음은 무엇입니까?

2. 말씀을 어떻게 내 삶에 구체적으로 적용해야 합니까?

절별 해설

1-2 장로인 나는 여기서 '장로'는 요한이서와 마찬가지로 지역 교회의 특정 직책이라기보다는 나이나 신앙적 성숙에 따른 권위나 존경을 표현하는 호칭이다. 편지의 발신자인 장로는 신앙적 선배이자 아버지로서 수신자 가이오에게 편지를 보낸다. **사랑하는 가이오 곧 내가 참으로 사랑하는 자에게 편지하노라** 신약성경의 서신들이 주로 교회 공동체에 보내진 반면 요한삼서는 가이오라는 개인에게 보내진 서신이다. 개인 서신이긴 하지만 빌레몬서와 같이 지극히 개인적인 내용을 다루는 것이 아니라 가이오를 통해 그가 속한 교회 공동체의 문제를 다루고 있다. 이 짧은 구절에서 가이오와 관련해 '사랑'이라는 단어가 3번 사용된다. '사랑하는'이라는 표현이 편지에 일반적으로 쓰이긴 하지만 짧은 구절에서 집중적으로 사용된 것으로 보아 장로가 가이오를 특별히 아끼고 사랑했음을 알 수 있다. **네 영혼이 잘됨 같이 네가 범사에 잘되고 강건하기를 내가 간구하노라** 일각에서는 이 구절을 부와 건강의 복을 약속하는 구절로 해석한다. 범사에 잘된다는 것은 부의 축복을, 강건하다는 것은 건강의 축복을 의미하는 것으로 생각한다. 하지만 "범사에"를 직역하자면 '모든 것에 관하여'이다. '모든 것'은 물질적 축복을 포함하지만 물질적 축복만을 의미하지는 않는다. 또한 이 구절은 약속이 아니라 간구임을 잊지 말아야 한다. 저자는 가이오의 영혼이 충만한 상태를 누리듯이 다른 모든 것에서도 충만을 누리기를 간구한다.

3-4 네가 진리 안에서 행한다, 내 자녀들이 진리 안에서 행한다 요한이서에서 진리를 행한다는 표현은 거짓 가르침에 대항하는 교리적 개념이 강하지만, 요한삼서에서 이 표현은 진리를 따라 살아가는 실천의 개념이 더 농후하다. 가이오가("네가") 진리를 따라 살아가는 모습은 교회 공동체가("내 자녀들이") 살아가는 모습이 되어야 한다.

5-8 무엇이든지 형제 곧 나그네 된 자들에게 행하는 것은 신실한 일이니 … 하나님께 합당하게 그들을 전송하면 좋으리로다 "형제 곧 나그네 된 자들"은 장로의 교회 공동체에 속한 자들로서 가이오와는 개인적인 친분이 없었던 복음 전도자들(7절)을 가리킨다. 장로는 가이오가 이전에 이들을 환대했던 것을 칭찬하고("신실한 일") 이번에도 그들을 잘 환대한 뒤 파송해 줄 것을 부탁하고 있다. "전송하다"(헬, 프로펨포)는 교회가 복음 전도자를 파송할 때 종종 사용되는 동사다(행 15:3). 복음을 전하는 자들을 환대할 때 우리 또한 진리를 위해 함께 일하는 자가 된다.

쉬운성경

1 교회의 장로인 나는 진리 안에서 사랑하는 친구 가이오에게 이 편지를 씁니다.

2 사랑하는 친구여, 그대의 영혼이 건강한 것처럼 몸도 건강하고, 하고자 하는 모든 일이 다 잘되기를 기도합니다.

3 믿음의 형제들이 내게 와서 진리의 길을 따라 진실되게 살아가는 그대를 칭찬하였습니다. 그 말을 들은 나는 얼마나 기뻤는지 모릅니다.

4 믿음의 자녀가 진리의 가르침을 따라 잘 지내고 있다는 소식보다 내게 더 큰 기쁨은 없습니다.

5 사랑하는 친구여, 믿음의 형제들을 도우며 심지어 모르는 사람까지도 따뜻하게 대접하였다니 참으로 선한 일을 하였습니다.

6 그들이 이곳 교회에 와서 당신의 따뜻한 대접과 사랑에 관해 말해 주었습니다. 하나님께서 기뻐하시도록 나그네인 그들을 계속 도와주십시오.

7 그들은 그리스도의 이름을 위하여 자신의 삶을 돌아보지 않고 전도 여행을 시작하였습니다. 또한 그들은 믿지 않는 사람들로부터 도움을 받지 않았습니다.

8 그러므로 우리가 그들을 도와야만 합니다. 우리가 직접 전도 여행을 떠날 수는 없지만, 그들을 도우면서 우리 역시 진리를 위해 함께 일하는 사람이 되는 것입니다.

저자의 **묵상**

본서에서 "진리 안에서 행한다"는 것은 요한일이서와 같이 교리나 신학(예수님이 육체로 오신 것을 인정하는가의 여부)의 문제가 아니라 장로가 보낸 복음 전도자들을 집에 들여 환대하는 아주 일상적인 문제와 결부된다. 다른 말로 하자면 신앙의 일상성이다. 신앙은 교회와 종교적인 공간에서 벌어지는 일과 관련되기도 하지만 우리가 일상에서 하는 일을 어떻게 처리하고 일상에서 만나는 사람들을 어떻게 대하느냐로 가늠할 수도 있다. 교회에서 헌금을 드리고 기도를 하는 것도 신앙의 행위가 될 수 있지만, 레스토랑에서 종업원을 무례하게 대하지 않는 것도 신앙의 행위가 될 수 있다. 교회에서 예배를 드리는 것도 신앙의 행위가 될 수 있지만, 예배를 마치고 혼잡한 교회 주차장을 빠져나올 때 다른 운전자에게 양보하는 것도 신앙의 행위가 될 수 있는 것이다. 우리가 믿음을 지키고 진리를 행해야 할 곳은 교회뿐 아니라 우리의 일상이 지속되는 모든 곳이다.

> **무릎 기도** 하나님, 발이 닿는 모든 곳과 만나는 모든 사람 가운데서 믿음을 지키게 하소서. 교회에서 뜨겁게 예배를 드리듯이 우리의 따뜻함이 이웃에게 전달되게 하소서.

ESV - 3 John 1

1 The elder to the beloved Gaius, whom I love in truth.
2 Beloved, I pray that all may go well with you and that you may be in good health, as it goes well with your soul.
3 For I rejoiced greatly when the brothers* came and testified to your truth, as indeed you are walking in the truth.
4 I have no greater joy than to hear that my children are walking in the truth.
5 Beloved, it is a faithful thing you do in all your efforts for these brothers, strangers as they are,
6 who testified to your love before the church. You will do well to send them on their journey in a manner worthy of God.
7 For they have gone out for the sake of the name, accepting nothing from the Gentiles.
8 Therefore we ought to support people like these, that we may be fellow workers for the truth.

* 1:3 Or *brothers and sisters*. In New Testament usage, depending on the context, the plural Greek word *adelphoi* (translated "brothers") may refer either to *brothers* or to *brothers and sisters*; also verses 5, 10

1 elder 장로 beloved 사랑하는   3 testify 증언하다   5 faithful 신실한   effort 수고   stranger 낯선 사람   7 for the sake of …을 위해서   accept 받다   gentile 이방인   8 ought to …해야 한다   support 돕다   fellow 동료

☐ 묵상 체크

57
월   일

선택의 기로
요한삼서 1:9-15 • 새찬송 321장 | 통일 351장

• 말씀묵상 전에 성령님의 인도하심을 구하는 기도를 드리십시오.

> **본문요약** ┃ 본서의 전반부에서 가이오가 좋은 모델로 제시되었다면 본문에서는 디오드레베가 나쁜 모델로 제시된다. 그는 사람들 위에 군림하기 좋아하는 인물로서 장로가 보낸 복음 전도자들을 맞아들이기를 거부한다. 그뿐 아니라 교회 공동체에서 그들을 맞아들이고자 하는 이들을 훼방하거나 배척한다. 그는 하나님께 속한 자가 아니다.

9 내가 두어 자를 교회에 썼으나 그들 중에 으뜸되기를 좋아하는 디오드레베가 우리를 맞아들이지 아니하니
10 그러므로 내가 가면 그 행한 일을 잊지 아니하리라 그가 악한 말로 우리를 비방하고도 오히려 부족하여 형제들을 맞아들이지도 아니하고 맞아들이고자 하는 자를 금하여 교회에서 내쫓는도다
11 사랑하는 자여 악한 것을 본받지 말고 선한 것을 본받으라 선을 행하는 자는 하나님께 속하고 악을 행하는 자는 하나님을 뵈옵지 못하였느니라
12 데메드리오는 뭇 사람에게도, 진리에게서도 증거를 받았으매 우리도 증언하노니 너는 우리의 증언이 참된 줄을 아느니라
13 내가 네게 쓸 것이 많으나 먹과 붓으로 쓰기를 원하지 아니하고
14 속히 보기를 바라노니 또한 우리가 대면하여 말하리라
15 평강이 네게 있을지어다 여러 친구가 네게 문안하느니라 너는 친구들의 이름을 들어 문안하라

1. 오늘 하나님께서 나에게 주신 깨달음은 무엇입니까?

2. 말씀을 어떻게 내 삶에 구체적으로 적용해야 합니까?

절별 해설

9 내가 두어 자를 교회에 썼으나 장로는 디오드레베가 속한 교회 공동체에 편지를 썼다. 이 편지의 정체를 두고 다양한 가설이 제기되었다. 예를 들어 요한일서, 요한이서, 현존하지 않는 편지, 추천의 편지와 같은 것들이다. 본문의 증거와 역사적 자료 모두 불충분하기 때문에 확답을 내릴 수는 없다. 그렇지만 한 가지 분명한 것은 이 편지의 수용과 거부는 그것을 보낸 장로의 수용과 거부를 의미한다는 점이다. **으뜸되기를 좋아하는 디오드레베가 우리를 맞아들이지 아니하니** 여기서 디오드레베는 이 편지의 수신인인 가이오와 반대되는 인물이다. 가이오는 장로의 교회 공동체에 속한 복음 전도자들을 받아들이고 환대한 반면에 디오드레베는 그들을 맞아들이지 않는다. 장로는 이에 대하여 "우리를" 맞아들이지 않았다고 표현한다. 즉 복음 전도자들을 맞아들이지 않은 것은 결국 그들을 보낸 장로를 맞아들이지 않은 것과 동일하다. 보낸 자와 보냄을 받은 자가 가깝게 결부되어 있다는 사상은 요한복음에서도 등장한다(요 13:20). 디오드레베는 "으뜸되기를 좋아하는"이라는 표현으로 보아 사람들 위에 군림하기를 좋아하는 인물로 그려진다. 하지만 예수님은 제자도를 가르칠 때 정반대의 말씀을 하신 적이 있다. "너희 중에 누구든지 으뜸이 되고자 하는 자는 모든 사람의 종이 되어야 하리라"(막 10:44).

10 그가 악한 말로 우리를 비방하고도 오히려 부족하여 형제들을 맞아들이지도 아니하고 본절은 디오드레베가 장로와 복음 전도자들을 향해 저질렀던 악행의 세부 내용을 열거한다. 첫째, 장로와 복음 전도자들("우리")을 비방했고 둘째, 장로가 보낸 복음 전도자들("형제들")을 맞아들이지 않았으며 셋째, 그들을 맞아들이려는 자를 방해했고 넷째, 그들을 맞아들이려는 자를 교회에서 내쫓았다. 이러한 악행은 섬기기보다는 군림하기를 원하는 디오드레베의 리더십에서 파생된 것일 수도 있다.

11 사랑하는 자여 악한 것을 본받지 말고 선한 것을 본받으라 "사랑하는 자"는 가이오를 가리킨다. 장로는 디오드레베를 악을 행한 자로 묘사한 뒤 가이오에게 선을 행할 것을 다시 한번 독려한다. 선을 행하는 것이란 복음 전도자들을 잘 맞이하고 환대하는 것이다.

12 데메드리오 장로가 보낸 편지를 전달하는 자였을 것이다. 그는 뭇 사람과 진리와 우리에게서 증거를 받은 사람이다. 즉 다른 사람들에게 인정을 받고 진리에 비추어 보았을 때도 결격 사유가 없으며 또한 장로가 추천하는 사람이다.

쉬운성경

9 나는 이러한 내용의 편지를 먼저 교회 앞으로 보냈습니다. 그러나 디오드레베가 우리 말을 들으려고도 하지 않고, 충고도 받아들이지 않았습니다. 그것은 디오드레베 자신이 그 교회의 우두머리가 되고자 하는 마음 때문입니다.

10 그곳에 가게 되면, 디오드레베가 한 일에 대해 이야기할 것입니다. 그는 거짓말로 우리에 대해 나쁘게 말하고 있습니다. 그는 그리스도를 위해 일하는 사람들을 도우려고도 하지 않고, 오히려 그들을 돕는 사람들마저도 그 일을 하지 못하도록 막으며, 교회에서 쫓아내기까지 하고 있습니다.

11 사랑하는 친구여, 악한 일은 본받지 마십시오. 선한 일을 본받아 따르십시오. 선한 일을 하는 사람은 하나님께로부터 왔지만, 악한 일을 하는 사람은 결코 하나님을 알지 못합니다.

12 데메드리오에 대해서는 모두들 칭찬하고 있습니다. 사람들의 말을 들어볼 때, 데메드리오는 진리를 따르고 있으며, 우리 역시 그를 인정할 수 있습니다. 그대 역시 우리 말이 참되다는 것을 알 것입니다.

13 할 말이 많지만 편지로는 이만 줄입니다.

14 만나서 맘껏 이야기를 나누었으면 합니다.

15 하나님의 평안이 그대와 함께하길 바라며, 이곳에 있는 친구들이 그대에게 안부를 전합니다. 그곳에 있는 형제들에게도 안부를 전해 주십시오.

저자의 묵상

요한서신에는 강력한 이분법이 자주 등장한다. 빛과 어둠, 하나님과 세상, 참 선지자와 거짓 선지자, 형제를 사랑하는 것과 미워하는 것, 계명을 지키는 것과 지키지 않는 것, 선을 행하는 것과 악을 행하는 것 등 다양한 개념이 대조된다. 본서의 이분법은 두 인물, 즉 가이오와 디오드레베이다. 가이오는 장로가 보낸 복음 전도자들을 잘 맞아들이고 환대했으나 디오드레베는 복음 전도자들을 맞아들이지 않았을 뿐 아니라 그들을 맞아들이고자 하는 자들을 방해하고 교회 공동체에서 추방했다. 가이오와 디오드레베는 선택의 기로에서 판단하고 결단했다. 가이오는 장로의 영적 권위를 인정하여 복음 전도자들을 받아들였고 디오드레베는 그렇지 않았다. 장로 역시 선택의 기로에서 판단하고 결단했다. 복음 전도자들을 받아들인 가이오를 사랑하고 칭찬했으며 복음 전도자들을 거부한 디오드레베를 강한 어조로 비판했다. 신앙에서 선택과 결단은 필수적이다. 신자는 선택의 기로에서 하나님 편에 서고 선을 행해야 한다.

> **무릎 기도** 하나님, 참 선지자와 거짓 선지자를 분별하는 능력을 주소서. 또한 참 선지자를 환대하는 일에 넉넉한 마음을 주시고, 거짓 선지자를 멀리하는 데 단호함을 허락하소서.

ESV - 3 John 1

9 I have written something to the church, but Diotrephes, who likes to put himself first, does not acknowledge our authority.

10 So if I come, I will bring up what he is doing, talking wicked nonsense against us. And not content with that, he refuses to welcome the brothers, and also stops those who want to and puts them out of the church.

11 Beloved, do not imitate evil but imitate good. Whoever does good is from God; whoever does evil has not seen God.

12 Demetrius has received a good testimony from everyone, and from the truth itself. We also add our testimony, and you know that our testimony is true.

13 I had much to write to you, but I would rather not write with pen and ink.

14 I hope to see you soon, and we will talk face to face.

15 Peace be to you. The friends greet you. Greet the friends, each by name.

---

9 acknowledge …을 인정하다 authority 권위   10 bring up 얘기하다 wicked 악한 nonsense 터무니없는 말 be content with …에 만족하다 refuse 거부하다   11 beloved 아주 사랑하는 사람 imitate 따라하다 evil 악한   12 receive 받다 testimony 증언

유다서를 묵상하기 전에

저자, 수신자 및 기록 시기

초기 헬라어 사본에는 이 서신의 표제가 단순히 "유다"로 되어 있다. 그러다 후에 "~의 일반 서신"(The General Epistle of)란 말이 덧붙여졌다. 그 이유는 이 서신의 수신자가 어떤 특정한 개인이나 교회가 아니라 일반적인 성도들을 대상으로 하고 있기 때문이다. 이런 이유로 이 서신은 "일반 서신"(General Epistle) 혹은 "공동 서신"(Catholic Epistle)으로 불리고 있다.

이 서신의 저자는 자신을 "야고보의 형제인 유다"(1:1)라고 밝혔는데, 유다란 이름은 당시에 아주 흔한 유대인 이름이었다. 신약성경에도 여러 명 등장하는데 가룟 유다(막 3:19), 가룟인 아닌 유다(요 14:22), 갈릴리의 유다(행 5:37), 다메섹의 유다(행 9:11), 바사바라 하는 유다(행 15:22), 그리고 야고보와 요셉과 시몬의 형제인 유다(막 6:3) 등이 있다. 그 가운데 저자로서 가장 유력한 인물은 (1)가룟 유다가 아닌 "야고보의 아들 유다", 즉 사도 유다(눅 6:16; 행 1:13)와 (2)예수님의 의붓동생 유다(마 13:55; 막 6:3)가 있다. 학자들은 저자가 사도라는 호칭 대신 '종'이란 표현을 사용한 사실과 자신을 야고보의 아들이 아닌 '형제'라고 주장한 점으로 미루어 후자가 더 유력하다고 본다. 특히 야고보의 형제라고 소개한 것은 야고보가 당시 유명 인사였기 때문일 것이므로, 그런 유명 인사로는 초기 예루살렘 교회의 지도자이며 야고보서를 쓴 야고보 장로를 꼽을 수 있다. 또한 야고보와 유다, 두 사람 모두 자신들을 예수님의 형제가 아닌 "예수 그리스도의 종"(약 1:1; 유 1:1)으로 겸손하게 묘사했다는 공통점도 있다. 사실 그들은 예수님이 살아계실 때는 예수님을 메시아로 믿지 않았다가 부활하신 이후에야 비로소 그분을 구세주로 믿었다(요 7:1-9; 행 1:14). 이런 사실은 그들이 형제라는 말 대신 자신들을 '종'이라고 부른 이유를 설명해 준다. 그들은 누구보다도 예수님을 경외하게 되었을 것이다.

그런데 유다서는 독자가 누군지, 수신지가 어딘지 구체적으로 밝히는 대신 "부르심을 받은 자 곧 하나님 아버지 안에서 사랑을 얻고 예수 그리스도를 위하여 지키심을 받은 자들"(1:1)이라는 광범위한 표현을 사용하고 있다. 다만 내용을 놓고 볼 때 소아시아에 사는 유대 문헌에 익숙한 유대 공동체에 보낸 서신으로 추측할 뿐이다.

이 때문에 기록 연대 역시 의견이 분분한데, 많은 학자가 유다서 1장 4-18절과 베드로후서 2장 1절에서 3장 4절 사이의 내용이 매우 유사하다는 사실을 근거로 베드로후서가 유다서를 참고해서 쓰였을 것으로 추측한다. 따라서 베드로가 AD 67년에 순교했고 베드로후서가 AD 64-68년경에 기록되었기 때문에 만약 베드로후서가 유다서를 인용했다면 그 이전인 AD 64년경에 쓰였을 것이고, 반대의 경우라면 후대인 AD 68년 이후일 것으로 추정할 수 있다. 그러나 본서의 기록 장소나 기록 연대를 확실히 단정할 길은 없다.

기록 목적

유다는 원래 "우리가 일반으로 받은 구원에 관하여"(1:3a) 편지를 쓸 생각을 하고 있었는데, 독자들에게 닥친 위기 때문에 "성도에게 단번에 주신 믿음의 도를 위하여 힘써 싸우라"(1:3b)는 주제로 초점을 바꿔 이 편지를 쓰게 되었다고 말한다. 다시 말해 교회에 가만히 들어와서(1:4) 성적인 방종을 옹호하고 도덕적인 순결과 하나님의 심판에 대한 경고를 비웃으며 교회의 분열을 조장하는 거짓 교사들에 대해 경고하고, 그들에 대해 주의하도록 성도들에게 권면하기 위해 이 편지를 기록하였다. 유다는 "거짓 교사들"을 향해 불순종했던 이스라엘(1:5), 타락한 천사들(1:6), 소돔과 고모라(1:7), 가인과 발람과 고라(1:11) 등에 비유하면서 이들 모두가 패역의 길로 가다가 하나님의 심판을 경험했다는 점을 강조한다.

그런 맥락에서 본 서신은 수신자인 성도들에게 크게 세 가지를 권면하고 있다. (1)성도들이 사도들의 메시지를 신뢰하고 거짓 교사들의 가르침에 맞서도록 촉구한다. (2)거짓 교사들의 출현에 대해 사도들이 이미 예언했다는 사실을 일깨워 준다. (3)성도들에게 믿음 안에 굳건히 서서 진리를 위해 싸우는 구체적인 방법을 가르쳐 준다. 비록 유다는 어떤 이단인지 언급을 안 했지만 영지주의를 신봉하는 자들을 염두에 두었을 가능성이 크다. 따라서 본 서신은 당시뿐 아니라 오늘날의 독자들에게도 구원의 은혜에 관한 진리에 굳게 서서 악한 자들의 유혹과 거짓된 가르침에 빠지지 않도록 강력한 교훈을 주고 있다.

주요 내용

유다서는 짧은 길이에도 불구하고 베드로후서의 주제와 야고보서의 문체를 합친 것 같은 느낌을 줄 정도로 매우 설득력 있는 서신이다.

문맥에 따라 본 서신의 중요한 내용을 다음과 같이 네 단락으로 구분할 수 있다.

1. 유다서를 쓰게 된 목적(1:1-4) : 교회 안으로 거짓 교사들이 잠식해 들어온다는 불길한 소식 때문에 유다는 구원에 대한 설명을 제쳐 둔 채 상황에 맞는 책망과 경고의 말씀을 전한다.
2. 거짓 교사들에 대한 구체적인 묘사와 경고(1:5-16) : 유다는 창세기에서 찾을 수 있는 하나님의 심판의 구체적인 사례들을 제시하면서 거짓 교사들에 대해 경고한다.
3. 성도들에 대한 권면(1:17-23) : 이단은 미워하되 이단에 의해 희생된 사람들은 긍휼히 여겨야 한다는 점을 강조한다.
4. 송영(1:24-25): 성경에서 가장 표현이 탁월한 축도를 송영으로 삼아 끝을 맺고 있다. 따라서 본서는 비록 1장으로 된 짧은 서신이지만, 그 주제가 뚜렷하고 단순히 이단에 대한 방어뿐 아니라 적극적 대처를 요구하는 탁월한 변증서라고 말할 수 있다.

단락 구분

Ⅰ. 인사말(1:1-2)
Ⅱ. 편지를 쓰게 된 계기(1:3-4): "믿음의 도를 위해 힘써 싸우라!"
Ⅲ. 거짓 교사들에 대한 묘사와 경고(1:5-16)
   1) 배도자들이 심판을 받은 역사적 사례들(1:5-7)
   2) 유다 시대의 배도자들에 대한 묘사(1:8-16)
Ⅳ. 성도들에 대한 권면(1:17-23)
Ⅴ. 송영(1:24-25)

☐ 묵상 체크

58
월 일

믿음의 도를 위하여 힘써 싸우라
유다서 1:1-7 • 새찬송 546장 | 통일 399장

• 말씀묵상 전에 성령님의 인도하심을 구하는 기도를 드리십시오.

> **본문요약** | 예수님의 형제인 유다는 자신을 낮추어 겸손하게 "종"으로 묘사한다. 그는 구원을 주제로 편지를 쓰려 했으나 교회 안에 거짓 교사들과 이단들이 침투했다는 소식을 듣고 주제를 바꾸어 이단과 거짓 교사들을 경계하라는 주제로 편지를 썼다. 그러면서 믿음의 도를 위하여 힘써 싸우라고 강하게 권면한다.

1 예수 그리스도의 종이요 야고보의 형제인 유다는 부르심을 받은 자 곧 하나님 아버지 안에서 사랑을 얻고 예수 그리스도를 위하여 지키심을 받은 자들에게 편지하노라
2 긍휼과 평강과 사랑이 너희에게 더욱 많을지어다
3 사랑하는 자들아 우리가 일반으로 받은 구원에 관하여 내가 너희에게 편지하려는 생각이 간절하던 차에 성도에게 단번에 주신 믿음의 도를 위하여 힘써 싸우라는 편지로 너희를 권하여야 할 필요를 느꼈노니
4 이는 가만히 들어온 사람 몇이 있음이라 그들은 옛적부터 이 판결을 받기로 미리 기록된 자니 경건하지 아니하여 우리 하나님의 은혜를 도리어 방탕한 것으로 바꾸고 홀로 하나이신 주재 곧 우리 주 예수 그리스도를 부인하는 자니라
5 너희가 본래 모든 사실을 알고 있으나 내가 너희로 다시 생각나게 하고자 하노라 주께서 백성을 애굽에서 구원하여 내시고 후에 믿지 아니하는 자들을 멸하셨으며
6 또 자기 지위를 지키지 아니하고 자기 처소를 떠난 천사들을 큰 날의 심판까지 영원한 결박으로 흑암에 가두셨으며
7 소돔과 고모라와 그 이웃 도시들도 그들과 같은 행동으로 음란하며 다른 육체를 따라가다가 영원한 불의 형벌을 받음으로 거울이 되었느니라

1. 오늘 하나님께서 나에게 주신 깨달음은 무엇입니까?

2. 말씀을 어떻게 내 삶에 구체적으로 적용해야 합니까?

절별 해설

1 예수 그리스도의 종이요 야고보의 형제인 유다 저자인 유다와 그의 형제 야고보는 예수님의 의붓동생이므로 형제의 권리를 주장할 수 있었지만, 이 권리를 포기하고 오히려 그분의 종인 것을 자랑으로 여겼다. 이 "종"이란 표현은 예수님에 대한 신앙고백을 담고 있다.

3 일반으로 받은 구원 원문을 직역하면 공통적 구원이라는 뜻으로 하나님의 택함을 받은 모든 사람에게 공통으로 주어지는 구원을 가리킨다.

단번에 주신 믿음의 도를 위하여 힘써 싸우라 이 구절은 유다서를 쓰게 된 직접적인 주제를 담고 있다. "믿음의 도"는 그리스도인들이 믿는 핵심 내용, 즉 그리스도의 복음을 가리킨다. 이 복음의 핵심이 예수 그리스도를 통해 주어진 구원이며, 이 구원은 십자가에서 단번에 이루어졌다. 그러므로 더 이상의 새로운 진리는 없다. 따라서 거짓 교사들이 전하는 진리는 왜곡된 것이므로 그것에 맞서 힘써 싸우라고 권면한다.

4 가만히 들어온 사람 몇이 있음이라 이들은 교회 안에 은밀하게 들어온 거짓 교사들을 가리키며, 특히 세 가지 잘못을 저질렀다. (1)경건하지 않다. (2)하나님의 은혜를 방탕한 죄를 짓는 빌미로 사용했다. 즉 은혜로 구원을 받았으니 마음껏 죄를 지어도 괜찮고 하나님이 다 용서해 주실 거라고 말하면서 성적인 방종을 자행했다. (3)예수 그리스도의 주재권을 부인했다. 즉 예수 그리스도의 완전한 신성과 인성, 부활을 부인하고 그분의 속죄 사역을 믿지 않았다.

5 주께서 백성을 애굽에서 구원하여 내시고 후에 믿지 아니하는 자들을 멸하셨으며 유다는 악인의 길로 가는 것이 얼마나 무서운 결과를 초래할지 생생히 보여주기 위해 구약의 세 가지 심판 사례들을 제시한다. 먼저 출애굽 이후 불신자들이 받았던 멸망을 언급한다. 대표적으로 12명의 가나안 정탐꾼 중에 여호수아와 갈렙을 제외한 10명의 부정적인 보고를 듣고 이스라엘 백성 전체가 하나님을 원망하고 신뢰하지 않았던 사건이 있다(민 14장). 불신앙으로 인해 그들은 40일이면 족히 들어갈 가나안 땅을 40년 만에 들어갔으며, 이때 원망하고 불평했던 세대는 가나안을 밟아 보지도 못한 채 모두 광야에서 죽음을 맞이했다.

6 자기 지위를 지키지 아니하고 자기 처소를 떠난 천사들 두 번째 사례인 타락한 천사들의 경우 마귀가 되었다. 그들의 타락에 대한 언급은 위경인「에녹1서」에 등장하는데, 거기 보면 천사들이 지상에 내려와 여인들과 성적으로 타락하는 내용이 나온다.

7 소돔과 고모라 세 번째로 소돔과 고모라의 멸망을 언급

쉬운성경

1 예수 그리스도의 종이며 야고보의 형제인 유다는 하나님의 부르심을 받은 모든 사람들에게 이 편지를 띄웁니다. 이제껏 예수 그리스도 안에서 여러분을 안전하게 돌보아 주신 하나님께서 지금 이 순간에도 여러분을 사랑하고 계십니다.

2 하나님의 자비와 평안과 사랑이 여러분에게 넘치기를 기도합니다.

3 사랑하는 친구들이여, 나는 우리 모두가 함께 누리고 있는 구원에 관해 여러분에게 편지 쓰기를 간절히 원했습니다. 그러나 이제는 여러분에게 편지를 써야 할 다른 이유가 생겼습니다. 그것은 하나님께서 그의 귀한 백성에게 주신 믿음을 여러분이 굳게 지키라는 것입니다. 하나님께서는 이 믿음을 한 번 주셨고, 또 그것은 한 번으로 영원한 것이 되는 것입니다.

4 몇몇 사람들이 몰래 여러분 가운데 들어왔고, 그들은 자기들이 한 짓 때문에 벌을 받게 될 것입니다. 이런 사람에 관해서는 옛 예언자들이 오래전에 기록해 놓았습니다. 그들은 하나님을 반대하고, 하나님이 주시는 은혜를 죄짓는 데 사용하였습니다. 또한 단 한 분이신 통치자, 곧 우리 주 예수 그리스도를 거부하였습니다.

5 여러분도 이미 다 알고 있겠지만, 다시 한번 기억을 떠올려 보십시오. 주께서 자기 백성을 이집트에서 구해 내셨지만, 믿지 않는 자들은 나중에 다 멸망시키셨습니다.

6 또 힘과 능력이 있던 천사들도 자기가 해야 할 일을 하지 않고 마음대로 행하자, 이 천사들을 영원한 쇠사슬에 묶어 마지막 심판날까지 어둠 속에 가두어 두셨습니다.

7 소돔과 고모라, 그리고 그 주변 도시들은 어떠했습니까? 그들 역시 하나님께 순종하지 않은 천사들처럼 행했고, 온 마을이 성적인 죄로 뒤덮여 있었습니다. 그래서 그들은 다음 세대를 위한 본보기로 영원한 불의 심판을 받게 되었습니다.

한다. 그 도시에는 성적인 죄가 만연하였고 결국 영원한 불 심판을 받았다. 이런 구약의 심판 사례들은 초대 교회 성도들뿐 아니라 오늘날 교회의 성도들에게도 자신을 비춰 보는 거울 역할을 한다.

저자의 묵상

유다서의 저자 유다는 형제 야고보와 더불어 예수님이 살아계실 때는 예수님을 메시아로 믿지 않았던 사람이다. 오히려 예수님을 미친 사람으로 여기기까지 했다(막 3:21). 그러다가 예수님의 부활을 목격한 이후에 비로소 예수님을 메시아로 믿고 전하게 되었다. 이런 과거 때문에 그는 감히 자신을 예수님의 형제라고 부르지 못하고 "종"(1절)이라고 불렀다. 그런 회심의 과정을 거치면서 유다가 가장 절실하게 느꼈던 점이 있다면 바로 "믿음의 도"(3절)를 올바로 알고 그것을 지키기 위해 힘써 싸워야 한다는 사실이었을 것이다. 그런 관점에서 볼 때 교회에 은밀하게 들어온 거짓 교사들은 한 마디로 믿음의 도를 거역하고 부인하는 자들이었다. 그들의 대표적인 잘못으로는 경건하지 않았고 은혜를 음란으로 바꾸어 성적인 방종에 빠졌으며 무엇보다 예수 그리스도를 부인하는 죄를 저지르는 것이었다(4절). 유다 시대의 거짓 교사들이나 오늘날의 이단이나 이런 잘못에 있어서 너무나 흡사하다. 세월은 흘렀지만 믿음의 도를 위하여 힘써 싸우는 일은 여전히 성도가 감당해야 할 사명이다.

> **무릎기도** 하나님, 거짓과 이단이 난무하는 이 시대에 믿음의 도를 바르게 알고 그 도를 위하여 힘써 싸우며 교회의 거룩함과 순결을 지키는 성도가 되게 하소서.

ESV - Jude 1

1 Jude, a servant* of Jesus Christ and brother of James, To those who are called, beloved in God the Father and kept for* Jesus Christ:
2 May mercy, peace, and love be multiplied to you.
3 Beloved, although I was very eager to write to you about our common salvation, I found it necessary to write appealing to you to contend for the faith that was once for all delivered to the saints.
4 For certain people have crept in unnoticed who long ago were designated for this condemnation, ungodly people, who pervert the grace of our God into sensuality and deny our only Master and Lord, Jesus Christ.
5 Now I want to remind you, although you once fully knew it, that Jesus, who saved* a people out of the land of Egypt, afterward destroyed those who did not believe.
6 And the angels who did not stay within their own position of authority, but left their proper dwelling, he has kept in eternal chains under gloomy darkness until the judgment of the great day—
7 just as Sodom and Gomorrah and the surrounding cities, which likewise indulged in sexual immorality and pursued unnatural desire,* serve as an example by undergoing a punishment of eternal fire.

* 1:1 For the contextual rendering of the Greek word *doulos*, see Preface
* 1:1 Or *by*
* 1:5 Some manuscripts *although you fully knew it, that the Lord who once saved*
* 1:7 Greek *different flesh*

2 multiply 늘리다   3 eager 간절히 바라는   salvation 구원   contend 싸우다   deliver 넘겨주다   4 creep 잠입하다   designated 지정된   condemnation 유죄 판결   pervert 곡해하다   sensuality 호색, 향락   6 authority 권위   7 indulge in ~에 탐닉하다   sexual immorality 성적 부도덕   undergo 받다, 겪다   punishment 형벌

묵상 체크 ☐

59
월 일

거짓 교사들의 죄악과 하나님의 심판
유다서 1:8-16 • 새찬송 499장 | 통일 277장

• 말씀묵상 전에 성령님의 인도하심을 구하는 기도를 드리십시오.

> **본문요약** ┃ 유다는 육체를 더럽히고 권위를 업신여기며 영광을 비방하는 거짓 교사들의 구체적인 죄악을 지적한다. 또 이런 자들에게 어떤 심판이 주어졌는지 보여주기 위해 가인과 발람과 고라의 예를 들고 있다. 이어서 그들의 잘못된 말과 행동을 여섯 가지 비유적인 말로 표현한다. 마지막으로 에녹의 예언을 언급하며 그들의 심판을 예고한다.

8 그러한데 꿈꾸는 이 사람들도 그와 같이 육체를 더럽히며 권위를 업신여기며 영광을 비방하는도다
9 천사장 미가엘이 모세의 시체에 관하여 마귀와 다투어 변론할 때에 감히 비방하는 판결을 내리지 못하고 다만 말하되 주께서 너를 꾸짖으시기를 원하노라 하였거늘
10 이 사람들은 무엇이든지 그 알지 못하는 것을 비방하는도다 또 그들은 이성 없는 짐승 같이 본능으로 아는 그것으로 멸망하느니라
11 화 있을진저 이 사람들이여, 가인의 길에 행하였으며 삯을 위하여 발람의 어그러진 길로 몰려갔으며 고라의 패역을 따라 멸망을 받았도다
12 그들은 기탄 없이 너희와 함께 먹으니 너희의 애찬에 암초요 자기 몸만 기르는 목자요 바람에 불려 가는 물 없는 구름이요 죽고 또 죽어 뿌리까지 뽑힌 열매 없는 가을 나무요
13 자기 수치의 거품을 뿜는 바다의 거친 물결이요 영원히 예비된 캄캄한 흑암으로 돌아갈 유리하는 별들이라
14 아담의 칠대 손 에녹이 이 사람들에 대하여도 예언하여 이르되 보라 주께서 그 수만의 거룩한 자와 함께 임하셨나니
15 이는 뭇 사람을 심판하사 모든 경건하지 않은 자가 경건하지 않게 행한 모든 경건하지 않은 일과 또 경건하지 않은 죄인들이 주를 거슬러 한 모든 완악한 말로 말미암아 그들을 정죄하려 하심이라 하였느니라
16 이 사람들은 원망하는 자며 불만을 토하는 자며 그 정욕대로 행하는 자라 그 입으로 자랑하는 말을 하며 이익을 위하여 아첨하느니라

1. 오늘 하나님께서 나에게 주신 깨달음은 무엇입니까?

2. 말씀을 어떻게 내 삶에 구체적으로 적용해야 합니까?

절별 해설

8 꿈꾸는 이 사람들 거짓 교사들은 계시의 수단인 꿈을 악용하여 마치 자신들이 하나님의 계시를 받아서 행동하는 선지자로 위장했다. 그러나 결국 그들이 보여준 모습은 (1)육체를 더럽히며 (2)하나님의 권위를 업신여기며 (3)영광을 비방하는 것이었다. 여기서 "영광"(헬, 독사스)은 천사들을 지칭한다(벧후 2:10). 즉 거짓 교사들은 천사들을 멸시하였다. 예나 지금이나 거짓된 이단들은 신비한 수단을 사용하여 성도들을 미혹하고 성적으로 음란한 행위를 저지르기 때문에, 그들의 행위의 열매들로 그들의 본질을 꿰뚫어 볼 수 있다.

9 천사장 미가엘이 모세의 시체에 관하여 마귀와 다투어 변론할 때에 … 주께서 너를 꾸짖으시기를 원하노라 유다는 거짓 교사들이 "영광", 즉 천사들을 비방한 것이 잘못임을 지적하기 위해 천사장 미가엘과 마귀의 다툼을 예로 들고 있다. 이 내용은 「모세 승천기」라는 위경의 내용에 근거한다. 거기 보면 사탄은 모세가 살인자라는 이유로 그의 시체에 대한 권리가 자신에게 있다고 주장했다. 그에 대해 천사장 미가엘은 충분한 권세와 능력을 갖췄음에도 불구하고 사탄을 비난하지 않고 그 판결을 하나님의 주권에 맡겼다. 이 예를 통해 천사들을 함부로 비방하는 거짓 교사들의 행위가 얼마나 교만하고 잘못된 것인가를 보여준다.

11 가인, 발람, 고라 유다는 거짓 교사들에게 임할 하나님의 심판을 선언하면서 그들의 죄를 구약성경에 나타난 세 인물의 죄와 동일시한다. (1)가인은 살인을 저지르고도 뻔뻔했으며(창 4:1-15), (2)발람은 큰 보상에 눈이 어두워 모압 왕 발락의 요구대로 하나님의 백성 이스라엘을 저주하려 했다(민 22-24장). (3)고라는 다단과 아비람과 합세하여 모세와 아론의 리더십에 도전하였으며, 이것이 곧 하나님의 권위에 대한 도전이었기에 멸망당하였다(민 16장).

12-13 유다는 여섯 가지 은유를 통해 거짓 교사들의 특징을 묘사한다. (1)애찬의 암초, 즉 사랑의 만찬을 모독하는 존재 (2)자기 몸만 기르는 목자, 즉 자기 이익만 채우는 지도자 (3)물 없는 구름, 즉 비를 내리지 않는 구름처럼 허망한 약속만 주는 존재 (4)열매 없는 가을 나무, 즉 선한 결과를 전혀 내지 못하는 영적으로 죽은 존재 (5)바다의 거친 물결, 즉 더러운 오물을 토해 내는 거친 물결처럼 수치스러운 말과 행동만을 쏟아 내는 존재 (6)유리하는 별들, 즉 진리의 궤도에서 벗어나 사망과 심판의 길로 떨어질 존재이다. 이런 은유의 공통점은 거짓 교사들이 얼마나 부익하고 무가치한 존재인지 암시한다.

쉬운성경

8 여러분 가운데 들어온 사람들도 마찬가지입니다. 그들은 꿈에 의해 인도함을 받고 있으며, 죄로 자신의 몸을 더럽히고 있습니다. 하나님의 권위를 무시하고 영광스런 천사들에 대해 나쁜 말을 해댑니다.

9 천사들 가운데 최고로 높은 미가엘도 이렇게까지는 하지 못했습니다. 누가 모세의 시체를 가져갈 것인지 마귀와 논쟁하면서, 미가엘은 마귀에게조차 욕하지 않았고 비난하지 않았습니다. 단지 "주님께서 네게 벌을 내리실 것이다"라고만 하였습니다.

10 그러나 이 사람들은 알지도 못하면서 욕을 해대고 있습니다. 조금 아는 것을 가지고 아는 척하며, 말 못하는 짐승과 같이 이성이 아닌 감정과 본능으로만 판단합니다. 그들은 바로 그것 때문에 멸망당할 것입니다.

11 그들에게는 불행이 닥칠 것입니다. 그들은 가인이 간 길을 따라갔고, 돈에 눈이 어두워 발람처럼 나쁜 일을 저질렀으며, 고라처럼 하나님을 거역하였습니다. 그들은 고라처럼 죽고 말 것입니다.

12 이들은 여러분이 하나님의 사랑으로 함께 나누는 귀한 만찬에 끼어든 더러운 흠집과도 같은 자들입니다. 마음대로 먹고 마시며, 아무도 개의치 않고 자신들의 이익을 채우기에만 급급합니다. 비 한 방울 내려 주지 못하고 바람에 밀려다니는 구름같이, 가을이 되어도 열매 하나 맺지 못하다가 뿌리째 뽑히는 나무같이 이들은 두 번 죽는 최후를 맞게 될 것입니다.

13 이들은 또한 바다의 거친 파도와도 같이 거품을 뿜어내듯 자신의 부끄러움을 드러냅니다. 하늘에서 헤매는 별처럼 깜깜한 어둠 속을 떠다니며 방황합니다.

14 아담의 칠 대 후손인 에녹은 이러한 사람들에 대해 다음과 같이 예언하였습니다. "주님께서 수많은 거룩한 천사들을 거느리고 곧 오실 것이다.

14-15 이 구절은 위경에 속한 「에녹서」를 인용하여 거짓 교사들이 경건하지 못한 말과 행동으로 하나님의 심판을 받게 될 것을 선포한다. BC 1세기경에 등장한 에녹서는 비록 정경에 속하지는 않지만 당시 널리 인정받았다. 바울도 성경 외의 문헌을 인용하여 자신의 주장을 확증하거나 설명의 명확성을 더하기도 했다(참고. 행 17:28; 딛 1:12).

15 오셔서 각 사람을 심판하시고, 하나님을 거역한 자들에게 벌을 내리실 것이다. 그들이 저지른 악한 일들과 하나님에 대해 마음대로 떠들어 댔던 죄에 대해 그들은 벌을 받게 될 것이다."

16 이런 사람들은 다른 사람에 대해 늘 불평하고, 하고 싶은 대로 악한 일을 행하고, 자기 자랑을 하기에 여념이 없습니다. 다른 사람을 칭찬할 때라곤 자기에게 유익이 있을 때뿐입니다.

저자의 묵상

국내에서 위폐를 감별하는 유명한 전문가에게 위폐를 감별하는 방법을 묻자 "진짜를 제대로 알아야 가짜가 보입니다"라고 대답했다. 초대 교회 때부터 지금까지 거짓 교사들과 이단들은 시대마다 옷을 갈아입듯 정체를 바꿔 가면서 믿음이 약하거나 믿음이 없는 성도들을 미혹해 왔다. 이런 거짓 교사들과 이단들을 분별하기 위해서는 무엇보다 '진리를 제대로 알아야 가짜가 보이는 법'이다. 교회가 성경공부와 제자훈련에 힘써야 할 이유가 바로 여기에 있다. 아울러 이단 전문가들이 제시하는 이단 퇴치법을 살펴보면, 먼저 이단의 정체에 대한 분명한 인식과 지식이 필요하다. 전문가들의 도움을 받아서 이단의 민낯을 꿰뚫어 보아야 한다. 둘째로, 하나님의 말씀에 바탕을 둔 올바른 신앙관을 굳게 세워야 한다. 이단에 흔들리는 가장 큰 이유는 신앙관이 흐릿하거나 잘못되었기 때문이다. 마지막으로, 영적으로 건강하고 사랑이 넘치는 교회와 신앙 공동체를 만들기 위해 노력해야 한다. 나 홀로 신앙이 아닌 공동체 신앙을 통해 서로서로 세워 주고 붙들어 주어야 한다.

> **무릎기도** 교회의 머리가 되신 주님, 오늘날 각종 이단과 거짓된 지도자들이 교회 안팎에서 성도들을 미혹하고 있습니다. 그들의 유혹에 빠지지 않도록 믿음 위에 굳게 서게 하소서.

ESV - Jude 1

8 Yet in like manner these people also, relying on their dreams, defile the flesh, reject authority, and blaspheme the glorious ones.

9 But when the archangel Michael, contending with the devil, was disputing about the body of Moses, he did not presume to pronounce a blasphemous judgment, but said, "The Lord rebuke you."

10 But these people blaspheme all that they do not understand, and they are destroyed by all that they, like unreasoning animals, understand instinctively.

11 Woe to them! For they walked in the way of Cain and abandoned themselves for the sake of gain to Balaam's error and perished in Korah's rebellion.

12 These are hidden reefs* at your love feasts, as they feast with you without fear, shepherds feeding themselves; waterless clouds, swept along by winds; fruitless trees in late autumn, twice dead, uprooted;

13 wild waves of the sea, casting up the foam of their own shame; wandering stars, for whom the gloom of utter darkness has been reserved forever.

14 It was also about these that Enoch, the seventh from Adam, prophesied, saying, "Behold, the Lord comes with ten thousands of his holy ones,

15 to execute judgment on all and to convict all the ungodly of all their deeds of ungodliness that they have committed in such an ungodly way, and of all the harsh things that ungodly sinners have spoken against him."

16 These are grumblers, malcontents, following their own sinful desires; they are loud-mouthed boasters, showing favoritism to gain advantage.

*1:12 Or *are blemishes*

---

8 in like manner 마찬가지로   defile 더럽히다   flesh 육체   reject 거부하다   blaspheme 비방하다   9 archangel 천사장   contend with …와 다투다   dispute 논쟁하다   presume 감히 …하다   11 woe to …에게 화 있을진저   abandon 버리다   perish 멸망하다   rebellion 반역   12 reef 암초   uproot 뿌리째 뽑히다   13 cast up …을 토하다   foam 거품   15 execute 집행하다   convict 정죄하다   16 malcontent 불평분자   boast 자랑하다   favoritism 편애, 편파

묵상 체크 ☐

성도들을 향한 훈계와 축복

유다서 1:17-25 • 새찬송 220장 | 통일 278장

• 말씀묵상 전에 성령님의 인도하심을 구하는 기도를 드리십시오.

> **본문요약** | 유다는 성도들에게 구체적인 권면을 제시한다. 먼저, 사도들로부터 받은 교훈을 기억하라고 강조한다. 또 거룩한 믿음 위에 자신을 세우고 성령께 기도하라고 당부한다. 아울러 하나님과의 교제를 힘쓰며 예수 그리스도의 긍휼하심을 기다리라고 말한다. 한편, 이단에 빠진 사람들에 대해 긍휼을 베풀고 구원하라고 권면한 뒤에 탁월한 축도로 서신을 마무리한다.

17 사랑하는 자들아 너희는 우리 주 예수 그리스도의 사도들이 미리 한 말을 기억하라
18 그들이 너희에게 말하기를 마지막 때에 자기의 경건하지 않은 정욕대로 행하며 조롱하는 자들이 있으리라 하였나니
19 이 사람들은 분열을 일으키는 자며 육에 속한 자며 성령이 없는 자라
20 사랑하는 자들아 너희는 너희의 지극히 거룩한 믿음 위에 자신을 세우며 성령으로 기도하며
21 하나님의 사랑 안에서 자신을 지키며 영생에 이르도록 우리 주 예수 그리스도의 긍휼을 기다리라
22 어떤 의심하는 자들을 긍휼히 여기라
23 또 어떤 자를 불에서 끌어내어 구원하라 또 어떤 자를 그 육체로 더럽힌 옷까지도 미워하되 두려움으로 긍휼히 여기라
24 능히 너희를 보호하사 거침이 없게 하시고 너희로 그 영광 앞에 흠이 없이 기쁨으로 서게 하실 이
25 곧 우리 구주 홀로 하나이신 하나님께 우리 주 예수 그리스도로 말미암아 영광과 위엄과 권력과 권세가 영원 전부터 이제와 영원토록 있을지어다 아멘

1. 오늘 하나님께서 나에게 주신 깨달음은 무엇입니까?

2. 말씀을 어떻게 내 삶에 구체적으로 적용해야 합니까?

절별 해설

17 우리 주 예수 그리스도의 사도들이 미리 한 말을 기억하라 유다는 사도들이 예수 그리스도의 권위를 가지고 거짓 교사들에 대해 경고했던 예전의 권면들을 기억하라고 당부한다. 사실 몰라서 어려움을 당하는 경우보다는 알면서도 기억하지 못해 당할 때가 더 많다.

18 마지막 때에 자기의 경건하지 않은 정욕대로 행하며 조롱하는 자들이 있으리라 이 내용은 야고보서 5장 3절과 베드로후서 3장 3절을 연상시킨다. "마지막 때"는 종말의 시대를 가리키며, 이때 거짓 교사들은 하나님을 두려워하지 않고 불경건하게 행동한다.

19 이 짧은 구절에서 거짓 교사들의 잘못된 모습을 세 가지로 요약한다. 그들은 (1)분열을 일으키며, (2)육신의 정욕을 따라 행동하고, (3)성령이 없는 자들이다. 특히 유다는 그들을 가리켜 성령이 거하지 않는, 구원받지 못한 사람이라고 단호하게 말한다.

20-21 사랑하는 자들아 … 자신을 세우며 성령으로 기도하며 … 자신을 지키며 … 긍휼을 기다리라 앞에서 거짓 교사들의 죄악을 지적했다면, 이제부터는 성도들을 향한 권면의 말씀을 전하고 있다. "사랑하는 자들아"라는 애정 어린 호칭과 함께 네 가지를 권면한다. (1)거룩한 믿음 위에 자신을 건축하라. 즉 복음의 진리를 연구하여 영적 성장을 추구하라는 뜻이다. (2)성령 안에서 기도하라. 이단의 유혹을 이기려면 무엇보다 성령의 도우심이 필요하며 따라서 기도하는 삶을 쉬지 않아야 한다. (3)하나님의 사랑 안에서 자신을 지키라. 하나님과 교제하기를 힘쓰라는 뜻이다. (4)영생에 이르도록 우리 주 예수 그리스도의 긍휼을 기다리라. 영생은 현세에서도 누리지만 궁극적으로는 그리스도의 재림 때 완성된다. 따라서 현세만 바라보지 말고 장차 올 축복된 소망을 의지하면서 각종 유혹을 이길 힘을 키우라는 뜻이다.

22-23 이 구절에서 유다는 이단에 미혹되어 바른 신앙을 의심하거나 이단에 완전히 빠져서 심판의 길로 가는 사람들을 어떻게 대해야 할지 권면한다. (1)무엇보다 그들을 불쌍히 여기는 긍휼의 마음을 가져야 한다. (2)불에서 끌어내어 구원해야 한다. "불"은 곧 심판을 상징하며 따라서 계속 잘못된 길로 가면 심판은 기정사실이 된다. 그러므로 그들이 회개하고 돌아올 수 있도록 강력하게 권면해야 한다. (3)육체로 더럽힌 옷까지도 미워하되 두려움으로 긍휼히 여겨야 한다. 이단의 영향을 깊이 받아 방탕하고 부도덕한 생활을 하는 사람에 대해서는 그들의 죄악에 대해서는 미워하되 그들 자신에 대해서는 긍휼의 마음을 가져야 한다. 그러나 다른 한편으로 그들의 죄악 된 행동에 오염되지 않도록 두려운 마음으로 경계해야 한다.

쉬운성경

17 사랑하는 친구들이여, 우리 주 예수 그리스도의 사도들이 했던 말을 기억하십시오.

18 그들이 말하기를 "마지막 때가 되면 하나님을 비웃고 거역하며, 제멋대로 행동하는 사람들이 있을 것이다"라고 하였습니다.

19 이들은 사람들 사이를 갈라놓고, 죄로 물든 육신의 정욕대로 행동합니다. 그들 속에는 성령님이 거하지 않습니다.

20 그러나 사랑하는 친구 여러분, 여러분만은 성령 안에서 기도하며, 가장 거룩한 믿음으로 자신을 튼튼히 세우십시오.

21 하나님의 사랑 안에서 자기를 지키고, 주 예수 그리스도께서 은혜로 내려 주신 영원한 생명을 기대하십시오.

22 믿음을 굳게 갖지 못하고, 의심하는 자들을 불쌍히 여기고,

23 그들을 불 가운데서 끄집어내어 구원하십시오. 두려움을 가지고 그들에게 자비를 베풀되, 죄에 관한 것은 육체의 욕망으로 더럽혀진 옷까지도 미워하십시오.

24 하나님은 강하시니 여러분이 넘어지지 않도록 도와주실 것입니다. 아무 흠 없는 자로 자기 영광 앞에 서게 하시며, 큰 기쁨을 내려 줄 분이시니

25 우리의 구원자 되신 유일하신 하나님께, 우리 주 예수 그리스도를 통해 영광과 위엄과 능력과 권세가 영세 전에서부터 지금과 앞으로도 영원히 함께하시기를 기도합니다. 아멘.

24-25 유다는 모든 경고와 권면을 마친 뒤에 장엄한 축도로 끝을 맺는다. 그는 축도를 통해 이단과 거짓 교사로부터 성도를 보호하실 뿐 아니라 마지막 날 하나님의 영광 앞에 흠 없이 기쁨으로 서도록 인도하시고 축복하시는 하나님께 영광과 위엄과 권력과 권세를 돌린다.

저자의 묵상

요즘 교회를 떠나 교회에 '안 나가'는 성도들이 점점 늘어나고 있다. 그런 성도들을 가리켜 말을 뒤집어서 '가나안' 성도라고 부른다. 2017년 통계에 따르면 청년층의 28%가 가나안 성도라는 조사 결과도 있다. 이렇게 가나안 성도가 늘어나는 가장 큰 이유가 '교회 출석 욕구 부재'와 '자유로운 신앙생활을 위해'라고 한다. 결국 오늘날 한국 교회를 바라보는 비그리스도인은 물론이고 그리스도인들의 시선마저도 곱지 않음을 느낄 수 있다. 교회가 대형화되고 성도 간의 교제가 희박해지면서 교회 안에서 오히려 소외감을 느끼는 사람들이 늘어났다. 반면에 작은 교회들은 하루가 다르게 문을 닫고 있다. 이런 상황 속에서 교회의 본질인 하나님의 사랑이 교회 안에서 실종되는 현상이 벌어지고 있다. 어쩌면 이단이 득세하는 이유가 이단 자체의 매력이나 미혹보다도 이런 교회의 현실 때문이 아닐까 싶다. 지금이야말로 교회를 교회 되게 하는 노력이 시급한 때다. 이단과 거짓 교사에 대한 유다의 권면은 교회의 본질을 회복하라는 외침으로 들려온다.

> **무릎기도** 사랑이 많으신 하나님 아버지, 한국 교회가 하나님의 사랑으로 충만해지고, 교회의 본질을 회복하여 잃어버린 영혼을 주님의 품으로 인도하는 사명을 감당하게 하소서.

ESV - Jude 1

17 But you must remember, beloved, the predictions of the apostles of our Lord Jesus Christ.
18 They* said to you, "In the last time there will be scoffers, following their own ungodly passions."
19 It is these who cause divisions, worldly people, devoid of the Spirit.
20 But you, beloved, building yourselves up in your most holy faith and praying in the Holy Spirit,
21 keep yourselves in the love of God, waiting for the mercy of our Lord Jesus Christ that leads to eternal life.
22 And have mercy on those who doubt;
23 save others by snatching them out of the fire; to others show mercy with fear, hating even the garment* stained by the flesh.
24 Now to him who is able to keep you from stumbling and to present you blameless before the presence of his glory with great joy,
25 to the only God, our Savior, through Jesus Christ our Lord, be glory, majesty, dominion, and authority, before all time* and now and forever. Amen.

* 1:18 Or *Christ, because they*
* 1:23 Greek *chiton*, a long garment worn under the cloak next to the skin
* 1:25 Or *before any age*

---

17 prediction 예언 apostle 사도   18 scoffer 비웃는 사람   19 division 분열 devoid of …이 없는   21 eternal life 영생   23 snatch out of …에서 낚아채다 garment 옷 stain 더럽히다   24 stumble 걸려 넘어지다 blameless 아무 죄도 없는   25 savior 구원자 majesty 위엄 dominion 주권

권별 주삶 아가페 주삶 GBS

- **1주**(1회–7회) _ 야고보서 2:1–13
  사람을 차별하여 대하지 말라

- **2주**(8회–14회) _ 야고보서 3:1–12
  말에 실수가 없는 그리스도인

- **3주**(15회–21회) _ 베드로전서 2:1–10
  그리스도인의 정체성과 사명

- **4주**(22회–28회) _ 베드로전서 3:18–22
  온 우주의 통치자가 되신 예수 그리스도

- **5주**(29회–35회) _ 베드로후서 1:5–11
  그리스도인의 덕목

- **6주**(36–42회) _ 요한일서 2:1–6
  예수 안에서 산다는 것

- **7주**(43–49회) _ 요한일서 3:13–20
  사랑을 할 땐 행함과 진실함으로!

- **8주**(50–56회) _ 요한일서 4:7–16
  사랑받은 자는 어떻게 살아야 하는가

- **9주**(57–60일) _ 유다서 1:1–7
  바른 믿음 안에 굳건히 섭시다.

* GBS 해설서는 뒷면에 있습니다

구역예배, 청년부 성경공부, 직장 신우회 등 각종 성경공부 모임에 활용하면 좋습니다.

주간 그룹성경공부 · GBS

1주차 (1회~7회)

사람을 차별하여 대하지 말라

야고보서 2:1-13 | 새찬송 286장 · 통일 218장

주간 말씀묵상 나눔

지난 한 주간 말씀을 묵상한 것이나 삶에 적용한 것이 있으면 돌아가며 간단히 나누어 봅시다.

• 오늘의 성경공부 목표

사람을 차별하여 대하지 않는 성숙한 그리스도인이 되도록 합시다.

1 내 형제들아 영광의 주 곧 우리 주 예수 그리스도에 대한 믿음을 너희가 가졌으니 사람을 차별하여 대하지 말라
2 만일 너희 회당에 금가락지를 끼고 아름다운 옷을 입은 사람이 들어오고 또 남루한 옷을 입은 가난한 사람이 들어올 때에
3 너희가 아름다운 옷을 입은 자를 눈여겨 보고 말하되 여기 좋은 자리에 앉으소서 하고 또 가난한 자에게 말하되 너는 거기 서 있든지 내 발등상 아래에 앉으라 하면
4 너희끼리 서로 차별하며 악한 생각으로 판단하는 자가 되는 것이 아니냐
5 내 사랑하는 형제들아 들을지어다 하나님이 세상에서 가난한 자를 택하사 믿음에 부요하게 하시고 또 자기를 사랑하는 자들에게 약속하신 나라를 상속으로 받게 하지 아니하셨느냐
6 너희는 도리어 가난한 자를 업신여겼도다 부자는 너희를 억압하며 법정으로 끌고 가지 아니하느냐
7 그들은 너희에게 대하여 일컫는 바 그 아름다운 이름을 비방하지 아니하느냐
8 너희가 만일 성경에 기록된 대로 네 이웃 사랑하기를 네 몸과 같이 하라 하신 최고의 법을 지키면 잘하는 것이거니와
9 만일 너희가 사람을 차별하여 대하면 죄를 짓는 것이니 율법이 너희를 범법자로 정죄하리라
10 누구든지 온 율법을 지키다가 그 하나를 범하면 모두 범한 자가 되나니
11 간음하지 말라 하신 이가 또한 살인하지 말라 하셨은즉 네가 비록 간음하지 아니하여도 살인하면 율법을 범한 자가 되느니라

12 너희는 자유의 율법대로 심판받을 자처럼 말도 하고 행하기도 하라
13 긍휼을 행하지 아니하는 자에게는 긍휼 없는 심판이 있으리라 긍휼은 심판을 이기고 자랑하느니라

• 함께 읽어보기

사람의 외적인 차이를 가지고 차별 대우를 하지 말아야 할 성경적 근거는 무엇일까요? 첫째, 하나님이 차별을 싫어하시기 때문입니다. "너희는 재판할 때에 외모를 보지 말고 귀천을 차별 없이 듣고"(신 1:17), "하나님께서 외모로 사람을 취하지 아니하심이라"(롬 2:11). 둘째, 예수님도 차별을 싫어하시기 때문입니다. "선생님이여 우리가 아노니 당신은 바로 말씀하시고 가르치시며 사람을 외모로 취하지 아니하시고"(눅 20:21). 하나님도 싫어하시고 예수님도 싫어하신다면, 우리 그리스도인은 더욱 차별하지 말아야 하지 않을까요? 오늘 본문에서 야고보 사도는 그리스도인이 외모를 보고 사람을 차별하는 행동을 하지 말아야 하는 이유에 대해 자세한 가르침을 줍니다. 함께 말씀을 나누어 봅시다.

도입 질문

1 인류의 역사 속에 존재했거나 오늘날 존재하는 다양한 종류의 차별에는 어떤 것들이 있을까요? 차별은 왜 존재하게 되었을까요?

함께 나누기

2 그리스도인은 왜 사람을 차별하여 대하지 말아야 합니까? 1절

3 야고보 사도는 회당에 들어오는 두 부류의 사람들을 어떻게 묘사합니까? 2절

4 야고보 사도는 경제적, 사회적 지위와 같은 외적인 차이에 근거해서 사람을 차별하는 사람을 가리켜 어떤 자라고 말합니까? 4절

5 하나님은 어떤 자를 택하여 믿음에 부요하게 하십니까? 5절

6 성경에 기록된 최고의 법은 무엇입니까? 야고보 사도가 사람을 차별하여 대하는 것을 죄로 간주하는 이유는 무엇입니까? 8-9절

7 유대인의 전통적인 율법과 그리스도인이 행할 "자유의 율법"12절의 차이는 무엇인지 자신의 생각을 이야기해 봅시다.

8 야고보 사도는 긍휼을 행하지 아니하는 자에게 긍휼 없는 심판이 있을 것이라고 말합니다. 13절 마지막 날에 하나님의 심판대 앞에 서게 될 날을 늘 기억하며 사는 것과 사람을 차별하여 대하지 말라는 야고보 사도의 가르침은 어떤 관련이 있을까요?

9 오늘 성경공부를 통해서 나누고 싶거나 깨달은 것이 있으면 서로 이야기해 봅시다.

구역예배, 청년부 성경공부, 직장 신우회 등 각종 성경공부 모임에 활용하면 좋습니다.

주간 그룹성경공부 · GBS

2주차 (8회~14회)

말에 실수가 없는 그리스도인

야고보서 3:1-12 | 새찬송 449장 · 통일 377장

주간 말씀묵상 나눔

지난 한 주간 말씀을 묵상한 것이나 삶에 적용한 것이 있으면 돌아가며 간단히 나누어 봅시다.

• 오늘의 성경공부 목표

말조심하는 그리스도인이 되도록 합시다.

1 내 형제들아 너희는 선생 된 우리가 더 큰 심판을 받을 줄 알고 선생이 많이 되지 말라
2 우리가 다 실수가 많으니 만일 말에 실수가 없는 자라면 곧 온전한 사람이라 능히 온 몸도 굴레 씌우리라
3 우리가 말들의 입에 재갈 물리는 것은 우리에게 순종하게 하려고 그 온 몸을 제어하는 것이라
4 또 배를 보라 그렇게 크고 광풍에 밀려가는 것들을 지극히 작은 키로써 사공의 뜻대로 운행하나니
5 이와 같이 혀도 작은 지체로되 큰 것을 자랑하도다 보라 얼마나 작은 불이 얼마나 많은 나무를 태우는가
6 혀는 곧 불이요 불의의 세계라 혀는 우리 지체 중에서 온 몸을 더럽히고 삶의 수레바퀴를 불사르나니 그 사르는 것이 지옥 불에서 나느니라
7 여러 종류의 짐승과 새와 벌레와 바다의 생물은 다 사람이 길들일 수 있고 길들여 왔거니와
8 혀는 능히 길들일 사람이 없나니 쉬지 아니하는 악이요 죽이는 독이 가득한 것이라
9 이것으로 우리가 주 아버지를 찬송하고 또 이것으로 하나님의 형상대로 지음을 받은 사람을 저주하나니
10 한 입에서 찬송과 저주가 나오는도다 내 형제들아 이것이 마땅하지 아니하니라
11 샘이 한 구멍으로 어찌 단물과 쓴물을 내겠느냐
12 내 형제들아 어찌 무화과나무가 감람 열매를, 포도나무가 무화과를 맺겠느냐 이와 같이 짠물이 단물을 내지 못하느니라

• **함께 읽어보기**

요즘 우리는 뉴스나 인터넷을 통해 악플(악성 댓글)로 심한 스트레스를 받는 사람들의 사연을 종종 접할 수 있습니다. 심한 경우에 그 스트레스를 견디지 못하고 삶을 포기하는 선택을 사람도 있을 정도이니 악플이 얼마나 심각한 사회 문제가 되었는가를 실감할 수 있습니다. 악플로 인해 생겨나는 많은 사건 사고는 인간이 내뱉는 말이 사람의 생명까지도 위협할 만큼 큰 파괴력을 가지고 있다는 것을 우리에게 알려줍니다. 오늘 우리가 함께 읽은 말씀은 그리스도인의 언어 사용에 관한 중요한 가르침을 담고 있습니다. 본문에서 야고보 사도는 생생한 비유와 적절한 표현을 사용하여 말의 파괴력에 관해 설명하면서, 말에 실수가 없는 온전한 그리스도인이 될 것을 권면합니다. 함께 말씀을 살펴보며 그리스도인의 성숙한 언어 사용이라는 주제에 대해 생각하는 시간을 갖도록 합시다.

도입 질문

1 "언어폭력"이라는 말을 들어본 적이 있을 것입니다. 이 말이 의미하는 바는 무엇일까요?

함께 나누기

2 야고보 사도가 성도들을 향하여 "선생이 많이 되지 말라"라고 권면하는 이유는 무엇입니까? 1절

3 야고보 사도는 말에 실수가 없는 자를 어떤 사람이라고 부릅니까? 2절

4 말의 입에 물린 재갈과 배에 달린 작은 키의 역할은 각각 무엇입니까? 3–4절

5 야고보 사도가 "혀는 곧 불이요 불의의 세계라"고 말하는 이유는 무엇입니까? 5–6절

6 혀를 능히 길들일 사람이 없는 이유는 무엇입니까? 8절

7 하나님을 찬송하는 행위와 사람을 저주하는 행위가 서로 모순이 되는 이유는 무엇입니까? 9절

8 말에 실수가 없는 그리스도인이 되기 위해 시도해 볼 수 있는 실제적인 방법에는 어떤 것들이 있을까요?

9 오늘 성경공부를 통해서 나누고 싶거나 깨달은 것이 있으면 서로 이야기해 봅시다.

구역예배, 청년부 성경공부, 직장 신우회 등 각종 성경공부 모임에 활용하면 좋습니다.

주간 그룹성경공부 · GBS

3주차 (15회~21회)

그리스도인의 정체성과 사명

베드로전서 2:1-10 | 새찬송 213장 · 통일 348장

주간 말씀묵상 나눔

지난 한 주간 말씀을 묵상한 것이나 삶에 적용한 것이 있으면 돌아가며 간단히 나누어 봅시다.

• 오늘의 성경공부 목표

성도의 삶을 어떻게 살아야 하는지 알아보고 성도의 정체성에 걸맞은 사명은 무엇인지 배워 봅시다.

1 그러므로 모든 악독과 모든 기만과 외식과 시기와 모든 비방하는 말을 버리고
2 갓난 아기들 같이 순전하고 신령한 젖을 사모하라 이는 그로 말미암아 너희로 구원에 이르도록 자라게 하려 함이라
3 너희가 주의 인자하심을 맛보았으면 그리하라
4 사람에게는 버린 바가 되었으나 하나님께는 택하심을 입은 보배로운 산 돌이신 예수께 나아가
5 너희도 산 돌 같이 신령한 집으로 세워지고 예수 그리스도로 말미암아 하나님이 기쁘게 받으실 신령한 제사를 드릴 거룩한 제사장이 될지니라
6 성경에 기록되었으되
　보라 내가 택한 보배로운 모퉁잇돌을 시온에 두노니 그를 믿는 자는 부끄러움을 당하지 아니하리라
하였으니
7 그러므로 믿는 너희에게는 보배이나 믿지 아니하는 자에게는
　건축자들이 버린 그 돌이 모퉁이의 머릿돌이 되고
8 또한
　부딪치는 돌과 걸려 넘어지게 하는 바위가 되었다
하였느니라 그들이 말씀을 순종하지 아니하므로 넘어지나니 이는 그들을 이렇게 정하신 것이라
9 그러나 너희는 택하신 족속이요 왕 같은 제사장들이요 거룩한 나라요 그의 소유가 된 백성이니 이는 너희를 어두운 데서 불러 내어 그의 기이한 빛에 들어가게 하신 이의 아름다운 덕을 선포하게 하려 하심이라
10 너희가 전에는 백성이 아니더니 이제는 하나님의 백성이요 전에는 긍휼을 얻지 못하였더니 이제는 긍휼을 얻은 자니라

• 함께 읽어보기

아이를 길러 보았거나 또는 옆에서 갓난아이가 크는 것을 보면 알 수 있는 모습이 있습니다. 너무나 예쁜 아기의 모습에 반하기도 하지만 때로는 아기의 열심을 볼 때가 있습니다. 아기가 엄마의 젖을 찾을 때 우리는 놀라운 열정을 발견합니다. 아기는 엄마가 입에 젖을 물려 줄 때까지 울음을 그치지 않습니다. 허기가 져서 지쳐 쓰러질 때까지 웁니다. 그것이 젖을 향한 아이의 열정입니다. 베드로는 아기가 젖을 찾는 모습이야말로 하나님의 말씀과 은혜를 사모하는 성도의 마땅한 모습이라고 생각하며 권면합니다. 아이는 젖을 먹어서 생명을 유지하고 성장해 나갑니다. 젖에 대한 갈망이 없다면 마르고 여위다가 생명을 잃을 것입니다. 성도 역시 생명을 얻어서 다시 태어났다고 하더라도 지속적인 하나님의 양분이 없으면 말라 비틀어져 그 생명을 잃어버릴 것입니다.

도입 질문

1 공동체 내에서 다른 사람을 헐뜯는 모습을 본 적이 있습니까? 그런 행동이 공동체를 어떻게 만든다고 생각합니까?

함께 나누기

2 성도는 무엇을 버려야 합니까? 1절

3 성도는 무엇을 사모해야 합니까? 2절

4 성도는 무엇을 맛보았습니까? 3절

5 당신은 하나님의 인자하심을 맛본 적이 있습니까?

6 사람들이 걸려 넘어지는 이유는 무엇 때문입니까? 8절

7 성도의 신분은 무엇입니까? 9절

8 성도의 사명은 하나님의 아름다운 덕을 선포하는 것입니다. 이 복음을 누구에게 전파해야 할지 생각해 봅시다.

9 오늘 성경공부를 통해서 나누고 싶거나 깨달은 것이 있으면 서로 이야기해 봅시다.

주간 그룹성경공부 · GBS

4주차 (22회~28회)

구역예배, 청년부 성경공부, 직장 신우회 등 각종 성경공부 모임에 활용하면 좋습니다.

온 우주의 통치자가 되신 예수 그리스도

베드로전서 3:18-22 | 새찬송 9장 · 통일 53장

주간 말씀묵상 나눔

지난 한 주간 말씀을 묵상한 것이나 삶에 적용한 것이 있으면 돌아가며 간단히 나누어 봅시다.

• 오늘의 성경공부 목표

예수 그리스도의 죽음과 부활 그리고 하늘에 오르셔서 왕이 되신 사건의 의미를 되새겨 봅시다.

18 그리스도께서도 단번에 죄를 위하여 죽으사 의인으로서 불의한 자를 대신하셨으니 이는 우리를 하나님 앞으로 인도하려 하심이라 육체로는 죽임을 당하시고 영으로는 살리심을 받으셨으니
19 그가 또한 영으로 가서 옥에 있는 영들에게 선포하시니라
20 그들은 전에 노아의 날 방주를 준비할 동안 하나님이 오래 참고 기다리실 때에 복종하지 아니하던 자들이라 방주에서 물로 말미암아 구원을 얻은 자가 몇 명뿐이니 겨우 여덟 명이라
21 물은 예수 그리스도께서 부활하심으로 말미암아 이제 너희를 구원하는 표니 곧 세례라 이는 육체의 더러운 것을 제하여 버림이 아니요 하나님을 향한 선한 양심의 간구니라
22 그는 하늘에 오르사 하나님 우편에 계시니 천사들과 권세들과 능력들이 그에게 복종하느니라

• **함께 읽어보기**

아주 최근은 아니지만 지구의 기후가 변화하면서 날씨가 예측 불가능해지고 국지성 호우라는 것이 등장하게 되었습니다. 예전처럼 넓은 면적에 비가 내리기보다는 아주 좁은 면적에 엄청난 폭우가 쏟아지는 것입니다. 그래서 일기 예보도 중부 지방 등의 넓은 면적 단위가 아닌 동 단위로 예보를 해야 할 상황이 되었습니다. 몇 년 전 여름에도 물난리가 서울시 중에서도 극히 일부 지역에만 발생했습니다. 사람들의 증언에 의하면 신호 대기 중에 갑자기 차에 물이 차올라서 무서워서 바로 차를 버리고 나왔다고 합니다. 그만큼 순식간에 물이 차오른 것입니다. 뉴스의 예측은 실패했습니다. 홍수 심판도 이처럼 갑자기 찾아왔습니다. 그들은 피할 곳이 단 한 군데도 없었고 멸망당했습니다. 이번 홍수에서 조금 더 오면 온 세상이 가라앉을 것입니다. 우리가 의지해야 하는 것은 이 세상의 뉴스가 아니라 굿 뉴스, 곧 복음입니다.

도입 질문

1 세례에 대해서 아는 것이 있다면 무엇이든 서로 나눠 봅시다.

함께 나누기

2 그리스도께서는 누구를 대신하여 죽으셨습니까? 18절

3 예수님께서 영으로 가서 누구에게 선포하십니까? 19절

4 노아의 때에 홍수에서 구원받은 사람은 총 몇 명입니까? 20절

5 당신은 구원이 필요한 죄인이었습니까?

6 세례를 통해서 구원받은 성도는 하나님께 무엇을 간구할 수 있습니까? 21절

7 예수께서 하늘에 올라 지금 어디에 계십니까? 22절

8 당신은 당신을 위해 목숨까지 내주신 예수님께서 온 우주를 다스리시며 당신에게 모든 것을 줄 수 있는 분이라는 사실을 알고 있습니까?

9 오늘 성경공부를 통해 나누고 싶거나 깨달은 것이 있으면 이야기해 봅시다.

구역예배, 청년부 성경공부, 직장 신우회 등 각종 성경공부 모임에 활용하면 좋습니다.

주간 그룹성경공부 · GBS

5주차 (29회~35회)

그리스도인의 덕목

베드로후서 1:5-11 | 새찬송 215장 · 통일 354장

주간 말씀묵상 나눔

지난 한 주간 말씀을 묵상한 것이나 삶에 적용한 것이 있으면 돌아가며 간단히 나누어 봅시다.

• 오늘의 성경공부 목표

구원받은 그리스도인이 가져야 하는 덕목은 무엇이 있고 그것은 우리에게 어떠한 유익을 주는지 배워 봅시다.

5 그러므로 너희가 더욱 힘써 너희 믿음에 덕을, 덕에 지식을,
6 지식에 절제를, 절제에 인내를, 인내에 경건을,
7 경건에 형제 우애를, 형제 우애에 사랑을 더하라
8 이런 것이 너희에게 있어 흡족한즉 너희로 우리 주 예수 그리스도를 알기에 게으르지 않고 열매 없는 자가 되지 않게 하려니와
9 이런 것이 없는 자는 맹인이라 멀리 보지 못하고 그의 옛 죄가 깨끗하게 된 것을 잊었느니라
10 그러므로 형제들아 더욱 힘써 너희 부르심과 택하심을 굳게 하라 너희가 이것을 행한즉 언제든지 실족하지 아니하리라
11 이같이 하면 우리 주 곧 구주 예수 그리스도의 영원한 나라에 들어감을 넉넉히 너희에게 주시리라

• 함께 읽어보기

예전에 해외로 단기 선교를 가서 여러 명이 기차를 타고 움직이는 동안 함께 말씀을 묵상하고 나누는 시간을 가진 적이 있습니다. 그때의 나눔이 아직도 잊히지를 않습니다. 왜냐하면 나눔을 하는 동안 그 지체들이 세상에서 가장 아름답게 느껴졌기 때문입니다. 그것은 외모가 아름다워서가 아니라 말씀을 나누는 가운데 하나님이 함께하심을 느꼈기 때문입니다. 우리를 아름답고 빛나게 하는 것은 외모나 능력이 아니라 하나님의 성품이 우리 안에서 그대로 나타났을 때라는 것을 온전하게 알 수 있었던 경험이었습니다. 베드로가 나열한 것은 이 세상에서 발견할 수 있는 미덕들이 아닙니다. 베드로는 예수님을 경험하면서 그리고 예수님이 죽으시고 부활하신 이후에 성령님을 통해 알아 갔던 주님의 아름다운 성품을 꺼내어 놓은 것입니다.

도입 질문

1 내가 아는 그리스도인 중에서 훌륭하다고 생각한 사람을 떠올려 봅시다. 그에게 어떤 좋은 점이 있습니까?

함께 나누기

2 베드로는 독자들에게 그리스도인으로서 가져야 하는 여러 가지 덕목을 어떻게 할 것을 요구합니까? 5–7절

3 그리스도인이 가져야 하는 첫 번째 덕목은 무엇입니까? 5절

4 베드로가 그리스도인의 마지막 덕목으로 이야기한 것은 무엇입니까? 7절

5 당신에게 부족한 덕목은 무엇입니까? 그리고 그것을 더하기 위해서 어떤 노력을 할 수 있습니까?

6 베드로는 여러 가지 덕목을 나열한 후 독자들에게 무엇을 요구합니까? 8절

7 그리스도인이 굳게 해야 하는 것은 무엇입니까? 10절

8 하나님께서 나를 부르셨던 일을 떠올리고 그분의 택하심에 감사함으로 묵상합시다. 그리고 어떻게 하면 부르심과 택하심이 더욱 견고해질 수 있는지 생각해 봅시다.

9 오늘 성경공부를 통해서 나누고 싶거나 깨달은 것이 있으면 서로 이야기해 봅시다.

주간 그룹성경공부 · GBS

6주차 (36회~42회)

구역예배, 청년부 성경공부, 직장 신우회 등 각종 성경공부 모임에 활용하면 좋습니다.

예수 안에서 산다는 것

요한일서 2:1-6 | 새찬송 370장 · 통일 455장

주간 말씀묵상 나눔

지난 한 주간 말씀을 묵상한 것이나 삶에 적용한 것이 있으면 돌아가며 간단히 나누어 봅시다.

• 오늘의 성경공부 목표

예수 그리스도 안에서 살아간다는 것의 의미에 대해 생각해 봅시다.

1 나의 자녀들아 내가 이것을 너희에게 씀은 너희로 죄를 범하지 않게 하려 함이라 만일 누가 죄를 범하여도 아버지 앞에서 우리에게 대언자가 있으니 곧 의로우신 예수 그리스도시라
2 그는 우리 죄를 위한 화목제물이니 우리만 위할 뿐 아니요 온 세상의 죄를 위하심이라
3 우리가 그의 계명을 지키면 이로써 우리가 그를 아는 줄로 알 것이요
4 그를 아노라 하고 그의 계명을 지키지 아니하는 자는 거짓말하는 자요 진리가 그 속에 있지 아니하되
5 누구든지 그의 말씀을 지키는 자는 하나님의 사랑이 참으로 그 속에서 온전하게 되었나니 이로써 우리가 그의 안에 있는 줄을 아노라
6 그의 안에 산다고 하는 자는 그가 행하시는 대로 자기도 행할지니라

• 함께 읽어보기

대부분의 경우 사람들은 회사, 동호회, 동창회, 상인회, 산악회 등 크고 작은 단체에 속하여 살아갑니다. 각각의 단체에는 독특한 가치, 관습, 혹은 규범이 존재하기 때문에 어떤 특정한 단체의 구성원이 된다는 것은 그 단체가 요구하는 사항을 지킬 것을 암묵적으로 합의했음을 의미할 것입니다. 오늘 본문은 1세기 존재했을 것으로 생각되는 한 그리스도인 공동체에 보내는 요한 사도의 편지 일부입니다. 그 내용에 근거하여 공동체 구성원들의 정체성을 추체해 보자면 "그(예수)의 안에 산다고 하는 자"(6절) 정도가 될 수 있을 것입니다. 그런데 본문에서 요한 사도는 편지의 수신자들에게 "그의 안에 산다고 하는 자"들로 이루어진 공동체의 일원이 되기 위해 의무적으로 지켜야 할 한 가지 덕목에 대하여 언급합니다. 그것이 무엇일까요? 함께 말씀을 나누어 봅시다.

도입 질문

1 내가 속해 있는 단체(가정, 회사, 동호회, 사교 모임 등)가 중요하게 여기는 가치는 무엇입니까?

함께 나누기

2 요한 사도는 예수 그리스도께서 믿는 자들에게 어떤 분이 되어 주신다고 합니까? 1절

3 예수님은 우리와 온 세상의 죄를 위해 무엇이 되어 주셨습니까? 2절

4 예수님을 아는 성도는 무엇을 지키는 사람입니까? 3절

5 예수님을 안다고 말하면서 그분의 계명을 지키지 않는 사람은 어떤 사람입니까? 4절

6 요한 사도는 예수님의 말씀을 지키는 자 안에서 무엇이 온전하게 되었다고 말합니까? 5절

7 요한 사도는 예수님 안에 산다고 하는 사람은 어떤 삶을 살아야 한다고 말합니까? 6절

8 신앙생활을 하다 보면 다양하고 풍성한 신앙의 고백을 접할 수 있습니다. 교회 안에 풍성한 신앙의 고백이 넘치는 것은 좋은 일이지만 자칫 타성에 젖은 습관적인 고백을 하게 될 위험도 있습니다. 그러한 상황에서 본문의 가르침은 오늘날의 교회에 어떤 경각심을 불러일으킬 수 있을까요?

9 오늘 성경공부를 통해 나누고 싶거나 깨달은 것이 있으면 이야기해 봅시다.

구역예배, 청년부 성경공부, 직장 신우회 등 각종 성경공부 모임에 활용하면 좋습니다.

주간 그룹성경공부·GBS

7주차 (43회~49회)

사랑을 할 땐 행함과 진실함으로!

요한일서 3:13-20 | 새찬송 220장·통일 278장

주간 말씀묵상 나눔

지난 한 주간 말씀을 묵상한 것이나 삶에 적용한 것이 있으면 돌아가며 간단히 나누어 봅시다.

• 오늘의 성경공부 목표

행함과 진실함으로 사랑을 실천하는 그리스도인이 됩시다.

13 형제들아 세상이 너희를 미워하여도 이상히 여기지 말라
14 우리는 형제를 사랑함으로 사망에서 옮겨 생명으로 들어간 줄 알거니와 사랑하지 아니하는 자는 사망에 머물러 있느니라
15 그 형제를 미워하는 자마다 살인하는 자니 살인하는 자마다 영생이 그 속에 거하지 아니하는 것을 너희가 아는 바라
16 그가 우리를 위하여 목숨을 버리셨으니 우리가 이로써 사랑을 알고 우리도 형제들을 위하여 목숨을 버리는 것이 마땅하니라
17 누가 이 세상의 재물을 가지고 형제의 궁핍함을 보고도 도와 줄 마음을 닫으면 하나님의 사랑이 어찌 그 속에 거하겠느냐
18 자녀들아 우리가 말과 혀로만 사랑하지 말고 행함과 진실함으로 하자
19 이로써 우리가 진리에 속한 줄을 알고 또 우리 마음을 주 앞에서 굳세게 하리니
20 이는 우리 마음이 혹 우리를 책망할 일이 있어도 하나님은 우리 마음보다 크시고 모든 것을 아시기 때문이라

• **함께 읽어보기**

사랑의 유형을 다음과 같이 세 가지로 나눈다고 생각해 봅시다. 1)말만 번지르한 사랑, 2)말과 표현은 서툴러도 실천하는 사랑, 3)말로 표현도 참 잘하는데 실천까지 하는 사랑. 언급한 세 가지 중에 두 번째와 세 번째는 사랑이라고 말할 수 있겠지만 첫 번째 유형은 진정한 의미에서 사랑이라고 할 수 없을 것입니다. 오늘 본문에서 요한 사도 역시 그리스도인은 교회 안에서 첫 번째 유형의 사랑을 경계해야 하며, 말과 혀로 하는 것이 아닌 행함과 진실함으로 사랑해야 한다고 권면합니다. 그런데 중요한 것은 요한 사도가 형제를 향하여 행함과 진실함의 사랑을 해야 하는 그리스도인만의 특별한 이유에 관해 언급하고 있다는 것입니다. 그것이 무엇일까요? 함께 말씀을 나누며 교회 공동체가 추구해야 할 사랑이 무엇인지, 그 이유는 무엇인지에 대해 생각하는 시간을 가져 봅시다.

도입 질문

1 교회 안에서 형제 사랑을 실천하는 방법에는 구체적으로 어떤 것들이 있을까요?

함께 나누기

2 요한 사도는 형제를 사랑하는 모습을 통해 무엇을 알 수 있다고 말합니까? 14절

3 요한 사도는 형제를 미워하는 자는 어떤 사람과 같다고 말합니까? 15절

4 요한 사도는 형제가 서로를 위하여 목숨을 버리는 것이 마땅한 이유가 무엇이라고 말합니까? 16절

5 요한 사도는 어떤 사람에게 하나님의 사랑이 거할 수 없다고 합니까? 17절

6 그리스도인의 사랑은 말(혀)로 하는 사랑 위에 어떤 사랑을 더해야 합니까? 18절

7 행함과 진실함으로 하는 사랑이 성도에게 주는 유익은 무엇입니까? 19-20절

8 요한 사도는 성도를 가리켜 "사망"에서 옮겨 "생명"으로 들어간 사람들이라고 말합니다. 이 사건이 성도의 구원을 가리킨다고 볼 때, 모든 성도는 과거에는 "사망"에 속했지만 현재는 "생명"에 속한 자라고 말할 수 있을 것입니다. 그렇다면 사망 또는 생명에 속하여 산다는 것은 무엇을 의미할까요?

9 오늘 성경공부를 통해서 나누고 싶거나 깨달은 것이 있으면 서로 이야기해 봅시다.

구역예배, 청년부 성경공부, 직장 신우회 등 각종 성경공부 모임에 활용하면 좋습니다.

주간 그룹성경공부 · GBS

8주차 (50회~56회)

사랑받은 자는 어떻게 살아야 하는가

요한일서 4:7-16 | 새찬송 93장 · 통일 93장

주간 말씀묵상 나눔

지난 한 주간 말씀을 묵상한 것이나 삶에 적용한 것이 있으면 돌아가며 간단히 나누어 봅시다.

• 오늘의 성경공부 목표

사랑은 어디에서 출발하는지 알아보고 우리를 향한 하나님의 사랑이 어떻게 우리가 이웃을 사랑하게 만드는지 이해해 봅시다.

7 사랑하는 자들아 우리가 서로 사랑하자 사랑은 하나님께 속한 것이니 사랑하는 자마다 하나님으로부터 나서 하나님을 알고
8 사랑하지 아니하는 자는 하나님을 알지 못하나니 이는 하나님은 사랑이심이라
9 하나님의 사랑이 우리에게 이렇게 나타난 바 되었으니 하나님이 자기의 독생자를 세상에 보내심은 그로 말미암아 우리를 살리려 하심이라
10 사랑은 여기 있으니 우리가 하나님을 사랑한 것이 아니요 하나님이 우리를 사랑하사 우리 죄를 속하기 위하여 화목제물로 그 아들을 보내셨음이라
11 사랑하는 자들아 하나님이 이같이 우리를 사랑하셨은즉 우리도 서로 사랑하는 것이 마땅하도다
12 어느 때나 하나님을 본 사람이 없으되 만일 우리가 서로 사랑하면 하나님이 우리 안에 거하시고 그의 사랑이 우리 안에 온전히 이루어지느니라
13 그의 성령을 우리에게 주시므로 우리가 그 안에 거하고 그가 우리 안에 거하시는 줄을 아느니라
14 아버지가 아들을 세상의 구주로 보내신 것을 우리가 보았고 또 증언하노니
15 누구든지 예수를 하나님의 아들이라 시인하면 하나님이 그의 안에 거하시고 그도 하나님 안에 거하느니라
16 하나님이 우리를 사랑하시는 사랑을 우리가 알고 믿었노니 하나님은 사랑이시라 사랑 안에 거하는 자는 하나님 안에 거하고 하나님도 그의 안에 거하시느니라

• **함께 읽어보기**

성경은 우리에게 사랑을 요구합니다. 예수님도 바울도 요한과 베드로도 한결같이 우리에게 사랑하라고 명령합니다. 단순히 감정적으로 사랑하는 것이 아니라 모든 것이 사랑이 되도록 요구합니다. 예수님은 그 뿌리가 구약의 율법에 있다는 것을 보여주셨습니다. 요한은 하나님이 아들을 세상에 보내심으로 우리를 먼저 사랑하셨다고 말합니다. 하나님은 이 세상이 시작할 때부터 항상 먼저 사랑하셨습니다. 이스라엘을 애굽에서 구하실 때도 조건을 내걸지 않으시고 먼저 그들을 구하신 후 율법을 주셨습니다. 하나님은 우리가 잘한다는 서약을 하기 이전에 자신의 하나뿐인 아들을 내어 주셨습니다. 사랑은 그러한 하나님의 사랑에 대해 우리가 해야 하는 당연하고 마땅한 감사의 표현입니다.

도입 질문

1 최근에 누군가를 애써서 사랑한 적이 있습니까? 그 경험을 이야기해 봅시다.

함께 나누기

2 어떤 사람이 하나님으로부터 나서 하나님을 알게 됩니까? 7절

3 요한은 하나님이 무엇이라고 합니까? 8절

4 하나님은 우리 죄를 속하기 위하여 무엇을 하셨습니까? 10절

5 우리도 하나님을 따라서 누군가를 애써서 사랑하는 노력을 해 봅시다.

6 하나님을 보지 못하는 우리가 하나님을 경험하고 만나는 방법은 무엇입니까? 12절

7 언제 하나님이 우리 안에 거하시고 우리도 하나님 안에 거하게 됩니까? 15절

8 예수가 오셔서 나의 죄를 사해 주셔야 할 만큼 내가 죄인인지 묵상해 봅시다. 예수는 나의 구세주가 되십니까?

9 오늘 성경공부를 통해서 나누고 싶거나 깨달은 것이 있으면 서로 이야기해 봅시다.

구역예배, 청년부 성경공부, 직장 신우회 등 각종 성경공부 모임에 활용하면 좋습니다.

주간 그룹성경공부 · GBS

9주차 (57회~60회)

바른 믿음 안에 굳건히 섭시다.

유다서 1:1-7 | 새찬송 348장 · 통일 388장

주간 말씀묵상 나눔

지난 한 주간 말씀을 묵상한 것이나 삶에 적용한 것이 있으면 돌아가며 간단히 나누어 봅시다.

• 오늘의 성경공부 목표

성도의 정체성을 굳건하게 하는 바른 믿음이 무엇인지 깨달아 마지막 날까지 믿음을 지키는 삶을 살아 봅시다.

1. 예수 그리스도의 종이요 야고보의 형제인 유다는 부르심을 받은 자 곧 하나님 아버지 안에서 사랑을 얻고 예수 그리스도를 위하여 지키심을 받은 자들에게 편지하노라
2. 긍휼과 평강과 사랑이 너희에게 더욱 많을지어다
3. 사랑하는 자들아 우리가 일반으로 받은 구원에 관하여 내가 너희에게 편지하려는 생각이 간절하던 차에 성도에게 단번에 주신 믿음의 도를 위하여 힘써 싸우라는 편지로 너희를 권하여야 할 필요를 느꼈노니
4. 이는 가만히 들어온 사람 몇이 있음이라 그들은 옛적부터 이 판결을 받기로 미리 기록된 자니 경건하지 아니하여 우리 하나님의 은혜를 도리어 방탕한 것으로 바꾸고 홀로 하나이신 주재 곧 우리 주 예수 그리스도를 부인하는 자니라
5. 너희가 본래 모든 사실을 알고 있으나 내가 너희로 다시 생각나게 하고자 하노라 주께서 백성을 애굽에서 구원하여 내시고 후에 믿지 아니하는 자들을 멸하셨으며
6. 또 자기 지위를 지키지 아니하고 자기 처소를 떠난 천사들을 큰 날의 심판까지 영원한 결박으로 흑암에 가두셨으며
7. 소돔과 고모라와 그 이웃 도시들도 그들과 같은 행동으로 음란하며 다른 육체를 따라가다가 영원한 불의 형벌을 받음으로 거울이 되었느니라

• **함께 읽어보기**

한때 이단을 만나면 도망가는 것이 상책이라고 생각했던 적이 있습니다. 훈련을 잘 받아 똑똑해 보이는 그들을 내가 어찌할 수 없다고 생각했기 때문입니다. 이단에 관한 한 강의에 따르면 가짜를 구별하는 최선의 방법은 진짜를 많이 보는 것이라고 합니다. 보석 감별사가 가짜를 찾는 훈련을 하기보다는 진짜를 많이 보는 훈련을 하는 것처럼 말입니다. 이단 교리를 공부하는 것이 도움이 될 수 있겠지만 잘못된 가르침을 구별하는 가장 좋은 방법은 성경의 바른 가르침이 무엇인지를 알고 그것이 얼마나 좋은지 경험해 보는 것입니다. 그럴 때 가짜를 보기만 해도 이상하다는 것을 깨달아 알게 됩니다.

도입 질문

1 이단의 교리나 가르침을 경험한 적이 있다면 무엇이 달랐는지 나눠 봅시다. 또는 교리 중 정확하게 알지 못하는 부분이 있다면 그것도 함께 이야기해 봅시다.

함께 나누기

2 유다는 자신을 누구라고 소개합니까? 1절

3 유다는 편지의 수신자를 어떤 자라고 표현합니까? 세 가지로 나눠서 답해 봅시다. 1절

4 유다는 자신이 편지를 쓰는 목적을 말하면서 성도들에게 무엇을 위해 힘써 싸우라고 권면합니까? 3절

5 기독교의 신앙의 핵심이 무엇인지, 나는 어떻게 구원을 받았고 그 근거가 무엇인지 글로 써서 정리하는 시간을 가져 봅시다.

6 가만히 들어온 사람들의 행동의 특징을 세 가지로 이야기해 봅시다. 4절

7 하나님을 대적한 자들의 결말은 어떻게 되었습니까? 5–7절

8 우리는 이 본문을 거울 삼아 하나님의 말씀을 왜곡하는 자들이 교회에 있을 때 어떻게 대처할 수 있습니까?

9 오늘 성경공부를 통해 나누고 싶거나 깨달은 것이 있으면 이야기해 봅시다.

권별 주삶 **아가페 주삶** GBS 해설서

- **1주**(1회–7회) _ 야고보서 2:1–13
  사람을 차별하여 대하지 말라

- **2주**(8회–14회) _ 야고보서 3:1–12
  말에 실수가 없는 그리스도인

- **3주**(15회–21회) _ 베드로전서 2:1–10
  그리스도인의 정체성과 사명

- **4주**(22회–28회) _ 베드로전서 3:18–22
  온 우주의 통치자가 되신 예수 그리스도

- **5주**(29회–35회) _ 베드로후서 1:5–11
  그리스도인의 덕목

- **6주**(36–42회) _ 요한일서 2:1–6
  예수 안에서 산다는 것

- **7주**(43–49회) _ 요한일서 3:13–20
  사랑을 할 땐 행함과 진실함으로!

- **8주**(50–56회) _ 요한일서 4:7–16
  사랑받은 자는 어떻게 살아야 하는가

- **9주**(57–60일) _ 유다서 1:1–7
  바른 믿음 안에 굳건히 섭시다.

주간 GBS해설서 — 1주 해설

1 가이드》 신분, 성별, 인종, 종교에 따른 차별 등 인류 역사에는 다양한 종류의 차별이 있어 왔습니다. 이러한 차별은 약자를 열등한 존재로 여기는 생각에서 시작되었는데, 이는 하나님의 창조 원리에 어긋납니다. 예를 들면 하나님은 남녀 간의 구별은 두셨지만 차별은 두지 않으셨습니다. 차별은 인간의 이기심이 만들어 낸 악한 발명품입니다.

2 답》 우리 주 예수 그리스도에 대한 믿음을 가졌기 때문에

해설》 "우리 주 예수 그리스도"는 여러 가지 의미를 담고 있습니다. 첫째, "우리"라는 수식어는 공동체성을 강조합니다. 둘째, "주"라는 단어는 예수님의 신성과 주인 되심을 나타냅니다. 셋째, "그리스도"라는 단어에는 메시아로서 기름 부음을 받았다는 의미가 담겨 있습니다. 야고보 사도는 "우리 주 예수 그리스도"라고 동일한 고백을 하는 사람들끼리 서로 차별하지 말아야 한다는 것을 말하고 싶었을 것입니다.

3 답》 금가락지를 끼고 아름다운 옷을 입은 사람, 남루한 옷을 입은 가난한 사람

해설》 "회당"은 초기 그리스도인들의 예배 모임이 이루어졌던 장소입니다. 야고보는 부자들이 회당에 들어올 때 성도들이 "눈여겨보고" 좋은 자리로 인도했다고 말합니다(3절). 이 행동 자체는 잘못된 것이 아닙니다. 문제는 남루한 옷을 입은 가난한 자들에게 같은 태도를 보이지 않았으며, 심지어 발등상 아래(바닥)에 앉으라고 말했다는 데에 있습니다. 교회는 부자와 가난한 자가 똑같은 대접을 받는 곳이어야 합니다.

4 답》 악한 생각으로 판단하는 자

해설》 하나님은 외모로 사람을 판단하는 것을 불의한 행위로 간주하십니다. "너희는 재판할 때에 불의를 행하지 말며 가난한 자의 편을 들지 말며 세력 있는 자라고 두둔하지 말고 공의로 사람을 재판할지며"(레 19:15). 사람을 차별하는 것이 "악한" 생각이라는 야고보 사도의 말은 레위기의 가르침에 근거했을 것입니다.

5 답》 세상에서 가난한 자

해설》 "가난한 자"는 말 그대로 경제적으로 어려운 자들을 가리킵니다. 예나 지금이나 가난한 자들은 무시당하기 쉽습니다. 하나님께서 가난한 자들에게 관심을 쏟으신 이유가 바로 거기에 있을 것입니다(참고. 시 82:3, 잠 28:15, 사 10:2). 그러나 하나님께서 가난한 자를 택하셨다는 것이 부자들을 제외하셨다는 것을 의미하지 않습니다. 하나님이 중요하게 보시는 것은 인간의 부와 가난이 아니라 하나님을 향한 믿음과 사랑입니다.

6 답》 네 이웃 사랑하기를 네 몸과 같이 하라 / 성경에 기록된 최고의 법을 어겼기 때문에

해설》 초대 교회의 성도들은 이웃을 사랑하라는 예수님의 계명을 율법의 완성이라고 여겼습니다(롬 13:8; 갈 5:14). 야고보 사도가 사람을 차별하는 것을 죄로 규정한 이유는 그것이 예수님이 주신 이웃 사랑의 계명에 어긋나는 행동이기 때문입니다. "네 이웃을 네 자신과 같이 사랑하라"(마 19:19).

7 가이드》 "자유의 율법"이란 율법의 마침(완성)이 되신 예수 그리스도께서(롬 10:4) 주신 법, 다시 말해 예수님의 가르침을 가리킵니다. 진리 되신 예수님은 성도를 자유롭게 하셨고(요 8:32), 성도는 강압에 의해서가 아니라 자발적으로 그 예수님의 가르침을 따르며 살아갑니다. 구약의 율법은 속박의 법이었다면, 예수님의 가르침은 자유의 법인 것입니다.

8 가이드》 하나님께서 우리에게 긍휼을 베푸시지 않는다면 죄인인 우리는 심판대 앞에서 의롭다 여김을 받지 못할 것입니다. 그런데 만약 우리가 가난하고 약한 자들을 차별하고 긍휼히 여기지 않는다면, 하나님께서도 우리를 긍휼히 여겨 주지 않으실 것입니다. "악한 종아 네가 빌기에 내가 네 빚을 전부 탕감하여 주었거늘 내가 너를 불쌍히 여김과 같이 너도 네 동료를 불쌍히 여김이 마땅하지 아니하냐"(마 18:32-33).

*서로 기도 제목을 나누면서 뒤에 있는 기도 노트를 활용하십시오(p. 248-253).

 # 주간 GBS해설서   **2주 해설**

1 가이드》 보통 "폭력"이라는 말은 주먹이나 무기와 같은 물리적인 수단을 써서 상대방에게 상해를 가하는 행위를 가리킵니다. "언어폭력"이라는 단어는 사람의 말이 때로는 물리적 폭력만큼이나, 심지어 그보다 심각한 해를 상대에게 끼칠 수 있다는 것을 의미할 것입니다.

2 답》 선생이 된 자들이 더 큰 심판을 받을 것이기 때문에

    해설》 유대인들은 영향력 있는 선생(랍비)에게 큰 존경심을 표했는데, 초기 교회 공동체에서도 그러한 전통은 유지되었을 것입니다. 예수님의 지상 명령이 모든 민족을 제자로 삼고 가르치는 일이었다는 것을 고려했을 때(마 28:19) 초기 교회에서 선생의 역할과 책임이 무척 중요했을 것입니다. 그러나 야고보 사도는 선생으로서 누리는 큰 존경과 명예에는 책임과 심판이 따른다는 것을 상기시킵니다.

3 답》 온전한 사람

    해설》 "온전한"(헬, 텔레이오스)은 완전무결하거나 죄가 없는 상태를 가리키는 것이 아닙니다. 이 단어는 우리 말의 '성숙한'에 해당한다고 볼 수 있습니다. 성숙한 그리스도인일수록 말에 실수가 적습니다.

4 답》 재갈은 말의 몸을 제어하여 순종하게 하고, 키는 사공의 뜻대로 큰 배를 운행할 수 있도록 함

    해설》 "재갈"과 "키"는 작은 부분이지만 전체를 통제하는 역할을 합니다. 야고보 사도는 사람의 혀를 재갈과 키에 비유하며 작지만 큰 파괴력을 지니고 있다는 것을 강조합니다. 재갈을 잘못 조종하면 말은 방향을 잃게 될 것이고, 키를 잘못 조종하면 아무리 큰 배도 파선하고 말 것입니다. 마찬가지로 혀를 잘못 사용하면 한 사람의 인생을 파괴할 수도 있습니다.

5 답》 작은 불이 많은 나무를 태우는 것처럼 혀도 작은 지체이지만 온몸을 더럽히고 삶의 수레바퀴를 불사르기 때문에

    해설》 작은 불씨가 순식간에 커지면서 온 산을 다 태우는 것처럼 혀로 내뱉은 말 역시 순식간에 퍼지고 일단 퍼진 말은 부정적이든 긍정적이든 큰 영향력을 발휘하기도 합니다. 야고보 사도는 혀의 악한 영향력에 주목하며 "불의의 세계"라고 묘사합니다. "삶의 수레바퀴"라는 표현은 한 인간의 모든 생애를 가리키는 표현입니다.

6 답》 혀는 쉬지 아니하는 악이고 죽이는 독이 가득한 것이기 때문에

    해설》 "쉬지 아니하는 악"은 '통제되지 않는 불안정한 악'이라는 의미입니다. 이 말은 세상의 누구도 혀를 완벽히 통제할 수 없다는 것을 암시합니다.

7 답》 하나님을 찬송하면서 하나님의 형상대로 지음받은 사람을 저주하는 것은 모순되기 때문에

    해설》 하나님을 경외하는 사람이라면 당연히 하나님의 형상대로 지음받은 사람을 존중해야 합니다. 그 사람 때문이 아니라 그 사람 안에 하나님의 형상이 담겨 있기 때문입니다. 내가 마주하고 대화하는 상대는 하나님의 형상을 따라 지음받은 귀한 존재라는 사실을 늘 기억하고 존중하는 말, 살리는 말을 하는 성숙한 그리스도인이 되어야 할 것입니다.

8 가이드》 혀를 완전히 제어하는 것은 불가능합니다. 하지만 그리스도인은 말에 실수를 줄이기 위해 끊임없이 노력하고 훈련해야 합니다. 나는 주로 어떤 경우에 말로 실수하는가를 곰곰이 생각해 봅시다. 예를 들어 남을 험담할 때 주로 말실수를 한다면 험담하는 습관을 버리는 노력을 할 수 있을 것이고, 감정을 잘 다스리지 못할 때 말실수를 한다면 말을 내뱉기 전에 감정을 먼저 추스르는 습관을 키울 수 있을 것입니다.

주간 GBS해설서 — 3주 해설

1 가이드》 공동체가 무너질 때 항상 그 안에 비방과 다툼이 있습니다. 사람들은 서로를 힐난하고 문제를 공식적으로 다루기보다는 뒤에서 헐뜯습니다. 성도의 삶에서 가장 중요한 것 중 하나는 공동체 안에서의 관계입니다. 대부분의 죄는 이러한 관계를 깨는 것입니다. 우리의 공동체는 건강한지 돌아봅시다.

2 답》 모든 악독, 모든 기만, 외식, 시기, 모든 비방하는 말

해설》 모든 악독은 악한 것의 대표를 말합니다. 기만은 속이는 것을 의미합니다. 외식은 앞에서는 칭찬을 하지만 뒤에서는 다른 말을 하는 것을 의미합니다. 시기는 질투하는 것입니다. 비방하는 말은 뒤에서 다른 사람을 헐뜯는 것을 말합니다. 성도는 반드시 이런 것들을 버려야 합니다. 그렇지 않으면 뒤에 나오는 신령한 젖을 먹을 수가 없습니다.

3 답》 순전하고 신령한 젖

해설》 베드로는 갓난아기들같이 순전하고 신령한 젖을 사모하라고 이야기합니다. 이는 영적인 수준을 이야기하는 것이 아니라 젖을 사모하는 아기들의 간절함을 본받으라는 뜻입니다. 신령한 것은 항상 하나님께 속한 것을 의미합니다. 따라서 신령한 젖은 하나님 나라의 가치에 속한 것을 의미합니다. 즉 하나님의 말씀과 그분이 기뻐하는 행동을 의미합니다.

4 답》 주의 인자하심

해설》 3절은 시편 34편 8절을 인용한 것입니다. 그리스도인이 나쁜 행동을 버림으로 하나님의 말씀과 그분의 은혜를 간절히 사모하게 되는 것은 주의 선하심을 맛보았기 때문입니다. 반대로 말씀을 사모하지 않고 삶이 바뀌지 않는 이유는 하나님의 선하심을 맛본 적이 없기 때문입니다.

5 가이드》 기독교의 신앙은 지적인 깨달음이나 지켜야 하는 의무 사항을 나열한 것이 아닙니다. 그 시작은 하나님과의 인격적인 만남에 있습니다. 하나님을 만나서 그분의 선하심에 감격하는 것으로부터 신앙이 시작됩니다. 주님의 인자하심을 맛본 사람은 반드시 그분의 말씀을 간절히 사모하여 성경을 읽게 되고 나쁜 행동을 버리게 됩니다.

6 답》 말씀을 순종하지 아니하므로

해설》 예수님을 받아들이지 않고 죽인 사람들은 주로 종교 지도자들이었습니다. 그들은 말씀을 잘 알고 가르쳤던 사람들이었습니다. 하나님을 믿는다고 입으로 고백하던 자들이었습니다. 그럼에도 불구하고 그들이 예수님을 믿지 않고 죽인 이유를 성경은 말씀에 순종하지 않아서라고 말합니다. 순종하지 않는 자는 믿지 않는 자입니다.

7 답》 택하신 족속, 왕 같은 제사장, 거룩한 나라, 그의 소유가 된 백성

해설》 왕 같은 제사장은 왕에게 속한 제사장이라는 뜻입니다(사 61:6). 즉 하나님 나라에 속한 제사장들을 말합니다. 제사장은 죄를 지은 백성이 하나님 앞으로 나아가 용서를 받고 구원에 이르게 하는 중재자들입니다. 성도는 그러한 사명을 가지고 이 세상을 살아가는 사람들입니다.

8 가이드》 우리 모두는 원래 어둠 속에 있던 자들이었습니다. 그러한 우리를 빛 가운데로 이끌어 내심에 감격하여 주님이 주신 길을 걷기를 기뻐하는 자들이 그리스도인입니다. 그 은혜가 얼마나 큰지를 알기에 성도는 복음을 전하게 됩니다. 당신도 복음에 대한 감격이 있습니까? 그렇다면 그 복음을 누구에게 전할지 생각해 보고 기도를 시작합시다. 그리고 계획을 세우고 전달해 봅시다.

*서로 기도 제목을 나누면서 뒤에 있는 기도 노트를 활용하십시오(p.248–253).

주간 GBS해설서

4주 해설

1 가이드》 칼뱅은 건강한 교회의 지표를 두 가지로 보았는데 하나는 바른 말씀이고 또 다른 하나는 성례가 바르게 시행되고 있는지 여부라고 말했습니다. 개신교에서 성례는 간소화되어 대체적으로 성만찬과 세례가 시행되고 있습니다. 따라서 세례를 바로 이해하는 것은 굉장히 중요합니다. 성경의 저자들은 종종 노아의 홍수를 세례의 상징적인 의미로 이해했습니다.

2 답》 불의한 자(죄인)

해설》 심판은 죄인이 당하는 것이지 의인이 당하는 것이 아니며 죽음도 마찬가지입니다. 그러나 예수님은 죽으시고 심판당하셨는데 그분이 죄를 지었기 때문이 아니라 우리의 죄를 대신해서 죽으신 것입니다. 우리가 죄인이라는 깨달음으로부터 구원이 시작됩니다.

3 답》 옥에 있는 영들

해설》 19절은 해석에 대해 논란이 있지만 우리가 받아들일 수 있는 해석은 크게 두 가지가 있습니다. 하나는 예수께서 부활 이후에 옥에 있는 악한 영들에게 승리를 선포하셨다는 것입니다. 또 하나는 예수께서 노아 시대에 영으로 가셔서 사람들에게 회개를 촉구하셨는데 그들은 거역하였고 지금 옥에 있다는 것입니다. 후자는 20절의 내용으로 자연스럽게 이어집니다.

4 답》 여덟 명

해설》 하나님은 노아의 때에 갑작스럽게 홍수로 세상을 심판하지 않으셨습니다. 노아는 산에서 수십 년 동안 방주를 지었습니다. 사람들은 노아와 그의 가족을 통해서 심판의 경고를 보고 들었을 것입니다. 또한 유다서는 에녹이 예언을 했다고 적습니다(유 1:14). 즉 하나님께서는 홍수가 나타나기 수백 년 전부터 사람들이 회개하도록 말씀을 전하셨습니다.

5 가이드》 부모님이나 지인과 함께 자연스럽게 교회를 가는 세대가 늘어나면서 우리는 하나님으로부터 오는 구원을 직접 경험하기보다는 사람들이 알려 주는 구원을 외우고 있을 때가 많습니다. 그렇기에 구원의 감격을 경험하지 못하고 신앙조차도 자라지 않을 때가 많이 있습니다. 구원은 회개로부터 시작되는데 회개는 자신이 죄인이라는 깨달음과 그로 인해 심판받을 수밖에 없다는 절망으로부터 비롯합니다.

6 답》 선한 양심

해설》 세례는 문자 그대로 몸에 묻은 먼지를 제거하는 것이 아닙니다. 우리의 죄에 대하여 심판을 받는 것이며 그 무서운 심판을 아무런 해도 없이 통과하고 구원을 얻는 것입니다. 세례를 통과한 사람은 하나님과의 바른 관계에 대한 소망이 생깁니다. 그리고 담대하게 하나님 앞에 나아가 선한 양심을 구하고 의로움을 요구할 수 있습니다.

7 답》 하나님 우편

해설》 우편에 계심은 동일한 권세를 가진다는 의미입니다. 예수님은 이 땅에 오셨을 때도 온 우주의 왕이셨지만 왕의 권세를 사용하지 않으셨습니다. 하지만 이제 예수님은 하나님과 동등한 분으로서 온 우주를 다스리시며 이 세상의 모든 권세는 그 앞에 굴복할 것입니다. 또한 우리도 나중에 그분과 함께 다스릴 것입니다.

8 가이드》 우리는 비록 이 땅에서 많은 것을 소유하지는 못할지라도 잠재적인 왕들입니다. 예수님은 순종함으로 고난당하시고 모든 권세를 가지셨습니다. 이처럼 우리도 이 땅에서 우리의 길에 순종할 때 온 우주를 다스리시는 하나님의 백성이 될 뿐 아니라 영적으로 이미 승리한 자들입니다.

# 주간 GBS해설서 5주 해설

1 가이드》 성숙한 그리스도인을 만나면 마음이 따뜻해지고 나도 그렇게 닮아 가고 싶은 마음이 생깁니다. 그 이유는 그들이 예수 그리스도 안에 있는 성품을 배우고 실천하며 살았기 때문입니다.

2 답》 더욱 힘써 더하라

해설》 그리스도인이 구원을 받고 새로운 생명을 얻으면 선한 삶에 대한 소망을 가지고 살아가게 됩니다. 그리스도인이 선한 행동을 하는 이유는 예수 그리스도로 인해 구원받았기 때문이며 하나님의 은혜에 반응하여 열매를 맺는 삶을 살아가는 것입니다. 하지만 구원받고 거듭나면 자동적으로 그런 삶을 살게 되는 것이 아닙니다. 우리는 힘써서 그렇게 살아야 합니다.

3 답》 믿음

해설》 그리스도인이 가져야 하는 덕목은 이 세상의 덕목과 다릅니다. 그리스도인은 먼저 믿음으로 시작합니다. 믿음은 하나님이 주시는 은혜를 받아들이는 것입니다. 하나님이 주시는 은혜를 맛보지 않고 순종함으로 받아들이지 않으면 우리는 선한 삶을 살아갈 수 없습니다. 그래서 모든 덕목의 첫 시작은 믿음이어야 합니다.

4 답》 사랑

해설》 사랑은 형제 우애와도 다릅니다. 여기에서의 사랑은 아가페, 즉 하나님의 사랑입니다. 하나님의 사랑은 대가가 있는 사랑이 아니라 사랑받을 만한 자격이 없는 자들, 즉 원수조차도 사랑하는 것입니다. 하나님은 우리에게 형제 우애만을 요구하는 것이 아니라 무조건적인 하나님의 사랑을 세상에 실천하길 원하십니다.

5 가이드》 본문에 있는 덕목을 하나씩 살펴보고 나에게 이미 있다고 생각하는 것과 부족한 것을 찾아봅시다. 나에게 부족한 것들을 채우기 위해 어떤 노력을 할 수 있는지 고민해 봅시다. 이 덕목들은 하나의 순서를 가지고 있습니다. 앞에서부터 하나씩 노력할 수 있는 것을 실천해 봅시다.

6 답》 게으르지 않고 열매 없는 자가 되지 않게 하라

해설》 그리스도인은 구원을 받아 새 생명을 얻으면 끝이 아닙니다. 그에 합당한 열매를 맺지 않으면 뽑히게 됩니다. 그렇기에 우리는 하나님께서 원하시는 삶을 살기 위해서 노력해야 합니다. 예수님도 제자들에게 열매 맺는 삶을 살도록 부단히 노력하기를 요구하셨습니다.

7 답》 부르심과 택하심

해설》 성도는 자신의 노력으로 구원을 얻은 자가 아닙니다. 하나님의 부르심과 택하심으로 인해 구원을 얻은 것입니다. 그런데 부르심과 택하심은 은혜로 주어진 기회이지 천국으로 가는 무료 통행권이 아닙니다. 우리는 부르심과 택하심을 굳게 하기 위해서 하나님께서 우리에게 요구하시는 삶을 살도록 애쓰고 노력해야 합니다.

8 가이드》 우리의 구원은 세상의 성취처럼 우리의 노력으로 이루어진 것이 아니라 전적인 은혜로 이루어진 것입니다. 자격이 없는데도 불구하고 구원을 얻었기에 우리는 그분의 부르심과 택하심을 생각할 때마다 감격할 수밖에 없고, 그에 반응하여 어떻게 살아야 할까 고민하지 않을 수 없습니다. 그러한 삶을 위한 구체적인 계획을 세워 봅시다.

*서로 기도 제목을 나누면서 뒤에 있는 기도 노트를 활용하십시오(p.248-253).

주간 GBS해설서

6주 해설

1 가이드》 각자가 속해 있는 단체를 소개하고, 그 단체의 구성원들이 중요하게 여기는 가치가 무엇인지 이야기 나누는 시간을 가져 봅시다.

2 답》 대언자

해설》 "대언자"에 해당하는 헬라어 단어 '파라클레이톤'은 법률 용어로 자주 사용되었으며 변호사를 의미합니다. 그러한 맥락을 고려할 때 이 단어는 '재판장이신 하나님 앞에서 죄인을 변호하시는 예수님'을 묘사한다고 볼 수 있습니다. 죄인인 나는 거룩하신 하나님 앞에서 자신을 변호할 수 있는 처지가 아니지만, 나를 사랑하시고 나의 형편과 사정을 잘 아시는 예수님은 나를 위한 최고의 변호사가 되어 주실 것입니다.

3 답》 화목 제물

해설》 "화목제물"(헬, 힐라스모스)은 구약 시대에 속죄를 위해 드렸던 희생 제사를 그 배경으로 합니다. 그러므로 예수님이 화목 제물이 되셨다는 것은 하나님과 인간 사이의 화해를 위해 십자가 위에서 대신 죽으셨다는 것을 의미합니다. 다시 말해 2절의 내용은 "내가 대신 죗값을 치렀으니 아무개를 의롭다 여겨 주시고 하나님의 백성으로 인정해 주십시오"라고 변호해 줄 "대언자"(1절)로서의 예수님의 자격에 대한 진술인 것입니다.

4 답》 그의 계명

해설》 원문에는 "그의 계명들"이라는 복수 표현이 사용되었습니다. 3절 내용은 요한복음에 기록된 "새 계명을 너희에게 주노니 서로 사랑하라 … 너희가 서로 사랑하면 이로써 모든 사람이 너희가 내 제자인 줄 알리라"(요 13:34-35)는 구절의 내용과 일맥상통합니다. 그런 점을 고려할 때 "그의 계명"은 형제 사랑에 관한 예수님의 가르침을 가리킨다고 볼 수 있을 것입니다.

5 답》 거짓말하는 자

해설》 요한 사도는 예수님을 아는 사람은 반드시 그의 계명을 지킨다는 것을 강조합니다. 예수님을 안다는 것은 단순히 지식적인 차원의 앎이 아니라 삶 전반에 걸쳐 실천되는 실제적인 차원에서의 앎입니다. 그렇기 때문에 예수님을 아는 사람은 삶 속에서 반드시 그 계명을 실천하며 살려고 노력합니다. 그러므로 계명을 지키지 않는 사람은 진정한 의미에서 예수님을 모르는 사람인 것입니다.

6 답》 하나님의 사랑

해설》 "하나님의 사랑이 참으로 그 속에서 온전하게 되었나니"라는 구절은 1)세상을 향한 하나님의 사랑이 온전하게 되었다 혹은 2)하나님을 향한 성도의 사랑이 온전하게 되었다 정도의 해석이 가능한데 문맥을 고려할 때 두 번째 해석이 자연스럽습니다. 하나님을 사랑하는 사람은 예수님의 계명을 지키는 삶을 통해 자기의 사랑을 완성하며, 그러한 삶은 그 사람이 하나님 안에 거한다는 강력한 증거가 됩니다.

7 답》 예수님이 행하시는 대로 행하는 삶

해설》 예수님은 이 땅에서 사역하시는 동안 가난한 자에게 늘 베푸셨으며, 병든 자와 소외된 자들을 위로하셨고, 불의한 자와 외식하는 자들을 책망하셨으며, 자신의 목숨을 희생하여 많은 사람의 죄를 대속하셨습니다. 그러므로 요한 사도가 말하는 "그의 안에 산다고 하는 자"는 예수님의 모든 행적을 자신의 삶에서 다시 한번 실현해 내려고 애쓰는 그리스도인을 가리킬 것입니다.

8 가이드》 성경은 그리스도인의 믿음이 말에 있는 것이 아니라 행함에 있다고 말합니다. "너희 중에 누구든지 그에게 이르되 평안히 가라, 덥게 하라, 배부르게 하라 하며 그 몸에 쓸 것을 주지 아니하면 무슨 유익이 있으리요"(약 2:16). 나의 믿음이 입술의 고백으로만 그치는 것이 아닌가를 늘 살피고 반성하지 않는다면, 오늘 본문에 언급된 것처럼 "거짓말하는 자"(4절)가 될 수 있다는 것을 꼭 기억해야 할 것입니다.

*서로 기도 제목을 나누면서 뒤에 있는 기도 노트를 활용하십시오(p.248-253).

주간 GBS해설서 — 7주 해설

1 가이드》 요한 사도 당시의 교회는 가난한 자들이 많았기 때문에 경제적인 측면에서의 도움이 더 많이 필요했을 것입니다. 그런데 오늘날의 교회 안에는 경제적인 이유뿐 아니라 심리적, 혹은 정신적 어려움을 겪고 있는 지체들도 많이 있습니다. 그들을 도울 수 있는 실제적 방법에는 어떤 것이 있을지 생각해 보고 서로 이야기 나누어 봅시다.

2 답》 사망에서 옮겨 생명으로 들어간 것

해설》 형제 사랑은 구원받은 성도에게 예수님이 주신 새 계명입니다(요 13:34). 그러므로 형제 사랑의 계명을 지킨다는 것은 사망에서 생명으로 옮겨졌다는 것, 다시 말해 구원받았다는 가장 강력하고 확실한 증거가 됩니다.

3 답》 살인하는 자

해설》 "살인하는 자"라는 표현은 요한복음에도 등장합니다(요 8:44). 맥락을 고려할 때 형제를 미워하는 것이 마귀에 속한 자의 행위임을 알 수 있습니다. 요한 사도는 가인이 "악한 자에게 속하여"(요일 3:12) 그 아우를 죽였다고 말하는데, 문맥의 흐름에서 볼 때 악한 자는 "처음부터 살인한 자", 즉 마귀를 가리킨다고 볼 수 있을 것입니다.

4 답》 믿는 자들을 위하여 목숨을 버리신 예수님의 사랑을 알기 때문에

해설》 "버리셨으니"(헬, 에테이켄)는 '내려놓으셨으니', '포기하셨으니'라는 의미입니다. 이 단어는 "나는 선한 목자라 선한 목자는 양들을 위하여 목숨을 버리거니와"(요 10:11)라는 예수님의 말씀에서도 사용되었으며 예수님의 희생적 죽음을 묘사합니다.

5 답》 세상의 재물을 가지고 형제의 궁핍함을 보고도 도와줄 마음을 닫은 사람

해설》 "세상의 재물을 가지고"라는 구절은 돈을 많이 소유한 상태가 아니라 궁핍한 형제를 도울 만한 최소한의 여유가 되는 상태까지를 포함한다고 보아야 할 것입니다. 다시 말해 나보다 어려운 형편에 처한 형제가 있다면 자신의 것을 기꺼이 나눌 수 있어야 함을 암시합니다. "도와 줄 마음을 닫으면"이라는 구절에서 '마음'(헬, 스플랑크나)은 사람의 내장을 가리키는데 여기서는 내면 깊은 곳에서 나오는 연민의 감정을 의미합니다.

6 답》 행함과 진실함의 사랑

해설》 이 구절은 행함이 빠진 사랑의 말을 경계하라는 권면으로 보아야 합니다. 다시 말해 성도 간의 사랑은 "말"과 "행함" 모두가 충족되어야 온전해질 수 있음을 의미합니다. 야고보 사도도 이와 비슷한 권면을 합니다. "너희 중에 누구든지 그에게 이르되 평안히 가라, 덥게 하라, 배부르게 하라 하며 그 몸에 쓸 것을 주지 아니하면 무슨 유익이 있으리요 이와 같이 행함이 없는 믿음은 그 자체가 죽은 것이라"(약 2:16-17).

7 답》 성도가 진리에 속한 줄을 알고, 하나님 앞에서 마음을 굳세게 할 수 있음

해설》 19-20절은 이해하기가 쉽지 않습니다. 이 두 구절이 전하고자 하는 내용을 쉽게 써 본다면 다음과 같을 것입니다. "형제 사랑을 실천하는 성도는 자신이 하나님께 속한 자임을 확신할 수 있게 됩니다. 어떤 면에서 보면 그 성도가 형제에게 베푼 사랑이 예수님의 사랑과 비교할 때 부족할 수는 있겠지만, 진심으로 사랑을 베풀었다는 것을 하나님이 이미 다 알고 계실 테니 염려 마십시오."

8 가이드》 "사망"과 "생명"이 각각 함축하는 바는 '사망에 속한 자의 삶의 방식'과 '생명에 속한 자의 삶의 방식' 정도가 될 수 있을 것입니다. 전자를 따르는 인간의 최후는 영원한 심판과 멸망이며, 후자를 따르는 인간은 영원한 생명과 쉼을 누리게 될 것입니다. 그러므로 구원받은 그리스도인은 이전의 악한 삶의 방식을 버리고 예수 안에 있는 새로운 삶의 방식을 따라 살아야 하는 사람입니다. 본문에서 강조한 형제 사랑 역시 새로운 삶의 방식 중의 하나일 것입니다.

주간 GBS 해설서

8주 해설

1 가이드》 사랑은 단순한 감정이 아닙니다. 사랑은 애써서 행동하는 것입니다. 그리고 애써서 누군가를 사랑할 때 하나님의 사랑을 조금이라도 이해하게 됩니다. 감정을 넘어서서 누군가를 힘들여 사랑한 경험이 있다면 나눠 봅시다. 그것은 우리를 향한 하나님의 사랑이 얼마나 위대한지 깨닫게 해 줄 것입니다.

2 답》 사랑하는 자

해설》 사도 요한은 서로 사랑하자고 권면합니다. 사랑은 하나님으로부터 온 것이기에 사랑하는 사람은 하나님으로부터 나고 하나님을 아는 사람입니다. 사도 요한 역시 그런 자이기 때문에 명령만 하기보다는 자신도 그 안에 포함시켜 사랑하자고 이야기합니다. 그리스도인의 마땅한 본분은 하나님과 같이 매일 서로 사랑하는 것입니다.

3 답》 사랑

해설》 요한은 같은 이야기를 뒤집어서 이야기합니다. 사랑하는 사람은 하나님으로부터 나서 하나님을 아는 반면에 사랑하지 않는 사람은 하나님을 알지 못한다고 말합니다. 왜냐하면 하나님이 사랑이시기 때문입니다. 이는 하나님의 모든 행동은 사랑에 기반함을 의미합니다. 그렇기에 우리의 모든 행동 역시 사랑을 수반해야 합니다. 사랑이 없는 신앙생활은 하나님으로부터 나온 것이 아닙니다.

4 답》 화목 제물로 그 아들을 보내심

해설》 세상에서 가장 아름다운 사랑은 가장 소중하게 여기는 것을 아낌없이 주는 것입니다. 하나님이 우리에게 보내 주신 예수는 독생자였습니다. 하나뿐인 아들이라는 겁니다. 하나님은 우리와 화목하기 위해 그 독생자를 십자가에 달려 죽도록 내어 주셨습니다. 하나님이 먼저 보이신 사랑 때문에 우리는 사랑을 알았고 따라 할 수 있는 것입니다.

5 가이드》 하나님께서 우리에게 보여주신 사랑은 즉흥적이고 감정적인 것이 아닙니다. 그것은 작정하고 의지적인 사랑입니다. 우리의 사랑이 필요한 사람을 한 명이라도 정해 봅시다. 그를 위해서 무엇을 할지 계획을 세워 보고 기간도 정해 봅시다. 이후에는 어떻게 했는지 나눠 봅시다. 그 경험은 하나님의 사랑을 이해하는 데 많은 도움을 줄 것입니다.

6 답》 서로 사랑하는 것

해설》 우리는 하나님을 눈으로 볼 수 없습니다. 그러나 눈으로 보는 것만이 우리에게 확신을 주는 것은 아닙니다. 하나님은 우리가 말씀에 순종할 때 확신을 주십니다. 말씀은 하나님을 사랑하고 이웃을 사랑하라고 합니다. 이에 순종할 때 하나님은 성령님을 주시는데 성령님은 우리에게 하나님이 우리 안에 계시고 우리가 하나님 안에 있음을 알려 주십니다.

7 답》 예수를 하나님의 아들이라 시인할 때

해설》 요한은 예수 그리스도에 대한 믿음이 모든 신앙의 출발점이라는 것을 강조합니다. 예수 그리스도가 하나님의 아들이며 그분이 이 세상의 구세주라는 것을 부인하는 자들이 교회에 있었습니다. 그들은 자신들이 죄인이고 그 죄를 위해 하나님의 아들인 예수 그리스도가 이 땅에 오셨다는 것을 부인했습니다. 이는 잘못된 신앙이며 그들에게는 사랑 또한 없었습니다.

8 가이드》 기독교 신앙은 내가 죄인이라는 것에 대한 절망과 나의 죄를 위해 예수님이 구세주로 오셨다는 사실에 대한 기쁨으로 시작합니다. 그것이 없다면 예수는 나의 삶을 조금 더 업그레이드하기 위한 수단이 될 뿐입니다. 그렇기에 그 시작부터 점검해 보고 나는 정말 구원이 필요한 죄인인가 묵상하는 시간을 가져 봅시다.

*서로 기도 제목을 나누면서 뒤에 있는 기도 노트를 활용하십시오(p.248-253).

주간 GBS해설서 — 9주 해설

1 가이드》 잘못된 신앙은 잘못된 교리나 가르침으로부터 시작합니다. 이단의 교리는 어려운 것이 아닙니다. 우리가 성경을 읽지 않고 교리를 제대로 배우지 못할 때 파고들어 우리의 믿음을 왜곡시킵니다. 나의 믿음이 올바른 성경의 기초 위에 세워졌는지 살펴보는 시간을 가져 봅시다.

2 답》 그리스도의 종, 야고보의 형제

해설》 유다서의 저자인 유다는 예수님의 친동생입니다. 하지만 유다는 자신을 예수님의 동생이라고 칭하지 않고 예수 그리스도의 종이라고 소개합니다. 그에게 있어서 가장 중요한 정체성은 예수님의 동생이 아닌 그분의 말씀을 전달하는 종입니다. 그는 또한 야고보의 형제라고 소개하는데 신약에 많은 유다가 존재하기에 좀 더 분명하게 설명하기 위함입니다.

3 답》 부르심을 받은 자, 하나님 아버지 안에서 사랑을 얻은 자, 예수 그리스도를 위하여 지키심을 받은 자

해설》 이 세 가지는 성도의 정체성을 보여줍니다. 성도는 스스로 믿음으로 나아간 자가 아니라 하나님 아버지의 사랑으로 부르심을 받아 믿게 된 자들입니다. 또한 예수 그리스도를 위하여 마지막까지 하나님의 보호를 받는 자들입니다. 많은 적의 공격이 있고 고난이 있어도 하나님은 당신의 성도를 예수 그리스도가 오시는 마지막 날까지 지켜 주실 것입니다.

4 답》 믿음의 도

해설》 성도는 믿음의 도를 "단번에" 받았습니다. 사도로부터 한번 받은 도는 더 이상의 해석의 여지가 없고 바뀌어서는 안 된다는 뜻입니다. 이처럼 성경은 다른 해석의 여지가 없습니다. 예수님이 전하셨고 사도들이 전달한 말씀은 영원토록 똑같습니다. 그러나 초대 교회 때부터 지금까지 거짓 교사가 있어 왔고 그들은 자신의 생각대로 말씀을 가르쳤습니다.

5 가이드》 내가 무엇을 알고 모르는지 확실히 구분하는 방법은 적어 보는 것입니다. 신앙에 대한 내용도 적어 보면 좀 더 구체적으로 확인할 수 있습니다. 나의 신앙을 두루뭉술하게 두는 것보다 좀 더 명확하게 깨닫는 시간을 가져 봅시다. 그리고 모르는 부분은 리더나 사역자들에게 찾아가 배우는 시간을 가져 봅시다.

6 답》 경건하지 않음, 하나님의 은혜를 방탕한 것으로 바꿈, 예수 그리스도를 부인함

해설》 경건하지 않다는 것은 하나님을 예배하지 않는 것을 의미하기도 하고 하나님 앞에서 바르지 않은 행위를 의미하기도 합니다. 은혜를 방탕한 것으로 바꾼다는 것은 육체적인 방탕함을 말합니다. 즉 거짓 선생들은 교리적으로 문제가 있을 뿐 아니라 윤리적으로도 타락한 자들입니다. 또한 예수 그리스도를 부인하며 자신이 죄인임을 인정하지 않습니다.

7 답》 멸하심, 흑암에 가두심, 영원한 불의 형벌을 내림

해설》 유다는 예수 그리스도를 부인하며 교회에서 활개를 치며 다니는 자들의 결국을 보여줍니다. 그들의 계획은 이미 하나님의 손 안에 있고 실패할 것입니다. 유다는 그러한 사람들이 구약 시대에도 있었으며 심판 받았다는 것을 보여줍니다. 본문의 하나님을 대적하는 자들 역시 구약 시대에 불순종한 자들의 결말과 다르지 않을 것입니다.

8 가이드》 놀라거나 두려워하지 말아야 합니다. 하나님은 이미 알고 계시고 그들을 어떻게 하실지 정해 놓으셨습니다. 동시에 유다의 권면대로 힘써 싸워야 합니다. "힘써 싸우다"는 당시 헬라의 운동 경기에서 치열하게 경쟁할 때 사용된 단어입니다. 메달을 따기 위해서 땀을 흘리는 것처럼 믿음의 도를 지키기 위해서 온 힘을 다해 싸워야 합니다.

기 도 노 트

- 하나님께서 기도에 응답하셨으면 'Yes', 거절하셨으면 'No', 보류 중이시면 'Wait'에 체크해 보세요.
  시간이 흐른 뒤 하나님의 세심한 인도하심을 느낄 수 있습니다.

날짜 Date	기도 대상 Who	기도 제목 Title	응답 여부		
			Yes	No	Wait

날짜 Date	기도 대상 Who	기도 제목 Title	응답 여부		
			Yes	No	Wait

날짜 Date	기도 대상 Who	기도 제목 Title	응답 여부		
			Yes	No	Wait

날짜 Date	기도 대상 Who	기도 제목 Title	응답 여부		
			Yes	No	Wait

날짜 Date	기도 대상 Who	기도 제목 Title	응답 여부		
			Yes	No	Wait

날짜 Date	기도 대상 Who	기도 제목 Title	응답 여부		
			Yes	No	Wait

권별주삶

아가페 주삶

야고보서
베드로전후서
요한일이삼서
유다서

초판 1쇄 발행　2024년 11월 30일

지은이　　김일우 김건일 권영주

펴낸이　　곽성종
기획편집　홍주미, 이가람
디자인　　이병용, 정윤남

펴낸곳　　㈜아가페출판사
등록　　　제21-754호(1995년 4월 12일)
주소　　　(08806) 서울시 관악구 남부순환로 2082-33 성광빌딩 6층
전화　　　584-4835(본사)
팩스　　　586-3078(본사)
홈페이지　www.agape25.com
판권　　　ⓒ ㈜아가페출판사

ISBN　　　978-89-537-1951-4 (03230)

저작권법에 의하여 한국 내에서 보호받는 저작물이므로 무단전재와 복제를 금합니다.

- 본서에 사용한「성경전서 개역개정판」의 저작권은 재단법인 대한성서공회 소유이며 재단법인 대한성서공회의 허락을 받고 사용하였습니다.
- 본서에 사용한「쉬운성경」의 저작권은 ㈜아가페출판사에 있습니다.
- 본문에 실린 ESV(English Standard Version) 성경의 저작권은 Crossway사에 있으며, 알맹2 에이전시를 통해서 허락을 받아 사용하였습니다. This publication contains The Holy Bible, English Standard Version®, copyright © 2001 by Crossway, a publishing ministry of Good News Publishers. The ESV® text appearing in this publication is reproduced and published by cooperation between Good News Publishers and Agape Publishing Company Ltd. and by permission of Good News Publishers. License arranged through rMaeng2, Seoul, Republic of Korea. Unauthorized reproduction of this publication is prohibited. The Holy Bible, English Standard Version(ESV) is adapted from the Revised Standard Version of the Bible, copyright Division of Christian Education of the National Council of the Churches of Christ in the U.S.A. All rights reserved. English Standard Version, ESV, and the ESV logo are trademarks of Good News Publishers. Used by permission.

아가페 필사&쓰기 전용펜

필사&쓰기성경®에 왜 전용펜을 사용해야 할까요?

1. 잉크의 뭉침이 없는 깨끗한 필기감
2. 쓸수록 종이가 부푸는 현상 방지
3. 종이끼리 붙지 않아 오랫동안 보관 가능
4. 물기로 인한 글자 훼손 방지

* 신약성경의 예수님 말씀은 빨간색 펜을 사용하세요.

일반용

중용량

일반 필사&쓰기성경 전용펜 A5 (검정/빨강) — 값 900원
일반 필사&쓰기성경 전용펜 A5 (검정/빨강-1박스/12자루) — 값 10,800원

필사&쓰기 전용펜 (고급) (블랙/투명) — 값 1,600원
필사&쓰기 전용펜 (고급) (블랙/투명-1박스/12자루) — 값 19,200원

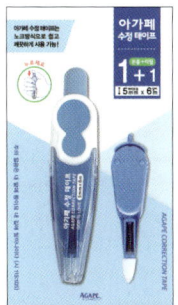

쓰기성경을 쓰다가 잘못 쓴 글씨는 수정테이프를 사용하세요.

아가페 수정 테이프 (본품+리필) (블루/핑크) — 값 3,500원

www.agape25.com 02)584-4669 (주)아가페출판사

본문이 있는 채움 쓰기성경®

스탠다드(중)
4권 세트
낱권 시리즈

성경 본문의 **가독성이** 뛰어나고 **1:1**로 맞추어 필사할 수 있는 쓰기성경!

편집 저작물 등록
저작권 등록이 되어 있는 편집저작물입니다.

스탠다드(중) 4권 세트	〈개역개정〉 세트 정가 : 116,000원 → 112,000원			
	낱권 정가	구약 ❶, ❷, ❸권 신약	각 권 29,000원	

개역개정 낱권 시리즈	모세오경	창 세 기	정가 8,000원	예언서	이사야	정가 9,000원
		출애굽기	정가 7,000원		예레미야 · 예레미야애가	정가 10,000원
		레 위 기	정가 7,000원		에스겔 · 다니엘	정가 10,000원
		민 수 기	정가 7,000원		호세아~말라기	정가 8,000원
		신 명 기	정가 7,000원		세트 (할인가)	정가 33,000원
		세트 (할인가)	정가 32,000원	사복음서	마태복음	정가 8,500원
	역사서	여호수아 · 사사기 · 룻기	정가 9,000원		마가복음	정가 8,000원
		사무엘상 · 하	정가 9,500원		누가복음	정가 8,500원
		열왕기상 · 하	정가 9,500원		요한복음	정가 8,500원
		역대상 · 하	정가 10,000원		세트 (할인가)	정가 28,500원
		에스라 · 느헤미야 · 에스더	정가 7,000원	사도행전 ~ 요한계시록	사도행전	정가 8,500원
		세트 (할인가)	정가 40,000원		로마서 · 고린도전후서	정가 9,000원
	시가서	욥 기	정가 8,000원		갈라디아서~히브리서	정가 9,000원
		시 편	정가 12,000원		야고보서~요한계시록	정가 8,500원
		잠언 · 전도서 · 아가	정가 8,000원		세트 (할인가)	정가 30,000원
		세트 (할인가)	정가 25,000원			

밑글씨가 있어 성경책 대조 없이 간편하게 쓸 수 있는 쓰기성경!

편집 저작물 등록
저작권 등록이 되어 있는 편집저작물입니다.

4권 세트

	〈개역개정〉		〈새번역〉	
	세트 정가 : 116,000원 ➡ 112,000원		세트 정가 : 100,000원 ➡ 95,000원	
구약 ❶, ❷, ❸권 신약		각 권 29,000원	구약 ❶, ❷, ❸권 신약	각 권 25,000원

낱권 시리즈	구약	❶ 창세기 – 레위기	정가 12,000원
		❷ 민수기 – 룻기	정가 13,000원
		❸ 사무엘상·하	정가 10,000원
		❹ 열왕기상·하	정가 10,000원
		❺ 역대상·하	정가 10,000원
		❻ 에스라 – 욥기	정가 10,000원
		❼ 시편·잠언·전도서·아가	정가 12,000원
		❽ 이사야 – 예레미야애가	정가 12,000원
		❾ 에스겔 – 말라기	정가 12,000원
	신약	❶ 사복음서 : 마태복음 – 요한복음	정가 14,000원
		❷ 사도행전 – 고린도후서	정가 10,000원
		❸ 갈라디아서 – 요한계시록	정가 10,000원

www.agape25.com 02)584-4669 (주)아가페출판사

DREAM 감사&기도

감사와 기도를 **드림(DREAM)으로 드리다**. 한 권에 **감사와 기도** 모두 담으세요!

로즈핑크, 민트 | 크기 120*171 | 192면 | 각권 10,800원

담다 · 설교노트

말씀을 **담다**, 말씀을 **살아내다**. 삶의 지표가 되는 **귀한 말씀**, 소중히 담아보세요!

대 설교 100편 기록   **소** 설교 70편 기록

인디고블루, 인디핑크 | 크기 120*171 | 224면 | 각권 10,800원   네이비, 모카베이지 | 크기 100*165 | 144면 | 각권 9,500원

*** 50부** 이상 주문시 **주문명**을 **무료**로 찍어드립니다.